U0142943

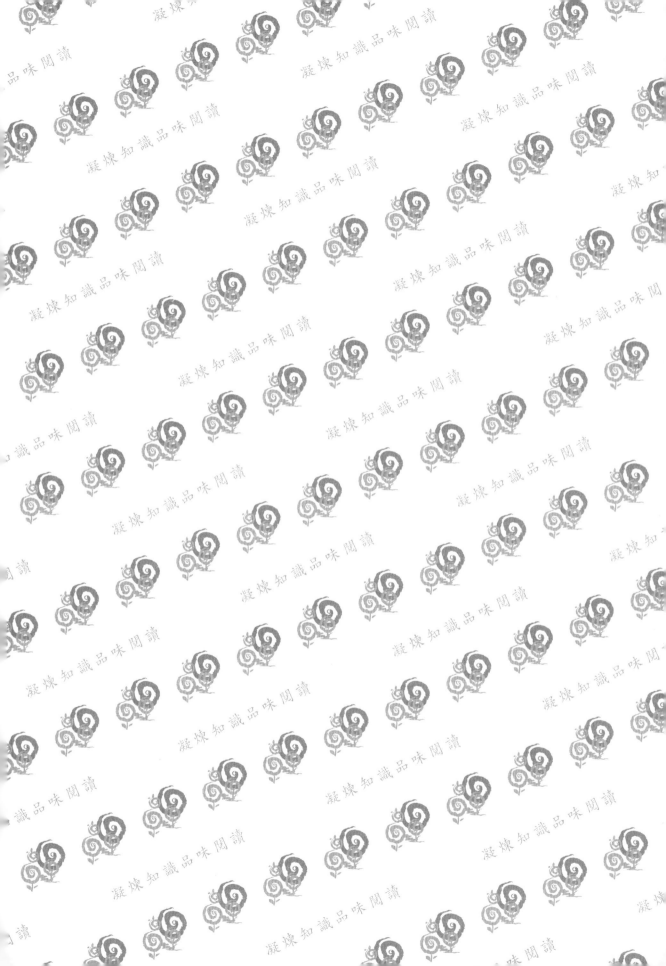

愛上統計學

使用 R 語言

Neil J. Salkind
Leslie A. Shaw —— 著

余峻瑜 ————— 譯

**Statistics for People Who (Think They)
Hate Statistics Using R · 1ˢᵗ Edition**

五南圖書出版公司 印行

關於作者

Neil J. Salkind 取得馬里蘭大學人類發展博士學位後，在堪薩斯大學執教了 35 年，目前仍是教育心理與研究學系的榮譽教授，持續地和同事一起合作、和學生一起工作。他早期的研究興趣是在兒童認知發展領域，其後投入有關認知風格及（後來才被熟知的）過動領域的研究。他曾經是北卡羅萊納大學兒童與家庭政策布希研究中心的博士後研究員，自此改變了研究的方向，聚焦在兒童與家庭政策上，尤其是各種形式的公共支持對不同的兒童和家庭結果的影響。他已經發表超過 150 篇的專業文章和報告，撰寫超過 100 篇有關貿易的著作和教科書，也是《愛上統計學：使用 R 語言》(*Statistics for People Who (Think They) Hate Statistics Using R*) (SAGE)、《人類發展理論》(*Theories of Human Development*) (SAGE)、《探索研究》(*Exploring Research*) (Prentice Hall) 等書的作者；他也曾經主編過百科全書，包括《人類發展百科全書》(*Encyclopedia of Human Development*)、《測量與統計百科全書》(*the Encyclopedia of Measurement and Statistics*) 及最近剛出版的《研究設計百科全書》(*Encyclopedia of Research Design*)；此外，他擔任〈兒童發展摘要與傳記〉(*Child Development Abstracts and Bibliography*) 期刊的編輯有 13 年之久。生前住在堪薩斯州勞倫斯市，他喜歡閱讀、游泳、賣力工作、烤布朗尼蛋糕（食譜見附錄 I）、四處尋找古董車和老舊建築。

Leslie A. Shaw 有堪薩斯大學的心理學博士學位，專精於是定量心理學。在讀研究所之前，Leslie 從事系統整合工作，休息片刻後，從北卡羅萊納州立大學獲得諮詢專業的碩士學位，然後回到北卡羅萊納州達勒姆市與非營利性領域合作。該非營利組織是兒童與家庭中心，重點是預防虐待兒童和早期介入。她的學術興趣是數學和心理學，因此選擇定量心理學來從事進一步的研究工作。在研究所期間，她從事各種專案，包括大學課程入學、校友捐贈、社區警務和自我決定論。她還以共同教學的形式，教授統計計算實驗室

和初級統計。自我決定論專案使她在海灘殘疾中心和堪薩斯大學發育障礙中心獲得更多機會，以幫助研究成人和兒童版本的支持強度量表以及自我決定清單：自我報告。畢業後，她在堪薩斯大學發育障礙中心擔任博士後，並且每學期在定量心理學課程中教授一門課程。這個機會使她在康奈爾大學的 Yang-Tan 就業與殘疾研究所擔任研究助理。迄今為止，她已與他人合著了 20 多篇文章，並擔任《知識與發展障礙》雜誌的統計顧問。她現在居住在紐約的伊薩卡，喜歡讀書，為 Ecovillage 社區的野炊烹飪，遠足以觀賞瀑布、和朋友一起閒晃和旅行。

序言

　　任何一本書永遠都是進行式，《愛上統計學》的最新版本也不例外。過去的 17 年左右，許多人曾告訴我們這系列的書有多麼大的幫助，但是其他人也告訴我，他們想讓這本書有所改變以及為什麼要改變。在寫這本書的時候，我們試著維持輕鬆的步調、容易操作的範例以及有用的圖表來學習統計，同時引入 R 作為一個有用的、免費的工具。所以，你如果喜歡系列中其他書籍，你也會喜歡這本書。我們知道，使用 R 一開始可能很嚇人，因此大部分 R 的學習，安排在前面統計觀念較為簡單的章節。在假設檢定之後的章節，R 就僅僅是扮演輔助性質的角色。

　　這本書是為大學生提供的入門統計課程而編寫的，但它也可以用於剛接觸統計學的研究生。經過大量的試誤：一些成功和許多不成功的嘗試以及從各個教育階層的老師與同學大量的回饋，我們嘗試用一種我們（以及許多學生）認為比較不嚇人且具有知識含量的教學方式來教學。我們已經盡我們最大的努力，將所有上述的經驗融入這本書。

　　對於學生來說，你將從本書中學到的是瞭解基礎統計領域和研究內容所需的資訊。你會學到基礎的知識以及最常使用的技巧去整理及解讀資料。這種書比較少提及理論、證明或是探討選用數學方式的合理性。為什麼在這本《愛上統計學：使用 R 語言》的書中會比較少這些理論性的東西呢？簡單來說，現在你根本用不著那些。這不代表我們認為那不重要，而是在你學習的這個階段和時間，我們希望為你提供我們認為你可以理解和學習的內容，同時不要害怕將來學習其他課程。我們（和你的教授）希望你成功。

　　因此，如果你正在尋找一個詳細推導 F 分配的變異數分析，請從 Sage 找另一本好書（我們將很樂意為你推薦一本）。但如果你想瞭解為什麼和如何讓統計為你工作，你找對書了。本書讓你能瞭解在期刊文章中閱讀的內容，解釋許多統計分析的結果的意義，並教你如何執行基本的統計任務。

　　總是有新的東西值得關注，同時也需要用不同的方式重新理解舊的主題和觀念。以下的清單是《愛上統計學：使用 R 語言》中最新的內容：

- 本書前兩章節專門介紹安裝 R（必學）和 RStudio（有幫助），然後介紹一些有助於掌握 R 技巧的基礎知識。
- 在第 18 章有決策樹圖，顯示何時適合選用迴歸。
- 搭配 t 檢定結果的效應量修正公式，列在第 13 章與第 14 章。
- 更新本書中的一些範例，以包括來自更多不同領域的最新範例。
- 第 20 章，描述了本課程以外的統計方法，包括一些更常用的方法；大部分的方法皆附上 R 的範例。
- 其他技巧、很酷的網站和附錄 A 及 G 中，提供有用的 R 資訊。

　　除了影片教你如何精通 R 以外，該網站也包含了按章節順序編排的所有範例及資料集。各章節後搭配各真實案例的期刊文章也都已經放在網路上了。所有的資源都可以在 edge.sagepub.com/salkindshaw 中找到。

　　在這一版本中出現的所有錯誤都是我們的責任，我們向被這些錯誤困擾的老師和學生道歉。我們已經在新版中盡力更正，並希望做得更好。期望能收到大家的建議、批評、和指教。祝大家好運。

A. Shaw
康奈爾大學
njs@ku.edu

致謝

　　實現這本書出版最要感謝的人是 Neil Salkind。在 2017 年初，Neil 決定要為《愛上統計學：使用 R 語言》系列撰寫 R 版。那是什麼意思呢？這就意味著 Neil 需要學習 R。教授永遠不可能脫離教育事業，無論是以學生或是教師的角色。他透過一個朋友找到我 (Leslie A. Shaw)，我教他 R 的基礎知識，並為本書編寫一些 R 的材料。在初夏，尼爾開始著手撰寫這本書，並在前幾章中取得了進展。不幸的是，不到六個月後，尼爾的健康狀況惡化了，他於 11 月去世。

　　在 Sage 和 Leni Salkind 的支持下，我介入了本書的寫作，主要依靠 Neil 在系列文章中所做的所有工作。我也倚重堪薩斯大學的 Karrie Shogren，他就是向我介紹 Neil 的朋友，並與 Sage 的 Helen Salmon 一起撰寫了其他書籍。Karrie 將我與 Helen 聯繫起來，並分享了她從身為作者的經歷中學到的知識。研究方法和統計數據資深組稿編輯 Helen Salmon 在整個過程中都提供了支持，並為該共同寫作和本書提供了見解。編輯助理 Megan O'Heffernan 向我這個新手介紹了使這本書栩栩如生所需的許多細節。最後要感謝是 Bruce Frey，他是該系列中其他書目的作者。布魯斯慷慨地分享了他對寫作過程的想法，並提供了系列背景。他還回覆了我關於範例、資料集和螢幕截圖軟體的電子郵件……等。

　　最後，非常感謝我身旁無論遠近的親朋好友，在這趟旅程都很支持我。

我們要感謝以下審稿人對稿件的回饋：

Patrick Bolger, Texas A&M University

Candace Forbes Bright, East Tennessee State University

Perry Carter, Texas Tech University

Scott Comparato, Southern Illinois University

James Cortright, University of Wisconsin, River Falls

Jacqueline Craven, Delta State University

George Harrison, University of Hawaii at Manoa

Michael J. Kalsher, Rensselaer Polytechnic Institute

Matthew Phillips, University of North Carolina, Charlotte

Jeff Savage, Cornerstone University

Shlomo Sawilowsky, Wayne State University

Daniel Scheller, University of Texas at El Paso

Maggie Stone, Marshall University

Mary Beth Zeni, Ursuline College

電子資源

請瀏覽 edge.sagepub.com/salkindshaw 以取得額外的資源

SAGE edge for instructors（教師版）：使用下列工具來協助你輕鬆的整合高品質的內容且創造一個為學生打造的豐富學習環境來教學：

- R 語法及資料集：可供下載且可搭配書中範例使用。
- 錄製螢幕的教學影片：示範如何建立資料集以及如何用 R 執行書中的問題。
- 章節相關的練習題：有多重選擇題、是非題以及簡單的問答題，都會與學習目標連結。
- 可編輯的投影片：供你創造自己的多媒體教程。

SAGE edge for students（學生版）：用來加強學習，它使用簡易並提供：

- R 語法及資料集：可供下載且可搭配書中範例使用。
- 錄製螢幕的教學影片：示範如何建立資料集以及如何用 R 解決書中的問題。
- 電子單字卡：增加對關鍵詞彙及概念的理解。
- 電子小測驗：供學生自我練習及檢視觀念是否完全吸收，並讓學生瞭解應該要繼續聚焦於哪些內容。

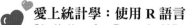

目錄

PART I
耶！我喜歡統計學

1　統計學或虐待學？由你自己決定　　005

PART II
歡迎來到這個有趣、有用、有彈性、好玩、而且（非常）深入的 R 語言及 RStudio 的世界

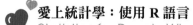
PART III
西格瑪・佛洛伊德 (∑igma Freud) 和敘述統計

4 必須完成的功課——計算和瞭解平均值 081

PART IV
抓住獲得樂趣和利潤的機會

PART V
顯著性差異——使用推論統計

PART VI
更多統計！更多工具！更多樂趣！

耶！
我喜歡統計學

「呃，這不是我們讀書小組中的特異份子嘛！」

PART I

有什麼好歡呼的？你可能會想。現在讓我花幾分鐘的時間，向你展示一些非常成功的科學家如何運用這個稱為統計學的工具。

- 假新聞在 2016 年的選舉是一個很熱門的話題。其中一個假新聞的管道是推特 (Twitter)。有一些在東北大學、哈佛大學及 Buffalo SUNY 的研究人員檢視從 2016 年 8 月到 12 月假新聞的散播和分享，他們發現只有 1% 的推特用戶接觸到 80% 左右的假新聞，而只有 0.1%（也就是 1% 的 1/10）用戶是假新聞的傳播者。那些比較有可能參與假新聞傳播的用戶通常都比較保守、年長且關注政治領域的新聞。所以媒體是否小題大作了呢？

想知道更多嗎？不妨閱讀原著。你可以從格林柏 (Grinberg, N.)、喬瑟夫 (Joseph, K.)、佛萊德 (Friedland, L.)、司維湯普森 (Swire-Thompson, B.) 及雷斯 (Lazer, L.) 發表在 (2019) Fake news on Twitter during the 2016 U.S. presidential election. *Science, 363*、374-378 頁上的文章找到更多資訊。

- 休．肯珀 (Sue Kemper) 是堪薩斯大學心理學教授，曾經研究許多非常有趣的專案。她和其他的研究者正在研究一群修女，分析她們的早期經驗、活動、人格特徵和其他資訊，與她們年老後健康狀況的關係。最特別的是，這個由不同科學家組成的小組（包括心理學家、語言學家、和神經學家等）想知道，若能將這些資訊用來預測老年癡呆症的發生，該有多好。在許多非常有趣的發現中，她發現修女在 20 多歲時書寫的複雜性，和她們在 50、60 年或者 70 年後所發生的老年癡呆症有關。

想知道更多嗎？不妨閱讀原著。你可以從斯諾頓 (Snowdon, D. A.)、肯珀 (Kemper, S. J.)、莫蒂默 (Mortimer, J. A.)、格雷納 (Greiner,

L. H.)、韋斯坦 (Wekstein, D. A.) 和馬克斯貝瑞 (Markesbery, W. R.) (1996) 發表在《美國醫學會雜誌》275 期 528-532 頁上的文章〈早期生活的語言能力與認知功能和晚期生活的老年癡呆症：修女研究的發現〉(Linguistic ability in early life and cognitive function and Alzheimer's disease in late life: Findings from the nun study) 中瞭解更多。

• 阿萊莎・休斯頓 (Aletha Huston) 是德州大學奧斯汀分校的研究員和教師，投入很多心力來瞭解看電視對幼兒心理發展的作用。其中之一是她和她後來的丈夫約翰・賴特 (John C. Wright) 調查入學前觀看一定量的電視教育節目對入學後學習的影響。他們發現了確實的證據，可以證明觀看如《羅傑斯先生》或《芝麻街》教育節目的兒童，在學校的表現，會比沒有看教育節目的兒童更好。

想知道更多嗎？不妨閱讀原著。你可以從柯林斯 (Collins, P. A.)、賴特 (Wright, J. C.)、安德森 (Anderson, D. R.)、休斯頓 (Huston, A. C.)、施密特 (Schmitt, K.) 和麥凱爾 (McElroy, E.) (1997) 發表在美國阿爾伯克基舉行的兒童發展研究協會年會的論文〈幼兒時期媒體教育對青少年學習成績的影響〉(Effects of early childhood media use on adolescent achievement) 中瞭解更多。

所有的研究者都有一個他們特別有興趣的研究問題，並用他們的直覺、好奇心、和學識訓練來尋找這些問題的答案。在他們進行研究調查的過程中，他們會使用我們稱作統計學的工具，來分析所蒐集到的所有資料。如果沒有這些工具，所有的資料就只是不相關的結果而已。那麼這些結果就無法在格林柏及其同事的研究中得出假新聞的結論；也無法在肯珀的研究中，對老年癡呆症有更好的分

析；更無法在休斯頓和賴特的研究中，確切地解讀看電視對幼兒學習和社會發展的影響。

統計學──一門整理和分析資訊並使資訊更容易理解的科學──讓這份任務得以執行。由這樣的研究所得出的任何結果，都是有用的，原因在於我們使用統計學使得這些結果變得有意義。這也正是本書的目標，讓你理解這些基本的工具以及這些工具的用途，當然也包括如何使用這些工具。在《愛上統計學：使用 R 語言》的第一部分，我們將介紹統計學要學習的內容，以及為什麼值得你花費精力來掌握這些基礎知識的重要術語和觀念。這都是為學習本書其他部分做準備。

統計學或虐待學？
由你自己決定

難易指數：☺☺☺☺☺（非常容易）

本章學習內容

+ 統計學的學習內容。
+ 為什麼要學習統計學。
+ 如何在此課程中收穫滿滿。

為什麼要學習統計學？

你以前一定都聽過，「統計學很難」、「統計學的相關數學很難應付」、「我不知道怎麼用電腦」、「學統計有什麼用」、「接下來要做什麼」，還有就是統計學入門課程學生的吶喊，「我就是不懂！」

好啦，放輕鬆。學習統計學入門課程的學生，在和其他學生或他們的配偶、同事、及朋友交流的時後，或多或少會發現他們自己曾在某個時候出現上面其中之一（甚至更多）的念頭。

而且，不是開玩笑，一些統計學課程很容易被描述為虐待學 (sadistic)。這是由於那些書無一例外的讓人厭煩，而且作者缺乏想像力。

　　本書將改變這種狀況。事實是，當你或者你的老師選擇了《愛上統計學》這本書時，表示你們已準備好航向正確的航道——讓人不害怕、內容豐富多元並且很實用（甚至有趣）的方法，我們教你如何善用統計學，讓它成為你的好工具。

　　如果選用這本書作為課程教材，這也意味著你的老師是站在你的立場，因為他（或她）知道統計學是令人害怕的，但他已採取措施來確保統計學不會讓你害怕。事實上，我們敢打賭你在幾個星期之後，很有可能變得開始享受這門課程。

為什麼選擇 R 語言？

　　在這本書中，我們將為你展示如何使用這套統計分析的工具——R 語言，來進行數據分析。別擔心，我們將會親手演示如何操作，確保你能瞭解R 語言及數據分析。

　　為何選擇 R 語言呢？很簡單，因為 R 免費且強大。你不需要租軟體或是嘗試去連線到學校網站共用軟體，只需要打開電腦，執行 RStudio（或是你想要使用的其他編譯器，請看下一個章節的介紹）。這本書將使用 R 語言來簡單的計算和演示所有統計範例。我們將探索使用圖形視覺化我們的數據。而且我們將在前面幾個章節介紹其他方式去做相同的統計分析。在這本書的後半段，當統計開始變得有一點複雜時，在你已經學會了基礎 R 語言的前提之下，我們將會使用內建函式。我們希望你可以自在的學習 R 語言，而且藉由使用 R 語言，開始瞭解統計的力量。

五分鐘統計學簡史

　　在閱讀更多內容之前，有必要從歷史的觀點瞭解統計學。如你所知，幾乎所有的社會學、行為科學、生物學的大學生，還有教育學、護理學、心理學、社會福利與社會服務、及人類學的研究生，都必須選修這門課。所以多瞭解一些統計學的源起，應該還不錯吧？當然囉。

　　很久很久以前，當人們發現計數 (counting) 是個非常好的想法時（比方說「你需要多少個這些來交換那些中的一個？」），蒐集資訊也成為一個有

用的技能。

如果用到計數，人們就會知道太陽在一季中升起多少次，度過整個冬天需要多少食物，以及一個人擁有多少資源。

這只是個起點。一旦數字成為語言的一部分，似乎接下來的步驟就是將數字連結到結果上。這工作在 17 世紀當人們蒐集第一組與人口相關的資料時，就已開始。從此以後，科學家（大多數是數學家，但之後是物理學家和生物學家）需要發展特定的工具來回答特定的問題。例如，法蘭斯・加東 (Francis Galton)（順道一提，他是達爾文的表兄弟，生卒年是 1822－1911 年），他對人類智力的本質非常感興趣。他也推測掉頭髮是因為腦力過度運用，不過這不是真的。讓我們回到統計的部分。

為了回答有關家庭成員智力相似的主要問題之一，他使用了特定的統計工具相關係數（一開始是由數學家開發的工具）。接著他把相關係數廣泛地應用於行為科學和社會科學。你將在第 7 章對這個工具有全面的瞭解。事實上，你學到的大多數基本統計方法，最初都是發展及應用自於農業、天文學、甚至政治學領域；統計學在人類行為領域的應用相對晚得多。

在過去的 100 年中，發展新方法來運用原有的觀念出現快速的進展。用於比較兩個群體的平均數差異的最簡單檢定方法，在 20 世紀初由威廉・戈塞 (William Wealy Gosset) 首次突破，我們會在第 14 章再次提到他。以此概念為基礎而發展出來的技術，在數十年後大放異彩，更為精深。個人電腦以及像 Excel 這樣的軟體的盛行，讓所有想探索這些有趣主題的人，都可以輕鬆使用如此複雜精細的技術。

使用這些功能強大的個人電腦，事實上利弊互見。優點是大多數統計分析不再需要使用龐大、昂貴的中央處理器，且價格不超過 250 美元的個人電腦就能滿足 95% 的人 95% 的需求。但反過來說，學藝不精的學生（如已經通過這門課的同學）把手邊有的舊資料丟入電腦軟體中、跑一些複雜的分析，他們就會得到可靠的、可信的、且有意義的結果。很可惜並不是這樣。你的老師會說「垃圾進，垃圾出」(Garbage in, garbage out)，這是因為如果你一開始就不是用可靠和可信的資料，那麼分析這樣的資料所得到的結果，就既不可信也不可靠。

現在，在不同領域，如刑事司法、地球物理學、心理學，或驗證 NBA

球賽中是否存在手氣效應（沒在開玩笑，你可以看 2014 華爾街期刊的文章
https://www.wsj.com/articles/SB1000142405270230407100457940907101574530
70）的統計學家發現，他們基本上使用相同的技術來回答不同的問題。當然，
在資料蒐集方面有重要的差別，但是大體上來說，緊接在資料蒐集之後所進
行的分析，即使名稱有所不同，也是非常類似的。這事的寓意是什麼呢？這
個課程會提供你為瞭解統計學如何用在所有學科中所需要的工具。更棒的
是，這只需要 3 個或 4 個學分。

　　如果你想進一步瞭解統計學的歷史，而且想看歷史發展軸線，可以從一
個很棒的地方開始，那就是英國的南安普頓大學的網站，網址是 http://www.
economics.soton.ac.uk/staff/aldrich/Figures.htm 。

　　五分鐘到啦，你已經知道你該知道的統計學歷史了。我們來看看統計學
是什麼以及它不是什麼。

統計學：它是什麼（以及它不是什麼）

　　《愛上統計學：使用 R 語言》是一本關於基礎統計，以及如何將統計
應用在不同情境下的書，包含了分析和資訊的理解。

　　就一般意義而言，統計學是用於描述、整理、和解釋資料或數據的一套
工具和技術。這些資料可能是某一特別數學課程學生的考試分數、解決問題
的速度、當醫療人員用 A 藥物而非 B 藥物時病人抱怨的次數、世界大賽每
一局失誤的次數，或者在新墨西哥州聖塔菲高級餐廳的晚餐平均價格（不便
宜）。

　　在所有這些範例以及我們能想到的更多範例中，都需要蒐集、整理、
彙總、和解釋資料。在本書的敘述統計部分，你可以學到蒐集、整理、和彙
總資料，而在你瞭解了推論統計的用途之後，就可以學會解釋資料。

什麼是敘述統計 (Descriptive Statistics)？

　　敘述統計常用於整理與描述所蒐集資料的特徵。這些蒐集到的資料有時
也稱作**資料集** (data set) 或簡稱**資料** (data)。

　　例如：下表所列出的就是 22 名大學生的姓名、主修科目和年齡。如果

你需要描述大學最流行的主修科目是什麼，你可以使用敘述統計來歸納他們的選擇〔也稱作眾數 (mode)〕；如果你想知道學生的平均年齡，你可以輕鬆地計算另一個敘述統計值〔也稱為平均數 (mean)〕。這兩個簡單的敘述統計值常用於描述資料，就如我們範例中的 22 個個案一樣，敘述統計讓我們可以適當地呈現大量資料的特徵。

姓名	主修科目	年齡	姓名	主修科目	年齡
Richard	教育學	19	Elizabeth	英語	21
Sara	心理學	18	Bill	心理學	22
Andrea	教育學	19	Hadley	心理學	23
Steven	心理學	21	Buffy	教育學	21
Jardan	教育學	20	Chip	教育學	19
Pam	教育學	24	Homer	心理學	18
Michael	心理學	21	Margaret	英語	22
Liz	心理學	19	Courtney	心理學	24
Nicole	化學	19	Leonard	心理學	21
Mike	護理學	20	Jeffrey	化學	18
Kent	歷史	18	Emily	西班牙語	19

你看，這是多麼簡單的事！要找出最常被選擇的主修科目，只要找出出現次數最多的那個科目。要找出平均年齡，只要將所有的年齡值加起來，然後除以 22。沒錯！最常出現的主修科目是心理學（9 次），平均年齡是 20.3。看，沒人插手，你就是統計學家。

什麼是推論統計 (Inferential Statistics)？

推論統計通常是（但並非總是）在你蒐集和彙總資料後的下一步。推論統計常用來自較小群體的資料（如我們的 22 個學生構成的群體）來推論可能較大的群體（如文理學院的所有大學部學生）。

這個較小的資料群體通常叫做**樣本** (sample)，是**母體** (population) 的一部分或一個子集。例如：新澤西州紐瓦克的所有五年級學生就構成一個母體（這是具備某些特徵的全體─五年級而且住在紐瓦克），從中選取 150 人就

構成一個樣本。

讓我們來看另外一個例子。作為新僱用的研究人員，你的市場代理商要你從眾多名稱中，挑選一個最適合新品牌洋芋片的名稱，是洋芋片王、樂趣洋芋片，還是嚼嚼樂？作為一位專業統計分析人員（我們要開始動工了哦！要有信心！），你需要找到一個洋芋片食用者小群體，這個群體可以代表所有喜歡吃洋芋片的人，並要求這些人告訴你這三個名稱最喜歡哪一個。如果你做得很好，就可輕易將這個發現外推到洋芋片食用者的大群體。

或者，如果說你對某種疾病的最佳治療方案感興趣。也許你可以讓一組試用一種新藥，另一組食用安慰劑（或者大家都知道沒有任何效果的一種物質），第三組什麼藥也不吃，然後來看看結果。好吧，你會發現許多病患在沒有採取任何行動下，都會好轉，而且自然運轉一切照舊！這表示藥物沒有任何效果，那麼根據你的實驗結果，你可以將這些資訊應用到更多遭受這種疾病痛苦的病人群體上。

換句話說……

統計學是幫助我們瞭解周遭世界的工具。這是透過我們蒐集到的資料，然後對於那些資料的特徵，如何能應用到新的情況做出特定的推論來完成的。敘述統計和推論統計可以同時發揮作用，何時使用及選擇哪一種來使用，完全取決於你想要回答的問題。

現在，掌握統計的知識比以前的時代更加重要，因為協助我們做決策的工具不再是我們的偏見及信仰，而是透過統計學而獲得的實證（或觀察）證據。

想知道早期療癒服務是否有效嗎？那麼就檢定他們的成果並提供相關的證據給法院，讓法院可以裁定是否可發行新的學校債券來為此服務籌措資金。

我在統計學課堂上做什麼

你可能基於許多理由選用本書。也許是選修統計學基本課程，或者是在為綜合考試進行複習，甚至是為選修更高深的課程做準備，而在暑假閱讀這

本書（真是恐怖！）。

　　總之，不論你是否必須參加課程結束後的考試，或者只是為了自己的目的選擇這門課程，你都是學習統計學的學生。但是學習這門課有許多好的理由，有些是樂趣、有些很嚴肅，或者同時兩者兼具。

　　以下的清單是我的學生在我們的統計學入門課程開始之初所聽到的一些說法。

1. 統計學 101 或統計學 1、或你們學校所使用的任何其他名稱，若列在你的成績單中看起來會很棒。老實說，統計學可能是完成你主修科目的一個必修課程。即使不是，擁有統計學技能絕對能在你找工作，或進一步深造時提供很重要的價值。而且如果選修了更高級的課程，你的學經歷肯定會更令人印象深刻。

2. 如果不是必修課程，選修基礎統計學可以把你和沒有選修的同學區分開來？這表示你願意選擇難度及投入程度在平均水準以上的課程。當這個政治、經濟、和運動的世界變得越來越量化，分析的技巧變得日益重要。搞不好這門課就是你未來工作的入場券！

3. 基礎統計學可能是你不熟悉的一種智力挑戰，這個過程需要考慮很多事情，一些數學計算，及一些想法和應用的結合。結果是，因為你學習了一個全新的領域和學科，所有活動的加總起來，就是一個充滿活力的智力經驗。

4. 毫無疑問地，如果具備一些統計學背景，會讓你在社會科學或行為科學中較出色，因為你不僅可以更清楚瞭解雜誌中的文章，也更可以瞭解老師和同學在課堂內外討論的內容或研究。你可能很驚訝你第一次對自己說：「哇，我真的聽懂了他們在討論什麼了。」而且這會經常發生，因為你將擁有瞭解科學家如何得出結論所必備的基本工具。

5. 如果你計劃獲得教育學、人類學、認知神經科學、經濟學、護理學、都市計劃社會學、或其他社會、行為、或生物科學領域的任一學科的碩博士學位，統計學課程將會提供你往前邁進所需的基礎。

6. 思考與解決問題的方法有很多種。你從本書（及本課程）中學到的知識與技能，將讓你擁有更新的觀點來看待有趣的問題。此外，雖然在這個

當下可能不是很明顯，但是新的思考方式可適用於不同的新情境。

7. 最後，你可以誇口說你完成了人人都認為難度相當於建造和運行核子反應爐的課程。

使用這本書學習統計學的十種方式

是的，你可能以前會覺得這世界需要另一本統計學書籍。但這一本不一樣。這本書是針對學生寫的，但不是降低標準，而是豐富多元，也盡可能展現基礎內容。本書沒有設定在課程開始之前應該具備什麼知識，只是進度安排較慢、步伐較小，讓你可以按自己的節奏安排。

然而，大家都認為統計學是很難精通的課程。的確，我們也這麼認為，因為統計學的某一部分的確充滿挑戰。另一方面，無數的學生已經精通了這門課程，而你也可以。在開始我們的第一個主題之前，先用一些提示來結束這一章。

1. **你不笨**。這是真的。如果你是笨蛋，你不可能唸到大學。因此，看待統計學就像對待其他新課程那樣。去上課聽講，學習課本內容，練習書上或課堂上的習題，那你就可以學得很好。火箭科學家精通統計學，然而你不需要是火箭科學家，也可以把統計學學好。

2. **你怎麼知道統計學很難**？統計學很難嗎？是也不是。如果你的朋友從不用功也不認真學統計，那麼你聽他們講述上統計學的經驗，他們一定會告訴你，統計學是多麼難學，甚至會說，統計學即使不對他們的生活造成大災難，也會對整個學期造成大災難。我們不要忘記，我們總是傾向傾聽這些抱怨者的碎碎唸。因此。我們會建議你，應該以下列這種態度開始這門課程，也就是你等到真的開始上課後觀察這門學問是怎麼樣的情況，並且依據自己的經驗做出判斷。最好是找幾個上過這門課的人討論，綜合他們 的看法，而不要只依據掃興者的經驗做出判斷。

3. **不要跳著學各章的內容**，按部就班照進度學習。《愛上統計學》的每一章都是下一章的基礎。我們希望當你在課堂上學習所有內容後，你將可以回顧整本書，並把這本書當作參考書。因此，如果你需要查表，你也許可以查閱附錄 B；或者，你需要回憶如何計算標準差，你也許可以回

顧第 5 章的內容，但是現在你要按照本書的順序學習每一章。當然也可以快速瀏覽、先初步瞭解後面提供的學習內容。但是在學習後面章節之前，要先精通前面的章節。

4. **組織讀書小組**。這是確保在這門課成功的最基本方式之一。在一個學期的開始，要安排和朋友一起學習。如果沒有朋友和你選修同一課程，那麼就要認識新朋友，或者邀請和你一樣、看起來很樂於學習統計學的學生一起學習。和其他人一起學習時，如果你學得比他們好，你可以幫助他們；反之，如果他們學得比你好，你就可以從他們身上受益。每個星期安排特定的時間，聚在一起一個小時，複習每一章後面的練習題，或者相互提問，或者根據需要安排更多時間。與他人一起學習，是幫助你瞭解和精通課程內容的一種最佳方法。

5. **向你的老師提問題，然後問朋友**。如果你不瞭解老師在課堂上所教的內容，可以請老師多加釐清。毫無疑問，如果你不瞭解課程內容，那麼你可以很肯定其他人也不瞭解。老師一般都歡迎提問題，特別是因為你上課前已經預習，你的問題應該可以幫助其他學生更易瞭解課程內容。

6. **完成每一章後面的習題**。習題是以每一章的內容和範例為基礎。這些習題是要幫助你應用每一章教授的概念，同時建立你的自信心。如果你可以回答每章後面的習題，那麼表示你已經能將這一章的內容掌握得很好。章後每一題習題的解答都放在附錄 D。

7. **練習，練習，練習**。是的，這是個很古老的笑話：

問：你如何才能到卡內基大廳？

答：練習，練習，再練習。

好吧，這和基礎統計學沒有差別。你必須使用你所學到的知識，而且要經常使用來精通不同的觀念和技巧。這意味著回答每章最後面的習題，以及好好利用你遇到的任何機會，來瞭解你所學到的內容。

8. **尋找應用實例，使所學內容更貼近現實**。在你的其他課堂上，你可能偶爾會閱讀期刊上發表的文章，討論研究的結果，並且對你學習領域中的科學方法重要性進行一般性的討論。這些都是驗證你所學的統計學，可以如何幫你更瞭解課堂討論的主題和基礎統計學的機會。這些想法你應

用得越多，你的瞭解就更多、更充分。

9. **瀏覽**。首先瀏覽完指定的章節，然後回頭再更仔細地讀一次。輕鬆的走在學習《愛上統計學：使用 R 語言》的道路上來瞭解每一章的內容，你自己千萬不能急，先知道前面有哪些主題，以及讓自己熟悉現在統計學課堂上將要涵蓋的內容，總是會有好處的。

10. **樂在其中**。這看起來好像在說一件很奇怪的事。但簡單來說，這不是被動地讓這門課和它的要求控制你，而是要你主動的精通這門課。建立學習時間表並按表完成，在課堂上提出問題，而且將這個智力訓練看作是成長的一種形式。精通新知識總是令人激動和滿足，這是人類活力的一部分。在這裡你也可以體驗同一種滿足感，集中精力、為保持功課水準做出必要的承諾，並且努力學習。

關於那些符號

綜觀《愛上統計學：使用 R 語言》全書，你將會發現一個小梯子符號，就像你在這兒看到的。這表示即將有一組步驟引導你通過特定的過程。有時你會使用 R 語言來執行這些步驟。這些步驟已經通過聯邦政府機關的檢驗與核准。

R 的符號是讓你知道這些資訊是著重在 R 語言或是 RSutdio。這些技巧會用來強調新的細節和解釋一些前面章節跳過的部分。

這本書還涵蓋了哪些範圍呢？

　　R 語言會在第 2 章中介紹，你會學到一些基礎知識以及安裝 R 及 RStudio 的方法。第 3 章會邀請你跟 R 做朋友。跟著這些指示進行操作之後，你就會知道你該做什麼來使用 R。附錄 A 中，我們會說明 Mac 版本如何安裝 R。

　　附錄 B 包含了許多你將會學習到及使用到的重要表格。

　　附錄 C 列出你將用以完成本書習題的資料集。在章末習題中，會說明你要參考使用的資料集的名稱，通常像是「第 2 章資料集 1 (Chapter 2

Data Set 1)」。你可以手動輸入資料，也可以從 SAGE 的網站下載：**edge. sagepub.com/salkindshaw**。

附錄 D 涵蓋所有章節習題的答案。

附錄 E 涵蓋一些基礎的數學知識，提供給讀者溫故知新之用。

附錄 F 提供一系列學習統計和 R 的有用網路資源。

附錄 G 介紹資料蒐集的十誡律。

附錄 H 是本書的專門術語。

附錄 I 則附上了大家期待已久的布朗尼食譜（沒錯，你終於找到了）。

難易指數手冊

為了讓你有所心理準備，我們在每一章的開頭列出困難指數的圖案。這樣讓學習更有趣，同時也讓你知道這章的狀況及相對困難度。

1	非常難	☺
2	比較難	☺☺
3	一般	☺☺☺
4	比較容易	☺☺☺☺
5	非常容易	☺☺☺☺☺

專門術語

本書中有加上粗黑字體的名詞，都會收錄在附錄 H。

真實世界的統計

〈真實世界的統計〉一節會在每一章的最後出現，希望這個單元可以提供你有關某特定方法、檢定、觀念、或某些統計面向，如何在科學家、醫生、政策制定者、政府人員及其他人的日常工作場所中被使用。在本單元第一次出現的此刻，我們來看一篇很短的論文。作者回憶和分享美國國家科學院 (National Academy of Sciences) 在「任何時候由政府的任一部門所要求，應該調查、檢查、實驗、和報告任何有關科學或藝術的主題」的論點。（順便一提，這是在 1863 年所提出的章程！）

這個章程在 50 年後，於 1916 年，促成美國國家研究委員會 (National Research Council) 的成立。這是另一個協助提供政策制定者在決定充分知情之決策所需要之資訊的聯邦機構。通常此一「資訊」是以量化資料的形式──也被稱之為統計──幫助人們評估解決對社會大眾造成廣大影響之問題的備選方案。因此，在這篇文章中，就像你的課本或你所修的課程一樣，指出透過清楚的思慮及資料的使用來支持你的論點，有多麼重要。

想要知道更多嗎？可以上網或到圖書館閱讀這篇文章：

Cicerone, R. (2010). The importance of federal statistics for advancing science and identifying policy options. *The Annals of the American Academy of Political and Social Science, 631*, 25–27.

小結

實際情況沒那麼糟，對吧？我們想要鼓勵你繼續閱讀，而且不要認為瞭解與應用統計學是困難的、耗時的、或是複雜的。每一次只學一章，就像你現在所做的。

練習時間

因為沒有任何事物能替代真實的體驗，因此幾乎每一章的結尾都有一組習題。這些習題可以幫助你回顧該章所涵蓋的內容。你可以在附錄 D 找到這些習題的答案。

以下就是第一組的習題（不過沒必要找解答，因為這些題目多半是個人化的，與個人經驗或興趣相關）。

1. 訪問一個在日常工作中應用統計學的人。這個人可能是你的顧問、一位講師、生活在同一街區的一位研究員、公司的一位市場分析人員，甚至是城市規劃人員。詢問他（或她）的第一個統計課程像什麼樣子。問問他（或她）喜歡什麼、不喜歡什麼。看看他（或她）是否有任何可以協助你成功的建議。而且最重要的是，問他（或她）如何在工作中使用這個對你來說是全新的工具。

2. 我們希望你已組成讀書小組；如果這不可行的話，至少你可以組成電話或線上研究夥伴群（甚至可以同時參與兩種以上）。和你的小組成員或課堂上的同學聊聊有關統計學課程的喜歡、不喜歡、害怕之類的問題，看看你們有哪些共同之處？哪些不同之處？和你的同學討論有哪些策略可以克服恐懼。

3. 查閱本地報紙或任何公開發表的文章，找出有關任何一個主題的調查或訪談結果，總結這些結果，然後你盡可能描述相關研究人員或者調查的作者如何得出他們的結論。這個過程可能明顯也可能不明顯，一旦你瞭解他們做了什麼，嘗試思索有沒有其他可以蒐集、整理和總結同樣資訊的方法。

4. 去線上或是實體圖書館，影印一份你專業領域中的期刊論文，瀏覽該文章，並利用螢光筆標示出統計方法被用於整理和分析資料的部分（通常是在「結果」部分）。你對具體的統計方法還瞭解不多，但是你能指認出多少不同的統計方法（如 t 檢定、平均數和標準差的計算）？你能不能完成下一步？並且告訴你的老師這些結果和研究問題、或者最主要的研究主題間的關係？

5. 在網上查找五個包含任何主題之資料的網址，然後簡要介紹所提供的資料類型以及資料是如何整理的。例如：到所有資料網址的源頭，美國人口統計局 (http://www.census.gov)，你會發現裡面有數百個資料集、表格、和其他有用的工具，試著搜尋適合你專業的資料和數據。

6. 最大的加分題！去找一個有在用 R 語言進行每日資料分析的人，問他們為什麼要使用 R 語言而不使用其他程式語言。你可能會發現各個領域（如政治學或護理學）都會有這些屬害的人，所以儘量廣泛詢問！

7. 最後，作為這第一組習題的最後一題，提出五個有關你自己的研究或有興趣之領域內的有趣問題。試著盡自己最大的努力提出一些你會需要真實的或現有的資料或數據的問題。讓自己成為一位科學家！

學生學習網址

你可以連上 **edge.sagepub.com/salkindshaw** 找到其他的練習題目與電子快閃卡片 (eFlashcards)，也可觀賞 R 的教學影片，並可下載檔案資料集！

歡迎來到這個有趣、有用、有彈性、好玩、而且（非常）深入的 R 語言及 RStudio 的世界

PART II

你一定知道這個世界不斷在改變，基礎統計學也是一樣。你現在拿在手上的《愛上統計學：使用 R 語言》就是在講基礎統計學。

所以，什麼東西改變了？

過往的年代，成千上萬的學生，學統計得使用非常的昂貴的軟體，而且還得付費更新（當然是學生付錢），而且一般情況下，這些更新還不是那麼容易取得。

在 R 語言發明之後，這些限制都消失了。R 語言不只是免費的，而且還很容易取得。不僅如此，它也非常的彈性且好上手。

我們在《愛上統計學：使用 R 語言》的第 2 章會介紹 R 語言的環境，以及安裝 R 語言的步驟。你會學到一些 R 語言的字彙和如何尋求幫助。我們會講述如何以編譯器使用 R 語言，並帶你安裝 RStudio 以為第 2 章的結尾。

　　到了第 3 章，我們會教你怎麼使用 RStudio 裡面強大的繪圖軟體介面，或是當作時尚的計算器。我們也會展示如何使用 R 語言內建的功能，來讓你掌握基礎統計學的第一步，同時藉由 R 語言的使用，讓你知道你所需瞭解的統計學。

　　為什麼使用 R 語言而非 Excel 或是 SPSS 呢？繼續看下去吧，我認為你會被接下來要介紹的內容所說服。讓 R 語言來證明給你看，它將成為你最喜歡的統計軟體。

2

這裡就是你跟 R 的初戀
與緣分的起點

難易指數：☺☺（比較難）

本章學習內容

✦瞭解 R 語言是什麼以及 R 語言的簡史。

✦瞭解使用 R 語言的優劣。

✦定義開放資源。

✦下載及安裝 R 語言。

✦學習 R 這個新語言。

✦使用 R 語言的「幫助」。

✦學習重要的詞彙。

✦下載及安裝 RStudio。

✦瞭解 RStudio。

R 語言的極簡史

在 1996 年，羅斯 · 伊哈卡 (Ross Ihaka) 以及羅伯特 · 傑特曼 (Robert Gentleman) 在期刊 *Journal of Computational and Graphical Statistics* 發表一篇

名為 "R: A Language for Data Analysis and Graphics." 的文章。這篇文章是「統計計算語言 (statistical computing language)」旅程的正式起點。他們其實早在 1992 年就開始構想，而之所以稱為 R 語言，是因為這兩位作者的名字首字母都是 R。

許多統計和軟體的套件在那之前就存在了，例如：SPSS、Stata、Minitab、S（也就是 R 的前身），而且很多都還十分流行且成功。很難去揣測這兩位作者為什麼會願意做出如此巨大的貢獻，但至少其中一個動機是為了創造出一套強大且靈活工具，開源且免費地給大部分的使用者使用。

目前來說，R 語言〔通常指的是 **R 基板** (R Base)〕是由 R Development Core Team 以及 R Foundation 負責開發及維護。

R 語言的優點

有許多原因使得 R 語言在過去短短數年之內，就成為非常盛行的工具。

首先，R 語言是免費的，這表示你不需要花半毛錢在軟體升級的時候去向某廠商購買或去租用新的版本。

它是開源的 (open source)，這意味它的環境是開放給所有人，所有任何想修補、改善、試試新想法的人。不需要再擔心專利權的警告，或者是一堆要你事先同意的授權條款，也不需要任何訂閱或是每月付款。其他的優點在本章後段會再說明。

快速啟動！

想要馬上找到是誰創造和維護 R 語言嗎？如果你已經裝了 R 語言（或許你之前就裝過或是學校的電腦就有裝），鍵入

```
> contributors()
```

正如同你看到在的提示字 (prompt) 在 R 控制台 (R Console) 窗格中是一個「大於」的符號，長得像這樣：

```
>
```

然後按輸入鍵 (Enter) 或是返回鍵 (Return) 看一下。你如果還沒裝 R 的話，那稍等一下，你再來試試看。

按下輸入鍵或返回鍵，不然 R 不會動！

記住了，你如果啥都不做的話，R 語言是不會執行的。你一定得按下輸入鍵或是返回鍵，它才會開始動作。

大寫就是大寫，小寫就是小寫

不同的軟體是奠基於不同的程式語言，R 語言是奠基於 S 語言。它嚴格的區分大小寫，舉例來說：TRUE 和 true 是不同的。用剛才的例子來說，輸入 contributors() 會給出貢獻者的名單，但是輸入 Contributors()，我們跟你保證，你會得到錯誤的訊息。

R 語言的缺點

縱使有上述優點（之後還會說更多），R 還是可能會有點複雜和一點小嚇人。有些人就是不想寫程式，這是沒關係的。幫助 (help) 的功能一開始看起來可能艱澀難懂，但是你之後就會很熟悉了（小提示：你可以試著看一些範例，看看這些函式是怎麼運用在現實生活的資料中）。當然還有一些缺點，但是那些缺點已經超出本書涵蓋的範圍了。

R 已經發展出一些人性化的介面，讓一些 R 的操作流程接近我們平常使用滑鼠的習慣。在第 3 章，我們會教你使用 RStudio，這是個讓 R 比較好瞭解及使用的介面。

其他使用 R 的理由？

• R 可以被安裝在幾乎任何一台電腦、任何作業系統，包含 Windows、

Mac、Linux、和其他。

- R 可以產出漂亮的圖片！品質優於其他商用軟體，例如：SPSS、SAS 及 Stata。
- R 的系統要求限制不高，這代表它可以在任何有足夠記憶體的電腦運行文書處理或是試算表。
- 最後，R 非常的靈活，這也是為什麼 R 變得如此流行的主要原因。如果你需要深入到 R 的底層修改程式，調一調指令就可以看看結果是否符合預期。對於電腦狂熱者或是一般人來說，這都是一個極大的優點。但你只是個初學者，別擔心：只要你想去的地方，R 都可以帶你前行，你將來就會看到令人振奮的成果。

給你（以及你的老師）一個關於開源軟體的簡短註解

因為諸多原因，R 是個特別有趣的工具，但還有一些其他事情是我們必須要瞭解的。

首先，它是個開源的程式，這表示它開放未來使用者更動的彈性而且也開放讓所有想更動的人修改。對於任何一個開源的產品來說，這是一個很棒的事情。而且大部分的開源軟體是免費的。

其次，開源的特性表示這個軟體會定期的更新，所以你必須時常查看是否有最新的版本可以安裝（接下來的章節，你就會學到如何安裝）。

第三，因為它是開源的特性，電腦狂熱者和一般人都可以對 R 做出貢獻，讓 R 變得更好、更方便、或是更強大，所以你在螢幕上看到的畫面可能跟本書的畫面有所不同。但沒關係，這些差異不會影響到你學習。

第四，因為 R 的開源和靈活性，一件事情可能有不同方式可以達成，這在未來也會發展出更多不同的方式達成。本書的目的是告訴你一個我們認為比較簡單的方式去達成特定的目標，你自己也有可能會找到其他方式去達成該目標。這也是好事一件。本書只是告訴你其中一種如何使用 R 這個分析工具的方法。

最後，R 有許多不同的使用方法和函式。因為它還是一個發展中的軟體，總是會有更新的東西被發展出來，你可以選擇跟著本書《愛上統計學：

使用 R 語言》前進，我們也很鼓勵你自己發掘、深入瞭解 R 的各個面向。

如果你精通了本章的內容，也就是安裝 R、選擇編譯器、以及學習新專有名詞，那麼你將足以繼續學習後續篇章，也就是如何將 R 運用於統計分析的方法。

去哪裡尋找並下載 R

第一步當然就是把 R 下載到你電腦裡：

1. 前往 https://cran.r-project.org/ ，如圖 2.1。那裡有一個連結讓你可以在不同平台安裝 R。

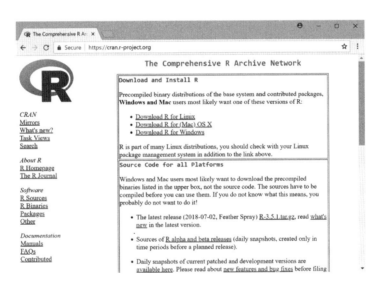

前往 edge.sagepub.com/salkindshaw 去看 R 的安裝教學影片。

▣ 2.1 安裝 R 語言的初始頁面

我們這裡示範安裝 Windows 的版本，但你可以看到 Linux 和 Macintosh 的版本也都在上面。點下你想要安裝的版本，然後看圖 2.2，你可以按下 "install R for the first time" 的連結，就會開始下載 R 基板（這個版本已經夠你使用了）。

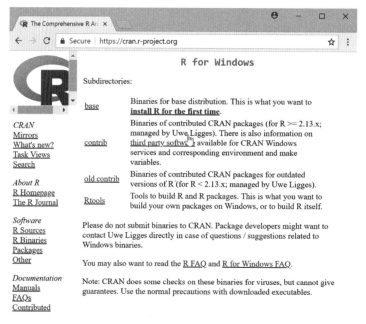

圖 2.2　安裝 Windows 版本的 R 語言

接下來的流程就跟你裝任何一個 Windows 軟體一樣（或是任何在 Linux 和 Macintosh 的版本一樣）。我們安裝 3.5.1 的 R 版本，因為這是寫這本書時最新的版本。你可以安裝這個版本或是更新的版本。書中的範例、練習或是問題所使用到的函式，應該都能在各種版本上執行。

找到 R

你可以在下面的網址找到大部分你需要的東西：https://cran.r-project.org/。CRAN 是 R 綜合檔案網路 (Comprehensive R Archive Network) 的縮寫，但其實還有其他 R 相關的資訊，例如：http://www.r-project.org/。在這個網址，你可以找到因應統計計算的 R 專案，可以下載新版本的 R，以及更多關於 R Foundation 的資料。你如果想要找資源、或是尋求幫助時，也可以試試這個網站。

跟上最新潮流

去下列網址：http://www.r-project.org/，你可以看到有個 "Under News" 的地方，那裡就有 R 的最新版本。你可以看圖 2.3 RGui、R Console，會顯示 R 目前的版本。如果不是最新的話，重新下載一個新的就行了。

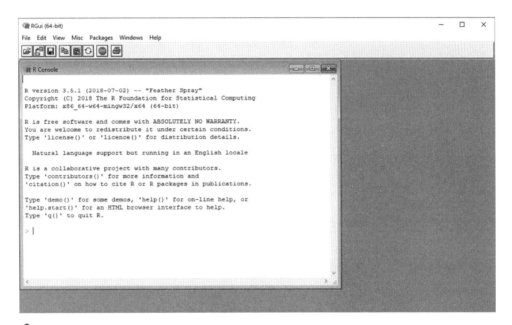

圖 2.3　R 的起動畫面

2. 當檔案下載完後，打開它並照著你電腦作業系統的指示去安裝 R。當完成安裝後，R 的符號會出現在你的桌面。當你想要使用 R 的時候，雙擊這個圖像，RGui 就會打開如圖 2.3。快去試試看吧！

R 的起始畫面

　　這個起始畫面稱為 R 的命令列窗格 (R Console)，就顯示在畫面左上角。這裡就是輸入指令碼、讀取資料的地方。事實上，這裡就是 R 的中心，你可以在下個章節發現，這裡也是你可以找到指令結果的地方。上方的選項列

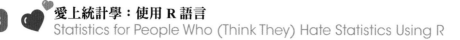

會在附錄 A 介紹。我們現在要花一點時間在 R 的命令列窗格上，來確保 R 的安裝是沒問題的，並且會向你介紹一些新的專有名詞。在這章的後半部，我們將會安裝 RStudio，並且本書在這之後，將全程使用 RStudio。

我們先來看看 R 是否可以在你的電腦中運作。如果你已經打開 R 且可以看到 R 的命令列窗格，那麼你已經成功的安裝 R 了。如果你正確安裝，那麼你應該可以簡單的進行加法運算。在 > 的地方，跟著下方的圖打字，打完後按下輸入鍵或是返回鍵：

```
> 2 + 3
```

R 就會幫你把這兩個數字相加，並把結果在下一行顯示如下：

```
[1] 5
```

在開頭的 [1] 代表的是一行結果，5 表示你剛才讓 R 去作加法運算完後的結果，也就是這兩個數字的和。如果你剛才結果是對的，那麼 R 就是成功安裝了。在你可以跟著幾個新範例來學習新專有名詞，以及如何尋求幫助，或是你可以關掉 RGui，然後等到我們說明 RStudio 再動作。我們的指令在 RGui 或是 RStudio 都是可以運作的，因為它們都是使用你電腦中安裝好的 R。

什麼是圖形使用介面 (GUI)？

自從現代程式開始發展，最早大約是在 19 世紀中，愛達 (Ada Lovelace) 和她的同事，為查爾斯‧巴貝奇的分析機一機械式通用計算機所寫的作品開始，如何將資訊輸入至電腦中的問題，使得許多程式語言開始發展。

有一度輸入的部分都是由二進碼 1、0 構成的組合語言，接下來才有 Basic、Unix、Fortran、Python、C++ 以及其他程式語言。滑鼠、手寫筆這種硬體的輸入產品是更晚才發展出來的。

但大部分的人，尤其是非程式專業人員，需要更簡單的方式去告訴電腦，我們想要如何操作、分析、轉換等等。

圖形使用介面的英文縮寫是 GUI（唸做 gooey）全稱是 graphical user interface，可以讓使用者更容易如何操作以及要做什麼。Windows 在執行程式大多是圖形使用介面，Macintosh 也是。我們介紹的 RGui 是你一裝上 R 就有的，根本就是買一送一。RGui 讓你可以跑指令碼並得到結果。還有一個對使用者更加友善的 RStudio，我們稍後會安裝。你只要雙擊 R 的圖像，就可以在桌面上打開 RGui。

當 R 下載並安裝在你電腦上，R 就可以用了。R 的發行者認為你可以在 R 基板上面做分析，是個很方便的工具，讓你可以很快地就開始使用 R。

R 的套件及函式

在稍早的章節，我們說過因為開源的關係，有很多人會製作一些套件讓 R 變得更好。我們可以安裝這些**套件** (packages)。不跟你開玩笑，這些套件有成千上萬個。這些套件可以執行某些特定的任務，而且讓你在有必要時更簡單地去定位、使用、和更新這些套件。舉例：stats 這個套件，我們會在每個章節都會使用，是 R 基板自動帶入的套件，你一裝完 R 就可以使用了。每個套件有許多**函式** (function) 可以使用，有的也會帶有資料集可以讓你練習。光是 stats 這個套件就有 37 個 a 開頭的函式。但什麼是函式呢？

函式是很多命令的組合，可以幫你做某些事情。舉例來說，如果你用了排序函式在一組數字上面，R 就會由小到大重新排列這組數字。如果你想要從最大排到最小呢？ R 也可以幫你做！我們只要學習怎麼告訴 R，我們要做什麼就好了。

你要怎麼知道什麼套件是可以用的、以及它們可以做什麼呢？ CRAN 的網站有所有的套件，以及一個告訴你什麼套件是可以使用的列表。如果你去任何一個瀏覽器搜尋 "R packages list"，其中一個搜尋結果，就會帶你到這個網站：

http://cran.r-project.org/web/packages/available_packages_by_name.html。
點進去後，左側是一個按照字母排序的套件名稱列表，右邊告訴你每個套件
的摘要。你看到的畫面應該會像圖 2.4。請留意，新的套件會一直加入，甚
至每小時就會有一個新套件。在下一章，我們會教你怎麼找出你電腦裡面已
經有的套件。

📷 2.4　現有可用之套件清單

 想要找到套件裡有什麼、以及套件可以讓你做什麼嗎？簡單，
你如果到了上面的網站，找到你想要瞭解的套件，然後點擊你
想瞭解的套件。在 R 裡面，我們可以用 help 這個函式。你如果
想要瞭解 stats 這個套件，你可以在命令列窗格裡面，在 > 後面，依照下面
的圖片打：

```
> library(help = "stats")
starting httpd help server . . . done
>
```

按下 Enter 鍵，RGui 會啟動瀏覽器並列出一些 stats 套件的基本資訊。
點擊瀏覽器中下方的 Index 連結。你會看到一個視窗像圖 2.5 一樣，會告訴
你這個套件裡面每個函式要怎應用的摘要（本書是用 3.5.1 版本的 R）。

幾乎所有的 R 函式都是由一個指示字（例如：data、help）加上一組括號 () 所構成。括號裡面是你想要讓 R 做的事情。例如：help() 會給你一個幫助的視窗，data() 會給你一個視窗告訴你，R 上面可以使用的資料集。括號裡面的東西叫做**引數** (argument)。

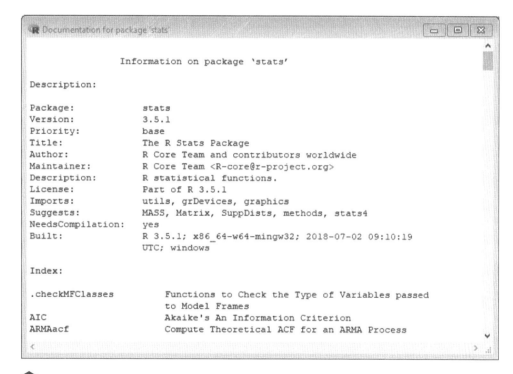

<img> 2.5　看看套件能夠做什麼

格式注意事項

接下來本書的章節中，R 的語法和輸出，會像我們之前舉過關於 help 的用法一樣：

- "＞" 在 R 視窗中，這後面就是你可以輸入語法的地方
- 藍色，monospaced 字體，在 R 裡面代表語法
- 黑色，monospaced 字體，在 R 裡面代表 R 的產出

當我們指示你輸入一些語法的時候，我們其實是在告訴你，把鼠標放在 R Console 的 > 之後，然後依照範例開始打上語法。當所有命令完成時，按下輸入或是返回鍵（按什麼鍵是看你的鍵盤決定的，我們大部分會說按輸入鍵）。而在大多書的情況下，R 會告訴你，它在想什麼。很簡單對吧！

一堆免費的資料集！

R 最酷的地方之一，就是在於它有一堆免費的資料集等著你來探索，所以當你安裝了 R，你就能找到一堆已經可以使用的資料集。

你如果想要看那些資料集，在 R Console 中 輸入：

```
> data()
```

看圖 2.6，它告訴我們一堆已經在 R 基板裡面的資料集。舉例來說，你可以看叫做 state.abb 和 women 的資料集；woman 的資料集你可以看圖 2.13 的最下面。

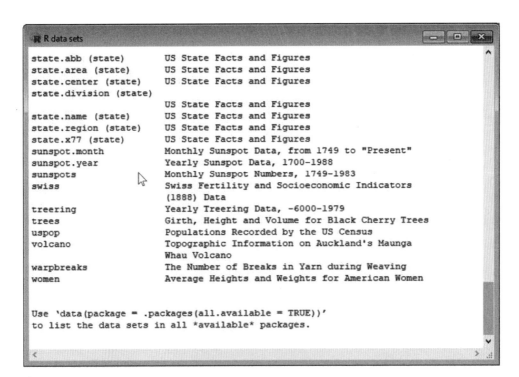

圖 2.6 免費使用的 R 資料集清單

在 R 中尋求幫助

所有人，尤其是抱著雄心壯志的決心來學習 R 的人，都會需要幫助。R 提供無數個幫助，包含選單選項的 help。

如果你是個新用戶，有一個很棒的地方可以看 R 的常問問題，https://cran.r-project.org/doc/FAQ/R-FAQ.html。常問問題列表裡面有一個又一個的問題，第一個問題就是「什麼是 R」，和一些附加的套件。

光是花點時間去瀏覽這個網站，就是一個不錯的方式去認識以及熟悉 R。你可以留意裡面的範例，它會告訴你該如何使用 R 去做你想要做的事情。

用 help 來尋求幫助

你只要在 R Console 輸入 help，就可以得到幫助了喔！

```
> help()
```

當你打上 help(help)，你就會看到一個視窗如圖 2.7，告訴你 R 可以提供你什麼幫助。

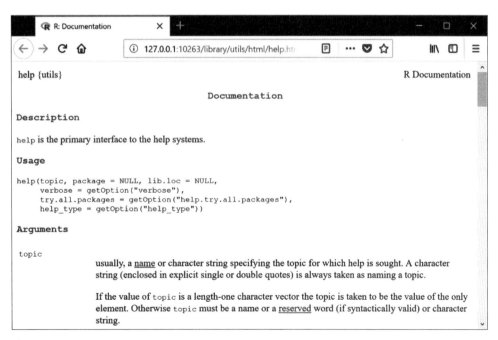

圖 2.7　help(help)

有問題？使用？

另一個可以得到幫助的簡單方式，就是打一個問號加上你想要問的函式。例如：?mean 或是 ?plot。如果 R 沒有該函式的幫助，它也會跟你說沒有。用兩個問號來找關鍵字，例如：??mean，R 就會給你一個裡面有包含 mean 這個關鍵字的幫助頁面，這當然也包括了 mean 這個函式。

　　一旦你開始使用 R，你可以尋找關鍵字、套件、或是函式。有時候這些幫助的視窗會給你很多很簡要的資訊；雖然不一定有如何完成特定任務的詳細說明，但是這仍然是個好的開始。因為你用 R 用習慣後，這種程度的幫助會變得越來越有意義。

　　最後，雖然說這可能有點太多了，其實有上百個網站都可以協助你，我們上面列的網站只是幾個例子。這世界上還有很多 R 的新用戶，他們可能早就問過你想問的問題。試著把你想問的問題打在任何搜尋引擎上，你可能就會獲得解答。有時候看個範例，就是走在 R 統計道路上的第一步。

　　如果沒有人問過你想問的問題，你可能會想要問問題來尋求幫助。大部分的 R 網站都是有論壇的，所以任何問題通常都有好幾個專家可以引導你。記得，沒有笨問題，你現在只是比別人沒經驗罷了。開始你的 R 冒險之旅吧！

　　網站 https://www.r-project.org/help.html 是 R Foundation 可以獲得幫助的地方，這或許是你第一站，也是最後一站，因為它提供很清晰的幫助資訊。這就像是個寶藏一樣。

　　Stack Overflow (http://stackoverflow.com/)，是一個可以問開發人員／軟體開發者／寫代碼的人網站。如果你的問題跟別人重複了，他們會告訴你或是給你一個原始問題及答案的連結。

　　Help for R (http:search.r-project.org/) 提供很多 R 相關的文章。你可能也想從 R 維基百科開始，那裡也給你一個很好的基礎去瞭解什麼是 R 以及要如何運用。

RStudio 是你下一個將會安裝的應用程式，它也有他們的論壇網站 (https://community.rstudio.com/)。事實上，RStudio 的論壇對 R 初學者十分友善。你可以看看 "Welcome to the RStudio Community" 的相關文章，來看要怎麼使用這個網站。

 那範例在哪呢？

你剛才已經試著尋求協助了，你也知道要怎麼尋求協助了，但你可能還是超級想看範例，看看這個函式到底要怎麼用。在 R Console 裡面輸入 example(mean) 並按輸入。你就可以看到一些蠻有用的範例。

一些重要的專門術語

所有的程式語言有它自己獨特的框架和概念，我們在這裡提一些最重要的術語並定義它們。

任何在 R 裡面被創造出來的東西，都叫做一個**物件** (object)。例如：你如果創建一個資料集，裡面有一個名為 time 的變數，內有 20 個分數，那這一組的分數，就是物件。你跑了一些分析，把分析結果存起來，那分析結果也是一個物件；如果你計算 3 乘以 4，並且把結果存起來，那麼乘積 12 也是一個物件。

向量 (vector) 是一組同樣類型的數據，下面的例子是數字類型的數據，如：1、2、3，或是 4564、6545、34356。一個單一的數字也可以視為是一個向量。你可以將一組文字存成一個向量，例如：一年中的月份：五月、十二月、八月、和二月。如果你想把文字跟數字放在同一個向量，R 會視整個向量為文字向量。向量在 R 中是一個很基本的物件。在本書《愛上統計學：使用 R 語言》中，我們會從各種資料集中，創建出向量。

原子向量 (ATOMIC Vectors)

你可以儲存六種不同的資訊在 R 的向量中，但原子是什麼意思呢？向量可以儲存資訊，它會依據資料的類型，或是說原子 (atom)。原子這個命名是因為這是 R 使用者會輸入和操作的最小單位。

- 邏輯值 (logical)：真 (TRUE) 或是偽 (FALSE)
- 整數 (integer)：一個整數
- 浮點數 (double)：一個有小數的數字
- 複數 (complex)：包含實數和虛數（是的，有虛數這個東西！）
- 文字 (character)：文字，通常又稱為字串 (string)
- 原始資料 (raw)：電腦儲存字元的資訊，為十六進位制。

一個**函式** (function) 是一個 R 用來完成某項操作的工具，舉例來說：mean() 這個函式會將一組資料相加後，除上觀察個數，而 plot() 用資料來繪製圖形。

一個**引數** (argument) 是一個函式應該作用的部分，所以你看到一個函式這樣寫 mean(x)，那麼引數就是 x。R 會用你先前就定義好的 x 物件來計算平均值。

一個套件是很多函式的集合。例如：stats 這個套件，我們以後會常常用它。其他的像是 survival，它是可以讓你分析更加便利；class 可以協助你分類資訊；graf 則是一個繪圖套件。想要看你現在的 R 裡面已經有多少套件了嗎？在 Console 的 > 後面按照下圖輸入：

```
> library()
```

按下輸入鍵，你就會看到目前 R 裡面有多少已經可以使用的套件了。

資料框架 (data frame)，是一組包含行列的向量。這可能只有單行單列，而且可能包含不同種類的向量（例如：包含文字及數值的向量）。

重量	完成的項目	年紀
154	65	24
210	72	35
156	77	41
151	81	34
98	60	12

資料框架，還是矩陣 (Matrix)？

矩陣是 R 中另外一個處理行列資料的工具。不同的是 matrix 每一個元素都必須要為同一種資料類型。例如：全部都是數字、全部都是文字、或是全部都是邏輯值 (TRUE ／ FALSE)。

一個**列表** (list) 是一個可以涵蓋很多物件的物件。舉例來說，你可以創造一個列表，第一個元素是一個資料框架、第二個元素是是資料框架的平均值、第三個元素是標準差的向量。我們再把事情弄得複雜一點，你如果去查在 r-project.org 裡對 list 的定義，它會告訴你 list 是一個向量。搞什麼？官方的 R 會區分原子向量和列表向量 (list vector)。我們不會花時間告訴你這中間的區別，但你如果一直使用 R，你會發現你會喜歡在 list 裡面儲存東西。

下表示我們在本書《愛上統計學：使用 R 語言》比較常用的函式，有一些在你下載 R 的時候，就已經一併下載了：

章節	函　式	作　用
2	help()	説明套件或函式的用法
3	read.csv()	在 R 中匯入資料集
4	mean()	計算向量中數值的算術平均數
5	sd()	計算向量中數值的標準差
6	plot()	依據資料集畫圖
7	cor()	計算兩個變數間的相關係數
8	alpha()	計算統計中某方法的信賴度

章節	函　式	作　用
10	scale()	改變向量中平均和標準差
12	pnorm()	決定 z 分布的機率
13	t.test()	對獨立樣本計算 t 檢定
14	t.test()	計算成對樣本的 t 檢定
15	aov()	計算變異數的分析
16	Anova()	獲得 Type III 平方和的結果
17	cor.test()	計算相關係數和取得該統計量的機率
18	lm()	估計線性迴歸模型
19	chisq.test()	計算卡方檢定

好了，我們來複習一下剛才學到什麼：

1. R 是一個輔助資料分析的程式語言環境。
2. 這是一個開源式的套件，非常的靈活，但在應用前，需要仔細看細節。
3. 當你下載 R，你會獲得很多額外的資源，包含資料集、套件、以及很多幫助。
4. 字體的大小寫式不同，所以輸入函式的時候要注意。
5. R 就像是個有很多工具的寶箱一樣，你越常使用它，你就越能發揮它的威力。

RStudio

當你安裝 R 的時候，你也同時取得 RGui 這個人性化的使用介面。不過就算對專業人士來說，在 Windows 系統上，RGui 也不是那麼順手，所以我們會安裝 RStudio。從 RStudio 的公司網址下載：https://www.rstudio.com/，RStudio 的使用者介面稱為整合開發環境 (IDE, integrated development environment)，它可以像 RGui 一樣使用 R，但 RStudio 包含了一些好用的方式，讓你可以學得更容易。

要選 RGui，還是 RStudio 呢？

前面介紹的 `help()`、`data()`、以及 `library()`，在 **RStudio** 也是用相同的指令。**RStudio** 就是用另一個（或是簡單一點的）方法學習 R。所有 R 的指令都是可以在 **RStudio** 裡面運行的。你可以把 **RStudio** 想像成幫你已經下載的 R 穿一件漂亮的衣服。

你安裝 R 了嗎？

RStudio 是使用已經在你電腦裡面的 R。如果你剛才決定要稍等片刻再安裝 R 的人，現在可以裝了！回到剛才的「怎麼找到以及如何下載 R」照著裡面的步驟安裝，安裝後再回來本章節安裝 **RStudio**。

去哪裡尋找並下載 RStudio

請依照下列的步驟安裝 RStudio：

1. 前往 https://www.rstudio.com/products/rstudio/download。

2. 請看圖 2.8，你有很多個版本可供選擇，包含個人電腦的免費版本，也就是 RStudio Desktop 的版本。點擊 DOWNLOAD 的按鈕，你可以下載 Open Source 的、或是 Commercial License 的 RStudio Desktop 版本。

你可以前往
edge.sagepub.com/
salkindshaw 觀看 R
的教學影片

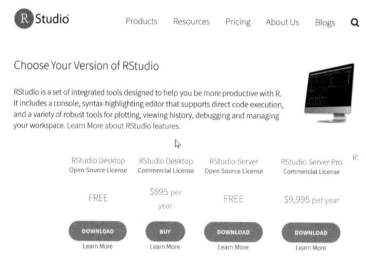

圖 2.8　RStudio 安裝網站

3.看圖 2.9，你可以看到許多作業系統或是平台的版本。雙擊一個可以跟你系統相容的版本（例如：RStudio Windows 或是 RStudio Mac OSX）。

Installers for Supported Platforms

Installers	Size	Date	MD5
RStudio 1.1.456 - Windows Vista/7/8/10	85.8 MB	2018-07-19	24ca3fe0dad8187aabd4bfbb9dc2b5ad
RStudio 1.1.456 - Mac OS X 10.6+ (64-bit)	74.5 MB	2018-07-19	4fc4f4f70845b142bf96dc1a5b1dc556
RStudio 1.1.456 - Ubuntu 12.04-15.10/Debian 8 (32-bit)	89.3 MB	2018-07-19	3493f9d5839e3a3d697f40b7bb1ce961
RStudio 1.1.456 - Ubuntu 12.04-15.10/Debian 8 (64-bit)	97.4 MB	2018-07-19	863ae806120358fa0146e4d14cd75be4
RStudio 1.1.456 - Ubuntu 16.04+/Debian 9+ (64-bit)	64.9 MB	2018-07-19	d96e63548c2add890bac633bdb883f32
RStudio 1.1.456 - Fedora 19+/RedHat 7+/openSUSE 13.1+ (32-bit)	88.1 MB	2018-07-19	1df56c7cd80e2634f8a9fdd11ca1fb2d
RStudio 1.1.456 - Fedora 19+/RedHat 7+/openSUSE 13.1+ (64-bit)	90.6 MB	2018-07-19	5e77094a88fdbdddddb0d35708752462

圖 2.9　選擇所擬安裝的 RStudio 版本

4. 安裝 RStudio 就像你裝任何軟體在你的作業系統一樣，很快你就會看到 RStudio 的圖示在你的桌面上。它看起來像是圖。在 Window 的作業系統上，你會看到 RStudio 的捷徑。

5. 雙擊 RStudio 的圖示，你就會看到圖 2.10 的畫面。

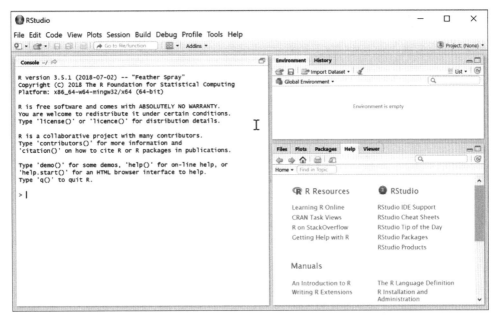

圖 2.10　RStudio 的啟動畫面

我們來玩一下 RStudio 吧

回想一下，安裝完 R 以後，我們在 RGui 的 R Console 窗格試過把 2 和 3 相加。我們在 RStudio 也來試試看吧。在 R Console 的窗格，依下列圖操作：

```
> 2 + 3
```

按下輸入鍵或是返回鍵，你就會看到：

```
[1] 5
```

一行運算結果 5 就會顯示在螢幕上。

如果你有跟上的話，你應該已經裝了 R 和 RStudio，而且在 R Console 窗格試過一些簡單的指令。你已經開始學習一些 R 的術語了。你可能以前就看過這些字了，但你現在知道這些字在 R 的定義。

我們現在要花點時間在 RStudio 上，首先會先介紹選單。先看大概念就好，你未來會看到更多的新字或是新詞在選單上面，例如："Workspace" 和 "Set Working Directory"。在第 3 章結束後，你會瞭解更多字或詞的意義，先不用擔心。現在你正學著事情是怎麼被組織起來的，如果你想找其他詞，你就知道該從哪裡下手了。

Windows 好，還是 Mac 好

如果你有一個比較舊版的 Mac OS 且無法安裝 RStudio 的話，怎麼辦呢？不用擔心，用 Mac OS 的學生們告訴我們用 RGui 也很好，在第 3 章及以後章節，大部分的任務，無論是點擊選單或是在 R Console 輸入指令，都會展示兩種做法給你們看，跟著做就可以了。

從 RStudio 操作

就如同任何圖形使用者介面，RStudio 有著一系列的選單，包含著各種不同的選擇，就有點像是餐廳裡的菜單一樣。這裡我們提供 RStudio 裡面 11 個選單以及你可以在裡面做什麼的介紹。

File

你可以使用 File 選單來開始一個新的專案、儲存你現在在進行的資料（這很重要）、進入最近的專案們、關閉你正在運作的專案、或是關掉 RStudio。File 選單於圖 2.11 所示，這是當你創建一系列 RStudio 命令（稱為命令稿 script），你會花很多時間的地方。

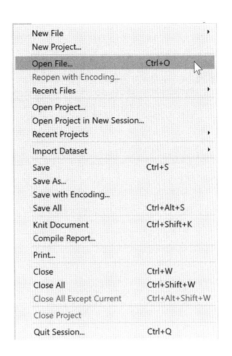

 2.11　File 選單

Edit

　　當我們第一次嘗試寫一些指令或是命令稿時，我們會需要一些修改，這時候就是 Edit 選單派上用場的時候。你可以剪下、複製、貼上、一鍵清掉整個 Console、復原、反向復原你剛才輸入的指令、以及搜尋特別的指令。

 2.12　Edit 選單

Code

編碼，在任何程式設計環境都是很重要的，在 RStudio 也不例外。在圖 2.13 你可以輕易地插入一整段命令稿、找到函式的定義、讓 RStudio 執行你想執行的那幾行命令稿、以及檢視原始檔案 (Source File)、或是你現在在運行的那一組命令。

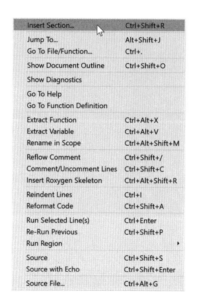

 2.13　Code 選單

View

如果你想要重新排列 RStudio 各個窗格的位子，View 如圖 2.14 就是你該去的地方。另外，你可以放大或是縮小各個元素在螢幕上的大小、顯示檔案、圖形、套件以及更多；運用很酷的 Tab 鍵來幫你插入指令（等等就會告訴你更多）。

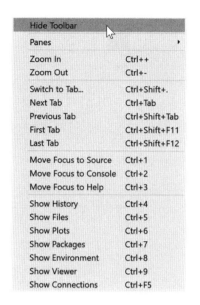

 2.14　View 選單

 重新排列各個窗格

如果你想要重新排列 RStudio 中各個窗格的位子，按 View →
Panes → Pane Layout，你就會看到選項對話框。在那個對話框
中，你就可以依據你的想法，把四個窗格的位子依據 RStudio
中四個可能擺放窗格的角落來放置。你可以檢查語法或加一個
客製化的字典。

Plots

對於我們這些視覺化學習者或是有像他人說明的需求，RStudio 提供了
Plot 選單，這個很簡單又很強力的工具來創造和調整圖像。你創造完圖像後
就可以存成 PDF 或是其他格式，然後複製這些圖表到剪貼簿，這樣你就可
以輕鬆地把它貼到其他應用程式，例如：Word 裡面。RStudio 的右下角可以
視覺化的呈現你在 Plots 選單，選擇 Next Plot 後的樣態，如圖 2.15。

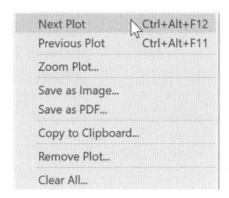

圖 2.15　Plots 選單

Session

是時候開始一個新工作階段了嗎？想看看工作目錄或是清理工作環境嗎？這些東西是什麼意思啊？別轉台！我們在下一章會介紹這些東西，你先看看圖 2.16，知道點開長什麼樣子就好。

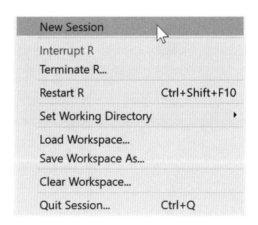

圖 2.16　Session 選單

Build

你可能不會花太多時間在 Build 選單上面，但你如果想要自己建立一個套件、或是開發某些 RStudio 的附加項目，這裡就是你要來的地方。Build

選單裡只有一個 — Configure Build Tools — 所以我們就不放圖了。

Debug

一旦開發了套件或是命令稿，你就會用到除錯工具，你可以在 Debug
選單中找到你要的工具，見圖 2.17。

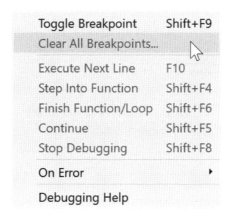

Toggle Breakpoint	Shift+F9
Clear All Breakpoints...	
Execute Next Line	F10
Step Into Function	Shift+F4
Finish Function/Loop	Shift+F6
Continue	Shift+F5
Stop Debugging	Shift+F8
On Error	▶
Debugging Help	

 2.17　Debug 選單

Profile

Profile 選單詳圖 2.18，這裡是給已經開始創造命令稿、開發套件等未來
的你使用的地方。這個選單幫助 RStudio 的使用者瞭解 R 是怎麼分配資源和
時間，來讓程式有效率的運行。

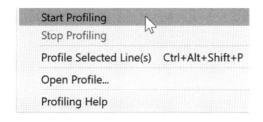

Start Profiling	
Stop Profiling	
Profile Selected Line(s)	Ctrl+Alt+Shift+P
Open Profile...	
Profiling Help	

 2.18　Profile 選單

Tools

　　哪會有好的工具箱裡頭是沒有工具的？ RStudio 提供了一些工具可以讓你做一些事情（圖 2.19），例如：安裝套件、檢查套件是否為最新版本、用 RStudio 附加功能、以及定義全局設定，例如：設定預設的工作路徑。

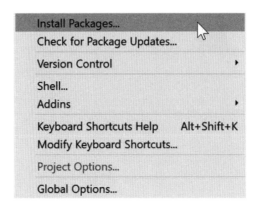

 2.19　Tools 選單

Help(!)

　　最後 RStudio 提供 Help 的選單，裡面的選項可以幫你回到正軌。如同圖 2.20 一樣，你可以看有沒有更新的版本（你應該要常常檢查）、進入 RStudio Support、看到一些快捷鍵、或是執行命令稿時的除錯或診斷訊息。

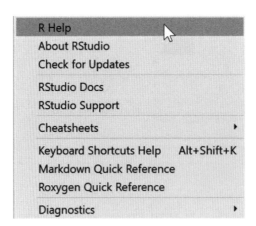

2.20　Help 選單

小結

先恭喜你順利完成本章的旅程！

當你完成這個章節，並且完成練習時間的習題，你將會安裝 R 和 RStudio、學習到一些新術語、並且在 R Console 的窗格執行一些簡單的運算。現在是時候來練習使用 R 了，你可以玩玩不同的函式看看結果。如同我們第 1 章說的，在輸入程式碼的時候，需要留意一些細節，像是大小寫、或是要加上引號，因此找個讀書夥伴很重要。在第 3 章我們會學習更多 R、RStudio 和它的各窗格；我們還會看一些套件；使用 R 當作我們的計算機（這可能是你擁有過最便宜或最貴的計算機）、以及輸入資料。

練習時間

1. 什麼是 R？R 用於統計分析的最主要優缺點為何？

2. 說明兩種當面對 R 的問題時，可以尋求幫助的方式。

3. R 的物件：

   a. 什麼樣的資料可以存在於一個向量裡？

   b. 你可以在同一個向量同時存入數字和文字嗎？

   c. 函式跟套件的關係為何？

4. 在 RStudio 裡，執行下列函式：

   a. library(help="stats")

   b. data()

   c. help(help)

   d. library()

5. 當你打 library(help="stats") 時，那些幫助的文字會在哪裡出現呢？

6. 什麼是 RStudio？這和 R 有什麼不同？

學生學習網址

你可以連上 **edge.sagepub.com/salkindshaw**，找到其他的練習題目與電子快閃卡片 (eFlashcards)，也可觀賞 R 的教學影片，並可下載檔案資料集！

使用 RStudio
——比你想像中容易

難易指數：☺☺（比較難）（花點時間練習，就會變簡單）

本章學習內容

✦瞭解 RStudio 的四個窗格的作用
✦把 R 當作計算機來用。
✦在 RStudio 中建置、使用、及匯入資料集
✦用 R 進行簡單的資料分析

　　在本書本章《愛上統計學：使用 R 語言》中，我們會讓你熟悉 RStudio，並且告訴你如何使用 R 及簡單地使用 R 指令，以得到你想要的結果。我們會從將 R 當作計算機、建造我們的第一個物件，並學習一些指令及後續章節會用到的觀念開始。

　　你可以看到 R 本身就已經很酷了，再加上我們上一章不斷提及 R 的深度及廣度，RStudio 可以帶給我們這些高頻使用者很強大的力量。

　　準備好開始玩吧！

盛大的旅程及四個窗格

讓我們用圖 3.1 探索 RStudio 的窗格。這只是個有趣的例子來告訴你 RStudio 是怎麼樣的架構以及如何運作的。

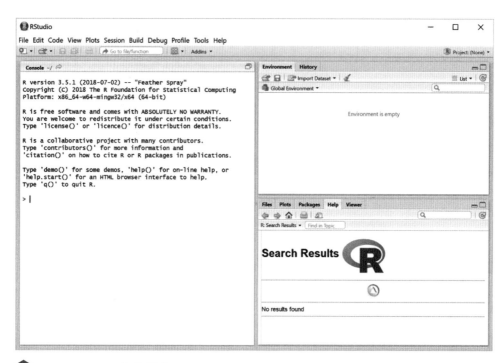

圖 3.1　RStudio 的啟動畫面

這張圖會跟你剛安裝好 RStudio 的畫面很像。目前有三個窗格，我們再來打開一個窗格，然後我們會一一介紹這四個窗格。請依照下列步驟來開啟第四個窗格：

1. 前往 File 選單。
2. 點選 New File，會出現一個選框。
3. 選擇 R Script…

RStudio 現在就會長得像圖 3.2。

我們現在可以看到四個窗格，每個窗格都有一些選項，就像你可以在右上角的窗格，看一些 Environment（環境）或是 History（歷史操作紀錄）。

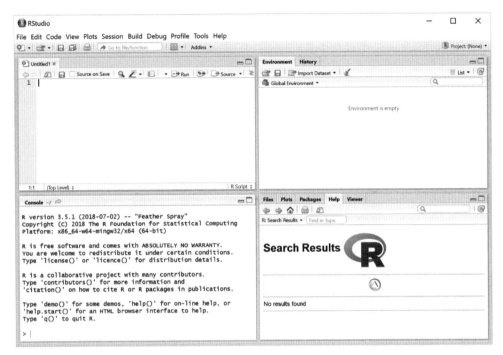

圖 3.2　RStudio 的四個窗格

我們來看一下這四個窗格：

- 圖 3.2 中，左上角是來源 (Source) 窗格，又叫做編碼 (Syntax) 窗格，你可以用 RStudio 命令建造 R 命令稿。我們通常會在這個窗格輸入 R 的指令，尤其可以在能執行程式碼的部分加入註解，然後就可以存取命令稿。

- 右上角是有兩個標籤的環境與歷史 (Environment and History) 窗格。第一個標籤是環境 (Environment)，它提供了包含你現在工作進行中的所有物件清單，例如：向量及資料框。另一個標籤是歷史，是你在 RStudio 使用過的 RStudio 指令的所有歷史紀錄。這個歷史標籤不僅能追溯你過去曾執行過的指令、確認哪些有用或沒用，你還可以雙擊它們來重複你剛才做過的動作。

- 左下角的窗格叫做命令列 (Console) 窗格，這裡是 RStudio 的核心，這裡是你輸入 RStudio 指令的地方，你也可以在這裡看到結果。命令可以在這裡直接輸入，或是從 History、Source 的地方送過來。

- 最後，右下角的窗格叫做檔案、圖形、套件、幫助與預覽器〔*File, Plots, Packages, Help, and Viewer*（抱歉這個窗格沒有縮寫）〕，但是這裡有很多有用的事情可以做：
  - 檔案標籤，會顯示 R 語言目前所在、或是之前存取在你 RStudio 的工作目錄 (Working Directory)。
  - 圖形標籤，則能瀏覽視覺化圖形。
  - 套件標籤，可以觀察套件安裝與載入在目前 RStudio 的現況。
  - 幫助標籤，如其名，可以幫助你使用 R。
  - 最後預覽器標籤，可以預覽本地網頁在本機端的輸出結果。

RStudio 窗格的好處

　　RStudio 比 RGui 功能強大而且簡易使用，這就是為什麼我們使用 RStudio 這個介面。接下來會用表格的方式介紹 RStudio 裡面的重要工具，並且會附上這些工具的圖案。

　　你可以注意到有一個隱藏／展開的圖示 ▬□ 圖，這可以讓各個窗格縮放，尤其當你只專注於某個窗格作業時，你可以把其他窗格隱藏起來，這樣你就有比較大的空間可以作業。舉例而言，圖 3.3，你可以看到來源窗格被隱藏起來；你想要重新看到的話，就點選展開的按鈕。

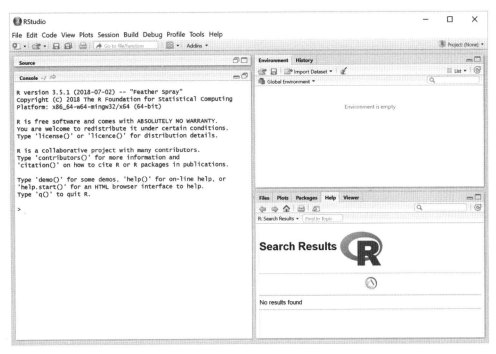

圖 3.3　收合來源窗格

圖示	游標在圖示上時 你會看到的文字	功　能
來源窗格		
	Show in new window	開一個新命令稿的視窗
	Save current document	儲存目前的文件，你可以命名該文件
	Source on save	當你存檔時，將 R 命令稿的每一個命令列都跑過一遍（請注意這個不要勾選）
	Find/replace	尋找及取代命令及語法
	Code tools	一個完整工具的清單，讓你可以輸入或是調整編碼
	Compile report	提供編修報告的工具
	Run the current line or selection	執行選中的指令

圖示	游標在圖示上時 你會看到的文字	功　能
	Rerun the previous code region	將先前的程式碼再執行一次
 Source ▾	Source the contents of the active document	把每一行指令在打開的命令稿中執行
環境與歷史窗格中的環境標籤		
	Open a workspace	打開一個會顯示你目前工作空間的對話框
	Saves a workspace	打開一個對話框來選擇要儲存工作空間的位置
 Import Dataset ▾	Import a data set	可以讓你匯入不同格式的資料集
	Clears objects from the workspace	清空工作空間的物件
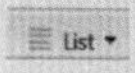 List ▾	List	可以用清單或是網格方式查看環境下的物件
	Refresh the list of objects in the environment	在全域環境中更新所有物件
環境與歷史窗格中的歷史標籤		
	Load history from an existing file	從現存的檔案中，打開舊的指令
	Save history into a file	存取目前的指令
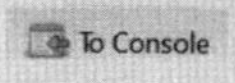 To Console	Send the selected commands to the R Console	將歷史窗格的指令插入至命令列窗格
 To Source	Insert the selected commands into the current document	將歷史窗格的指令插入至目前檔案
	Removes the selected history entries	在歷史窗格中移除選中的 R 指令
	Clears all history entries	清除歷史窗格中所有的 R 指令
Q	Search for history entries	在歷史窗格中搜尋特定指令
檔案、圖形、套件、幫助與預覽器的檔案標籤		
 New Folder	Create a new folder	在目前的工作目錄中建立一個新的資料夾

圖示	游標在圖示上時 你會看到的文字	功　能
Delete	Delete selected files or folders	刪除選中的資料夾或檔案
Rename	Rename selected file or folder	重新命名選中的資料夾或檔案
More ▼	More options	可以複製、移動以及選定工作目錄
	Refresh file listing	依據檔案清單的變化，建立新的清單

檔案、圖形、套件、幫助與預覽器的圖形標籤

圖示	游標在圖示上時你會看到的文字	功能
⇐ ⇒	Previous/next plot	前往上一個或下一個圖形
Zoom	View a larger version of the plot in a new window	調整圖形的大小且能在新的視窗中檢視圖形
Export ▼	Export a plot	將圖形轉存成圖片或是 PDF 或是複製到剪貼簿中
⊗	Removes the current plot	將目前的圖形從圖形標籤頁中移除
	Clears all plots	將所有的圖形從圖形標籤頁中移除
Publish ▼	Publish plot	在你還沒創造圖形前，你是看不到這個圖示的，這個圖是可以將你的圖形發布於你指定的路徑
	Refresh current plot	重新整理此標籤頁中的圖形

檔案、圖形、套件、幫助與預覽器的套件標籤

圖示	游標在圖示上時你會看到的文字	功能
Install	Install R packages	提供對話視窗可以選擇在哪裡安裝 R 套件
Update	Check for package updates	會去 CRAN 看有沒有最新的套件
🔍	Search for packages	尋找 R 套件
	Refresh package listing	重新整理清單上可用的套件

檔案、圖形、套件、幫助與預覽器的幫助標籤

圖示	游標在圖示上時你會看到的文字	功能
⇐ ⇒	Previous/next topic	前往上一個或下一個幫助主題
⌂	Show R help	R 的主要幫助視窗
	Print topic	將目前的主題印出來

圖示	游標在圖示上時 你會看到的文字	功　能
	Show in a new window	將幫助的主題用新的視窗展示
	Find topic	尋找相關的幫助主題
	Refresh topic	重新整理目前的幫助主題
檔案、圖形、套件、幫助與預覽器的預覽器標籤		
Viewer	See the Viewer pane	顯示由 RStudio 建立或電腦中已存在的網路內容

小試身手——使用剛才介紹的目錄、標籤、及一個樣本資料集來使用 RStudio 吧！

　　實際上，只有一種方法可以學習使用 RStudio，那就是使用它。因此，這裡介紹了一些使用 RStudio 和三個資料集的範例資料分析。如果下載每個章節的語法文件，你會發現每行都使用 ＃ 標記記錄。我們向你展示了許多範例，以便你可以看到每個命令的輸入方式以及結果。我們的「歷史」窗格將幫助我們追蹤所做的每件事（甚至是錯誤！）。讓我們開始在命令列窗格中工作。

前往 edge.sagepub
.com / salkindshaw 觀
看有關此主題的 R 教
學影片。

基本知識：+, -, ？, *, 和更多：使用運算符

　　在最基本的層次上，R 是一個計算器，輸入命令以計算數值，就像輸入其他任何命令一樣。例如：我們輸入了簡單的命令，將值 4 和 6 相加，然後按輸入鍵。

```
> 4 + 6
[1] 10
>
```

將 R 當成簡單的計算機

- > 是 R 提示符，正在等待你輸入訊息。
- 4 + 6 是你要 R 求解的表達式。
- [1] 是行號，運算結果是 10。儘管這只是單行結果，但是當行數多時，
  這些數字（例如：[1]）可幫助你跟踪結果。

上面的計算非常簡單，但是這些計算可以變得很複雜，並使用所有運算符，例如：+（加法），-（減法），*（乘法），/（除法）和 ^ 作為指數（例如：2 平方的值）。你還記得嗎？「括號優先，先乘除後加減」在數學中，該助記符使你想起在評估數學運算時，要使用的運算順序：括號，冪，乘法，除法，加法和減法。但是我們可以添加括號以對操作執行一些命令。$\dfrac{(3+5)^2}{17+21}$

讓我們先遵循 3 + 5 = 8 的順序，然後求 8 的平方。我們的分子等於 64。將 17 加到 21 得到分母 38。 然後我們用 64 除以 38。你的答案是 1.684211。

```
> (3 + 5)^2/17 + 21
[1] 24.76471
>
```

R 從左到右評估。首先將括號內的值相加，然後平方。因此，我們的分子是 64，正如我們預期的那樣。 分子除以 17 而不是 17 + 21 (38)。讓我們用分母 17 + 21 括起來再試一次。

```
> (3 + 5)^2/(17 + 21)
[1] 1.684211
>
```

 R 圖像重複命令行

每次在 R 命令列窗格中輸入命令時，你都可以透過按鍵盤上的向上箭頭↑，輕鬆地再次重複該命令行。因此，如果你偷懶或輸入錯誤，則可以輕鬆地重複輸入的內容，然後像編輯任何一

行文本一樣，對其進行編輯。如果繼續按向上箭頭，則將繼續滾動以前的命令行。而且，如果你按下向下箭頭↓，則可以沿相反方向滾動命令。

找到要重複的行後，請按輸入鍵。如果要更改命令，請使用向左和向右箭頭在行內移動，並透過添加或刪除字符來像編輯任何文本一樣進行編輯。

空格、空格、空格

R 不在乎輸入命令時，使用多少空格。

```
> 104+105
[1] 209
>
> 104 + 105
[1] 209
>
> 104 + 105
[1] 209
>
```

你很可能將使用 R 做作業，命令中的空格將使你的作業更易於理解（和被評分），就像使用空格編寫時，閱讀任何句子都更容易。你不會像這樣寫句子 (Youwouldnotwriteasentenceliket his.)，你應該添加空格在每個單字中間。在上面的第一個命令中，104 + 105 類似於編寫 "104plus105"，而 104 + 105 類似於編寫 "104 plus 105"。在 R 中輸入命令行時使用空格，這使命令的閱讀和檢視更加容易。

前往 edge.sagepub
.com / salkindshaw 觀
看有關此主題的 R 教
學影片。

處理資料

處理數據真實資料是 R 發揮其魔力的所在，因此讓我們聚焦在兩個重要技能。第一個問題是如何在 R 中建立資料集，第二個問題是如何將現有資料集（例如：R base 附帶的許多資料集）讀入 R，以便我們向你展示一些簡單的統計分析。

從一個向量建立資料集

讓我們開始建立一個向量或一個資料集，命名為 correct（不是 CORRECT 或 Correct。還記得大小寫要區分嗎？），此資料集表示在 10 個項目的測試中，正確的項目數。要使用 c() 函式建立向量或資料集，請按照下列步驟操作：

- 在 R 提示符下，輸入以下內容

```
> correct <- c(8, 6, 5, 8, 7, 8, 9, 6, 10, 8)
>
```

- correct 是所要建立的資料集的名稱。
- <- 是表示將以下內容分配給左側對象的字符。
- c 表示串聯 (concatenate) 的 R 命令，它的簡單涵義是（「將後面的任何內容作為單一向量處理」）。我們認為將 c 命令視為「組合」後面所有物件會更好理解。
- 10 個值（8、6……等）代表分數。
  1. 按輸入或返回鍵，你只會看到 R 提示符。但是不要擔心，此訊息現在已成為 R 命令列的一部分。要檢查嗎？在提示符下輸入 correct，不要輸入其他東西，注意是小寫，你就會看到下圖的結果

```
> correct
[1] 8 6 5 8 7 8 9 6 10 8
>
```

剛才輸入的 10 個值，可供進一步分析。

　　如果你在「環境」的 RStudio 的右上方窗格查看，你將看到 correct 列出的 R 物件在 Values 的下方。你還可以輸入函式 ls() 以查看環境中所有物件的列表：

```
> ls()
[1] "correct"
>
```

1. 我們在括號內不帶任何內容的 ls() 函式，告訴 R 列出它知道的每個物件。之前，我們將一些數字加在一起，但沒有將它們存儲在任何東西中，因此 ls() 函式對這些數字一無所知。

2. "correct" 是我們環境中列出的一個物件。

如果要列出以字母 c 開頭的所有物件，則可以輸入 ls(pattern = "c")。嘗試一下，看看會得到什麼。

一些簡單的 RStudio 任務

　　我們在哪裡找到如何使用 ls 函式列出環境中的對象？我們打開一個網路瀏覽器，並在 Google 輸入 "R list environment objects"，並獲得了超過 91,000,000 項結果，你會發現對於這個簡單的問題有很多答案。經過簡短的閱讀，我們就知道了 ls() 的格式。為什麼不使用 R 幫助？因為有時 Google 可以幫助你瞭解多個人對一個函式的寫法。一旦找到 ls 函式的格式，就可以在 R 提示符下，鍵入 ?ls 並透過 RStudio 獲得列出物件的幫助。

清除命令列

你可能希望在啟動時或稍後的任何時間想要一個乾淨的畫面時清除控制台。簡單。在「命令列」窗格中，單擊「編輯」，然後單擊「清除控制台」或使用 Ctrl＋L 組合鍵。

更多向量

首先，讓我們保持簡單，輸入一些資料集，將它們稱為 data1、data2 和 data3，然後執行一些簡單的任務。如下所示，每個對象包含 10 個觀測值。而且，正如你看到的那樣，當我們輸入第二個資料集時，會有大麻煩或一個錯誤。我們首先輸入 data2 而不使用 "c" 命令，RStudio 會告訴我們這裡有問題。

```
> data1 <- c(45, 56, 34, 56, 25, 74, 35, 68, 98, 56)
> data2 <- (7, 5, 3, 6, 4, 7, 6, 4, 5, 9)
Error: unexpected ',' in "data2 <- (7,"
```

我們還不太清楚要如何更正錯誤消息 ("unexpected',' ... ")，但是我們只要簡單比較一下可以有效運行的 data1 和失敗的 data2，就可以發現要怎麼改才能順利運行。

```
> data2 <- c(7, 5, 3, 6, 4, 7, 6, 4, 5, 9)
> data3 <- c(1, 2, 1, 2, 2, 1, 2, 1, 2, 2)
>
```

讓我們看看工作空間中的內容

將資料集讀入 RStudio 後，讓我們使用 ls() 函式查看該工作區中的內容。

```
> ls()
[1] "correct" "data1" "data2" "data3"
>
```

你可以在輸出中看到所有物件的列表，包括 data1，data2 和 data3。你也可以單擊「環境」標籤以查看相同的訊息。

檢視環境

ls() 函式肯定會告訴你工作空間中有什麼，但是你也可以使用「環境與歷史」窗格中的「環境」標籤看到 R 可立即使用所有資料集的列表。並且，你可以單擊任何一個資料集名稱，然後你將在 RStudio 的「來源」（或稱「編碼」窗格（左上窗格）中，看到資料。

從工作區中刪除物件

使用 rm（「對象名稱」）命令，該物件將被刪除。因此，例如：如果我們輸入

```
> rm(data1)
```

並按輸入或返回鍵，然後鍵入 ls()，data1 不再在工作空間中存在。

```
> ls()
[1] "correct" "data2" "data3"
>
```

將物件重新存回工作空間

現在，data1 從工作空間中刪除。要將其返回到工作區，我們只需要在圖 3.4 中指向的命令 [datal = c (...)] 的「歷史記錄」窗格中雙擊，或單擊向上箭頭，直到找到該命令。我們過去是第一次建立 datal。找到該語法行後，請按 Enter。神奇的事情發生了！

查看物件的內容

你要確保該物件與你想的一致。 只需簡單輸入物件名稱如下：

```
> data1
[1]  45  56  34  56  25  74  35  68  98  56
>
```

如你所見，對象的內容被顯示出來。如果魔法沒有起作用，請返回「歷史」
標籤，然後嘗試再次雙擊 data1。

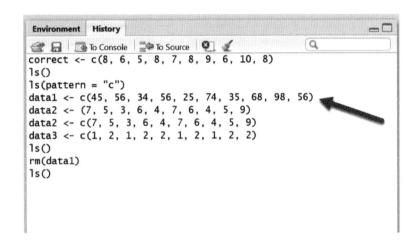

前往 edge.sagepub
.com / salkindshaw 觀
看有關此主題的 R 教
學影片。

圖 3.4　歷史窗格

讀取已存在的資料集

這是將現有資料集讀入 RStudio 的第二種情況。

你可能還記得在第 2 章中，我們向你展示如何使用 read.table
的命令。這是將向量或資料集讀入 R 或 RStudio 的完美方法，但是我們有兩
種更好的方式向你展示。

在 Galaxy 中使用最簡單的 R 命令

有一種非常簡單的方法可以將所需的資料集輸入 RStudio。請記住，
我們正在使用另存為 .csv 值的文件。例如：在圖 3.5 中，你可以看到名
為 Sample Data Set.csv 文件的前 15 列；此資料集由 25 列和 5 個變量所組
成：ID、性別、治療組、測試 1、和測試 2。資料以作為 .csv 文件的形式保

	A	B	C	D	E	F
1	ID	Gender	Treatment	Test1	Test2	
2	1	Male	Control	98	32	
3	2	Female	Experiment	87	33	
4	3	Female	Control	89	54	
5	4	Female	Control	88	44	
6	5	Male	Experiment	76	64	
7	6	Male	Control	68	54	
8	7	Female	Control	78	44	
9	8	Female	Experiment	98	32	
10	9	Female	Experiment	93	64	
11	10	Male	Experiment	76	37	
12	11	Female	Control	75	43	
13	12	Female	Control	65	56	
14	13	Male	Control	76	78	
15	14	Female	Control	78	99	
16	15	Female	Control	89	87	
17	16	Female	Experiment	81	56	

Sample Data Set

圖 3.5　由 Excel 所建立的檔案，以 .csv 的格式儲存

存，該文件可在《愛上統計學：使用 R 語言》（網址為 edge.sagepub.com/salkindshaw）上點選 "R Code and Data Sets" 中找到。要使用此新命令，我們將新資料集命名為 example。你可以根據需要，選擇其他內容。在命令列中鍵入以下內容：

```
> example <- read.csv(file.choose(), header = TRUE)
```

- example 是 RStudio 在 R 中分配物件的物件名稱。
- R <-　read. Csv 告訴 RStudio 讀取 .csv 文件。
- file.choose() 是 R 命令，用於打開「選擇文件」對話框。
- header = TRUE 告訴 RStudio，.csv 表在文件的第一行中具有列名，可用於標記變量（向量）。

按下輸入及返回鍵。

如果你有照著上面的指示做，那麼你現在會看到這個視窗。

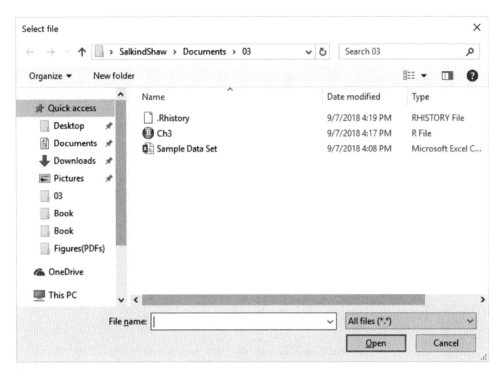

圖 3.6　使用 file.choose 命令來選取要讀進 RStudio 的檔案

現在，你需要找到並選擇你所建立的 .csv 文件，並將其存到你的電腦中。
希望你還記得將文件放在哪裡。如果是從本書的網站上下載的，則可能在
「下載」文件夾中。該文件現在可放入 RStudio 中了。為了確保上述步驟都
有正常執行，我們在命令列中鍵入了物件的名稱 example，現在應該會列出
所有 25 列的資料。

```
> example <- read.csv(file.choose(), header = TRUE)
> example
     ID    Gender    Treatment     Test1   Test2
1    1      Male        Control        98      32
2    2     Female    Experimental     87      33
3    3     Female       Control        89      54
4    4     Female       Control        88      44
5    5      Male     Experimental     76      64
6    6      Male        Control        68      54
7    7     Female       Control        78      44
```

```
8     8    Female   Experimental   98   32
9     9    Female   Experimental   93   64
10    10   Male     Experimental   76   37
11    11   Female        Control   75   43
12    12   Female        Control   65   56
13    13   Male          Control   76   78
14    14   Female        Control   78   99
15    15   Female        Control   89   87
16    16   Female   Experimental   81   56
17    17   Male          Control   78   78
18    18   Female        Control   83   56
19    19   Male          Control   88   67
20    20   Female        Control   90   88
21    21   Male          Control   93   81
22    22   Male     Experimental   89   93
23    23   Female   Experimental   86   87
24    24   Male          Control   77   80
25    25   Male          Control   89   99
>
```

 請記住將文件保存在可以找到它們的位置。清楚地標記目錄，以便易於識別路徑。你可以試著在「文件」下建立一個文件夾。如果透過單擊 RStudio 圖標啟動 RStudio，則 R 的預設路徑就是文件的路徑。

糟糕！你如何更正命令列錯誤？

比你想像的要容易，有下列幾種方法。

第一種方法是使用鍵盤上的向上箭頭鍵↑並滾動瀏覽先前輸入的命令，以找到要編輯的命令行。你按向上箭頭鍵，上一個命令將出現在控制台中。然後，你可以透過移動插入點並進行更正來對其進行簡單編輯。你可以使用向下箭頭鍵↓向後滾動。

第二種方法是轉到「歷史」窗格，找到要編輯的命令，然後雙擊它（或它們），然後它（或它們）將出現在命令列中。

第三種方式，反白要還原到命令列的命令，然後單擊「歷史」標籤上的「到控制台」按鈕。你看！該行就神奇的顯示在命令列中，你可以對它進行編輯了！

關於 RStudio，有一些非常酷的東西，其中之一就是 Tab 自動輸入功能。當你輸入命令時，RStudio 會猜測你下一步要做什麼，因此當我們輸入 sqrt 和左括號 (時並按下 Tab 鍵，RStudio 會出現下圖：

```
sqrt()
```

然後如果再次按 Tab 鍵，則會在 RStudio 提示符旁邊看到以下內容：

```
sqrt(x = )
```

好像它知道下一個輸入項是 x 的值，也就是我們想要為該值找到平方根。如圖 3.7 所示，對於 sqrt 功能，RStudio 提供了一個下拉選單，其中包括物件所在的環境的名稱以及其他內容。如你所見，更好的是，它還定義了下拉列表中包括的項目。實際上，當你在 RStudio 中使用某個功能時，你將獲得此下拉選單以及 RStudio 可以找出盡可能多的自動完成功能，這包括你以前使用過的文件名。所以，如果我們輸入：

```
> data
```

並按 Tab 鍵，RStudio 將為我們提供所有以字符 "data" 開頭的對象的列表，這對我們來說非常有幫助。

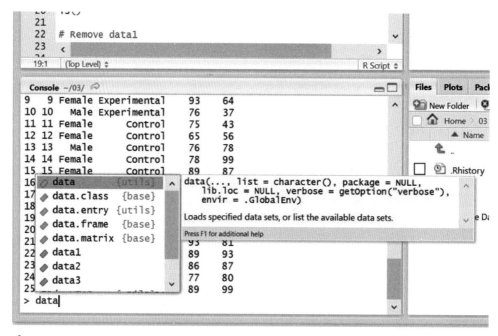

圖 3.7 　在 RStudio 中使用 Tab 功能

指向或單擊以打開資料集

　　嫌剛才的 file.choose 的命令還不夠簡單嗎？這是一種更簡單的方法，直接從 Windows 選取並單擊即可。

　　要將資料集讀入 RStudio，請按照下列步驟操作：

1. File → Import Dataset → From Text (readr) and you will see the Import Text 資料對話框如圖 3.8 所示。記住，我們處理的所有文件在《愛上統計學：使用 R 語言》都是 .csv 檔案，可以在 edge.sagepub.com/salkindshaw 上找到。

文字檔還是 CSV 檔？

跳出的對話框的名稱是 "Import Text Data"（匯入文字數據）而不是 "CSV Data"（CSV 數據），因為 .csv 數據被認為是文字數據，因為它們可以被任何文字編輯器讀取和理解。現在你可以安心睡了，不用再糾結。

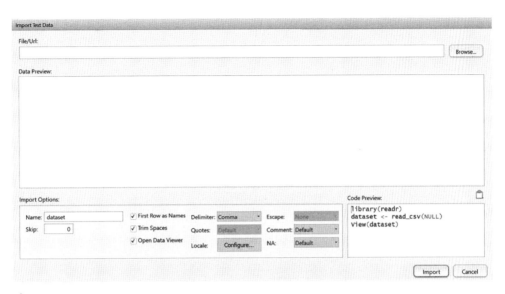

3.8　讀入文字資料的對話框

2. 單擊瀏覽按鈕，然後找到要讀入 RStudio 的 .csv 文件。在此範例中，檔案名稱為 Sample Data Set.csv。

3. 雙擊 .csv 文件的名稱，它將出現在如圖 3.9 所示，「匯入文本數據」對話框中。請注意，在此對話框中，有許多選項可供你使用，例如：是否將第一行用作名稱和文件名等等，以及 R 如何命名將要建立的對象？
R 無法簡單的處理空格，因此匯入後使用文件名 Sample data set.csv 建立了一個名為 `sample_data_set` 的物件。

4. 單擊 Import 按鈕，它將被自動讀入 RStudio，如圖 3.10 的編碼窗格中所示，可以使用命令了。

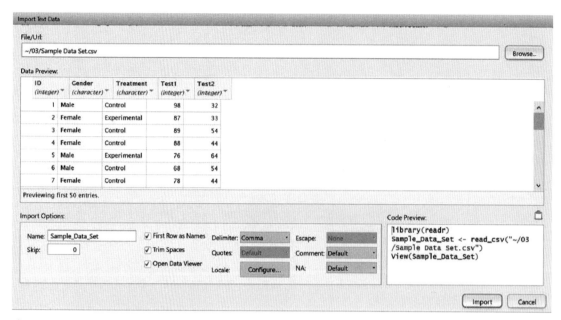

圖 3.9　匯入文本數據的對話框

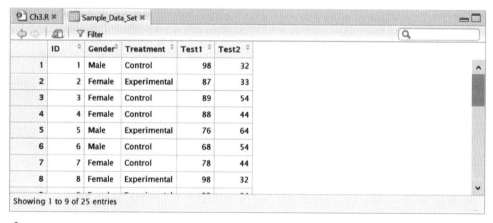

圖 3.10　匯入資料集

在 RStudio 中排序

現在，你已在編碼窗格（左上方窗格）中顯示了資料集，你可以透過單擊列標題旁邊列頂部的▲或▼符號，來對任何列進行排序。

計算某些統計值

這是本章的大結局，我們將使用 RStudio 進入容易計算的統計世界。我們將在以後的許多章節中進行這種活動，目前只是先給你一個概覽，一旦你可以執行這些操作，就可以完成本書中的所有操作。

計算一些簡單的敘述統計

大多數分析的第一步，只是大致瞭解資料集中的情況。而且，我們在此處用作範例的數據集就是 example，這是我們在本章前面介紹過的數據集。我們將使用 summary() 函式。要查看有關任何資料集的基礎知識，請按照下列步驟操作：

1. 在 RStudio 提示符下，鍵入以下內容：

```
> summary(example)
```

2. 按輸入鍵或是返回鍵。

R 命令列視窗中，它應如下所示：

```
> summary(example)
      ID            Gender        Treatment          Test1
 Min.   : 1    Female :14    Control     :17    Min.   :65.00
 1st Qu.: 7    Male   :11    Experimental: 8    1st Qu.:77.00
 Median :13                                     Median :86.00
 Mean   :13                                     Mean   :83.52
 3rd Qu.:19                                     3rd Qu.:89.00
 Max.   :25                                     Max.   :98.00
     Test2
 Min.   :32.00
 1st Qu.:44.00
 Median :64.00
 Mean   :64.24
 3rd Qu.:81.00
 Max.   :99.00
 >
```

如你所見，這個函式可以很好地總結這個資料集，包括大量敘述性統計訊息（有關平均值和中位數，請參見後面的兩章）。不幸的是，我們還收到了平均 ID，這個值實際上沒有任何意義，但是 R 將第一個變量視為數字，並自動為我們進行計算。

哇⋯⋯好多套件

R 有數百種的套件，其中許多都可以計算簡單的敘述性統計，且每個套件都有其報告平均值的方式。例如：在某些 RStudio 套件中，如果鍵入 mean（「某些資料集的名稱」），你將獲得該資料集的平均值。在其他套件中，如：summary 也可以做相同的事情。因此，summary() 或 mean() 提供類似的訊息，只是以不同的方式呈現。這僅取決於哪些套件可供使用，以及你想使用什麼功能。

第一次計算相關係數

我們來超前進度，講一下第 7 章和第 17 章才會碰到的東西—相關係數。你現在還不需要知道任何統計的細節，只需要用 cor() 這個指令去計算，這展現了 RStudio 簡單的運算功能。

要計算相關係數，請按照下列步驟操作：

1. 鍵入下列函式於 > 提示符之後，按下輸入或返回鍵。

你將看到輸出中所示的簡單相關係數 (.18)。現在不用擔心如何解讀等問題，只需瞭解一下，我們可以很容易的使用 RStudio 來創造這些結果，就可以了。

```
> cor(data1, data2)
[1] 0.1842457
>
```

建立圖

最後，對於本章節的結尾，我們將使用 `plot()` 命令建立一個簡單的 data1 和 data2 圖（這兩個資料集都應該是可使用的，如果不是，則只需返回歷史標籤找到它們，雙擊它們將它們，輸入到控制台，或直接重新輸入）。

若要建立兩個變量的圖，請按照下列步驟操作：

1. 在 RStudio 提示符 > 下，輸入以下功能，按下輸入或返回鍵。

```
> plot(data1, data2)
>
```

你可以在 圖 3.11 中看到結果，以及帶有資料集名稱的 *x* 和 *y* 軸。這個簡單的命令應該能增強你的信心，未來你能因可以掌握足夠的 RStudio 而成功。

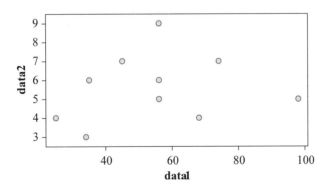

圖 3.11　兩個變數 (data1 及 data2) 的簡單散布圖

關於 R 和 RStudio 的十大重要事項（非依據重要程度排序）

R 與 RStudio 的任何新手都會發現 R 會讓他們發瘋，因為它很容易犯「傻」錯誤。因此，這是你在 R 和 RStudio 中工作時應注意的 10 個事項，它們將有助於延遲你發瘋的時間。

1. 在任何 R 或 RStudio 命令的末尾，請務必按輸入或返回鍵。

2. 拼寫非常重要。如果命令不起作用，首先要檢查拼寫。

3. 大小寫非常重要。如果命令不起作用，檢查大小寫是否正確是你該做的第二件事。

4. 在 R 和 RStudio 的命令中，空格不計算在內，因此無須擔心。但是，它們非常重視你給物件的命名，那裡不能添加空格。

5. 使用「歷史」標籤調用已完成的操作，並在必要時修改命令，直到命令生效。

6. R 以及 RStudio 使用相同的命令。

7. 要瞭解 R 中安裝了哪些軟件包，請使用 search() 命令。

8. 始終確保安裝了最新版本的 R 和 RStudio。

9. 套件包含很多函式。

10. 使用向上和向下箭頭滾動瀏覽先前的命令，然後使用 Tab 鍵完成功能引數。

呼… 終於講完了……

小結

好了，恭喜恭喜。

現在，你應該對 R 以及 RStudio 很熟悉了，可以把它們當作學習統計和統計分析基礎的工具。第 3 章介紹了 RStudio，以及如何將其用於處理資料和執行一些簡單的分析。在第 4 章中，我們將開始更深入地討論敘述性分析以及如何更好地瞭解你手上的資料樣貌。跟著課程進行練習、與好友共同學習、不要落後啦！這些都將有助於未來的成功。

練習時間

1. RStudio 中的四個窗格是什麼？它們的功能是什麼？

2. 你將單擊哪個窗格的哪個標籤以查看過去在 RStudio 控制台中輸入的命令？

3. 在 RStudio 中輸入以下簡單資料集並為其指定名稱。

513, 545 ,354 ,675 ,873

- 你將使用什麼 RStudio 命令？
- 使用 ls() 函式在工作區中列出物件。
- 使用 summary 命令，產生摘要。

4. 閱讀第 3 章資料集 1 ch3ds1.csvl，並將其命名為 ch3ds1。並產生該資料集摘要。

學生學習網址

你可以連上 **edge.sagepub.com/salkindshaw** 找到其他的練習題目與電子快閃卡片 (eFlashcards)，也可觀賞 R 的教學影片，並可下載檔案資料集！

西格瑪・佛洛伊德 (Σigma Freud) 和敘述統計

這一切將變得更為清晰。

PART III

精神分析學的鼻祖西格蒙德 · 佛洛伊德 (Sigmund Freud) 令人稱頌的一件事，就是觀察和描述他的病人狀況的本質。他是機靈的觀察者，並且應用他的技能發展了第一個有系統和無所不包的人格理論。不論你對他的觀點的有效性有什麼看法，他都是一個優秀的科學家。

回到 20 世紀初葉，統計學課程（就如你所選的統計學課程）並沒有出現在大學生或研究生的課程中。因為當時統計學還是相當新的領域，而且科學探索的本質並不需要統計工具所帶入科學領域的精確性。

但是情況已經發生變化。現在，幾乎在任何領域，數字變得舉足輕重〔正如相關係數的發明家弗朗西斯 · 高爾頓 (Francis Galton) 所說：他是查爾斯 · 達爾文 (Charles Darwin) 的第一個表弟〕。《愛上統計學：使用 R 語言》的第三部分將告訴你，在整理完關於結果的資訊後，我們如何應用統計學來描述這些結果，並能更容易地理解它們。

第 4 章討論集中趨勢量數，以及計算許多種不同平均數中的一種，如何給你最能表現一組資料的最佳資料點。第 5 章完整地介紹描述一組資料點的離散性工具，包括標準差和變異數。到了第 6 章，你就要準備學習不同分布或不同組分數之間的差異，以及這種差異的意義。第 7 章處理變數之間關係的本質，也就是相關性。最後，第 8 章是說明當我們在描述有效測量工具的品質時，信度有何重要性。

當你完成第三部分之後，你將已經站在很好的起點上，可以開始瞭解機率和推論在社會及行為科學中所扮演的角色。

必須完成的功課
——計算和瞭解平均值

難易指數：☺☺☺☺（比較容易）

本章學習內容

✦ 瞭解集中趨勢測量數。

✦ 計算一組分數的平均數。

✦ 計算一組分數的中位數。

✦ 計算一組分數的眾數。

✦ 瞭解並應用尺度或是測量級別。

✦ 選擇一種集中趨勢量數。

　　你非常有耐心，我們現在終於要開始動手處理一些真實、生動資料，這也正是你在這一章要做的。一旦蒐集完資料，第一步通常是使用簡單的指標整理資訊來描述資料。完成這一步最容易的方法，就是計算幾種不同形式的平均值中的其中一種。

　　平均值 (average) 是最能夠代表整組分數的一個數值。無論這組分數是 30 個五年級生拼寫測驗的正確個數，還是每一位紐約洋基隊員的打擊率（附帶一提，他們 2015 年的球季表現並不好），或者是在最近的選舉中登記為民主黨或共和黨的人數。在所有這些範例中，資料組都可以使用平均值來概

述。平均值也叫做集中趨勢測量數，一般有三種形式：平均數 (mean)、中位數 (median)、和眾數 (mode)。對於分數的分布，每一種形式都提供你不同形式的資訊，而且計算和解釋都很簡單。

計算平均數

平均數是最常用的平均值形式。平均數就只是一群數值的總和除以該群數值的個數。因此，如果你有 30 個五年級學生的拼寫分數，你只要將所有的拼寫分數加起來，就得到一個總和，然後除以學生的人數，也就是 30。

式 4.1 就是平均數的計算公式。

$$\bar{X} = \frac{\sum X}{n} \tag{4.1}$$

其中：

- 上方有橫線的字母 X〔也叫做 X 霸 (bar)〕是這群分數的平均值或平均數。
- $\sum$ 或希臘字母西格瑪 (sigma) 是連加符號，也就是將其後的所有數值都加起來。
- X 是這群分數中每一個別分數。
- 最後，n 是你在計算平均數時的樣本數。

下面是計算平均數的步驟：

1. 以一行或多行的形式列出整組數值。這些數值就是所有的 X。
2. 計算所有數值的總和。
3. 將總和除以數值的個數。

例如：如果你需要計算三個不同場所的顧客的平均人數，你可以計算平均數來得到這個數值。

場所	每年顧客數量
蘭哈姆公園商店	2,150
威廉斯堡商店	1,534
下城商店	3,564

每個商店顧客數量的平均數是 2,416。式 4.2 顯示如何應用式 4.1 計算這個值。

$$\bar{X} = \frac{\sum X}{n} = \frac{2,150 + 1,534 + 3,564}{3} = \frac{7,248}{3} = 2,416 \qquad (4.2)$$

或是如果你需要計算從幼兒園到六年級的平均學生人數，你會依循相同的步驟。

年級	學生人數
幼兒園	18
1	21
2	24
3	23
4	22
5	24
6	25

每個班級學生人數的平均數是 22.43。式 4.3 顯示如何應用式 4.1 計算這個值。

$$\bar{X} = \frac{\sum X}{n} = \frac{18 + 21 + 24 + 23 + 22 + 24 + 25}{7} = \frac{157}{7} = 22.43 \qquad (4.3)$$

你看，我們都告訴你很容易了。就是這麼輕而易舉！讓我們用 R 來操作這兩個運算，我們先計算顧客人數的平均數。

```
> (2150 + 1534 + 3564)/3
[1] 2416
>
```

讓我們分解一下。

- > 命令列窗格的第一個字符。
- (2150 + 1534 + 3564)/3：我們將客戶計數加在一起，然後將總數除以地點數量，即 3。
- [1] 2416：平均客戶數，也稱為平均數。

重複此過程以計算各個教室的學生平均值，R 的語法為：

```
> (18 + 21 + 24 + 23 + 22 + 24 + 25)/7
[1] 22.42857
>
```

請注意，客戶數的平均值是一個整數，即 2,416，但是學生的平均數沒有整除，因此答案是 22.42857。當我們報告使用計算機計算的平均學生人數時，我們將其取到小數點後第二位，即每個教室平均有 22.43 名學生。R 像計算機一樣，預設取到小數點後第二位，因此你可以得到取兩位小數的值。心理學家遵循 APA 風格指南中，美國心理學協會 (APA) 的報告指南，並四捨五入到小數點後兩位。詢問你的老師在她（或他）的領域中的常見做法。

- 平均數有時也用字母 M 表示，也叫做典型分數、平均分數或最中心分數。如果你在看其他的統計學書或者研究報告，而你看到類似 $M = 45.87$ 這樣的式子，這可能意味著平均數等於 45.87。
- 在上面的式子中，小寫字母 n 表示計算平均數時的樣本大小，大寫字母 N 表示母體大小。在一些書籍和一些期刊文章中，則沒有對這兩者做出區別。
- 在教室那個例子中，樣本是小學的班級。倘若我們計算全國小學班級的平均人數，那麼我們所計算是的是母體平均數。
- 樣本平均數是最能準確反映母體平均數時的集中趨勢測量數。
- 平均數就像蹺蹺板上的支點。它是最中心點，也就是平均數一邊的所有數值在重量上等於平均數另一邊的所有數值。

• 最後，不論好壞，平均數對極端分數很敏感。一個極端分數會使得平均數向一方或另一方傾斜，也削弱了平均數對該組分數的代表性，同時降低其作為集中趨勢測量數的有用性，當然這全依賴於計算平均數的數值。後面會有更多的討論。

平均數也稱為**算術平均數** (arithmetic mean)，當然你也會讀到其他類型的平均數，如調和平均數 (harmonic mean)。那些平均數只用於特殊的情況，但你現在不需要去注意。如果你想表現得更專業，算術平均數（也就是我們討論到現在的這一個）也可定義為與平均數的離差總和是 0 的那個點唷！所以，如果你有三個分數如 3、4 和 5（平均數是 4），相對於平均數的離差（–1、0 和 1）的總和是 0。

記住：平均值一詞僅僅是最能代表一組分數的一個測量值，而且還有許多不同類型的平均值。使用哪一類型的平均值，取決於你所提出的問題和你要彙總的資料類型。這是一個「測量級別」的問題，在我們討論何時使用哪種度量時，我們將在本章後面介紹。

計算加權平均數

以上的範例是如何計算簡單平均數。但是有些情況下，同樣的數值不止出現一次，而你要計算加權平均數。加權平均數可以很容易的計算，也就是每一數值乘以它出現的頻率，並將所有的乘積相加，然後除以出現次數的總和。這個做法的優點是不用加總每一個資料點的數值。

按照下面這些步驟，計算加權平均數：

1. 列出要計算平均數的所有樣本數值，如下頁表中標題為欄中的所有數值（X 的值）。
2. 列出每一個數值出現的次數。
3. 每一數值乘以它的次數，如表中第三欄所示。

4. 加總計算數值 × 次數欄的所有數值。

5. 除以總次數。

例如：下表所整理的資料是 100 個飛行員在一次飛行效率測驗的數值和次數。

數值	次數	數值 × 次數
97	4	388
94	11	1,034
92	12	1,104
91	21	1,911
90	30	2,700
89	12	1,068
78	9	702
60（不要和這個傢伙 一起飛行）	1	60
總計	100	8,967

加權平均數是 8,967/100，或 89.67。以這種方式計算平均數，要比將 100 個不同的分數輸入計算機或者電腦軟體中，要容易得多。

在基礎統計學，一個重要的工作是區別那些與樣本（母體的一部分）有關的數值，以及那些與母體有關的數值。統計學家使用以下的慣例進行區別：樣本統計量（例如：樣本平均數）使用羅馬字母；母體參數（例如：母體平均數）使用希臘字母。因此，100 個五年級學生樣本的拼寫成績平均數用 $\bar{X}_5$ 表示，而整個五年級學生母體的拼寫成績平均數，使用希臘字母 mu 表示成 μ_5。

計算中位數

中位數也是一種測量集中趨勢的測量方法，但是一種非常不同的類型。

中位數被定義為一組分數的中點，所有分數的一半，也就是 50%，在這一點之上，而另一半，或者說 50%，在其之下。中位數有一些特別的性質，我們會在這一節後面的部分討論，現在集中精神在如何計算它。計算中位數沒有標準公式。

依照下面這些步驟，計算中位數：
1. 從大到小或者從小到大，依序列出數值。
2. 找到位於最中間位置的分數，那就是中位數。

例如：下面是五個不同家庭的收入：

135,456 美元
25,500 美元
32,456 美元
54,365 美元
37,668 美元

下面將收入從大到小排列：

135,456 美元
54,365 美元
37,668 美元
32,456 美元
25,500 美元

一共是五個數值。最中間的數值是 37,668 美元，也就是中位數。現在，如果數值的個數是偶數，怎麼辦？讓我們在收入清單中增加一個數值（34,500 美元），那麼就有六個家庭的收入。如下所示：

135,456 美元
54,365 美元
37,668 美元

34,500 美元

32,456 美元

25,500 美元

如果數值個數是偶數，中位數就只是中間兩個數值的平均數。在這個範例中，中間的兩個數值是 34,500 美元和 37,668 美元。這兩個數值的平均數是 36,084 美元。這就是六個數值資料的中位數。

如果中間的兩個數值相同，該怎麼計算？就如下面的資料：

45,678 美元

25,567 美元

25,567 美元

13,234 美元

那麼中位數和最中間的兩個數值相同。在這個範例中，中位數是 25,567 美元。如果我們有一系列數值，是七個不同病人由一種運動傷害中復原所花的天數，這些數值可能看起來如下列：

43

34

32

12

51

6

27

如同我們先前所做過的，我們可以先將這些數值排序 (51, 43, 34, 32, 27, 12, 6)，然後，選中間的值作為中位數，在此例中，它是 32。因此，花在復原之天數的中位數是 32。

如果數字少於 10 個，則按順序排列這些數字很簡單。一旦你開始處理具有更多觀察結果的資料集（例如：本章和本書中使用的觀察值），R 可以輕鬆地對資料進行重新排序。讓 R 像這樣從最小到最大對數字進行排序：

```
> sort(c(43, 34, 32, 12, 51, 6, 27))
[1]  6 12 27 32 34 43 51
>
```

sort () 函式需要一個數值向量，因此我們使用 c() 函式將所有數字加在一起構成一個向量。我們會看到什麼結果呢？一個重新排序的七個數字向量，在其中，我們可以很容易的看到中位數是 32，因為它是中間的值。

如果你瞭解中位數，你也應該要瞭解百分位數。百分位數用於定義在一個分布或一組分數中，等於或者小於一個特定點的案件百分比。例如：你的成績是「在第 75 個百分位數」，這意味著在分數的分布中，你的分數剛好是或者超過 75% 的其他人的分數。大家也知道中位數是第 50 個百分位數，因為在這個分布中，50% 的數值落在這一點之下。其他的百分位數也很有用，如第 25 個百分位數，通常叫做 Q_1，以及第 75 個百分位數，通常用 Q_3 表示。那麼什麼是 Q_2 呢？當然就是中位數。

為什麼用中位數而不用平均數？這個問題可能在我們開始討論中位數時，就已出現在你的腦袋中了。一個最好的理由是中位數對極端分數不敏感，而平均數則否。

當你有一組分數，其中有一個或多個極端分數，中位數相對於其他任何集中趨勢測量數來說，更能代表這組分數的最中心值。是的，甚至比平均數更好。

我們所說的極端值是什麼？可能最容易的方式是把一個極端值想成與其所屬群體非常不同的數值。例如：考慮我們之前用過的五個家庭收入清單，再次列出如下：

135,456 美元

54,365 美元

37,668 美元

32,456 美元

25,500 美元

135,456 美元這數值與其他四個數值之間的差異較大。我們可以認定這個數值就是極端分數。

要說明中位數作為集中趨勢測量數是多麼有用的方法，就是計算包含一個或多個極端分數的一組資料的平均數和中位數，然後比較看哪一個值最能代表這群資料。現在就來計算和比較。

上面這組五個收入數值的平均數，是五個數值的總和除以 5，結果是 57,089 美元。而另一方面，這五個分數的中位數是 37,668 美元。哪一個值更能代表這群資料？37,668 這個美元數值，因為它明顯更位於這群資料的中間，而且我們喜歡認為平均值具有代表性或者位於中間位置。事實上，平均值 57,089 美元比第四大的數值（54,365 美元）還要大，而且不是這個分布非常中間或具有代表性的值。

就是由於這個原因，特定的社會和經濟指標（大多數與收入相關）都使用中位數作為集中趨勢測量數來報告，例如：「美國家庭平均收入的中位數是……」，而不是使用平均數來概述平均收入。正是因為存在太多的極端分數會改變或者明顯地扭曲一組分數或一個分布的真正中心點。

確定中位數何時比平均值更有用的另一種方法是畫圖。在第 6 章中，我們將花更多時間討論如何視覺化資料以及如何自行客製化這些圖形，但現在讓我們來看其中一種選擇。我們將要使用的 R 函式是 hist()。讓我們輸入第一個收入範例中的數字，以建立如圖 4.1 所示的直方圖。

```
> hist(c(135456, 25500, 32456, 54365, 37668))
>
```

R 設定了一個標題，顯示在圖形頂部，即 "Histogram of c (135456, 25500, 32456, 54365, 37668)"。這不一定是世界上最好的標題，但是 R 讓我們知道我們在看什麼。X 軸範圍為 20,000 至 140,000，以 20,000 為增量。R 還描述了用作該函式輸入的數字向量。Y 軸顯示每個區間中觀測的頻率（也就是計數）。這個直方圖最有趣的是什麼？空缺處。在 60,000 到 120,000 之間沒有任何變化，這告訴你最右邊的值與其他項目完全不同。因此，中位數

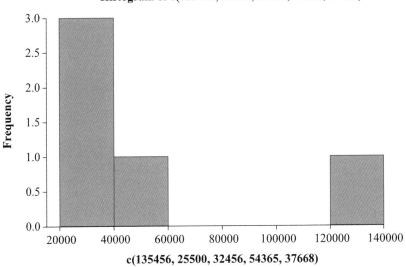

Histogram of c(135456, 25500, 32456, 54365, 37668)

圖 4.1　收入的直方圖

可能是更好地衡量使用這些數據的集中趨勢。僅用六個數字，我們可以很容易地判斷出 135,456 是沒有直方圖的極值。當有人為你提供帶有 50、100 或更多值的資料時，直方圖會非常有用！

你之前已經學到平均數有時用大寫字母 *M* 而不是 $\bar{X}$ 表示，中位數也有其他表示的符號。我喜歡使用字母 *M*，但是一些人會將 *M* 和平均數混淆，因此他們使用 *Med* 或 *Mdn* 表示中位數。別讓這些符號混淆你，只要記住什麼是中位數，以及中位數代表什麼，你就不會適應不良。

這裡是一些有關中位數很有趣也很重要，需要記憶的事情。

- 平均數是一組數值的中間點，而中位數是一組案例的中間點。
- 因為中位數關心的是有多少案例而不是這些案例的數值，因此，極端分數（有時也叫做離群值）沒有作用。

計算眾數

我們將要學習的第三個，也是最後一個集中趨勢測量數——眾數，也是最籠統、最不精確的集中趨勢測量數，可是它在瞭解特定一組分數的特徵上扮演著非常重要的角色。眾數就是出現次數最多的數值，並沒有計算眾數的公式。

按照下面這些步驟，計算眾數：

1. 列出一個分布中的所有數值，但是每一個數值只列出一次。

2. 計算每個數值出現的次數。

3. 出現次數最多的數值，就是眾數。

例如：調查 300 個人的政黨背景，可能得到如下的分數分布：

政黨背景	次數或頻率
民主黨	90
共和黨	70
無黨籍人士	140

眾數是出現次數最多的數值，在上面的例子中，是無黨籍人士。這就是這個分布的眾數。

如果我們在一個 100 項選擇題的測驗中，注意最多數的回答，我們可能會發現，A 選項比任何其他選項被選的次數都要多。資料如下所示：

可選擇項目	A	B	C	D
被選次數	57	20	12	11

在這份 100 項四選一（A, B, C 和 D）的選擇題測驗中，A 被選為答案的次數是 57。它有最多數的回答。

你是否想知道計算眾數時，最容易、最常出現的錯誤是什麼嗎？它就是選擇某個分類選項出現的次數，而不是分類選項本身。對一些人來說，很容易就說出眾數是 140 而不是無黨籍人士，為什麼？因為他們注意的是數值出

現的次數，而不是最常出現的那個數值！這是一個簡單易犯的錯誤，因此，你在計算眾數時，一定要注意。

雙峰形式的蘋果派

如果一個分布中，每一個數值出現的次數都相同，那麼就沒有眾數。但是如果多個數值的出現次數相同，那麼這個分布就是多峰形式。一組分數可能是雙峰形式（有兩個眾數），如下面由喜好派的種類所構成的一組資料所顯示。

派種類	次數或頻率
蘋果	28
櫻桃	17
開心果	45
南瓜	28

在上面的範例中，這個分布是雙峰形式，因為蘋果和南瓜口味出現的次數相同。當眾數彼此相當接近但不是完全相同時，你甚至也可以有雙峰形式的分布，例如：45 個人喜歡蘋果派，44 個人喜歡南瓜派。問題就成為：一個類別出現次數要多少，才能與其他類別相互區別？

你是否可以有三峰的分布？當然就是假定存在三個出現次數相同的數值。一般來說是不太可能的，特別是當你在處理大量的資料點或觀察值時，但的確是有可能的。上述這個特殊問題的真正答案是，類別之間具有互斥性，你不可能同時叫餐廳往派裡加入蘋果和南瓜，除非廚師願意幫你做一個新的口味，叫做蘋果南瓜派，在這種狀況下，蘋果南瓜派會獨立出一個新的類別。

集中趨勢測量數的選擇（以及現在你所需要知道的測量尺度）

使用哪種集中趨勢 (central tendency) 的度量，取決於你正在使用的資料的某些特徵，特別是這些資料出現的**測量尺度** (scale of measurement)。該尺

度決定了你將使用的集中趨勢度量。但是，讓我們花一分鐘，確保我們掌握一些詞彙。

什麼是尺度 (measurement)？尺度是按照一組簡單的規則，將數值指派給所觀察到的結果 (outcome)。最終產出是我們稍後將定義的不同尺度。結果是我們有興趣想測量的任何事物，例如：頭髮的顏色、性別、測試成績、或身高。

這些測量尺度或規則是觀察結果的特定級別 (level)。每個級別都有一組特定的特徵，測量尺度有四種類型：名目、順序、等距、以及比率。

讓我們繼續進行簡短的討論並舉例說明四個測量尺度，然後討論這些尺度的級別如何與前面討論的集中趨勢的不同尺度相互呼應。

名目尺度 (nominal level of measurement)

當我們所觀察結果的特徵，是可被分類到某個唯一特定的類別，則為名目尺度。舉例來說，性別即是名目尺度（女性、男性、或其他），種族也是，政黨傾向也是。名目尺度的級別，本身就是某種「名字」。名目尺度的級別之間彼此是互斥的，一個觀察結果只能被分類到一個特定級別。比方說某個人的政黨傾向不能既是民主黨又是共和黨。名目尺度另一個常用的名稱是類別 (categorial) 尺度。

順序尺度 (ordinal level of measurement)

順序尺度，顧名思義，表示我們所觀察到的結果是可以排序的。如果我們知道阿美是第一名、小喬是第二名、漢娜是第三名，這就是順序尺度。我們無法得知阿美比小喬高多少，也不知道小喬比漢娜高多少；我們只知道阿美比小喬高、小喬比漢娜高。

等距尺度 (interval level of measurement)

在等距尺度中，我們透過某種測試或評估，以連續的尺度，來描述不同觀察值之間的差距。舉例來說，倘若你在某單字測驗中答對十題，那就是答對五題的兩倍。等距尺度的重要特徵之一，就是它的數值間距是固定相等的。答對十題就是比答對八題還要多兩題，而答對八題就是比答對五題還要

多三題。

比率尺度 (ratio level of measurement)

比率尺度的重要特徵就是它有一個絕對的零值。這個零值的意思是無法量測。這樣的說法有點難懂。怎麼有可能量測不到東西？在某些領域中，這是有可能的。比方說，在物質與生物科學中，就有可能出現這樣的現象，例如：絕對零度、或是無光狀態。不過在社會與行為科學領域中，這就比較困難。你在某項考試中拿零分，並不表示你在那個領域中一無所知或毫無能力，對吧？因此，雖然在真實世界中或在你的資料中，出現零值的機率可能很低，但在我們還是要瞭解在理論上它發生的可能性。

總結

這些測量尺度或規則，代表著觀察結果被測量的特定水準，而且，我們可以這樣說：

- 任何的結果都能夠被指定到四個測量尺度中的某一個。
- 測量尺度是有層次的，從最不準確的名目尺度到最準確的比例尺度。
- 測量尺度「越高層」，所蒐集到的資料就越準確，而且資料就越詳盡、有內容。例如：知道有些人富裕，有些人貧困可能已經足夠（這是名目或類別的區分），但是準確的知道每一個人賺多少錢（等距或比例）會更好。一旦我們知道每一個人收入的所有資訊，我們總是可以在「窮」與「富」之間進行簡單的區分。
- 最後，比較準確的測量尺度包含了所有在它之下的測量尺度特質，如等距尺度包含名目尺度和順序尺度的特質。例如：你知道小熊隊的平均打擊率是 0.350，你就知道這比老虎隊（老虎隊的平均打擊率是 0.250）好 100 點，但是，你也知道小熊隊比老虎隊好（但不知道好多少），而且小熊隊與老虎隊不同（但是不知道差異的方向）。

好吧，我們已經定義了三種不同的集中趨勢測量數，而且每一種都給你一個非常清楚的例子。但是還有一個最重要的問題還沒有回答，那就是「何時使用哪一種測量數？」

一般來說，使用哪一種集中趨勢測量數取決於你所描述的資料類型。毫無疑問地，質性資料、類別資料、或名目資料（如種族群體、眼睛顏色、收入階級、投票偏好、以及鄰里位置）的集中趨勢測量數只適合使用眾數來描述。例如：你不能去看描述哪一個政治立場在一個群組中最有優勢的最中心測量數，而且用平均數，難道你可以得出結論說每一個人是半個共和黨人？描述這個變數值最好方式似乎是：300 個人中，幾乎一半 (140) 是無黨籍人士。一般來說，中位數和平均數最適合用於量化資料，如身高、以元表示的收入水準（不是類別）、年齡、考試分數、反應時間、和為一個學位所完成的小時數。

當然我們也可以合理的說，平均數是比中位數更精確的測量數，而中位數是比眾數更精確的測量數。這意味著在其他條件相同的情況下，使用平均數。事實上，平均數的確是最常用的集中趨勢測量數。但是，我們的確會遇到一些不適合以平均數作為集中趨勢測量數的情況，例如：當我們蒐集的資料是類別資料或名目資料，例如：頭髮顏色，那麼我們會使用眾數。

因此，這裡的三項原則可能會有一定的幫助。但是要記住，例外始終存在。

1. 如果資料的屬性是類別的，而且這些數值只屬於其中一種類型，例如：頭髮顏色、政治屬性、鄰里位置、和宗教，就使用眾數。在這種情況下，這些類別間是互斥的。
2. 如果資料中包含極端分數，而且你不想扭曲平均數，就用中位數，例如：以元表示的收入。
3. 最後，如果資料不包括極端分數也不是分類資料，就用平均數，例如：考試分數或游 50 碼需要的秒數。

應用電腦和計算敘述統計值

如果你還沒有準備好，現在是時候回到第 2 章安裝 R 和 RStudio，再到第 3 章開始使用 R 進行練習，然後再回到這裡。

讓我們使用 R 來計算一些敘述性統計值。我們使用的資料集是第 4 章資料集 1，名為 ch4ds1.csv。我們的文件是用下列方式命名，讓我們花一點時間來瞭解它。

- ch：章節的簡寫
- 4：將使用資料集的章節編號
- ds：資料集 (data set) 的簡寫
- 1：第一個資料集
- .csv：此為文件擴展名

R 可以從文件名裡帶有空格的文件中匯入資料，但是當文件名沒有空格時會更簡單。因此，本書保持簡單的精神，將以此方式為文件命名。

ch4ds1.csv 是一組 20 個關於偏見測試的分數（也列在附錄 C 中）。所有資料集均可在附錄 C 和 SAGE 網站 edge.sagepub.com/salkindshaw 中找到。此資料集中只有一個變量：

變數	定義
Prejudice	依據 1-100 量表測量的偏見檢測值

在 R 中，我們將使用一系列內建函式來計算平均值，運用在一個包含每一種集中趨勢的範例，然後檢視平均值函式本身。對於中位數，我們已經檢視過排序函式，也就是將所有物品放在一個向量中從最小到最大的順序。現在，我們來看一下能夠完成我們工作的所有操作函式。最後，我們將討論 mode () 函式並討論為什麼我們得到一些意外的結果。然後，我們將看另一種簡化的方式來尋找眾數。但是首先，讓我們使用 read.csv 函式讀取資料。

```
> ch4ds1 <- read.csv(file.choose())
>
```

此命令將啟動一個對話框。在這個例子中，我所有的第 4 章資料集與我的 R 語法文件位於同一文件夾中。將所有內容放在本章中的同一文件夾中可以節省時間。然後，我們選擇 ch4ds1.csv 並單擊「打開」。接下來，讓我

們看一下我們匯入的資料集。你可以在全局環境中雙擊 ch4dsl（左上方）。在 R 控制台中，RStudio 現在將顯示以下命令：

```
> View(ch4ds1)
```

透過在全局環境中單擊 ch4dsl 物件，將提示 RStudio 將 View() 函式發送到 R 命令列窗格。

計算平均數

在本章的前面，我們使用 R 來計算平均值，就像使用計算機一樣。現在，讓我們使用一些內建函式來填充公式 4.1 的空白。從分子開始——所有 X 的總和——我們將使用 sum() 函式來加總偏見分數。

```
> sum(ch4ds1$Prejudice)
[1] 1694
>
```

Sum 函式將物件中的所有項目相加，在本例中為偏見分數向量。我們的總數是 1,694。對於分母，我們需要知道我們有多少分數。R 就有這個函式！

```
> length(ch4ds1$Prejudice)
[1] 20
>
```

在公式 4.1 中，我們將 1,694 除以 20，你可以直接在 R 控制台中輸入，也可以將兩個函式放在同一行上。

```
> sum(ch4ds1$Prejudice) / length(ch4ds1$Prejudice)
[1] 84.7
>
```

R 傳回 84.7 的答案。現在，讓我們使用內建函式 mean() 快速獲得答案。

```
> mean(ch4ds1$Prejudice)
[1] 84.7
>
```

我們鼓勵你在學習此簡單公式時，使用 R 填寫公式的值來計算平均值，當然你也直接使用函式輕鬆獲得答案。

找到第 50 個百分位數：中位數

要手動找到中間分數，我們可以要求 R 顯示所有分數：

```
> ch4ds1$Prejudice
[1] 87 99 87 87 67 87 77 89 99 96 76 55 64 81 94 81 82 99 93 94
>
```

好像不太有用。我們可以像幾頁前一樣，自動對這些數字進行排序。或者使用內建函式 median()。

```
> median(ch4ds1$Prejudice)
[1] 87
>
```

回想一下，因為我們有偶數個觀測值，所以 R 需要找到中間兩個分數計算所選兩個數的平均值。在此範例中，第 10 和 11 分數均為 87，因此中位數很簡單，就是 87。

名目尺度

嘗試使用以下命令計算眾數：

```
> mode(ch4ds1$Prejudice)
```

這次，我們沒有獲得原來想要的結果。R 告訴我們眾數是「數字」。R 中的功能 mode() 返回對象的類型；在這種情況下，偏見向量包含數字。但是，我們真正想知道的是最頻繁出現的數字。讓我們使用 summary() 和 as.factor() 。

```
> summary(as.factor(ch4ds1$Prejudice))
55 64 67 76 77 81 82 87 89 93 94 96 99
 1  1  1  1  1  2  1  4  1  1  1  2  1  3
>
```

從向量開始：

- ch4ds1$Prejudice：分數的向量。
- as.factor：將分數向量視為名義向量進行處理。到目前為止，我們一直將我們的分數視為比率級別的一組值。
- summary：在括號中總結物件，在本例中為名義對象「偏見」分數，透過檢查結果，我們可以看到一個數字出現了四次，甚至更比任何其他分數都要頻繁。「偏見」分數為 87。我們可以算出眾數與我們的偏見分數相比，但是眾數對於衡量集中趨勢真的不是那麼有效。因為我們的資料類型，在這裡，我們分數的平均值或中位數是更有用的。

 R 輸出的結果可以包含所有資訊，也可以只提供基礎資訊。一切取決於你正在進行分析的類型。在以上範例中，我們只用基礎資訊，坦白來說，這正是我們所需要的。本書《愛上統計學：使用 R 語言》，你將看到各種輸出結果，然後學習它的涵義，但在某些情況下，討論輸出結果的整個資訊遠遠超出了本書的範圍。我們將聚焦於你在本章中學到的知識直接相關的輸出結果。

還有其他方法可以計算集中趨勢：

套件	函式	意義
Base	summary	最小值、第 25 百分位數、第 50 百分位數 [中位數]、平均數、第 75 百分位以及最大值

```
> summary(ch4ds1$Prejudice)
Min. 1st Qu. Median Mean 3rd Qu. Max.
55.0 80.0 87.0 84.7 94.0 99.0
>
```

真實世界的統計

在民意調查中，一些敘述統計的應用可以產生非常多意義，像這樣的調查可說是不勝枚舉（還記得最近這一次的 2012 年美國選舉嗎？）在一篇文章中，Roger Morrell 和他的同事檢視了 550 位不同年齡層的成年人的網路使用模式：中年人（40 至 59 歲）、中老年人（60 至 74 歲）、及老老年人（75 至 92 歲），調查的回答率是 71%，算是相當不錯的。他們發現幾個有趣的（但不完全是預料之外的）結果：

• 個人使用網路行為之間有很明顯的年齡和人口特徵上的差異。
• 中年人和老年人的網路使用者，他們的使用模式是很相似的。
• 不使用網路的二個主要預測指標，是沒有可用的電腦和不具備網路的相關知識。
• 相較於中年人和中老年人，老老年人使用網路的興趣是最低的。
• 學習如何使用網路的最主要內容範疇是使用電子郵件、取得健康資訊、或有關休閒旅遊的資訊。

這個調查是將近 20 年前所執行的，主要是使用敘述統計獲得這些結論，在此之後，有很多、很多的事物已經改變，但我們還是將它收錄在「現實世界的統計」這個例子中的理由是：這是一個很好的歷史定錨點，在未來的研究中，可以作為比較的目的──這是敘述統計和這類型研究很常使用的一個目的。

想要知道更多嗎？可以上網或到圖書館閱讀有關這篇文章：

Morrell, R. W., Mayhorn, C. B. & Bennett, J. (2000). A survey of World

Wide Web Use in Middle-aged and older adults. *Human Factors, 42,* 175-182.

小結

　　不論你的統計技術如何花俏，你還是要從簡單描述那裡有什麼開始，因此瞭解集中趨勢的簡單概念很重要。從現在開始，我們學習另一個重要的敘述型概念：變異性，或是說不同的分數彼此之間是如何不同，我們將會在第 5 章介紹。

練習時間

1. 手動計算下列一組 40 筆化學分數的平均數、中位數及眾數。

93	85	99	77
94	99	86	76
95	99	97	84
91	89	77	87
97	83	80	98
75	94	81	85
78	92	89	94
76	94	96	94
90	79	80	92
77	86	83	81

2. 計算儲存在第 4 章資料集 2 (ch4ds2.csv) 中的下列三組分數的平均數、中位數和眾數。你可以手動計算或者使用 R。最後提出你的成果，如果你使用 R，列印一份輸出結果。

資料組 1	資料組 2	資料組 3
3	34	154
7	54	167
5	17	132
4	26	145
5	34	154
6	25	145
7	14	113
8	24	156
6	25	154
5	23	123

3. 利用 R 計算下列儲存在第 4 章資料集 3 (ch4ds3.csv) 的一組分數的平均數。列印一份輸出結果。

醫院規模（病床數）	感染率（每 1,000 位入院病患）
234	1.7
214	2.4
165	3.1
436	5.6
432	4.9
342	5.3
276	5.6
187	1.2
512	3.3
553	4.1

4. 假定你是速食店經理，你的工作之一，是每天結束營業時，向老闆報告哪一種特價食品賣得最好。應用你在敘述統計量上的龐大知識，寫一個簡短報告，讓老闆知道今天的營運狀況。不要使用 R 計算重要的數值，而是手動計算。記住備份你的計算結果。

特價品	售出數量	價格（美元）
Huge Burger	20	2.95
Baby Burger	18	1.49
Chicken Littles	25	3.50
Porker Burger	19	2.95
Yummy Burger	17	1.99
Coney Dog	20	1.99
特價品售出總數	119	

5. 想像你自己是一家特大企業的 CEO，而你正計劃進行擴張，你希望你的新店
有一些和你的事業王國中其他三家店相同的獨特值。手動提供你對這些店面
財務輪廓的一些想法。並且，記住你必須選擇要用平均數、中位數、或眾數
作為平均值。祝好運，年輕武士！

平均值	商店 1	商店 2	商店 3	新商店
銷售量（以千計）	323.6	234.6	308.3	
採購數量	3,454	5,645	4,565	
訪客人數	4,534	6,765	6,654	

6. 以下是各種超級盃的派對食物的評分從 1 到 5 的等級。你必須決定哪種食物
評級最高 [5 是勝利者，1 是失敗者！]。確定你將使用以及為什麼使用該平
均類型。可以手動或使用 R 計算。

食物類型	北邊粉絲	東邊粉絲	南邊粉絲	西邊粉絲
玉米片	4	4	5	4
水果杯	2	1	2	1
辣雞翅	4	3	3	3
塞滿料的大披薩	3	4	4	5
啤酒雞	5	5	5	4

7. 在什麼情況下，你會使用中位數而不是平均數作為集中趨勢測量數？為什

麼？請以兩個範例說明中位數作為集中趨勢測量數比平均數更有用。

8. 假設你正在處理一個資料集，裡面包含「非常不一樣」的分數（相較於其他資料是特別大或特別小的數值），你會使用哪一種集中趨勢測量數？為什麼？

9. 在這個習題中，請用下列已排序的一組 16 筆分數。它是由約 $50,000 至約 $200,000 範圍的收入水準所構成，哪一種平均值是最好的集中趨勢測量數？為什麼？

$199,999	$76,564
$98,789	$76,465
$90,878	$75,643
$87,678	$66,768
$87,245	$65,654
$83,675	$58,768
$77,876	$54,678
$77,743	$51,354

10. 利用第 4 章資料集 4 (ch4ds4.csv) 的資料，手動計算三組對都市交通有不同經驗的人的平均態度分數（10 分代表正面的評價，1 分代表負面的評價）。

11. 查看以下來自瓢蟲餐廳的派訂單數量，並確定每週的平均訂單數量。

週數	巧克力絲絨派	蘋果派	道格拉斯鄉村派
1	12	21	7
2	14	15	12
3	18	14	21
4	27	12	15

學生學習網址

你可以連上 **edge.sagepub.com/salkindshaw** 找到其他的練習題目與電子快閃卡片 (eFlashcards)，也可觀賞 R 的教學影片，並可下載檔案資料集！

5

差異萬歲
——瞭解變異性

難易指數：☺☺☺☺（比較容易，但不是易如反掌）

本章學習內容

✦為什麼變異性是有價值的描述型工具。

✦如何計算全距、標準差、和變異數。

✦標準差和變異數如何類似、如何不同。

為什麼瞭解變異性很重要

在第 4 章，你已經學了不同類型的平均值、它們的意義、如何計算，以及何時使用它們。但是談到敘述統計和描述一個分布的特徵，平均值只是故事的一半，另一半是變異性的測量。

在最簡單的辭彙中，變異性反映了分數彼此之間如何不同。例如：下面的一組分數展現了某些程度的變異性：

7, 6, 3, 3, 1

接下來的這一組分數具有相同的平均數 (4)，但變異性小於前一組分數：

3, 4, 4, 5, 4

下一組分數根本沒有變異性，分數之間彼此沒有差異，但是它還是和前面所示的兩組分數一樣，具有相同的平均數。

4, 4, 4, 4, 4

變異性（也叫做分布或離散度）可以想成是分數彼此之間有何不同的一種測量。如果把變異性看作是每個分數和一個特定分數的差異程度，可能更精確（而且也許更容易）。那麼你認為，什麼分數可能是那一個「特定分數」？當然，不需要將每一個數值和資料分布中的其他分數進行比較，沒錯，可以用來作比較的分數就是平均數。因此，變異性成為在一組分數中，每一個分數與平均數之差異程度的測量。接著我們還會有更多的討論。

要記住你所知道的有關計算平均值的內容，平均值（不論是平均數、中位數，還是眾數）是一組分數的代表分數。現在要增加關於變異性的新認知，它反映的是分數彼此之間有何不同。每一個都是重要的敘述性統計值。這兩個值（平均數和變異性）可共同用於描述一個分布的特徵，並說明分布彼此之間的差異。

變異性的三種測量數通常用於反映一組分數的變異性、分布、或者離散程度。這三種測量數就是全距、標準差、和變異數。接下來就更詳細地檢視每一個測量數以及如何使用。

實際上，資料點彼此之間的差異是瞭解和使用基礎統計學的核心部分，但是，當它變成是個人和團體之間的差異時（大多數社會及行為科學的重要支柱），變異性的整個概念就變成十分的重要。有時它被稱為變動性 (fluctuation)、不穩定性 (lability) 或誤差 (error)，或是其他眾多名詞中的一個。但事實上，變異性是生活中的香料，因為造成個人與個人之間有所差異的部分也是理解這些人及其行為更有挑戰性（和有趣）的地方。一個資料集內缺乏變異性或是個人與團體之間沒有變異性，事情就會變得很乏味。

計算全距

全距是對變異性最籠統的一種測量，它可以讓你對分數彼此之間的分開程度有個概念。全距的計算就是將一個分布中的最高分數減去最低分數。

一般來說，全距的計算公式如下：

$$r = h - l \qquad\qquad (5.1)$$

其中

- r：全距
- h：資料集的最高分數
- l：資料集的最低分數

以下面的一組分數（以遞減的次序排列）為例：

98, 86, 77, 56, 48

在此例子中，98 − 48 = 50。全距是 50。在一個 500 筆數值的資料集中，最大的是 98，最小的是 37，那麼全距就是 61。

實際上全距有兩種類型。一種是排他全距，就是用最高分數減去最低分數 ($h - l$)，也是我們剛剛定義的全距。第二種全距是內含全距，就是最高分數減去最低分數再加 1 ($h - l + 1$)。在研究期刊中，你通常看到的是排他全距，但如果研究人員喜歡內含全距，偶爾也會使用。

全距可以告訴你資料中最大值跟最小值有多麼不同；換句話說，全距表明一個資料分布中，從最低值到最高值之間的差異有多少。因此，雖然全距作為變異性的一般指標是很好，但是它不能用於得出任何關於個別分數彼此有何不同的具體結論。而且，你通常不會看到將這個測量數當成是唯一的變異性測量的報告，而僅會是其中一種方式（這帶領我們來到下一節）。

計算標準差

現在開始學習最常用到的變異性測量數——標準差。如果僅僅考慮字面的涵義，它就是與某個標準值（猜猜是哪一個值？）的離差。實際上，標準差（縮寫為 s 或 SD）表示一組分數中的變異性的平均數量。以實用的術語來說，它是與平均數的平均距離。標準差越大，每一個資料點與分布的平均數的平均距離就越大。

因此，計算標準差背後的邏輯是什麼？你最初的想法可能是計算一組分數的平均數，接著用每一個分數減去平均數。然後計算這些距離的平均值。這個想法很好，因為最後你會得到每一個分數與平均數的平均距離。但是實際上無法實現。（就算接下來我們馬上會說明，但先想想你是否知道原因。）

首先，這裡是計算標準差的公式：

$$s = \sqrt{\frac{\sum(X_i - \overline{X})^2}{n-1}} \tag{5.2}$$

其中

- $\sum$：西格瑪，告訴你將其後所有數值累加求和
- X_i：每一個別分數
- $\overline{X}$：所有分數的平均數
- n：樣本數

這個公式找出每一個別分數和平均數 $(X_i - \overline{X})$ 之間的差，將每一個差平方，並且計算這些值的總和。然後用總和除以樣本數（減去 1），最後求此結果的平方根。就如你所看到的，也和我們之前指出的一樣，標準差是與平均數的平均離差。

1. 列出每一個分數，分數如何排列不重要。
2. 計算這組分數的平均數。
3. 由每一個分數減去平均數。如果你計算正確，這一行的總計會是 0。
4. 計算每一個別差平方。

5. 加總所有與平均數的離差的平方。如你所見，總和是 28。

6. 將總和除以 $n-1$，或 $10-1=9$，那麼 $28/9 = 3.11$。

7. 計算 3.11 的平方根，結果是 1.76（四捨五入之後）。那就是這 10 個分數的標準差。

步驟引導

以下是我們將在下列有關如何計算標準差的逐步說明中使用的數據：

5，8，5，4，6，7，8，8，3，6

首先，建立一個如下的表格。在此範例中，欄位 1 中的數據從最大到最小重新排列。最後的總合列，是將各欄加總，我們最後會用到。按照之前的步驟 2 至 5，填寫表格的其餘部分。

步驟一	步驟二	步驟三	步驟四
X_i	$\bar{X}$	$(X_i - \bar{X})$	$(X_i - \bar{X})^2$
8			
8			
8			
7			
6			
6			
5			
5			
4			
3			
	總和		

表格填寫完畢後，表格應如下所示。步驟 3 可以只顯示數字，而不顯示完整的計算。

步驟一	步驟二	步驟三	步驟四
X_i	$\overline{X}$	$(X_i - \overline{X})$	$(X_i - \overline{X})^2$
8	6	$8 - 6 = +2$	4
8	6	$8 - 6 = +2$	4
8	6	$8 - 6 = +2$	4
7	6	$7 - 6 = +1$	1
6	6	$6 - 6 = 0$	0
6	6	$6 - 6 = 0$	0
5	6	$5 - 6 = -1$	1
5	6	$5 - 6 = -1$	1
4	6	$4 - 6 = -2$	4
3	6	$3 - 6 = -3$	9
	總和	0	28

　　有了此表，我們便擁有了公式 5.1 所需的一切。照著第 6 步和第 7 步將找到答案。

　　從結果我們可以知道，這個分布中的每一個分數與平均值之差距平均是 1.76。

　　現在讓我們往回走幾步，檢視一下標準差公式中的一些運算。首先，為什麼我們不簡單地將與平均數的離差累加起來？因為與平均數的離差的總和永遠都等於 0。試著加總這些離差 (2 + 2 + 2 + 1 + 0 + 0 − 1 − 1 − 2 − 3)。實際上，這也是檢查平均數計算是否正確的最好方式。偏差唯一不等於 0 的情況是，你計算平均值並將其四捨五入到只有幾位小數位，然後再填寫表格。那麼，總和將接近 0，但不完全是 0。

你可能會讀到另一種類型的離差，而且你應該瞭解它的涵義。**平均離差 (mean deviation)**〔也叫做平均絕對離差 (mean absolute deviation)〕是與平均數離差的絕對值的平均。你已經知道與平均數的離差總和一定等於 0（否則就可能是平均數計算錯誤）。那麼，讓我們取每一個離差的絕對值（也就是不管正負號時的數值）。將這些絕對值加總起來，然後除以資料點的個數，

你就得到平均離差。

所以，如果你有一組分數是 3、4、5、5、8，算術平均數會是 5，平均離差就是 2（5 – 3 的絕對值）。1，0，0，3，合計為 6，然後將其除以 5 得到 1.2 的結果。（注意：一個數的絕對值通常用在該數兩邊加上一條豎線來表示，就如 |5|。例如：–6 的絕對值可以這樣表示成 |–6|，也就是 6。）

其次，為什麼我們將離差平方？因為我們想消除負號，這樣當我們將它加總時，總和不為 0。

最後，為什麼在步驟 7，我們是以取整個值的平方根來結束？因為我們想回到開始時所用的計算單位。我們在步驟 4 將與平均數的離差平方（以消除負值），接著在步驟 7 取它們整個值的平方根。相當乾淨俐落。

為什麼是 $n-1$，而不是 n？

你可能已經猜出我們為什麼將與平均數的離差平方，以及為什麼取它們總和的平方根。但是為什麼公式中的分母要減去 1 呢？為什麼我們除以 $n-1$ 而不是 n 呢？這是個很好的問題。

答案是 s（標準差）是母體標準差的估計值，但是只有我們用 n 減去 1 的情況下，才是**不偏估計值** (unbiased estimate)。我們把分母減去 1，會使得標準差大於它實際應有的大小。為什麼我們要這樣做？因為，作為好的科學家，我們是保守的。保守的涵義是：如果我們不得不出錯，我們也是站在高估母體標準差的這一邊。除以較小的分母可讓我們做到這一點，因此，我們除以 9 而不是除以 10；或者我們是除以 99 而不是 100。但是，如果要處理的是母體，則除以 n 而不是 $n-1$。

如果你的目的是描述樣本的特徵，則有偏誤的估計值也可以。但如果你想用樣本估計母體參數，最好是計算無偏誤的統計量。

看看下面的資料表，並觀察當樣本數變大（並且逐漸接近母體數）時會發生什麼事。$n-1$ 的調整對於標準差的有偏誤估計值和無偏誤估計值之間差異的影響相當小（表中黑體字一欄）。因此，在其他各項條件相等的情況

下，樣本數越大，標準差的有偏誤估計值和無偏誤估計值之間的差異就越小。

樣本數	標準差公式中分子的數值	母體標準差的有偏誤估計值（除以 n）	母體標準差的無偏誤估計值（除以 $n-1$）	有偏誤估計和無偏誤估計的差異
10	500	7.07	7.45	**.38**
100	500	2.24	2.25	**.01**
1,000	500	0.7071	0.7075	**.0004**

　　這個故事的寓意是什麼？當你計算樣本標準差並用來估計母體標準差時，樣本數越接近母體數，估計值就會越準確。當有人談論樣本標準偏差時，你會知道他們除以 $n-1$。

重要的是什麼？

　　標準差的計算非常簡單。但是標準差的涵義是什麼？作為變異性的一個測量數，標準差所告訴我們的是：一組分數中的每一個分數，平均而言，與平均數間的差距。但是正如你將在第 8 章中找到的，標準差有一些非常實際的應用。為了刺激你學習的興趣，考慮這一點：即使分布的平均數和標準差不同，標準差也可用來幫助我們比較來自不同分布的分數。很奇妙吧！這就如你將會看到的，可以非常酷。

- 標準差是計算偏離平均數的平均距離。因此，首先你將需要計算平均數作為集中趨勢測量數。因此在計算標準差時，不需要在中位數和眾數上浪費時間。
- 標準差越大，數值分布越廣，而且數值彼此之間的差異越大。
- 和平均數一樣，標準差對極端分數很敏感。當你在計算一組樣本的標準差，而且你有極端分數時，就要在你的報告中註明這一點。
- 如果 $s = 0$，這組分數中就絕對沒有變異性，而且這些分數在數值上完全相同，如本章開頭的第三個範例。這種情況很少發生。

那麼，關於變異性及其重要性有什麼了不起的地方呢？作為一個統計概念，你已經在上面瞭解到，它是一種分散度或分數之間如何差異的度量。但是，「甩一甩」確實是生活的調味品，正如你在生物學或心理學課程中或從自己的個人閱讀中學到的那樣，可變性是演化的關鍵要素，因為沒有變化（可變性總是伴隨著變化），生物就無法適應。這一切都很酷，對吧。

計算變異數

這裡是另一個變異性的測量數，而且也讓人感到驚奇。如果你知道一組分數的標準差，而且可以計算一個數的平方，你就可以很容易的計算同一組資料的變異數。變異性的第三個測量數，也就是變異數，就只是標準差的平方。

換句話說，就是你之前看到的公式，只是沒有平方根符號，就如式 5.3 所示：

$$s^2 = \frac{\sum(X_i - \overline{X})^2}{n-1} \tag{5.3}$$

如果你計算標準差且沒有完成最後一步（開根號），你就得到變異數。換句話說，$s^2 = s \times s$，或變異數等於標準差乘上自己（或平方）。在我們前面的例子中，標準差等於 1.76，變異數等於 1.76^2，也就是 3.11。

另一個例子是，如果說有一組 150 個分數的資料，標準差是 2.34，那麼變異數就是 2.34^2 或 5.48。

你不太可能會在期刊的文章中看到變異數被單獨提及，或者看到變異數被用作敘述統計量。這是因為變異數是一個很難解釋或應用於一組資料上的數。總之，變異數是以離差的平方為基礎。

但是變異數很重要，因為它不僅是一個概念，也是在許多統計公式和技術中一個實用的變異性測量數。你稍後會在《愛上統計學：使用 R 語言》學到更多。

標準差與變異數

標準差和變異數在哪些方面相同，又在哪些方面不同？

沒錯，它們都是變異性、離散度、或分布的測量數。用於計算兩者的公式非常類似。在期刊文章的「結論」部分，到處都是它們（但大部分是標準差）。

但是它們也非常的不同。

首先，且最重要的是，標準差（因為我們計算離差平方和之平均數的平方根）的單位和最初用來計算的單位相同。變異數的單位則以平方單位存在（沒有開平方根）。

這是什麼意思？假定我們需要知道一組裝配電路板的生產工人的變異性。我們假定他們平均每個小時裝配 8.6 個電路板，標準差是 1.59。1.59 的意義是：每個小時裝配的電路板與平均數的平均差異大約是 1.59 個電路板。當我們想要瞭解各組的整體績效時，這種資訊是相當有價值的。

讓我們看看變異數，1.59^2，或 2.53 的解釋。變異數可解釋為：工人每個小時安裝的電路板與平均數的平均差異的平方，大約是 2.53 個電路板。這兩個值，哪個更有意義？

你可以前往
edge.sagepub.com/
salkindshaw 看 R 的
教學影片。

使用 R 計算變異性測量數

讓我們使用 R 計算一些變異性測量數。我們使用的資料檔案是第 5 章資料集 1 (ch5dsl.csv)。與第 4 章類似，我們將使用 R 手動計算全距、變異數以及標準差。然後，我們將嘗試一些內建函式。在此資料集中有一個變量：

這個資料集只有一個變數：

變數	定義
Reaction.Time	敲擊作業的反應時間

首先，讓我們讀入資料集。我們希望讀取資料集中的語法，對你們來說很熟悉，因此我們不會再為你說明一次讀取資料集的所有詳細資訊。如果需

要複習 read.csv 函式的詳細訊息，請重新閱讀第 3 章或第 4 章。在這裡，我們將直接讀取資料並開始計算變異性測量數。

```
> ch5ds1 <- read.csv(file.choose())
> View(ch5ds1)
>
```

如果正確讀取了文件，則第 1、2 和 3 列中的 Reaction.Time 值應分別顯示 0.4、0.7 和 0.4。

讓我們看一下 Response.Time 的摘要訊息。

```
> summary(ch5ds1$Reaction.Time)
   Min.  1st Qu.  Median    Mean  3rd Qu.    Max.
 0.2000   0.5000  0.7500  0.9567   1.1000  2.8000
>
```

要使用公式 5.1 計算（排他）全距，我們需要知道最高和最低值。在上面的輸出中，是用 Max. 以及 Min. 來表示。十分簡單！使用 R 作為計算器，

```
> 2.8 - 0.2
[1] 2.6
>
```

計算全距的另一個選擇是使用兩個函式 min() 和 max() 來計算最大值減去最小值。

```
> max(ch5ds1$Reaction.Time) - min(ch5ds1$Reaction.Time)
[1] 2.6
>
```

這次，我們將計算變異數，然後計算標準差。你能猜出為什麼嗎？這是因為我們在計算標準差的方式上計算了變異數。

就像我們對全距所做的一樣，讓我們使用 R 手動完成建立 5.3 公式所需的步驟。在用於計算標準差的表中，我們從 X 開始，X 的平均值表示為 $\bar{X}$。在本範例中為 X，就是敲擊作業的反應時間。我們來看一下敲擊作業的反應時間：

下面的步驟是計算本章所討論的變異性測量數：

```
> ch5ds1$Reaction.Time
 [1] 0.4 0.7 0.4 0.9 0.8 0.7 0.3 1.9 1.2 2.8 0.8 0.9 1.1
1.3 0.2 0.6 0.8
[18] 0.7 0.5 2.6 0.5 2.1 2.3 0.2 0.5 0.7 1.1 0.9 0.6 0.2
>
```

如果你一直有跟上我們的進度，你的 R 命令列窗格一行所呈現的數字數量可能會與我們的數字不同，因為我們將 R 命令列窗格縮小了，因此第一行只顯示 17 個數字。現在，計算 Reaction.Time 的平均值並將其儲存在 RTmean 中（Reaction.Time 平均值的縮寫）。

```
> RTmean <- mean(ch5ds1$Reaction.Time)
> RTmean
[1] 0.9566667
>
```

下一步是從每個 Reaction.Time 中減去 Reaction.Time 平均值 $(X - \bar{X})$，也就是離均偏差。我們使用 ch5ds1$ Reaction.Time 減去 RTmean。讓我們執行該步驟並查看結果。

```
> RTminusMean <- ch5ds1$Reaction.Time - RTmean
> RTminusMean
 [1] -0.55666667  -0.25666667  -0.55666667  -0.05666667
 [5] -0.15666667  -0.25666667  -0.65666667   0.94333333
 [9]  0.24333333   1.84333333  -0.15666667  -0.05666667
[13]  0.14333333   0.34333333  -0.75666667  -0.35666667
[17] -0.15666667  -0.25666667  -0.45666667   1.64333333
```

```
[21]  -0.45666667   1.14333333   1.34333333  -0.75666667
[25]  -0.45666667  -0.25666667   0.14333333  -0.05666667
[29]  -0.35666667  -0.75666667
>
```

得到離均偏差後，我們需要對其求平方。在 R 中，我們將 ^2、^ 用於取次方，2 就是我們將自身相乘的次數。

```
> SqMeanDeviation <- RTminusMean^2
> SqMeanDeviation
 [1]  0.309877778  0.065877778  0.309877778  0.003211111
 [5]  0.024544444  0.065877778  0.431211111  0.889877778
 [9]  0.059211111  3.397877778  0.024544444  0.003211111
[13]  0.020544444  0.117877778  0.572544444  0.127211111
[17]  0.024544444  0.065877778  0.208544444  2.700544444
[21]  0.208544444  1.307211111  1.804544444  0.572544444
[25]  0.208544444  0.065877778  0.020544444  0.003211111
[29]  0.127211111  0.572544444
>
```

我們用一個比較酷的方式把將最後兩個步驟合併。我們選擇除以 n 而不是 $n-1$，以獲得所謂的母體變異數或 σ^2（請注意，使用 s^2 的希臘字母代表樣本變異數）。

```
> RTvariance <- sum(SqMeanDeviation) /
length(SqMeanDeviation)
> RTvariance
[1] 0.4771222
>
```

如果我們將總和除以 $n-1$ 而得到 s^2 會怎樣？

```
> RTvarianceS <- sum(SqMeanDeviation) /
(length(SqMeanDeviation) - 1)
```

```
> RTvarianceS
[1] 0.4935747
>
```

回想一下，如果我們使用 $n-1$ 作為樣本，我們將得到母體標準差的保守估計——在這種情況下，母體與樣本標準之差小於 0.02。如果我們將內建函式用於變異數，則 R 會呈現使用 $n-1$ 計算的變異數。

```
> var(ch5ds1$Reaction.Time)
[1] 0.4935747
>
```

如果我們不確定 R 會給我們提供哪種類型的變異數，我們可以向 R 尋求幫助。轉到 R 命令列窗格並輸入以下內容：

```
> ?var
>
```

現在，右下方的 Help Viewer 將顯示相關係數、變異數和共變異數（矩陣）的幫助訊息，如圖 5.1 所示。

你可以向下滾動到「詳細訊息」部分，第六段將討論分母 $n-1$，以獲得母體（共）共變異數的無偏估計。

要獲得母體變異數，你需要回到上面我們手動計算差異的步驟。為什麼 R 中的 var 函式不能讓你選擇母體，還是樣本變異數？那是因為我們很少處理所有事物，特別是在教育、心理學、市場營銷、政治科學或任何其他領域。

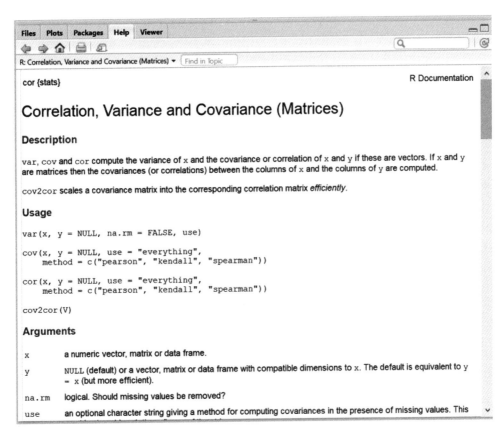

呼！終於算完了！我們採取了許多步驟來得到與 var() 函式一樣的答案，但是希望你對變異數和標準差有更進一步的瞭解。為了得到標準差，在計算變異數後，我們只需要再增加一行語法即可。讓我們使用樣本變異數 RTvariances——沒錯，*s* 用於樣本！

```
> sqrt(RTvarianceS)
[1] 0.7025487
>
```

標準差為 0.70 秒。 使用樣本專用的內建 R 函式 sd()，我們得到：

```
> sd(ch5ds1$Reaction.Time)
[1] 0.7025487
>
```

你會發現這個答案和上一個算法的答案到小數點後第七位都一樣。該函式正在執行我們採取的所有步驟，只是在後台執行它們。和變異數一樣，sd() 在分母中使用 $n-1$。如果你要確保 R 使用 $n-1$ 而不是 n，我們可以問一下！轉到 R 控制台並鍵入：

```
> ?sd
>
```

在 RStudio 的右下角，「幫助」選項卡顯示有關「標準差」的訊息。向下滾動以查看詳細訊息部分中的第一行。 創造這個方便函式的作者在這裡告訴我們：「就像 var 這樣，使用分母 $n-1$。」因此，R 傳回無偏差或可以稱做樣本的標準差。我們將在第 8 章中更詳細地介紹如何使用此值，但現在，值為 0.70 表示每個分數與分數集中最中心點的平均值差值的平均值。對於這些反應時間數據，這意味著個別反應時間與平均值相差秒數的平均值約 0.70 秒。

讓我們再試一個第 5 章資料集 2 (ch5ds2.csv)。此資料集中有兩個變量：

變數	定義
數學成績 Math_Score	一次數學測驗的成績
閱讀成績 Reading_Score	一次閱讀測驗的成績

依照之前所給的相同指令，只是在這裡，因為有兩個變數，所以你得重複操作兩次。

套件	函式	作用
base	range	顯示資料集中的最小值和最大值，以便你可以計算內含全距或排他全距

```
> range(ch5ds1$Reaction.Time)
[1] 0.2 2.8
>
```

psych	describe	

```
> describe(ch5ds1$Reaction.Time)
   vars  n mean  sd median trimmed  mad min max range skew kurtosis   se
X1    1 30 0.96 0.7   0.75    0.85 0.44 0.2 2.8   2.6 1.26     0.58 0.13
>
```

真實世界的統計

如果你是一個精熟統計的人，那麼，你可能會對變異性測量的特性感到興趣，就真的只是為了這些特性，這是主流的統計學者花非常多時間在做的事情——你可以看一下某些統計的特性、表現和假定。

但是，我們對這些工具如何被使用更感到興趣，所以，讓我們來看一下這一個研究，實際上如何聚焦在將變異性當成主要的分析結果。而且，就像你之前所讀到的，分數之間的變異性的確是很有趣，但是，當要瞭解實質績效和人們之間的變異性的原因時，這個主題就變得真的很有趣。

這正是 Nicholas Stapelberg 和他在澳大利亞的同事所做的事。他們檢查心跳速率的變異性，認為它和冠狀心臟疾病有關。現在，他們並不直接觀察這個現象，而是在多元的電子資料庫中輸入這些搜尋字：「心率變異分析」、「憂鬱症」、「心臟疾病」，發現心率變異減少這個字詞也會出現在嚴重的憂鬱症和冠狀心臟疾病中，這些研究人員認為這兩種疾病會破壞可以幫助心臟功能有效率運作的控制迴圈。這是一個很棒的例子，檢視變異性如何成為一個研究的焦點而不只是附加的敘述統計。

想要知道更多嗎？可以上網或到圖書館閱讀有關這篇文章：

Stapelberg, N. J., Hamilton-Craig, I., Neumann, D. L., Shum, D. H., & McConnell, H. (2012). Mind and heart: Heart rate variability in major depressive disorder and coronary heart disease- a review and recommendations. *The*

Australian and New Zealand Journal of Psychiatry, 46, 946-957.

小結

變異性測量數幫助我們更全面地瞭解資料點的分布看起來像什麼。與集中趨勢測量數一起檢視，我們可以使用這些數值來區分不同的資料分布，而且有效地描述一組考試分數、身高或個性測量值看起來像什麼。現在我們可以思考和討論資料的分布，讓我們探究我們可以檢視它們的一些方法。

練習時間

1. 為什麼全距是最方便的離散度測量數？卻也是最不精確的變異性測量數？何時你會使用全距？

2. 請為下列項目計算排他全距與內含全距。

最高分	最低分	排他全距	內含全距
12.1	3		
92	51		
42	42		
7.5	6		
27	26		

3. 為什麼你會預期大學新鮮人的人格測量值會比身高測量值有更大的變異性？

4. 為什麼在一測驗中，個別值越類似，標準差就越小？為何你期待觀測數量較多的觀測值比觀測數量較小的觀測值的變異性相對較小？

5. 請手動計算下面這組分數的全距、無偏誤標準差、有偏誤標準差和變異數。

    94 ,86, 72, 69, 93, 79, 55, 88, 70, 93

6. 在第 5 題中，為什麼無偏誤估計值大於有偏誤估計值？

7. 用 R 計算下列本學期某一課程三次測驗分數的所有敘述統計量。哪一次測驗

的平均分數最高？哪一次測驗的變異性最低？

測驗 1	測驗 2	測驗 3
50	50	49
48	49	47
51	51	51
46	46	55
49	48	55
48	53	45
49	49	47
49	52	45
50	48	46
50	55	53

8. 針對下列分數，手動計算標準差與變異數的不偏估計值。

58	76
56	78
48	45
76	66
69	

9. 一組分數的變異數是 36，標準差是多少？全距又是多少？

10. 找出下列這幾組分數個別的內含全距、樣本標準差和變異數：

　　a. 5, 7, 9,11

　　b. 0.3, 0.5, 0.6, 0.9

　　c. 6.1, 7.3, 4.5, 3.8

　　d. 435, 456, 423, 546, 465

11. 這個練習題使用在第 5 章資料集 3 (ch5ds3.csvl) 檔案中所包含的資料。這個資料集中有兩個變數。

變數	定義
身高	單位是英寸的身高
體重	單位是磅的體重

使用 R 計算身高和體重的所有變異性測量數。

12. 你如何能辨識 R 所產出的是標準差的有偏誤估計值或無偏誤估計值？

13. 利用第 5 章資料集 4 (ch5ds4.csv) 的精確分數表計算標準差和變異數的有偏誤估計值和無偏誤估計值。如果可能的話，用 R 計算；不然也可以動手計算。哪一個數值較小？為什麼？

14. 在拼寫測試中，標準差等於 0.94。 這是什麼意思？

學生學習網址

你可以連上 **edge.sagepub.com/salkindshaw** 找到其他的練習題目與電子快閃卡片 (eFlashcards)，也可觀賞 R 的教學影片，並可下載檔案資料集！

6

一幅圖真的相當於
千言萬語

難易指數：☺☺☺☺（比較容易，但不是易如反掌）

本章學習內容

✦為什麼一幅圖真的相當於千言萬語。

✦如何建立直方圖和多邊形圖。

✦瞭解不同分布的圖形樣貌。

✦使用 R 建立很酷的圖。

✦不同類型的統計表和它們的應用。

為什麼要用圖形表示資料？

在前面兩章，你已經學了兩種重要類型的敘述統計：集中趨勢測量數和變異性測量數。這兩者可提供你描述一組資料最好的分數（集中趨勢），以及分數彼此之間如何分散或不同的測量值（變異性）。

我們還沒做、而現在將要做的是，檢視這兩種測量數的差異如何造成在圖形中不同的外形分布。數字本身（例如：$\bar{X} = 3$，$s = 3$）也許很重要，但是圖形表現是檢視一個分布，或一組資料的特徵更有效的方式。因此，在這

一章我們將學習如何用圖形來表現分數的分布，以及如何使用不同類型的圖形來表現不同類型的資料。這裡正是 R 開始展現光芒的地方。畫出第 4 章中的圖 4.1 之類的內容很簡單，我們在其中繪製了第一個直方圖以突顯一個數字比其餘數字大得多的方式。但是我們沒有教你如何輕鬆地畫出一個肯定會讓人印象深刻的圖。

　　因此，在本章中，我們將學習如何以視覺呈現的方式來表示分數的分布、以及如何使用不同類型的圖共同表示不同類型的資料。而且由於 R 可以輕鬆繪製圖形，因此我們將在整章中介紹功能，而不是到最後才說明，因此，打開 RStudio 並跟著我們的步調前進吧。

完成一張好圖的十種方法

　　無論你是手動或者使用電腦程式繪製圖表，這些優雅的設計原則仍然適用。這裡所介紹的十種方法，建議你印出來、放在桌上，隨時參考。

1. 把圖中無用的內容減至最少。「圖垃圾」（類似於「廢話」）是指你使用過多的函式、圖案、或數字，使得整張圖顯得密集、擁擠、混亂。記得，塞越多、越無益。

2. 在開始製作最後版本的圖之前，先畫草圖。即使你準備用電腦程式製作圖，也要使用製圖紙。而且，事實上，你可以用你的電腦列印出製圖紙（試看看 http://printfreegraphpaper.com）

3. 你想說的與你說出來的要一致──不多不少。沒有比用一張雜亂的圖（附帶太多的文字和花俏的特徵）來迷惑讀者更糟糕的事情了。

4. 幫所有的內容加上標記，不要留下任何讓讀者誤解的內容。

5. 一個圖應該只傳遞一個概念。

6. 保持均衡。當你製作一張圖時，表頭和數軸標題要置中。

7. 維持圖中的比例。比例是指橫軸和縱軸之間的關係。這個比例應該大約是 3 比 4，也就是一張圖的寬若是 3 英寸，那麼高大約就是 4 英寸。

8. 簡單就是好、少就是多。讓圖儘量簡單易懂，但不能過於簡化。盡可能地直接傳遞一個觀點，而且分散注意力的資訊能保留在伴隨的內文中。記住，一個圖應該能夠單獨存在，而且讓讀者能夠瞭解訊息。

9. 限制你的用字數。太多文字或者字體太大，會讓你的圖所傳遞的視覺訊息減分。

10. 一個圖本身應該能夠傳遞你想要說的內容。如果它不能，返回你的準備階段再試一次。

第一要事：建立次數分配

用圖說明資料的最基本方式就是建立次數分配。次數分配是計算和展現特定分數出現多頻繁的一種方法。在建立次數分配的過程中，分數通常會劃分為組距或數值範圍。

這裡是一項閱讀理解測驗的 50 個分數，以及這些測驗分數的次數分配。下面是建立次數分配的原始資料：

47	10	31	25	20
2	11	31	25	21
44	14	15	26	21
41	14	16	26	21
7	30	17	27	24
6	30	16	29	24
35	32	15	29	23
38	33	19	28	20
35	34	18	29	21
36	32	16	27	20

以下是次數分配表：

組　距	次　數
45-49	1
40-44	2
35-39	4
30-34	8

組　距	次　數
25-29	10
20-24	10
15-19	8
10-14	4
5-9	2
0-4	1

組距的選擇

　　就如你在上表中所看到的，組距是一個數字範圍，而且建立次數分配的第一步就是定義每一個組距的大小。在我們建立的次數分配中，你可以看到，每一個組距包含 5 個可能分數，例如：5-9（包含 5、6、7、8 和 9）和40-44（包含 40、41、42、43 和 44）。我們如何決定要一個只包含 5 個分數的組距？為什麼不是各包含 10 個分數的五個組距？或者各包含 25 個數值的兩個組距？

　　不論你處理的資料集中數值的大小，建立組距時，這裡有一些一般原則要遵守。

- 選擇一個包含 2、5、10、15 或 20 個資料點的組距。在我們的範例中，我們選擇了包含 5 個資料點的組距。

- 選擇一個組距，使得 7 到 10 個這樣的組距就可以覆蓋所有的資料。完成這一步的一個簡便方法是計算全距，接著除以你想使用的組距個數（在 10 到 20 之間）。在我們的範例中，一共有 50 個分數，而且我們想要 10 個組距：50/10 = 5，這就是每一個組距的大小。我們不想要小於 7 個組距，因為這會讓分布看起來很不明顯。

- 著手列出各組組別。在我們之前給的次數分配中，組距是 5，而且我們由最低的組距 0 開始。

最後，最大的組距位在次數分配的頂端。

簡而言之，在建立次數分配圖的過程，沒有建立組距大小的嚴格規則，這裡有舉出六個通用規則：

1. 確定範圍（資料中最大和最大的最小數字）。

2. 確定組距間隔的數量。

3. 確定組距間隔的大小。

4. 確定第一組資料的起點。

5. 建立組距間隔。

6. 將資料放入組距間隔。

建立完組距間隔後，就該完成次數分布的次數部分了。我們只要簡單的計算原始資料中出現分數的次數，然後在該次數所代表的每個組距間隔中輸入該數字。在我們為閱讀理解測驗資料建立的次數分配中，出現在 30 到 34 分之間（也就是在 30-34 個組距間隔內）有 8 次。因此，在標記為次數的欄位中有 8。這樣你就可以畫完次數分配圖了。

有時，最好先將資料用圖形畫出來，然後再執行任何需要進行的計算或分析。透過檢視資料，你可以瞭解變量之間的關係，使用哪種敘述性統計量來描述資料是正確的等等。這個額外的步驟可能會增加你對資料的瞭解和提升你所做的任務價值。

圖變厚了：建立直方圖

現在，我們已經得到了有多少分數落入什麼組距的記錄，接著將進入下一步並建立所謂的直方圖：次數分配的視覺呈現，次數是以長條表示。

依據你所讀的書籍、期刊文章或報告、和你所使用的軟體，資料的視覺呈現 (visual representation) 就是圖 (plot)（例如：在 R 或 Excel 中）；實際上兩者沒有差別。你所需要知道的是，圖就是資料的視覺呈現。

依據下面的步驟來建立直方圖：

1. 使用製圖紙，沿 x 軸等距離的列出數值，如圖 6.1 所示。現在確定組距的**中點 (midpoint)**，也就是組距的中央點。組中點很容易一眼就看出來，但是你也可以簡單地將組距的上端值和下端值加起來，然後除以 2。例如：組距 0-4 的中點是 0 和 4 的平均數，或是 4/2 = 2。

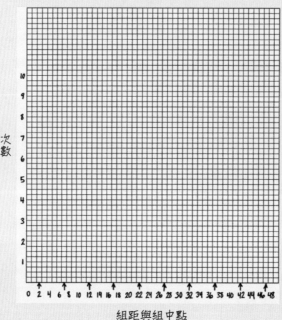

組距與組中點

▣ 6.1 沿 x 軸的組距

2. 沿著每一個代表整個組距的組中點繪製一根高度為代表該組距次數的長條或柱。例如：在圖 6.2 中，你可以看到我們第一個長條，組距 0-4 由次數 1 代表（表示在 0 到 4 之間的數值出現一次）。繼續繪製長條或柱，直到每一個組距的次數都已用圖形表示。圖 6.2 是一幅很不錯的手繪直方圖（真的！），它表示我們之前提到的 50 個分數的次數分布。

注意每一個組距是如何由沿 x 軸的一個範圍的分數來代表。

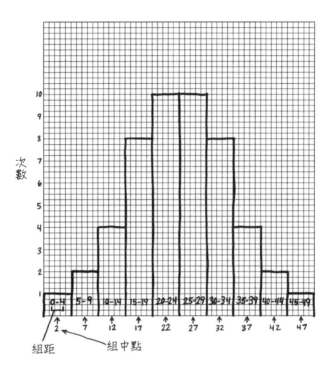

圖 6.2　手繪的直方圖

計數方法

　　藉由你在這一章開始時看到的簡單次數分配，你就可以看出，比起簡單的表列，你對分數的分布已經瞭解更多。你會對什麼數值和其發生的次數是什麼有很好的概念。但是，另外一個視覺表示（除了直方圖之外）可以藉由對每一個數值出現的記錄來完成，如圖 6.3 所示。

　　我們使用與在特定組距出現之分數的次數一致的記錄。這種方式可以給你某些分數相對於其他分數有多常出現的更好視覺表示。

下一步驟：次數多邊形圖

　　建立一個直方圖或一個分數記錄不是那麼困難，而下一步（下一個用圖形說明資料的方式）還更簡單。我們準備使用相同的資料來建立次數多邊形圖，實際上就是剛才你看到已建立的直方圖。次數多邊形圖是代表組距內分數的出現次數的連續直線，就如圖 6.4 所示。

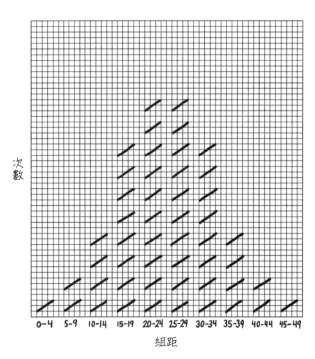

圖 6.3　記錄分數

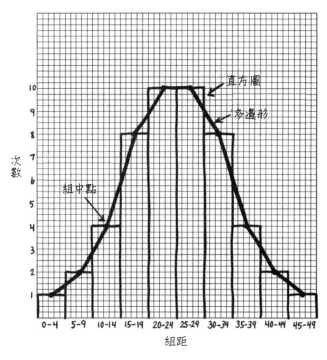

圖 6.4　手繪之次數多邊形圖

如何繪製次數多邊形圖？就按照下面的步驟。

1. 在直方圖的長條或柱的頂端放置一個中點（見圖 6.2）。

2. 用線段連接這些中點，就得到次數多邊形圖。

　　注意在圖 6.4 中，作為次數多邊形圖建立基礎的直方圖是用橫線和豎線繪製，而次數多邊形圖是用曲線繪製。這是因為，雖然我們想讓你看到次數多邊形圖建立的基礎，但是你通常看不到在次數多邊形圖之下的直方圖。

　　為什麼使用次數多邊形圖，而不是直方圖來表示資料？它只是偏好的問題而已。次數多邊形圖看起來比直方圖（表示次數變化的直線看起來總是較整齊）更生動，但是基本上傳遞的是相同的資訊。

　　接下來我們就將畫圖的重責大任交給 R 吧！我們用剛才的閱讀測驗資料畫出簡單的直方圖：

```
> Reading <- c(47, 2, 44, 41, 7, 6, 35, 38, 35, 36,
+              10, 11, 14, 14, 30, 30, 32, 33, 34, 32,
+              31, 31, 15, 16, 17, 16, 15, 19, 18, 16,
+              25, 25, 26, 26, 27, 29, 29, 28, 29, 27,
+              20, 21, 21, 21, 24, 24, 23, 20, 21, 20)
> hist(Reading)
>
```

　　在第一行中，我們建立了閱讀分數向量，並將其存儲在名為 `Reading` 的物件中。在下面的一行，我們使用 `hist()` 函式繪製直方圖。R 就會產生圖 6.5。

　　R 根據我們的資料建立了 10 組。跟剛才圖形的差別在於 R 使用自己的方法定義組距間隔。因此，分數被分配給不同的組。這裡我們可以學到的課題是什麼呢？資料分組方式在直方圖中的顯示方式上有很大的不同。而且，一旦你對 R 有更充分的瞭解，就可以進行各種微調，使圖形完全按照你的要求顯示。現在讓我們進行第一次調整。

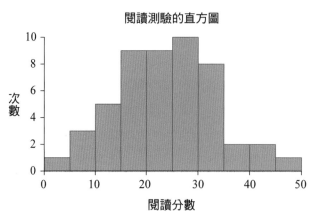

圖 6.5   R 畫出來的直方圖

我們可以在函式中添加一些語法來更改組數。具體來說，我們告訴 R 我們要多少組。在圖 6.5 中，R 給了我們 10 組，其中包含 9 個斷點。我們需要多少線才能將連續分布分割為所需的間隔數？想像一個方形的布朗尼蛋糕，你想將其切開以便分享。如果要與其他人共享，則將布朗尼蛋糕切一次就可以製成兩塊。要在三個人之間共享，請在兩個地方將巧克力蛋糕切開以分成三塊。同樣，我們選擇想要的組數，然後減去 1 以得到間隔次數──不幸的是，這次不涉及巧克力。

在此範例中，我們將選擇非常少的組數，只是為了向你說明如何進行（實際上，這次的示範間隔太短了！）。我們告訴 R 我們需要五組，因此我們將間隔次數設置為 5－1＝4 以繪製圖 6.6。

```
> hist(Reading, breaks = 4)
>
```

有幾種方法可以指定你要 R 建立多少組。我們可以使用預設值，該預設值是 Sturges 的公式，該公式採用樣本量的對數（以 2 為底）並加 1。如果分數少於 30，則效果不佳。在這種情況下，你可以指定所需的斷點數和確切的斷點，就像你手動建立直方圖時所做的那樣，或者可以指定類似於規則 1 和 2 的函式來繪製直方圖：

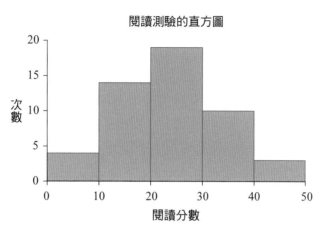

閱讀測驗的直方圖

次
數

閱讀分數

圖 6.6　用四個間隔重新繪製的直方圖

```
(max(Reading)  - min(Reading))/5
```

在 R 的命令列窗格中鍵入 **?hist**，以獲取有關在直方圖中指定斷點的更多訊息。

　　讓我們畫一個次數多邊形。我們將在 hist() 中使用其他選項，然後再添加一行語法。

```
> hist(Reading, probability = TRUE)
> lines(density(Reading))
>
```

你建立的圖應如圖 6.7 所示。

　　在此範例中，我們以分數落在一個區間中的概率更改了 y 軸（概率 = TRUE），以便 R 使用 line() 函式在原來的直方圖上繪製密度多邊形。繪製初始圖（在本例中為直方圖）後，可以使用 line()。但是，等等，這真的是一條線嗎？技術上來說這不是，因為我們要求 R 繪製密度，它會依照我們資料的形狀繪製。在這種情況下，將在圖形上返回一個連續的「線」標記，而不是圖形上的點或其他標記。

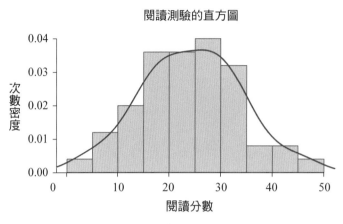

圖 6.7　直方圖及次數多邊形圖

累積次數

　　我們使用與在特定組距出現之分數的次數一致的記錄。這種方式可以給你某些分數相對於其他分數有多常出現的更好視覺呈現。你已經建立了次數分配，而且已經用直方圖或次數多邊形圖對那些資料進行了視覺呈現，另外一種方式，就是建立一個依組距的累積發生次數的視覺呈現。這就是**累積次數分配** (cumulative frequency distribution)。

　　累積次數分配與次數分配都建立在相同的資料上，但是多增加了一欄（累積次數），如下表所示。

組距	次數	累積次數
45-49	1	50
40-44	2	49
35-39	4	47
30-34	8	43
25-29	10	35
20-24	10	25
15-19	8	15
10-14	4	7
5-9	2	3
0-4	1	1

　　累積次數分配是由建立標題為累積次數的新欄位開始。接著將一個組距的次數和其下的所有次數加起來。例如：組距 0-4 的發生次數是 1，在這一組距之上沒有其他組距，因此累積次數是 1。對於組距 5-9 來說，在那一組距的發生次數是 2，這一組距之下的發生次數是 1，因此這一組以及這一組之下的總次數是 3 (1 + 2)。最後的組距 (45-49) 的發生次數是 1，因此 在這一組距或這一組距之下的總次數是 50。

　　一旦我們建立了累積次數分配，那麼資料就可以用像直方圖或次數多邊形圖那樣畫出來。只是這一次，我們將跳過了一些內容，並且繪製每一個組距 的中點，作為這個組距的累積次數的函式。你可以在圖 6.8 看到以這一章開 始時所提供的 50 個分數為基礎建立的累積次數分配。

累積次數多邊形圖 (cumulative frequency polygon) 的另一個名稱是**肩形圖** (ogive)。而且，如果資料是常態分配（更多的內容見第 12 章）的話，則肩形圖所呈現的就是大家都耳熟能詳的鐘形曲線或常態分配。它也稱作機率圖 (probability plot)。

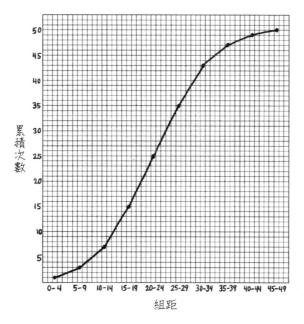

圖 6.8　**手繪累積次數分配**

其他圖示資料的絕妙方法

本章到現在為止，我們所做的就是拿一些資料，然後說明如何視覺上的呈現直方圖和多邊形圖。但是，在行為和社會科學領域還使用一些其他類型的圖，雖然你沒必要確切地知道如何建立這些圖（手動繪製），但是你至少應該熟悉它們的名稱和它們的應用。因此下面介紹如何畫出及應用這些常見的圖。

這裡有一些適合建立圖表的個人電腦應用軟體，其中就有 Excel 試算表（微軟產品），當然還有作者個人所偏愛的 R。在「使用電腦圖示資料」章節的圖表是使用 R 建立的。

直條圖 (bar charts)

當你想比較不同分類之間的次數時，就應該用直條圖。分類項水平安排在 x 軸上，數值則垂直展示在 y 軸上。下面是一些你可能想要使用直條圖的例子：

- 不同水上活動的參與人數。
- 三種不同產品型式的銷售量。
- 六個不同年級的小孩人數。

圖 6.9 表示不同水上活動的參與人數。

橫條圖 (column charts)

橫條圖和直條圖一樣，但是在橫條圖中數值水平安排在 x 軸上，分類項則垂直展示在 y 軸上。

折線圖 (line charts)

當你想要用相同的區間顯示資料中的趨勢時，就用折線圖。下面是一些你可能想要使用折線圖的例子：

- 在三個州立大學的大學生中，每季出現單核白血球增多症病例的數量。
- T&K 公司四個季度的玩具銷售量。

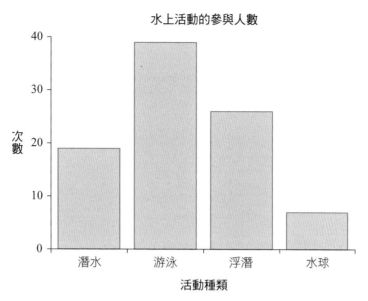

圖 6.9　不同水上活動的參與人數

• 兩個不同航空公司每季的旅行人數。

在圖 6.10 中，你可以看到四個季度的銷售量圖表。

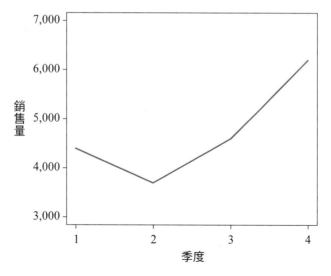

圖 6.10　使用折線圖呈現趨勢

你可以前往
edge.sagepub.com/
salkindshaw 看 R 的
教學影片。

使用電腦 (R) 呈現資料

現在，讓我們使用 R 來建立本章中探討的一些圖表。首先，讓我們閱讀第一個資料集，第 6 章資料集 1 (ch6ds1.csv)。

讓我們開始讀取與前面的直方圖範例所使用的資料集相同的資料集。

```
> ch6ds1 <- read.csv(file.choose())
> View(ch6ds1)
>
```

到目前為止，我們已經很熟悉怎麼將文件放入 R 了，做法是在 read.csv 函式中使用了 file.select() 的選項。在讀完文件後，我們對其進行了檢查，以確保獲得我們期望的結果。我們得到了我們所期望的，一個名為 ch6ds1 的物件，其中包含對一個變量的 50 個觀察值。你的結果也一樣嗎？

繪製直方圖

我們將重新繪製直方圖，但是這次使用 ch6ds1$Reading。建立數據集後，我們將回頭看一下集中趨勢和變異性的測量。為此，我們將使用一個名為 summary() 的方便小函式。

1. 建立直方圖。
2. 在物件 ch6ds1 中的 Reading 執行摘要函式 summary()。
3. 在物件 ch6ds1 中的 Reading 執行函式 sd()。
4. 在直方圖中找到以下統計訊息：
   a. 平均數
   b. 中位數
   c. −1 標準偏差
   d. +1 標準偏差

以下是建立直方圖並獲取我們感興趣的統計訊息的語法：

```
> hist(ch6ds1$Reading)
> summary(ch6ds1$Reading)
  Min.  1st Qu.  Median   Mean  3rd Qu.   Max.
  2.00   17.25   24.50   24.22   30.75   47.00
> sd(ch6ds1$Reading)
[1] 9.69597
>
```

圖 6.11 中的直方圖看起來與圖 6.5 有所不同，特別是 x 軸的名稱和直方圖的名稱。我們將顯示語法來修復所有這些問題並添加其他功能，但首先讓我們談談我們的圖表和統計訊息。

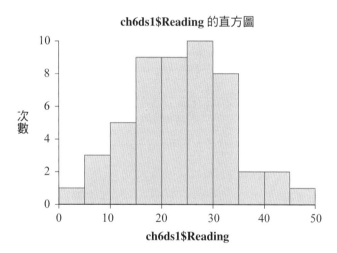

ch6ds1$Reading 的直方圖

次數

ch6ds1$Reading

圖 6.11 從我們的資料集中讀取分數

如果要在直方圖上標記平均值的位置，首先應該看什麼？正確，x 軸上的分數。X 軸上的最低分數是 0，最大的分數是 50，每 10 分都被標記一個數字。直方圖中每 5 分有一個斷點，因此平均值 25.22 位於間隔中斷的左側。24.50 的中位數在均值和 25 的斷點之間接近。−1 標準差如何？讓我們使用 R 計算器來完成該步驟。

```
> 24.22 - sd(ch6ds1$Reading)
[1] 14.52403
>>
```

現在，我們可以尋找 15 分左右的間隔，並知道在平均值以下 1 個標準差的位置。重複該過程，但加而不是減，我們可以發現 +1 標準差為 33.92。

讓我們使用 R 來建立簡約的直方圖版本，並使用函式 abline() 添加有關統計訊息，以得到圖 6.12。

```
> hist(ch6ds1$Reading, xlab = "Scores", main = "Reading")
> abline(v = 24.22)
> abline(v = 24.50, lty = 2)
> abline(v = 24.22 - 9.69567)
> abline(v = mean(ch6ds1$Reading) + sd(ch6ds1$Reading))
>
```

- hist：直方圖的功能
- ch6ds1$Reading：我們要在直方圖中顯示的變量。
- xlab = "scores"：x 軸的名稱。
- main = "Reading"：直方圖的主要名稱。如果我們不希望這張表有一個主要名稱，我們可以將其設置為 main = ""。
- abline：在直方圖上方畫線的功能
- v = 24.22：v 是畫垂直線，我們希望垂直線位於平均值 24.22 處。
- lty = 2：因為平均值 (24.22) 和中位數 (24.50) 如此接近，我們一起選擇了 abline 來更改 abline 繪製的線條類型不同的號碼。如果未指定，預設值 abline 將使用的直線值是 1；2 則是一條虛線。
- v = 24.22 - 9.69567：我們把線畫在平均值以下 1 個標準差的位置。
- v = 平均值 (ch6ds1$Reading) + sd(ch6ds1$Reading)：在這裡，我們看到 R 可以做什麼。我們不需要在平均值上方輸入第 1 行標準差的數字。相反的，我們使用函式直接為我們做一些計算。

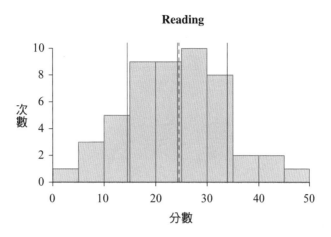

Reading

圖 6.12 標記平均數、中位數及標準差的直方圖

繪製長條圖

要繪製長條圖,請按照下列步驟操作:

1. 計算每個類別的觀察次數。在此範例中,計算共和黨,民主黨和獨立選民
的人數:

共和黨	民主黨	獨立選民
54	63	19

2. 在向量中為每個類別輸入標籤。

3. 在第二個向量中輸入計數。

4. 將向量輸入到功能 barplot() 中,以得到圖 6.13。

以下是繪製長條圖的語法:

```
> Party <- c("Republican", "Democrat", "Independent")
> Members <- c(54, 63, 19)
> barplot(height = Members, names.arg = Party, ylim = c(0, 70),
+ ylab = "Frequency")
>
```

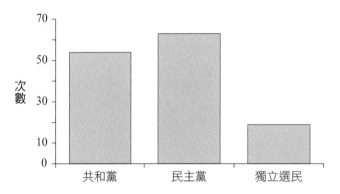

次
數

共和黨　　　民主黨　　　獨立選民

圖 6.13　使用 `barplot()` 函式繪製長條圖

- `Party`：我們聚會名稱的向量
- `Members`：黨員人數的向量
- `barplot`：用於繪製 barplot 的 R 函式
- `height:`：包含每個長條數字的向量
- `names.arg`：每個長條的標籤向量
- `ylim = c(0, 70)`：y 軸的上下限。 我們最大的計數為 63，因此我們選擇 70 為在最高的條形圖和圖表的頂部之間提供一些額外的空白。
- `+`：因為 barplot 語法不完整（第一行沒有結束），所以 R 顯示 + 以使我們知道它在繪製我們的 barplot 之前期待更多語法。
- `ylab ="Frequency"`：在 y 軸上添加標籤，並將其命名為 Frequency。

繪製折線圖

要繪製折線圖，請按照下列步驟操作：

1. 為 x 軸建立一個向量，以覆蓋 10 年內的出席率。
2. 為出席率建立另一個向量。這些百分比是實際參加活動的全體成員的百分比。
3. 建立帶有標籤的折線圖，以使其與表格的第一行相同。如圖 6.14。

學年	出席率
1	87
2	88
3	89
4	76
5	80
6	96
7	91
8	97
9	89
10	79

以下是我們用來繪製圖 6.14 的語法。下方有新語法的說明。

```
> Year <- seq(1:10)
> Attendance <- c(87, 88, 89, 76, 80, 96, 91, 97, 89, 79)
> plot(x = Year, y = Attendance, type = "l",
ylab = "Percent Attending")
>
```

- seq(1:10)：seq 是我們要從 1 開始並在 10 結束的序列縮寫。預設情況下，1 和 10 之間的單位增加 1，返回數字 1 到 10。
- Attendance：我們使用函式 c() 建立的向量，該向量保持 10 個數字。
- plot：根據各學年在 x 軸上；出席率在 y 軸上繪製圖。
- type ="l"：以小寫的 l 設定為來繪製圖線。
- ylab ="Percent Attending（出席率）"：因為 R 物件的名稱不能有空格，但我們希望 y 軸標籤與欄位的名稱匹配，我們添加了一個帶有 y-lab 的標籤，y-lab 就是 y 軸標籤的簡稱。

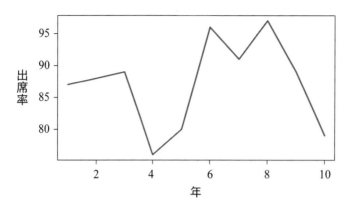

圖 6.14　百分比出席率的折線圖

真實世界的統計

圖形是很有用的，而且一張圖真的勝過千言萬語。

這一篇老舊但是被無數領域所引用的文章，例如：環境模型、人機互動、商業……等等，研究人員檢視人們是如何認知和處理統計圖形。Stehen Lewandowsky 和 Ian Spence 檢閱一些設計用以探討不同類型之圖形的合適度及對人類認知的理解是如何對這些圖形的設計和效用產生影響的經驗研究，他們聚焦在一些理論上的解釋，包括為何圖形中的某些元素是有效果的而其他則否、插圖符號的使用（像是利用快樂的臉部表情組合成長條圖上的條狀）、需要使用超過一組以上的資料來呈現的多變量展示。此外，就像許多文章經常會出現的情況，他們的結論是，到目前為止，仍然無法取得足夠的資料。在我們所生活的世界日益視覺化之下（☹ ☺，任何一個？），這是一個很有趣的和很有用的閱讀，可以取得有關資訊作為科學的主題是如何被討論（現在仍然是如此）的一種歷史觀點。

想要知道更多嗎？可以上網或到圖書館閱讀有關這篇文章：

Lewandowsky, S., & Spence, I. (1989). The perception of statistical graphs. *Sociological Methods Research, 18*, 200-242.

小結

　　毫無疑問，建立圖表很有趣，而且能大幅增加對沒有整理的資料的瞭解。依據我們在本章所提供的建議，並善加使用這些圖表，但只有當它們不僅是增加篇幅，而是可以加強對資料的瞭解時才這麼做。在接下來的章節也要繼續留意圖表的操作範例，因為這章僅僅只是很粗淺的介紹。

練習時間

1. 名稱為第 6 章資料集 2 (ch6ds2.csv) 50 個閱讀理解考試成績（變數名 Comprehension Score）的資料集可以在附錄 C 和網站上獲得。回答下面的問題且／或完成下面的任務：

   a. 建立這個資料集的次數分配和直方圖。

   b. 為什麼選擇你所用的組距？

   c. 這是偏態分配嗎？你如何知道？

2. 用上一題的資料手動或用 R 建立直方圖並標記平均值、中位數、正負一個標準差的位置。

3. 某一位三年級的老師正在尋求增進她的學生在團體討論和課程講授時間的投入程度，她追蹤了 15 位三年級生每一個人在一星期內每天的回應次數，這些資料可以在第 6 章資料集 3 (ch6ds3.csv.) 取得，使用 R 建立基於平均參與度的折線圖。在 *x* 軸上使用 1 到 5，星期一使用 1，星期二使用 2，依此類推。將 *x* 軸標記為「星期幾」，將 *y* 軸標記為「平均參與度」。

4. 在 R Console 中鍵入 ??lty。在出現的幫助中，單擊第一項 graph:par。

   a. 如果選擇 lty = 4，我們將繪製哪種類型的線？

   b. 我們可以使用兩種方法編寫語法在圖形上畫出虛線的方式是什麼？

5. 對下面的每一種情況，說明你使用折線圖，還是長條圖？以及為什麼？

   a. 某個大學的一年級、二年級、三年級和四年級學生的比例。

   b. 24 小時溫度的變化。

   c. 四個不同職位的申請人數。

d. 10 個項目中，每一項的分數個數。

6. 對下列每一類圖形，提供一個你可能使用該圖形的範例。例如：你會用圓餅圖來顯示一年級到六年級兒童收到減價午餐的比例。當你完成時，手動畫出這些想像的圖。

a. 折線圖；b. 長條圖；c. 散布圖（加分題）。

7. 去圖書館找一篇你感興趣的領域且包含經驗資料的期刊文章，但是沒有這些資料的任何圖形表示，使用這些資料建立一個圖表。要確定你要建立的是哪一類型的圖表，以及為什麼做這樣的選擇。你可以手繪圖表，或者使用 R 建立圖表。

8. 建立你所能夠建立的、看起來最糟糕的圖表，如擁擠的表格和無用的文字。沒有什麼東西能像不好的範例一樣，可以給人們持久的印象。

9. 最後，使用圖形的目的是什麼？

學生學習網址

你可以連上 edge.sagepub.com/salkindshaw 找到其他的練習題目與電子快閃卡片 (eFlashcards)，也可觀賞 R 的教學影片，並可下載檔案資料集！

7

霜淇淋和犯罪
──計算相關係數

難易指數：☺☺（比較難）

相關係數到底是什麼？

集中趨勢測量數和變異性測量數，並不是我們唯一有興趣獲得一組分數看起來像什麼圖形的敘述統計值。你已經學到，知道一個最具代表性的分數（集中趨勢）和一個分布或離散性（變異性）的測量數，對描述一個分布的特徵是不可或缺的。

但是，我們有時也對變數之間的關係感興趣，或者更精確地說，當一個

變數發生變化時，另一個變數的值如何變化。我們表示這個興趣的方式是透過計算簡單相關係數。

　　相關係數 (correlation coeeficient) 是反映兩個變數之間線性關係的數值性指標。這個敘述統計值的範圍在 −1.00 到 +1.00 之間。兩個變數的相關有時也叫做二元（兩變數）相關。而且更明確的說，在本章，大部分我們討論的相關類型是皮爾森積差相關，是以它的發明者卡爾 · 皮爾森 (Karl Pearson) 命名的。

皮爾森相關係數探究兩個變數之間的關係，但是這兩個變數在本質上是連續的。換句話說，這些變數可以取用某些基本連續體中的任何值，例如：身高（你可以是 5 英寸高，也有可能是 6.1938574673 英寸高）、年齡、考試成績或收入。但是一大群其他變數是不連續的，這些變數叫做離散變數或者類別變數，例如：種族（如白人和黑人）、社會階級（如高和低）、和政治背景（如民主黨與共和黨）。你需要使用其他相關的技術，如這些情況下要用點二系列相關 (point-biserial correlation)。這些內容是屬於更高階的課程，但是你應該知道這些是可被接受的且非常有用的技術。我們在本章後面的部分會簡短地提及這些技術。

　　還有其他類型的相關係數，用於測量多於兩個變數之間的關係，我們將把這些內容留到下一個統計課程（你現在已經在期待這樣的課程了，對吧？）。

相關係數的類型：選擇 1 和選擇 2

　　相關反映變數間關係的動態性質，這樣做可以讓我們瞭解變數發生變化時變化的方向是相同，還是相反的。如果變數變化的方向相同，這相關稱作**直接相關** (direct correlation) 或**正相關** (positive correlation)；如果變數變化方向相反，這相關稱作**間接相關** (indirect corelation) 或**負相關** (negative correlation)。表 7.1 顯示出這些關係的彙總。

　　現在要記住，表中的例子反映的是通則。例如：關於一個考試中完成試卷的時間和答對的題數：一般來說，一個考試所用的時間越少，分數越低。

這樣的結論不是火箭科學（越快越好），因為回答得越快越可能犯無心的錯誤，例如：沒有正確的閱讀說明。但當然也有人既能答得快又能回答得很好，而且也有人雖然答得很慢但是卻不能回答得很好。重點是我們討論一群人在兩個變數上的表現。我們是計算這群人在兩個變數之間的相關，而不是對任何一個特定的個人。

表 7.1 相關的類型和相應的變數之間的關係

變數 X 的變化	變數 Y 的變化	相關的類型	數值	例子
X 值增加	Y 值增加	直接的或正向的	正值，範圍是 (0.01, 1.00)	你用於學習的時間越多，考試成績就會越高。
X 值減少	Y 值減少	直接的或正向的	正值，範圍是 (0.01, 1.00)	你存在銀行的錢越少，所賺得利息就越少。
X 值增加	Y 值減少	間接的或負向的	負值，範圍是 (−1.00, −0.01)	你運動越多，體重就越輕。
X 值減少	Y 值增加	間接的或負向的	負值，範圍是 (−1.00, −0.01)	你完成考試的時間越少，你所犯的錯誤就越多。

這裡有幾件（容易但是很重要）與相關係數有關的事情要記住。

- 相關係數的數值範圍是 (−1.00, +1.00)。
- 等於 0 的相關係數意味著兩變量者之間沒有關係。
- 相關係數的絕對值反映相關的強度。因此 −0.70 的相關比 0.50 的相關強。在考慮相關係數時，學生們最常犯的一個錯誤就是認為直接的或正向的相關，總是比間接的或負向的相關強（也就是「更好」），只因為符號而不是其他的理由。
- 相關總是反映每個範例至少要有兩組資料點（或變數）的狀況。
- 另一個易犯的錯誤是給相關的符號一個價值判斷。許多學生認為負相關不好而正相關很好。這也是為什麼不使用「負向的」、「正向的」來表達，而要用「直接的」、「間接的」，可以更清晰的傳遞意義。

- 皮爾森積差相關係數用小寫字母 r 表示，r 的下標表示有相關的兩個變數。例如：
  - r_{XY} 是變數 X 和變數 Y 之間的相關係數
  - $r_{\text{weight} \cdot \text{height}}$ 是身高和體重之間的相關係數
  - $r_{\text{SAT} \cdot \text{GPA}}$ 是學術能力測驗成績 (SAT) 和平均成績 (GPA) 之間的相關係數

相關係數反映了兩個變數之間共享的變異性總量，以及它們共同的部分。例如：你可以預期一個人的身高和他的體重相關，因為它們有許多共同的特徵，如個人的營養和醫療歷史、整體健康狀況和基因。然而，如果一個變數的值沒有變化，而因此沒有可共享的部分，那麼，兩個變數之間的相關係數為 0。例如：你計算年齡和完成的學年數之間的相關，而且每個人的年齡是 25 歲，那麼這兩個變數之間不相關，因為關於年齡完全沒有東西（任何變異性）可以共享。同樣地，如果限制或者強迫一個變數的數值範圍，這個變數和其他變數之間的相關係數會比變數的值沒有被限制時更小。例如：你計算成績非常好的學生的閱讀理解成績和年級之間的相關，你會發現相關係數小於你所計算的整體學生同樣的相關係數。這是因為成績非常好的學生的閱讀理解成績也非常好，相對於所有的學生來說，這個成績的變化也很小。該怎樣避免這種情況呢？如果你對兩個變數之間的關係感興趣，就盡力充分蒐集不同的資料，這樣你才可以得到真正有代表性的結果。

計算簡單相關係數

式 7.1 所示是變數 X 與變數 Y 之間的簡單皮爾森積差相關係數的計算公式：

$$r_{XY} = \frac{n \sum XY - \sum X \sum Y}{\sqrt{\left[n \sum X^2 - (\sum X)^2 \right]\left[n \sum Y^2 - (\sum Y)^2 \right]}} \tag{7.1}$$

其中

- r_{XY}：X 與 Y 之間的相關係數
- n：樣本數
- X：變數 X 的個別分數
- Y：變數 Y 的個別分數
- XY：每一個 X 分數與相對應的 Y 分數的乘積
- X^2：個別 X 分數的平方
- Y^2：個別 Y 分數的平方

以下是計算相關係數所需的步驟：

1. 列出每個參與者的兩個值，如表 7.2 所示。你應該以列表執行此操作，以免混淆。如果進行手動操作，請使用方格紙。
2. 計算所有 X 值的總和，並計算所有 Y 值的總和。
3. 對每個 X 值求平方、對每個 Y 值求平方，並對每列的值求和。
4. 計算 XY 乘積之和。

如果要手動填寫表格，請使用表 7.2 中 X 和 Y 列中的數字，並按照上述

表7.2 從 XY 開始

ID	X	Y	X^2	Y^2	XY
1	2	3			
2	4	2			
3	5	6			
4	6	5			
5	4	3			
6	7	6			
7	8	5			
8	5	4			
9	6	4			
10	7	5			
總計、合計或 Σ					

步驟操作。最後，將其與表 7.3 進行比較，來檢查是否正確。

另外一個選則是什麼呢？不用手動計算所有內容，而是用 R 來計算。我們首先將用比較仔細的方式計算 r，讓你可以多多練習 R，並使你對式 7.1 更加熟悉後，我們將使用相關係數的函式。

讓我們先填充每一行，然後將一行中的所有數字相加以填充最後一列。

首先，讓我們建立兩個向量，一個向量保存 X 的數字，另一個向量保存 Y 的數字。

```
> X <- c(2, 4, 5, 6, 4, 7, 8, 5, 6, 7)
> Y <- c(3, 2, 6, 5, 3, 6, 5, 4, 4, 5)
```

要填寫表格的其餘部分，讓我們告訴 R 去平方並乘以一些數字。從 X 開始，

```
> Xsq <- X^2
> Xsq
[1] 4 16 25 36 16 49 64 25 36 49
>
```

X^2 告訴 R 將 X 的每個值平方（乘以每個數字），然後將結果儲存在 Xsq 中。現在，我們將用 Y 重複該步驟。

```
> Ysq <- Y^2
> Ysq
[1] 9 4 36 25 9 36 25 16 16 25
>
```

我們有數字可以填寫表格的後兩行。要填充最後一行，我們將存儲在 X 和 Y 中的每一行數字相乘以建立一個稱為 xy 的新向量。例如：第一行 $X = 2$，$Y = 3$。將這兩個數字相乘得到 6。使用 R，我們可以透過簡單的命令獲得每一行的乘積：

```
> XY <- X*Y
> XY
[1]  6  8  30  30  12  42  40  20  24  35
>
```

現在，我們有了 X^2、Y^2 和 XY 的值。除最後一列外，所有內容均已填寫。

我們需要完成的表格的最後一個數字是每個表格列中每個數字的總和 ($\sum$)。同樣的，我們讓 R 做這種辛苦的操作，將向量中的所有數字相加。我們使用之前在計算平均值時看到的函式 sum()。為了對 X 向量求和，我們將對 X 向量使用 sum 函式並將結果儲存在 sumX 中。

```
> sumX <- sum(X)
> sumX
[1]  54
```

對 Y，xsq，Ysq 和 xy 重複此步驟，以建立 sumY，sumXsq，sumYsq 和 sumXY 來填滿表格的剩餘部分，並獲得計算相關係數的重要數值。你的表現在應該是完整的，並且類似於表 7.3。

在我們將數字代入公式之前，我們要確認你瞭解了每一個符號所代表的涵義。

- $\sum X$，或所有 X 值的總和，是 54。
- $\sum Y$，或所有 Y 值的總和，是 43。
- $\sum X^2$，或是每一個 X 值平方的總和，是 320。
- $\sum Y^2$，或是每一個 Y 值平方的總和，是 201。
- $\sum XY$，或是 X 和 Y 的乘積的總和，是 247。

一組數值總和的平方與數值平方的總和很容易混淆。一組數值總和的平方是取數值如 2 和 3，先加起來（就是 5），接著將總和值平方（是 25）。平方值的總和是取數值如 2 和 3，先平方（分別是 4 和 9），接著將平方值加起來（是 13）。當你在計算時，請看括弧號內的數字。

表 7.3　最終表格

ID	X	Y	X^2	Y^2	XY
1	2	3	4	9	6
2	4	2	16	4	8
3	5	6	25	36	30
4	6	5	36	25	30
5	4	3	16	9	12
6	7	6	49	36	42
7	8	5	64	25	40
8	5	4	25	16	20
9	6	4	36	16	24
10	7	5	49	25	35
總計、合計或∑	54	43	320	201	247

將來自表最後一列的值放入式 7.2 中：

$$r_{XY} = \frac{n\sum XY - \sum X \sum Y}{\sqrt{\left[n\sum X^2 - (\sum X)^2\right]\left[n\sum Y^2 - (\sum Y)^2\right]}}$$

$$r_{XY} = \frac{(10 \times 247) - (54 \times 43)}{\sqrt{[(10 \times 320) - 54^2][(10 \times 201) - 43^2]}}$$

(7.2)

對啦，然後你會在式 7.3 中看到答案：

$$r_{XY} = \frac{148}{213.83} = .692$$

(7.3)

　　現在我們不用把計算機拿出來，而是使用剛才建立的 R 物件在 R 中輸入方程式。我們將再建立一個物件以容納樣本的大小。然後，我們將重新建立公式。

```
> n <- 10
> rByHand <- ((n * sumXY) - (sumX * sumY))/
+ sqrt(((((n * sumXsq) - (sumX^2)) * ((n * sumYsq) -
```

```
(sumY^2))))
> rByHand
[1] 0.6921331
```

相關真正有趣的地方是測量一個變數與另一個變數間有關之共變性的距離總和，因此，如果兩個變數是高度的變異（即有較廣範圍的分數），它們之間的相關很有可能會高於不是高度變異的兩個變數。在此，這並不是說較多的變異性就保證會有較高的相關，因為分數必須是以對稱的方式變化才行。但是，如果說某一個變數的變異是受限的，無論另一個變數的變化多大，相關程度就會較低。舉例來說，假設你正在檢視高中的學術成就和大學第一年成績之間的相關，如果你只看班上前 10% 的學生，這些學生很可能有非常相似的成績，導致沒有變異性和不存在某一個變數的變化是另一個變數之函式的空間。當你計算某一個變數與另一個沒有變化的變數之間的相關，你猜會得到什麼？rXY ＝0，這就是答案。我們學到什麼？變異性是有作用的，你不應該用人為的方式加以限制。

相關的視覺圖示：散布圖

用視覺表示相關有一個非常簡單的方式：**繪製散布圖**（scatterplot 或 scattergram）。這只是在不同的軸上畫上每一組分數而已。

依據下面的步驟，我們利用已經計算了相關係數的 10 組分數完成散布圖，如圖 7.1 所示。

1. 畫出 x 軸和 y 軸。一般來說，變數 X 在橫軸，變數 Y 在縱軸。
2. 依據你對資料的瞭解，標出 x 軸和 y 軸的數值範圍。例如：在我們的範例中，變數 X 的數值範圍是由 2 到 8，因此我們在 x 軸座標上的標記的數值就從 0 到 9。值域範圍高一些或低一些沒有影響，只要你預留數值會出現的空間。變數 Y 的數值範圍是由 2 到 6，因此我們在 y 軸座標上標記的數值是由 0 到 9。製作相似標記的 x 軸和 y 軸，有時能夠使完成的散布圖更容易瞭解。

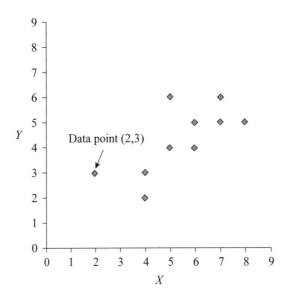

圖 7.1　簡單的散布圖

3. 最後，對每一對資料（例如：圖 5.1 中所示的 2 和 3），我們在圖上標
   注 x 軸座標為 2，y 軸座標為 3 的位置。就如在圖 5.1 中所看到的，點代
   表資料點，是兩個值的交叉點。

當所有的資料點都畫上之後，這樣的一個圖，關於兩個變數之間的關係
要告訴我們什麼呢？首先，這個資料點集合的一般形狀，表明了相關是直接
的（正向的）或是間接的（負向的）。

如果資料點形成的點集是從 x 軸和 y 軸的左下角到右上角，就會出現正
的斜率。如果資料點形成的點集是從 x 軸和 y 軸的左上角到右下角，就會出
現負的斜率。

我們可以使用 R 輕鬆繪製散布圖。嘗試執行以下命令：

```
> plot(Y ~ X)
```

- plot 是函式的名稱。
- 首先列出的 Y 告訴 R 我們想要用垂直軸表示什麼變量。
- ~ 是一個表示相關的符號。

• x 列在第二位，並將顯示在水平軸上。

還有一些散布圖表現出非常不同的相關，在那裡，你能看到資料點的分組 如何反映相關係數的符號和強度。

圖 7.2 所顯示的是一個完全的直接相關，$r_{XY} = 1.00$，而且所有的資料點沿一條正向斜率的直線排成一列。

如果是完全間接相關，相關係數值就是 −1.00，而且資料點也會沿一條直線排成一列，但是直線是從圖的左上角到右下角。換句話說，連接資料點的直線斜率是負的。

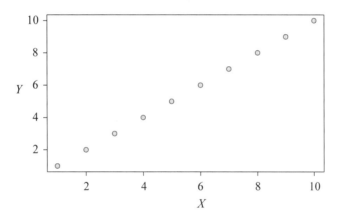

圖 7.2　一個完全直接的，或正向的相關

不要期望在行為或社會科學中找到完全相關的兩個變數。也就是說，兩個變數是如此完全的相關，它們共用所有共同的特徵；換句話說，知道一個就像知道另一個。就想想你的同學，你是否認為這些不同的人，他們共享的一個共同特徵和他們的另一個特徵完全相關？很可能不是。實際上，r 值接近 0.70 和 0.80，就可能是你將看到的最大值。

在圖 7.3 中，你可以看到一個強烈（但不是完全）的直接關係散布圖，相關係數 $r_{XY} = 0.70$。要注意的是，資料點是沿著正向的斜率排成一列，雖然不是完全的相關。

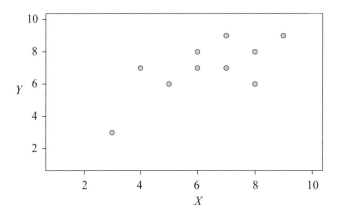

圖 7.3　一個強烈的、正向的，但不是完全的直接關係

　　現在我們將向你展示一個強烈的、間接的（或負向的）關係，如圖 7.4
所示，相關係數 $r_{XY} = -0.82$。要注意的是，資料點如何沿著負的斜率從圖的
左上角到右下角排成一列。

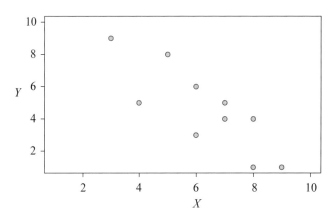

圖 7.4　一個強烈的間接關係

　　以上的圖呈現出不同相關性的不同樣貌，你可以從途中資料點的散步模
式判斷出兩軸變數之間的關聯方向性與強度。

　　不是所有相關都是由顯示 X 值和 Y 值線性關係的一條直線反映，關係可能
不是線性的，而且也可能無法反映在一條直線上（有關線性關係，請參見有
很多有趣東西的第 17 章）。讓我們拿年齡和記憶力之間的相關來說，在年

齡早期，這相關可能是高度正向的。兒童的年齡越大，他們的記憶力越好；接著，到了青年和中年時期，沒有太多的變化或相關，因為大多數青年人和中年人都保持了良好的記憶力；但是在老年時期，記憶開始衰退，而且在老年時期，記憶力和年齡的增長有間接關係。如果你將這些集中起來考慮，你會發現記憶力和年齡之間的相關看起來像一條曲線，其中記憶力成長，保持一定水平，接著就下降，這是一種曲線關係，而且有時對一種關係的最好描述，就是曲線關係。

成串的相關：相關矩陣

如果你有多於兩個的變數時，該怎麼辦？如何說明彼此之間的相關？使用如表 7.4 所示的相關矩陣，是一個簡單和優雅的解決方法。

表 7.4　相關矩陣

	收入	教育	態度	投票
收入	1.00	0.574	−0.08	−0.291
教育	0.574	1.00	−0.149	−0.199
態度	−0.08	−0.149	1.00	−0.169
投票	−0.291	−0.199	−0.169	1.00

就如同你看到的，在這矩陣中有四個變數：收入水準 (Income)、教育水準 (Education)、選舉態度 (Attitude)、以及在最近的選舉中，這個人是否參加投票 (Vote)。

對每一對變數都有一個相關係數。例如：收入水準和教育之間的相關係數是 0.574。同樣的，收入水準和這個人是否參加最近的選舉的相關係數是 −0.291（意思是說，收入水準越高的人，越不可能去投票）。

在這樣的矩陣中，總是有 4!/(4 − 2)!2! = 6 個相關係數。因為變數和它們自身完全相關（也就是沿著對角線而下的值都是 1.00），而且因為收入和投票之間的相關與投票和收入之間的相關相同，矩陣因此呈現對稱的鏡像。

當你在閱讀應用相關係數來描述數個變數之間關係的期刊文章時，你就

會看到這樣的矩陣。

瞭解相關係數的涵義

好吧！我們已經有了兩個變數之間關係的數值指標，而且我們知道相關的值越大（不論正負號），關係就越強。但是因為相關係數不是和結果直接關聯的一個值，那麼我們如何解釋它，而且使它成為一種關係更有意義的指標？

有幾種不同的方式可以來看簡單相關係數 r_{XY} 的解釋。

使用經驗法（或目測法）

也許解釋相關係數值最容易的（但不是最正式的）方式是用眼睛看，並使用表 7.5 中的資訊。

表 7.5　解釋相關係數

相關係數的大小	一般解釋
0.8 – 1.0	非常強的關係
0.6 – 0.8	強關係
0.4 – 0.6	中度關係
0.2 – 0.4	弱關係
0.0 – 0.2	弱關係或無關係

因此，如果兩個變數之間的相關係數是 0.5，你可以安全的下結論說，這關係是中度的關係，不是強烈關係，但當然也沒有弱到說問題中的變數沒有分享任何共同的事。

這種目測法非常適合於快速評估兩個變數之間關係強度，例如：當你簡要評估視覺化呈現的資料時。但是，因為這個經驗法則確實依賴主觀判斷（什麼是「強相關」或「弱相關」），我們應該選擇更精確的方法。這就是我們現在將要看到的內容。

這些臨界點可能與其他研究人員使用的臨界點不同。確切的界限以及被

認為是強，還是弱，取決於研究領域。問你的教授，他們使用什麼標準。

決定性的努力：將相關係數平方

解釋相關係數更精確的方法是計算**判定係數** (coefficiient of determination)。判定係數是一個變數的變異數可以被其他變數的變異數解釋的百分比。滿拗口的，對吧？一種簡單的說法是，判定係數是兩個變量共享的變異量。

在本章前面的部分，我們已經指出，共用某些特徵的變數之間如何傾向於相關。如果我們計算 100 個五年級學生的數學成績和英語成績的相關係數，我們會發現是中度相關，因為孩子的數學好（或不好）的許多原因也是他們英語好（或不好）的原因，如他們學習的小時數、聰明的程度、他們的父母關心他們學校功課的程度、家裡圖書的數量，以及更多的方面都和數學及英語的表現有關，而且可以解釋這些孩子之間的不同（這也是變異性的來源）。

這兩個變數共用的特徵越多，它們就越相關。這兩個變數也共用變異性，或者孩子們彼此之間為何不同的原因。總之，越聰明的孩子學習越努力，成績就越好。

為了確定一個變數的變異量，有多少可以被另一個變數的變異量解釋，判定係數就是把相關係數平方。

例如：如果平均成績 (GPA) 和學習小時數 (time) 之間的相關係數是 0.70（或者 $r_{\text{GPA, time}} = 0.70$），那麼判定係數，用 $r^2_{\text{GPA, time}}$ 表示，是 0.72 或 0.49。這意味著平均成績變異量的 49% 可以被學習小時數的變異量解釋。相關越強，越多的變異量可以被解釋（這很有道理）。這兩個變數共用的特徵越多（例如：好的學習習慣、在課堂能夠預期的知識、沒有疲勞），有關一個分數的表現可以被另一個分數解釋的資訊就越多。

但是，如果 49% 的變異量可以被解釋，就意味著 51% 不能被解釋，因此即使對 0.70 的強相關來說，這些變數的分數之間存在差異的原因仍有許多不能被解釋。不能被解釋的變異量大小，就是異化係數（也叫做非判定係數）。不要擔心，這裡沒有外星人，這不是「X 檔案」的東西，它僅僅是 Y

的變異量不能被 X 解釋的數量。

　　用圖表示這個共用變異量的想法如何？很好。在圖 7.5 中，你將會看到一個相關係數、對應的判定係數，以及表示兩個變數共用的變異量有多少的圖。每個圖中重疊的區域越大（兩個變數共用的變異量就越大），這兩個變數 就越高度相關。

- 第一個圖顯示兩個圓沒有接觸。它們沒有接觸是因為它們沒有任何共用的部分，相關係數為 0。
- 第二個圖顯示兩個圓有重疊。相關係數是 0.5（而且 $r_{XY}^2 = 0.25$），兩個變數共用大約 25% 的變異量。
- 最後，第三個圖顯示兩個圓幾乎是一個置於另一個之上。幾乎是完全相關，相關係數 $r_{XY} = 0.9$ ($r_{XY}^2 = 0.81$)，兩個變數共用大約 81% 的變異量。

相關係數	判定係數	變數 X	變數 Y
$r_{XY} = 0$	$r_{XY}^2 = 0$	*0% shared*	
$r_{XY} = .5$	$r_{XY}^2 = .25$ or 25%	*25% shared*	
$r_{XY} = .9$	$r_{XY}^2 = .81$ or 81%	*81% shared*	

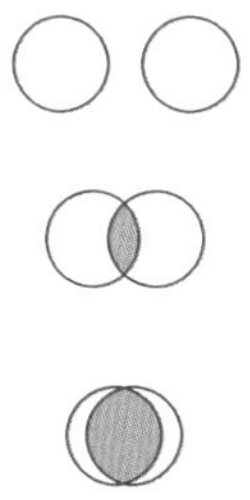

圖 7.5　變數如何共用變異量以及導致的相關

當霜淇淋吃得越多⋯⋯犯罪率就上升（或相關與因果關係）

　　這裡是計算、瞭解或解釋相關係數時，真正需要注意的重要事情。想像在某國一個中西部的小鎮，發生一個不符合任何邏輯的現象，地方警察局局長發現霜淇淋消費上升時，犯罪率也跟著上升。這很簡單，如果你測量這兩個變數，你會發現這兩個變數的關係是直接的，意味著人們吃越多的霜淇淋，犯罪率就上升；就像你可能預期的一樣，他們吃的霜淇淋越少，犯罪率就下降。這個警察局長感到很困擾，直到他回想起他在大學選修的統計學課程，而且記憶猶新。

　　他的這個困惑最後怎麼變成了一個「啊哈！」他想到這「非常容易」，

這兩個變數一定是共用什麼或彼此具有共同的特徵。要記住，一定存在某些事同時和霜淇淋消費水準及犯罪率水準相關，你能猜到那是什麼嗎？

室外溫度是它們共有的特徵。當室外變暖時，例如：在夏天，就會有更多犯罪（白天越長，人們讓窗戶開著，等等），而且因為天氣變暖，人們就享受吃霜淇淋這一古老的樂趣。反之，在又漫長又黑暗的冬天，霜淇淋的消費就比較少，同時犯罪也越少。

最近當選為市議員的喬・鮑勃 (Joe Bob)，他知道這些發現並且有了一個很好的想法，或者至少他認為他的選民會喜歡。（記住，他忽略了在大學開設的統計學課程。）為什麼不在夏天限制霜淇淋的消費量，這肯定將會導致犯罪率下降？聽起來很合理，對吧？好啦，進一步檢驗，這個結論根本沒有任何意義。

這是由於一個簡單的原則，就是相關表示存在於兩個或更多變數之間的關聯，但相關和因果關係無關。換句話說，僅僅因為霜淇淋消費水準和犯罪率一起上升（或一起下降），並不意味著一個變數的變化會導致另一個變數的變化。

例如：如果我們將鎮中所有商店的霜淇淋拿走而且不再銷售，你認為犯罪率會下降嗎？當然不會，而且這種想法十分荒謬。但更奇怪的是，關聯經常被這樣解釋，就好像本質上是因果關係，而且社會科學和行為科學的複雜問題，就會因為這樣的誤解而淪為微不足道的瑣事。長頭髮和嬉皮及越戰有關嗎？當然無關；犯罪數量的上升和更有效、更安全的轎車有關嗎？當然無關。但是它們都是同時發生，因而建立了關聯的假象。

使用 **RStudio** 計算相關係數

現在讓我們使用 RStudio 計算相關係數。我們使用的資料集是名稱為第 7 章資料集 1 (ch7ds1.csv)。

這個資料集中，有兩個變數：

變數	定義
Income	以千元計的年收入
Education	以年計的教育水準

輸入資料來計算相關係數

依照下面的步驟，計算皮爾森相關係數：

1. 手動輸入 ch7ds1 中用於收入和教育的資料。我們正在使用 c 函式來連接或合併後面的資料。

```
> Income <- c(36577, 54365, 33542, 65654, 45765, 24354,
43233, 44321, 23216, 43454, 64543, 43433, 34644, 33213,
55654, 76545, 21324, 17645, 23432, 44543)
> Education <- c(11, 12, 10, 12, 11, 7, 12, 13, 9, 12,
12, 14, 12, 10, 15, 14, 11, 12, 11, 15)
>
```

當你在 R 中輸入命令時，且沒有完成該命令（例如：你可能忘記了括號，如下圖……）

```
x <- c(3, 5
```

RStudio 將顯示一個空行，而不是通常的 RStudio 的 > 提示，讓你知道還需要輸入更多內容。

2. 使用 cor 函式計算相關係數。

```
> cor(Income, Education)
>
```

3. 按下輸入鍵

對於整個範例，結果 [1] (0.5744407) 如 R 語法所示：

```
> Income <- c(36577, 54365, 33542, 65654, 45765, 24354,
+          43233, 44321, 23216, 43454, 64543, 43433,
+          34644, 33213, 55654, 76545, 21324, 17645,
+          23432, 44543)
```

```
> Education <- c(11, 12, 10, 12, 11, 7, 12, 13, 9, 12,
+                12, 14, 12, 10, 15, 14, 11, 12, 11, 15)
> cor(Income, Education) # Calculate correlation
[1] 0.5744407
>
```

R 輸出

輸出顯示相關係數等於 0.574，這就是所有輸出。關於相關係數或樣本數量的統計顯著性以及其他有用訊息，我們將在第 18 章中介紹。到目前為止，我們只想計算相關係數，cor 的表現很好。

R 命令列窗格的輸出顯示這兩個變量（直接）相互關聯，並且隨著收入水準的提高，教育程度也隨之提高。同樣，隨著收入水準的下降，教育水準也下降（再說一次，直接相關）。

至於關係的意義，判定係數為 0.5742 的平方或 0.33，這意味著一個變量中 33% 的方差是可以由另一個變量解釋的。根據我們的目測策略，這是一個相對中等強度的關係。

再一次，請記住，低收入並不會導致低學歷，也不會讀完高中就意味著某人注定要過低收入的生活。這是因果關係，而不是相關關係，相關關係就僅代表相關關係。

透過匯入文件來計算相關係數

我們還可以使用文件選項上的匯入資料集選項將資料集讀入 RStudio，就像你之前在本書《愛上統計學：使用 R 語言》中所看到的那樣。如果需要有關如何執行此操作的複習知識，請參見第 3 章。匯入文件後，使用 cor() 函式計算相關係數，如下所示。此處，$ 符號用於引用 Studio 件〔與物件名稱（例如：Income 和 Education）不同的 ch7ds1〕。該命令採用以下形式呈現：

```
> cor(data1$Income, data1$Education)
[1] 0.5744407
>
```

建立散布圖

要使用 RStudio 建立散布圖，請遵循以下步驟。這是一個非常簡單的過程，並且具有與繪製 *X* 和 *Y* 散布圖相同的功能。透過在「環境與歷史」窗格中的「全局環境」中查看或使用 ls() 命令，確保收入和教育都是工作空間中的物件。共同檢查其可用性。如果它們不可用，請添加它們。

1.在 RStudio 提示符下，輸入以下命令。

```
> plot(Income, Education)
```

2.按下輸入鍵

上面的 R 語法生成的圖如圖 7.6 所示，儘管減去了有吸引力的軸標籤。在第 6 章中，我們已經學過如何美化散布圖。

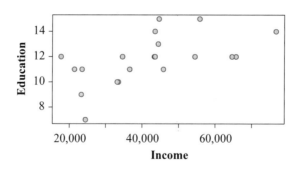

圖 7.6　收入和教育的散布圖

另一種散布圖

還記得我們在第 2 章和第 3 章中談到了 R 和 RStudio 可用於完成相似

任務的許多不同方式嗎？好吧，請看圖 7.7，我們在其中使用了 *car* 套件中
的散點圖功能（我們必須下載此軟體包，因為它不是 R base 的一部分）。
它提供相同的視覺訊息（甚至更多）。請記住，使用 R，有許多不同的
方法可以實現相同的目標。這是我們用來安裝和引用 car 套件，然後使用
`scatterplot()` 函式的語法：

```
> install.packages(“car”)
> library(car)
> scatterplot(Income, Education)
>
```

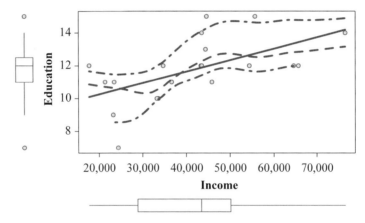

圖 7.7　使用 car 套件的 `scatterplot()` 函式畫出來的散布圖

　　除了資料點，代表相關性的線是從左下角到右上角的實線。在下一段
中，我們將討論虛線。真正不同的是 *x* 軸和 *y* 軸上的矩形框。它們是中線位
於中位數的箱線圖。

不一定都是線性的：第二部

　　上面，我們提到兩個變量之間的關係並不總是線性的。一種研究關係如
何線性的方法？使用散布圖函式可得到一條跟隨數據的線，稱為局部加權回
歸。在這種情況下，對於金額低於 30,000 的收入，這種關係顯得負相關和

微弱；對於 30,000 至 50,000 的收入，這種關係顯得正相關而牢固。對於收入 50,000 以上的人，顯得正相關且微弱。上下虛線代表信心區間，讓我們顯示出我們對局部加權回歸的不確定性。意思是，如果我們再蒐集 20 個觀測值的樣本並建立散布圖，局部加權回歸（有 95% 的可能性）在兩條虛線之間。

其他很酷的相關

評價變數有不同的方式。例如：名目水準變數的屬性是類別的，如種族（白人或黑人）或政黨背景（無黨籍或共和黨）；或者如果你測量收入和年齡，兩者都是區間水準變數，因為作為它們建立基礎的連續體具有相等的組距。當你繼續研究時，你可能遇到在不同測量水準資料間的相關。而且要計算這樣的相關，你需要一些特殊的技術，表 7.6 彙總了這些不同的技術，以及它們如何彼此不同。

表 7.6　相關係數採購，選哪一個？

測量水準和範例			
變數 X	變數 Y	相關類型	要計算的相關
名目的（投票偏好，如共和黨或民主黨）	名目的（性別，如男性或女性）	Phi 係數	投票偏好和性別之間的相關
名目的（社會階層，如上層、中層或下層）	順序的（高中畢業班的排序）	等級二系列相關係數	社會階級和在高中排名之間的相關
名目的（家庭結構，如雙親家庭或單親家庭）	組間的（平均成績）	點二系列相關係數	家庭結構和平均成績之間的相關
順序的（轉換為排名的身高）	順序的（轉化為排序的體重）	斯皮爾曼等級相關係數	身高和體重之間的相關
區間的（解決的問題）	區間的（以年計的年齡）	皮爾森相關係數	解決的問題數和以年計的年齡之間的相關

使用 RStudio 計算其他相關

如你所知，用於計算簡單相關係數的命令是 cor()。此處的預設值是計算皮爾森相關係數。

但是，你也可以透過定義方法來計算其他類型的相關性。因此，如果你想計算 Kendall 的 tau 相關係數（那將是用於兩個有序變量之間的相關性，例如：在比賽中排名第一，第二等），你可以在 RStudio 提示符下輸入此命令，記得要使用引號！

```
> cor(x, y, method =" kendall")
```

其中 *x* 和 *y* 表示要相關的兩個變量。你可以使用 Spearman 等級相關係數進行相同的操作

談一談部分相關

好的，現在你已經有簡單相關的基礎知識，但是還有許多其他技術是探索變量之間的關係時，要使用的專用工具。

常見的其他工具稱為部分相關，其中探討了兩個變量之間的關係，但從兩個變量之間的關係中，刪除了第三個變量的影響，第三個變量有時稱為混淆變量。

例如：假設我們正在探索憂鬱症與慢性病發病率之間的關係，並且發現總體而言，這種關係是正的。換句話說，慢性病越明顯、發生的可能性越大，抑鬱症也會發生的機率就越大（當然反之亦然）。請記住，一個變量不會「引起」另一個變量，且一個變量的存在並不意味著另一個變量也會出現。正相關只是對這兩個變量之間關係的評估，關鍵是它們有一些共同點。

這正是關鍵所在，這是我們想要控制的共同點，在某些情況下，我們希望從關係中刪除它們。例如：家庭撫養水準如何？營養習慣？疾病的嚴重程度或持續時間？這些變量和更多變量都可能影響這兩個變量之間的關係，或

者它們至少可以解決一些差異。再想一想。這與我們關注冰淇淋消費與犯罪程度之間的關係時所提出的論點完全相同。一旦從方程式中去除了外部溫度（干擾變量或混淆變量）——碰！冰淇淋消費與犯罪水準之間的關係，直線下降。讓我們來看看。

用 R 來計算部分相關

讓我們使用一些資料和 R 來說明部分相關的計算。這是我們之前提到的有關冰淇淋和犯罪的原始資料。

城市	冰淇淋消耗量	犯罪比率	平均室外溫度 (°F)
1	3.4	62	88
2	5.4	98	89
3	6.7	76	65
4	2.3	45	44
5	5.3	94	89
6	4.4	88	62
7	5.1	90	91
8	2.1	68	33
9	3.2	76	46
10	2.2	35	41

以下是使用 R 計算部分相關係數的步驟：

1. 使用上表中的資料建立三個向量，如下所示。

```
> IceCreamConsumption <- c(3.4, 5.4, 6.7, 2.3, 5.3, 4.4,
5.1, 2.1, 3.2, 2.2)
> CrimeRate <- c(62, 98, 76, 45, 94, 88, 90, 68, 76, 35)
> AverageTemperature <- c(88, 89, 65, 44, 89, 62, 91,
33, 46, 41)
```

一個被命名為 IceCreamConsumption，第二個被命名為 CrimeRate，第

三個被命名為 AverageTemperature。當然，你可以根據需要命名它們，這些名稱有些長，但是我們希望使用描述性強的名稱，使此練習易於理解。

2. 建立一個資料框架（名為 IceCream），將這三個向量或變量組合成一個資料框架。

```
> IceCream <- data.frame(IceCreamConsumption, CrimeRate,
AverageTemperature)
>
```

3. 使用 cor() 函式，輸入以下命令以計算整個資料框架上的簡單相關性，從而獲得三個變量的相關性矩陣。

```
> cor(IceCream)
            IceCreamConsumption  CrimeRate  AverageTemperature
IceCreamConsumption 1.0000000  0.7429317           0.7038434
CrimeRate              0.7429317  1.0000000           0.6552779
AverageTemperature     0.7038434  0.6552779           1.0000000
>
```

計算三個變量之間的相關性

從這些值可以看出，冰淇淋消費與外界溫度 (0.703) 之間以及犯罪率與外界溫度 (0.655) 之間存在非常良好的關係。我們對以下問題感興趣：「冰淇淋消費量與犯罪率與外界溫度的影響之間有什麼關係？」這就是部分相關的功能。它著眼於消除影響的兩個變量之間的關係（在這種情況下，是冰淇淋的消費量和犯罪率），因為它消除了第三個變量的影響（在這個案例，是外界溫度）。而且，冰淇淋消費與犯罪率之間的最重要關係是 0.7429。這一點（請記住，在這個案例這是一個簡單的相關係數）是一個非常良好的關係，占兩個變量之間變異數的 50% 以上 ($0.74292^2 = 0.5519$ 或 55%)。非常不錯（但不值得信任！請繼續閱讀）。

4. 如果尚未安裝，請使用 RStudio 中「文件，圖表」窗格上的「安裝」選項安裝名為 ppcor 的套件。如果對如何安裝套件有疑問，請參閱第 2 章中的「安裝套件」部分。

啟動套件

請記住，當你安裝完套件後，這個套件不會馬上生效，你必須打 library(ppcor) 的指令如下

```
> library(ppcor)
>
```

否則 RStudio 會找不到你待會要執行的函式。

5. 在 RStudio 提示符下，輸入以下命令，以計算所有三個變量的部分相關。

```
> pcor(IceCream)
```

你將看到部分相關分析的結果，如下所示。被部分出來的變量是 AverageTemperature（最右邊的行），因此前兩行和列表示相關，而不受 AverageTemperature 的影響。

```
> pcor(IceCream)
$estimate
                     IceCreamConsumption   CrimeRate   AverageTemperature
IceCreamConsumption  1.0000000             0.5250130           0.4291989
CrimeRate            0.5250130             1.0000000           0.2783881
AverageTemperature   0.4291989             0.2783881           1.0000000
```

瞭解部分相關的 R 輸出結果

正如你在 R 輸出中所看到的那樣，移除或控制了 AverageTemperature

的 IceCreamConsumption 和 CrimeRate 的相關值為 . 05250。如果你回顧一下，從 cor() 函式獲得的簡單相關的結果，你會發現刪除該一個變量 (AverageTemperature)，關聯將從 74 降低到了 53。就我們解釋相關性的方式（記住判定係數）而言，所占的方差量從 54%（即 0.74^2）增加到 27%（即 0.52^2），這在解釋力上有很大的不同。

我們的結論呢？隨著外部溫度的混雜變量的去除，該關係減小，並且考慮到的變化少得多。實際上，刪除 AverageTemperature 變量會使解釋的變異量減少 100%（大約減少了一半），那可是很大的差異呢！

而且，此分析的最重要意義是，我們無須停止銷售冰淇淋來減少犯罪。你可以放輕鬆了。

計算相關係數的其他方法

套件	函式	意義
Hmisc	rcorr	x 和 y 之間的相關性，資料的筆數以及相關係數的統計顯著性。

```
> rcorr(X, Y)
     x     y
x 1.00  0.69
y 0.69  1.00
n = 10
P
  x      y
x        0.0266
y 0.0266
```

真實世界的統計

尼古拉斯 · 德齊斯 (Nicholas Derzis) 和他的同事們對一群被囚禁的男性中的職業思想與職業興趣之間的關係進行了研究，這是針對囚犯在中度安全監獄中，最後 90 天的再入獄計劃的一部分。

消極的職業思想分為以下三種子量表進行評估：決策混亂、外部衝突以及承諾焦慮，這些構成了職業思想量表。職業興趣由自我興趣導向的探索進

行評估，該指標衡量了六個職業領域中的好惡：實務的、調查的、傳統的、藝術的、企業的和社會化的。

職業生涯思想存量分數被轉換為 T 分數（你將在第 10 章瞭解到這一點），其子量表平均值範圍為 54.20 到 57.19。自我興趣導向的探索結果表明，最受歡迎的工作是人們更喜歡與事物合作而不是與人合作（現實）的工作。

研究人員使用肯德爾 (Kendall) 的 tau 檢驗了職業思想清單中的正常分數與自我興趣導向探索中的類別之間的關係。

從表 7.5 可以看出，所有相關都將被評為弱關係或無關係，其值的範圍為 0.08 至 0.18。

想要知道更多嗎？可以上網或到圖書館閱讀有關這篇文章：

Derzis, N. C., Meyer, J., Curtis, R. S., & Shippen, M. E. (2017). An analysis of career thinking and career interests of incarcerated males. *Journal of Correctional Education*, 68(1), 52–70.

小結

顯示一個變數和另一個變數如何相關，以及它們共有什麼特徵的想法，是一種非常強而有力的想法，也是非常有用的敘述統計（也在推論統計中使用）。要記住的是，相關只表明關聯的關係，但不是因果的，而且你將能夠瞭解這項統計量如何提供關於變數之間關係的有價值資訊，以及變數在其他變數變化時，如何變化或保持不變。現在是開始改變一些速度的時候，將焦點移到信度和效度上，就可以完成第 III 部分。你需要知道這些相關的觀念，因為你將會學習到如何判斷分析結果有何不同，像是分數和其他變數所代表的意義。

練習時間

1. 使用這些資料回答問題。這些資料存在名稱為第 7 章資料集 2 (ch7ds2.csv) 的檔案中。

a. 手動計算皮爾森積差相關係數，並顯示所有你的計算過程。

b. 手動建立這 10 對資料的散布圖。依據這散布圖，你將預測相關是直接的還是間接的？為什麼？

（共 **20** 個問題）回答正確的問題總數	對參加考試的態度（總分是 **100**）
17	94
13	73
12	59
15	80
16	93
14	85
16	66
16	79
18	77
19	91

2. 使用下面的資料回答問題 a. 和 b.。這些資料存在名稱為第 7 章資料集 3 (ch7ds3.csv) 的檔案中。

a. 使用計算機或電腦計算皮爾森相關係數。

b. 使用相關係數從最弱到最強的數值範圍來解釋這些資料，並計算判定係數。主觀分析和 r^2 值，比較結果如何？

（游完 **50** 碼）速度	力量（推舉的重量級）
21.6	135
23.4	213
26.5	243
25.5	167
20.8	120
19.5	134
20.9	209
18.7	176
29.8	156
28.7	177

3. 根據關係的強度，排列下面的相關係數（從最弱的開始）。

0.71	0.47
+0.36	−0.62
−0.45	

4. 就下列一組分數，計算皮爾森相關係數並解釋其結果。這些資料存在名稱為第 7 章資料集 4 (ch7ds4.csv) 的檔案中。

預算增加比例	12 個月之內課堂成就增加比例
7%	11%
3%	14%
5%	13%
7%	26%
2%	8%
1%	3%
5%	6%
4%	12%
4%	11%

5. 利用 R 計算下面的資料集內練習時間和學期平均成績 (GPA) 的相關，你得到什麼結論？這些資料存在名稱為第 7 章資料集 5 (ch7ds5.csv) 的檔案中。

練習時間	學期平均成績
25	3.6
30	4.0
20	3.8
60	3.0
45	3.7
90	3.9
60	3.5
0	2.8
15	3.0
10	2.5

6. 利用 R 決定這些優秀學生讀書時數與學期平均成績 (GPA) 的相關。為什麼相關是那麼低？

讀書時數	學期平均成績 (GPA)
23	3.95
12	3.90
15	4.00
14	3.76
16	3.97
21	3.89
14	3.66
11	3.91
18	3.80
9	3.89

7. 兩個變數之間的判定係數是 0.64，回答下面的問題：

a. 什麼是皮爾森相關係數？

b. 這關係的強度如何？

c. 兩個變數的關係中，不可解釋的變異量有多少？

8. 下表有三個變數，每一個都是和 20 位參與頭部傷害恢復的研究有關。建立一個簡單矩陣以顯示變數之間的相關。這些資料存在名稱為第 7 章資料集 6 (ch7ds6.csv) 的檔案中。

受傷時年齡	治療的水準	**12** 個月的治療分數
25	1	78
16	2	66
8	2	78
23	3	89
31	4	87
19	4	90
15	4	98

受傷時年齡	治療的水準	12 個月的治療分數
31	5	76
21	1	56
26	1	72
24	5	84
25	5	87
36	4	69
45	4	87
16	4	88
23	1	92
31	2	97
53	2	69
11	3	79
33	2	69

9. 看表 7.4，你是用什麼類型的相關係數來檢驗性別（定義為男性或女性）和政黨背景的關係？家庭組成（雙親或單親）和高中平均成績之間的關係呢？解釋你為什麼選擇這樣的答案。

10. 當兩個變數相關（如力量與跑速），它也意味著彼此之間有關係。但若它們彼此有關係，那麼為什麼不是一個變數導致另外一個變數的結果？

11. 提供兩個變數之間存在相關的三個例子，雖然這些變數在概念的因果關係導致完美的關係存在，但是，由於相關並不等於因果，除非進一步檢視，否則在統計上，這是沒有什麼意義的。

12. 為什麼相關分析不能作為證明變數之間有因果關係而不僅僅是相關的一種工具？

13. 你什麼時候會用到部分相關？

學生學習網址

你可以連上 **edge.sagepub.com/salkindshaw** 找到其他的練習題目與電子快閃卡片 (eFlashcards)，也可觀賞 R 的教學影片，並可下載檔案資料集！

只是真相
——瞭解信度和效度

難易指數：☺☺☺（沒那麼難）

本章學習內容

✦什麼是信度和效度，以及它們為什麼重要。

✦這是統計課程，與這些測量事務有何關聯？

✦基本的測量尺度。

✦如何計算和解釋不同類型的信度係數。

✦如何計算和解釋不同類型的效度係數。

信度和效度介紹

　　詢問附近的任何父母、老師、兒科醫生或幾乎任何人，當今兒童最關注的五個方面是什麼，肯定會有一群人將肥胖視為這些關注之一。桑迪 · 斯拉特 (Sandy Slater) 和她的同事們開發並測試了一份針對家庭、學校和鄰里體育活動環境的自我報告調查問卷的信度和效度，該問卷針對的是低收入城市少數民族社區和農村地區的青年。研究人員尤其關注變量，例如：有關青少年參與者的臥室、家庭中電子和遊樂設備以及學校的戶外遊樂設備的訊

息。他們還研究了親子們對運動的看法。

　　總共 205 對親子在兩次不同的情況下完成了 160 項的在家調查，這是建立再測信度的理想模型。研究人員發現 90% 的測量具有良好的信度和效度。研究人員希望這項調查可以幫助發現機會並制定策略，以鼓勵沒有得到充分幫助的年輕人更加積極地運動。

　　是否想瞭解更多？查閱這篇原文：

Slater, S., Full, K., Fitzgibbon, M., & Uskali, A. (2015, June 4). Test–retest reliability and validity results of the Youth Physical Activity Supports Questionnaire. *SAGE Open*, 5(2). doi: 10.1177/2158244015586809.

這些測量事務到底要做什麼？

　　這是一個很好的問題，也是你應該問的問題。畢竟你選修的是統計學課程，而且到現在為止，學習的內容都是統計學的內容。現在看起來你所面對的似乎是屬於測驗和測量課程的主題。因此，這部分內容在統計學書中到底有什麼作用？

　　很好，到現在為止，《愛上統計學：使用 R 語言》所涵蓋的內容都與蒐集和分析資料有關。現在，我們將要展開分析和解釋資料的旅程。不過，在我們開始學習 這些技巧之前，必須先確保這資料就是你所認定的資料，即資料代表你想知道的內容。換句話說，如果你在研究貧困，你要確保你用於評估貧困的測量工具能發揮作用；或者如果你研究中年男性的侵略性，你要保證你評估侵略性的任何工具都能發揮作用。

　　還有更多真正的好消息：如果你想繼續深造，並且想選修測驗和測量課程，這一章的介紹會大幅度地增進你對這個領域的瞭解，及你要學習哪些主題。

　　而且為了保證整個資料蒐集以及讓資料有意義的過程發揮作用，首先要保證你用於蒐集資料的工具能發揮作用。在本章中會被回答的基本問題是：「我怎麼知道我每一次使用的測驗、量表和工具等都能發揮作用？」〔這是**信度 (reliability)**〕，以及「我怎麼知道我每一次使用的測驗、量表和工具等能夠測量我想要測量的內容？」〔這是**效度 (validity)**〕。

不論是對消費行為的簡單觀察工具，或者是測量複雜的心理結構如依戀的工具，任何做研究的人都會告訴你，建立你檢定工具的信度和效度的重要性。然而，還有另外一個很好的理由。如果你用來蒐集資料的工具是不可信或無效的，那麼任何假設檢定的結果都無法有結論。如果你不能確定檢定能夠完成它應該完成的工作，並且能夠保持一致性，那麼你怎麼知道你所得到的無顯著性結果是由於有問題的檢定工具，還是在虛無假設為真的情況下拒絕了它（你將會在第 11 章瞭解型一誤差這個朋友）所導致？你是否想要一個「清白的」虛無假設檢定？那麼現在就開始關心信度 和效度。

在本章開始的文章中，你正在閱讀有關體育鍛煉的訊息。身體活動將被稱為依變數。在一個實驗中，這是結果變數，或是研究人員所關切的，想要知道它作為一個處理 (treatment) 的函式是否有任何的變化會發生。而且，猜看看，處理也有一個名稱—自變數。舉例來說，如果一個研究人員檢視不同的閱讀計劃對理解程度的影響，自變數就是 閱讀計劃，依變數或結果變數就是閱讀理解分數。雖然這些名詞 在《愛上統計學：使用 R 語言》這本書的其他內容不常會用到，你還是應該對它們熟悉一點。

信度：再做一次，直到做對

信度很容易解釋。信度就只是一個測試，或者不管你使用哪一種測量工具，對事物的測量是否可以保持一致性。如果你在特別的處置發生之前執行人格測試，那麼四個月之後再進行的相同測試是否可信？這是問題之一。這也是為什麼有不同的信度類型，而在定義信度之後，我們會對每一類型的信度進行更多的介紹。

考試成績：真實或運氣

你參加這個課程的考試，得到一個分數，像是 89 分（這很好）或 65 分（需要好好學習）。這樣的考試包含了幾個不同要素，包括觀察分數（你實際得到的考試分數，如 89 分或 65 分）和真實分數（真實的，100% 準確反

映你所真正知道的）。我們不能直接測量真實分數，因為這個值是個體所擁有特徵之實際數量的理論反映。

關於這些測試和測量的東西都沒有明確的界線，這仍然是合格的分數呈現。這就是為什麼，我們只將真實分數定義為與某些特徵或屬性相關的真實、真實、真實值。到目前為止，一切都很好。但是，還有另一種觀點。一些心理學家（專門以測試和測量為職業的人）認為，如果我們可以從實際蒐集或觀察到的數據中消除所有誤差（變異），那麼剩下的就是真實分數（變異）。現在，人們希望性能的某種典型水準能夠反映出我們感興趣的東西，但這是另一個問題（有效性）。此處的區別在於，如果測試始終如一的產生一個人的平均分數，那麼該測試是可靠的，而與測試的內容無關。實際上，一個完全可靠的測試可能不會產生與感興趣的結構有關的分數，例如：「你真正知道的是什麼」。

它們為什麼不相同？好吧！如果考試（以及伴隨的觀察分數）是對測量內容的完美反映（我們是指絕對完美），它們就可能相同。

但是，洋基隊不可能保持長勝，錯誤總在不經意間發生，莫非定律 (Murphy's law) 告訴我們，世界並不完美。因此，你看到的是觀察分數可能非常接近真實分數，但是很少會相同。而差異，就如你在這裡看到的，是將要介紹的誤差的大小。

觀察分數 = 真實分數 + 誤差分數

誤差？的確是誤差。例如：讓我們假定某個學生的統計學分數是 85 分，但是他的真實分數（我們永遠不會真的知道，只是理論上的概括）是 89 分，那意味著 4 分的差異（就是誤差分數）是由於誤差造成的，或者說是個人考試分數與 100% 真實分數之所以不同的原因。

這樣的誤差來源是什麼？可能是考試的房間太暖讓你睡著，這對你的考試分數一定有影響；或者是由於你用來準備考試的時間不夠。這兩個範例都反映出考試的環境或狀況，而不是被測量的特徵，對吧？

我們的工作是盡可能減少誤差，例如：改善考試環境並且保證你能得到

足夠的睡眠。減少誤差、就可增加信度，因為觀察分數才能更吻合真實分數。

誤差越小就越可信，就那麼簡單。

信度的不同類型

信度有幾種不同的類型，在本節中，我們將介紹最重要也最常用的四種類型。這幾種類型都總結在表 8.1 中。你將看到，用於評估可靠性的最常用統計量是相關性，這是你在第 7 章瞭解的統計量。

你可以前往 edge.sagepub.com/salkindshaw 看 R 的教學影片。

再測信度 (Test-Retest-Reliability)

再測信度用來檢視經過一段時間之後，某個測試是否仍然可靠。例如：你想建立檢定不同類型職業專案偏好的測試。你在 9 月執行了測試，接著在

表 8.1 信度的不同類型，何時使用，如何計算以及它們的意義

信度的類型	何時使用	如何計算	舉例說明 所得結果的涵義
再測信度	當你想知道一個測試在不同時間是否可信。	計算時期 1 的測試分數和時期 2 相同測試的分數之間的相關係數。	不同時期的青少年認同形成的邦佐 (Bonzo) 測試是可信的。
平行形式信度	當你想知道一個測試的幾個不同形式是否可信或者等價。	計算一種形式的測試分數與相同內容的另一種形式（不是完全相同的測試）的測試分數之間的相關係數。	人格測試的兩種形式是等價的，而且表現出平行形式的信度。
內在一致性信度	當你想知道一個測試的項目是否只評價一個維度。	每一個項目的分數與總分數之間的相關係數。	SMART 創造性測試的所有項目評價相同的結構。
評分者信度	當你想知道對一個觀察結果的評價是否具有一致性。	檢視不同評分者有一致結論的百分比。	最佳穿著足球員評價的評分者信度是 .91，表示不同裁判的一致性程度很高。

6 月執行了相同的測試（保持相同很重要）。那麼這兩組分數（記住是同一人作了兩次測試）是相關的，你也得到信度的測量。當你檢視隨時間的變化和差異時，必須使用再測信度。

你必須非常確信你已經測量的內容是以可靠的方式測量，這樣才使你每次得到的測試結果都盡可能接近每個個體的值。

計算再測信度 (Computing Test-Retest Reliability)。以下是正在發展的 MVE（管理職業教育測試）在時期 1 和時期 2 的一些測試分數。我們的目標是計算皮爾森相關係數作為測量工具之再測信度的測量值

ID	時期 1 分數	時期 2 分數
1	54	56
2	67	77
3	67	87
4	83	89
5	87	89
6	89	90
7	84	87
8	90	92
9	98	99
10	65	76

這個過程的第一步和最後一步是計算皮爾森積差相關係數（複習第 7 章相關內容），又是個好機會來練習 R 了！讓我們開始輸入資料，然後直接使用函式計算相關性。

首先，為 Time 1 和 Time 2 建立向量。

```
> Time1 <- c(54, 67, 67, 83, 87, 89, 84, 90, 98, 65)
> Time2 <- c(56, 77, 87, 89, 89, 90, 87, 92, 99, 76)
>
```

如果你在測驗或考試之前，正在找更多材料練習，則可以使用這些數字並將結果與使用 R 中的 cor() 函式給出的答案進行比較。使用 cor()，

```
> cor(Time1, Time2)
[1] 0.9005792
>
```

函式 cor() 計算的結果為 0.9005792，為了呈現最終答案，我們將四捨五入到小數點後兩位。我們透過顯示以下結果，使讀者瞭解使用 r 來計算變量 Time1 和 Time2 的再測信度，這個值等於：

$$r_{\text{Time1} \cdot \text{Time2}} = 0.90$$

0.90 是否意謂達到再測信度？我們很快會解釋這個值。

平行形式信度 (Parallel Forms Reliability)

平行形式信度用於檢定同一測試的不同形式的等價性或相似性。例如：你在研究記憶，部分工作內容是看 10 個不同單字並盡可能的記住，然後在 20 秒鐘學習、10 秒鐘休息之後，背誦這些單字。因為這些研究的進行需要兩天的時間，也涉及到一些記憶技巧的訓練，你需要符合研究工作所需的另一組單字，而且很明顯不能是相同的內容。因此，你建立另一組單字清單，而且希望這個清單和第一組類似。在這個範例中，你希望不同形式間的一致性很高，因為它只是使用不同的形式檢定相同的概念。

計算平行形式信度 (Computing Parallel Forms Reliability)。這裡是來自 IRMT（自主記憶測試）的形式 A 和形式 B 的一些分數。我們的目標是計算皮爾森相關係數，以作為此測量工具的平行形式信度測量值。

ID	形式 A 分數	形式 B 分數
1	4	5
2	5	6
3	3	5
4	6	6
5	7	7
6	5	6
7	6	7
8	4	8
9	3	7
10	3	7

這個過程的第一步和最後一步是計算皮爾森積差相關係數（複習第 7 章相關內容），我們再來使用一次 R 吧。

```
> FormA <- c(4, 5, 3, 6, 7, 5, 6, 4, 3, 3)
> FormB <- c(5, 6, 5, 6, 7, 6, 7, 8, 7, 7)
> cor(FormA, FormB)
[1] 0.1286979
>
```

將計算 FormA 和 FormB 分數之間的相關性的結果四捨五入，我們得到：

$$r_{\text{FormA} \cdot \text{FormB}} = 0.13$$

內在一致性信度 (Internal Consistency Reliability)

內在一致性信度與之前介紹的前兩種類型非常不同。內在一致性信度用於當你想確定測試中的項目是否彼此一致時，意思是它們只表示一個維度、一個結構或一個有興趣的領域。

例如：你在發展對不同類型醫療保健的態度測試，而且你想確保這 5 個項目正好就是測量態度而不是測試其他項目。你會看（一群接受測試者）每

一個項目的分數，然後看個體分數是否和總體分數相關。你會預期在某個項目上得高分（例如：我喜歡我的 HMO ——美國健康保護組織）的測試者會在其他項目上得低分（例如：我不想在醫療保健上花錢），而且這在所有參與測試者中，都是一致的。

係數或克隆巴赫係數 (Cronbach's alpha) 是大家所熟知的內在一致性信度的一個特別測量值，其中個別項分數與該測驗總分的變動越一致，此測量值就越高。而且，此測量值越高，你對於該測驗具內在一致性或測量某件事的信心就越高，而那件事就是每一項目評量的總和。

例如：這裡是一個擁有許多內在一致性的 5 項目測驗：

1. 4 + 4 = ?
2. 5 − ? = 3
3. 6 + 2 = ?
4. 8 − ? = 3
5. 1 + 1 = ?

所有項目似乎都在測量同一件事，不論這一件事是什麼（這是一個效度問題，別轉台！）

現在，以下是一個離內在一致性有一大段距離的 5 項目測驗：

1. 4 + 4 = ?
2. 3 隻小豬中，最胖的 1 隻是誰？
3. 6 + 2 = ?
4. 8 − ? = 3
5. 因此，野狼到底想要什麼？

為什麼離內在一致性有一大段距離是很明顯的事。這些問題彼此間並不一致，有三題是在評量數學的加減運算，但是有兩題卻是在衡量對於童話故事的熟悉程度，明顯的，這裡有兩大類不同的觀點——違反了內在一致性的主要準則。

計算 α 係數或克隆巴赫係數

以下是 10 個測試者在 5 個態度項目測試（我愛 HMO 測試）上的一些樣本資料，其中每個項目的分數在 1（非常不同意）到 5（非常同意）之間。

ID	專案 1	專案 2	專案 3	專案 4	專案 5
1	3	5	1	4	1
2	4	4	3	5	3
3	3	4	4	4	4
4	3	3	5	2	1
5	3	4	5	4	3
6	4	5	5	3	2
7	2	5	5	3	4
8	3	4	4	2	4
9	3	5	4	4	3
10	3	3	2	3	2

當你計算克隆巴赫係數（以 Lee Cronbach 命名），實際上就是計算每個測試者在每個項目上的分數，和總分數之間的相關係數，並與所有個別項目分數的變異性比較。計算的邏輯是每個總分很高的測試者，在每一個項目上的分數應該也很高（例如：總分 40 的測試者的每一個項目的分數為 5、5、3、5、3、4、4、2、4、5），而且每個總分很低的測試者，在每一個項目上的分數應 該也很低（如總分 21 的測試者的每一個項目的分數為 4、1、2、1、3、2、4、1、2、1），但是缺少一致性或者不是一維的。

下面是計算克隆巴赫係數的公式：

$$\alpha = \left(\frac{k}{k-1}\right)\left(\frac{s_y^2 - \sum s_i^2}{s_y^2}\right) \tag{8.1}$$

其中

- k：項目的個數
- s_y^2：觀察分數的變異數
- $\sum s_i^2$：每一個項目的變異數的總和

　　下面是為完成上面的等式所需要計算的值（觀察分數的變異數，或 s_y^2，以及每個項目的變異數總和，或 $\sum s_i^2$）。

ID	Item 1 （項目 1）	Item 2 （項目 2）	Item 3 （項目 3）	Item 4 （項目 4）	Item 5 （項目 5）	Total Score （總成績）
1	3	5	1	4	1	14
2	4	4	3	5	3	19
3	3	4	4	4	4	19
4	3	3	5	2	1	14
5	3	4	5	4	3	19
6	4	5	5	3	2	19
7	2	5	5	3	4	19
8	3	4	4	2	4	17
9	3	5	4	4	3	19
10	3	3	2	3	2	13
						$s_y^2 = 6.4$
Item （項目） Variance （變異數）	0.32	0.62	1.96	0.93	1.34	$\sum s_i^2 = 5.17$

　　把上表中的數字都代入方程式，可得到：

$$\alpha = \left(\frac{5}{5-1}\right)\left(\frac{6.40 - 5.17}{6.40}\right) = 0.24 \qquad (8.2)$$

你會發現係數 α 為 0.24，而且你已完成了內在一致性信度計算（除了接下來的解釋之外）。

如果我們告訴你，還有許多其他類型的內在一致性信度，你不會感到驚訝吧？這對內在一致性的測量來說是事實，不僅有係數，也有折半信度、斯皮爾曼－布朗 (Spearman-Brown)、庫德－里卡德松 (Kuder-Richardson) 20 和 21（KR_{20} 與 KR_{21}），以及其他基本上在做同一件事的類型，只是方式不同而已。

使用 R 計算克隆巴赫 (Cronbach) 係數

一旦你知道如何手動計算克隆巴赫係數，且想要使用 R 來計算，兩者的轉換非常容易。我們使用本章之前給的資料集（10 個測試者的 5 專案測試）。

1. 將 psych 套件載入到我們的 R 環境中。
2. 匯入第 8 章資料集 1 (ch8ds1.csv) 的資料。你應該有 10 個帶有六個變量的觀測值。
3. 使用稱為 alpha() 的函式。

首先載入 psych 套件，以便我們可以使用函式 alpha()：

```
> library(psych)
>
```

接下來，匯入與上面的範例相同的資料集：

```
> ch8ds1 <- read.csv(file.choose())
>
```

現在使用函式 alpha() 獲得克隆巴赫 (Cronbach) 的 alpha。

```
> alpha(ch8ds1)
Some items ( Item3 Item5 ) were negatively correlated with the
total scale and
probably should be reversed.
To do this, run the function again with the 'check.keys=TRUE'
option
Reliability analysis
Call: alpha(x = ch8ds1[, c(1:5)])

raw_alpha std.alpha G6(smc) average_r S/N ase  mean  sd  median_r
    0.24     0.23    0.43     0.057  0.3 0.37 3.4 0.51    0.08
```

```
lower alpha upper 95% confidence boundaries
-0.49 0.24 0.97
Reliability if an item is dropped:

      raw_alpha std.alpha G6(smc) average_r  S/N alpha se  var.r   med.r
Item1  0.309     0.345     0.43   0.117 0.528    0.35   0.066  0.1567
Item2  0.091     0.044     0.32   0.011 0.046    0.45   0.094  0.0035
Item3  0.326     0.316     0.38   0.104 0.462    0.33   0.056  0.1567
Item4  0.263     0.097     0.19   0.026 0.107    0.32   0.054 -0.0047
Item5 -0.082     0.109     0.26   0.030 0.122    0.58   0.068 -0.0047


Item statistics
        n   raw.r  std.r  r.cor  r.drop  mean   sd
Item1  10   0.14   0.35   0.081  -0.086   3.1   0.57
Item2  10   0.53   0.61   0.409   0.255   4.2   0.79
Item3  10   0.58   0.38   0.173   0.031   3.8   1.40
Item4  10   0.42   0.57   0.512   0.040   3.4   0.97
Item5  10   0.70   0.56   0.446   0.328   2.7   1.16


Non missing response frequency for each item
         1    2    3    4    5   miss
Item1  0.0  0.1  0.7  0.2  0.0    0
Item2  0.0  0.0  0.2  0.4  0.4    0
Item3  0.1  0.1  0.1  0.3  0.4    0
Item4  0.0  0.2  0.3  0.4  0.1    0
Item5  0.2  0.2  0.3  0.3  0.0    0
```

瞭解 R 呈現結果的意涵

　　正如你在上面的輸出中看到的那樣，R 為我們做很多事情，有些項目超出了本書的範圍，因此請不要擔心。但是，讓我們來談談輸出的幾行內容，例如：第一行：

```
Some items (Item3 Item5) were negatively correlated
with the total scale and probably should be reversed.
```

R 在這裡告訴我們什麼？有時人們會寫一個問題，例如：「我喜歡我的健康維護組織嗎？」另一個問題是「我不介意為上門服務支付大筆定金嗎？」。對這兩個問題的回答可能是負相關的——一個問題的高分回答對應於另一個問題的低分回答。為了正確計算可靠性，所有問題都必須在同一方向上進行。喜歡健康維護組織（一種經濟實惠的醫療保健選擇）的人，可能只願意支付很少的共同付款。因此，我們將重新編碼在錯誤方向上運行的問題，以便所有問題在同一方向上運行並且都具有正相關關係。在這種情況下，R 告訴我們可以檢查。該函式的 keys=TRUE 來計算 Alpha，就好像那些負相關的項被重新編碼為朝相同方向運行一樣。如果我們願意，該函式會臨時為我們執行重新編碼。

看下一節，讓我們看一下輸出中的前兩個統計訊息。我們到了 raw_alpha 和 std.alpha，表示標準化的 alpha。標準化 Alpha 是奠基於相關性。

```
raw_alpha std.alpha G6(smc) average_r S/N  ase mean   sd median_r
     0.24      0.23    0.43     0.057 0.3 0.37  3.4 0.51     0.08
```

原始 alpha 基於各單項的共變異數計算，就像我們上面手工計算的那樣。R 告訴我們 $\alpha = 0.24$，標準化 $\alpha = 0.23$。如果你想瞭解更多有關其餘輸出的訊息，請在 R 控制台中輸入 ?alpha 以獲取幫助。

評分者信度 (Interrater Reliability)

評分者信度是兩個評分者對某觀察結果判斷的一致性程度的測量。

例如：你有興趣的是銀行人員和潛在的支票帳戶顧客，在交易過程中某一特別社會互動類型，而且你進行現場觀察（在單向鏡之後觀察），來看銀行人員在接受了新的或高級的顧客關係課程之後，是否會使得在面對潛在顧客時，微笑和愉悅的行為增加。你的工作是注意每 10 秒內，銀行人員是否展現課程中所教的三種不同行為，包括微笑、坐著時身體前傾或者用手指出要點。每次你看到這三種行為中的任何一種出現，就在你的積分表上標示 (×)，如果沒有觀察到任何一種，就標示為 (–)。

作為這個過程的一部分，而且也保證你的記錄是可信的測量，你就會想

知道不同的觀察者對於這些行為發生的一致性水準。評分的形式越類似，不同的評分者一致性水準和信度也就越高。

計算評分者信度

在這個範例中，這裡真正重要的變數是在 2 分鐘內，每 10 秒鐘（或者是 12 個 10 秒鐘內）對顧客的友好行為是否發生。因此，我們要看的是在分成 12 個 10 秒鐘的 2 分鐘時間框架內，評分的一致性。分數表中一個 (×) 代表著行為發生，一個橫線 (–) 表示行為沒有發生。

	時期	1	2	3	4	5	6	7	8	9	10	11	12
記錄者 1	戴夫	×	–	×	×	×	–	×	×	–	–	×	×
記錄者 2	莫琳	×	–	×	×	–	–	×	×	–	–	×	×

在 12 個時期內（12 個可能的一致），戴夫與莫琳一致認為有 7 個時期行為有發生（時期 1、3、4、5、7、8 和 12），3 個時期行為沒有發生（時期 2、6 和 9），也就是說 10 個記錄一致、2 個記錄不一致。評分者信度可以使用下面的簡單公式計算：

$$評分者信度 = \frac{一致的數量}{可能一致的數量}$$

而當你代入你所看到的數值後，就會得到下面的等式：

$$評分者信度 = \frac{10}{12} = 0.833$$

最後得到的評分者信度係數是 0.833。

多大才是大？解釋信度係數

現在我們開始討論正題，猜猜看？你是否還記得第 7 章所學的對相關係數的解釋？這與解釋信度係數幾乎是相同的，只有很小的差異。

我們只需要兩件事，那就是：

• 信度係數是正向的（或直接的），而不是負向的（或間接的）。

- 信度係數盡可能的大（在 0.00 和 +1.00 之間）。

因此，解釋權留給你。我們剛剛計算出的評分者信度係數為 0.83，肯定很高，代表了兩組觀測值之間的高度一致性。較早計算的的克隆巴赫 (Cronbach) 係數為 0.24 不太高。

如果你不能建立信度……怎麼辦？

建立測試信度的道路並不平坦，而且也是一條需要花費許多力氣的路。如果測試是不可信的，該怎麼辦？

下面有一些事需要謹記在心。而且要記住，信度是誤差對觀察分數貢獻度的一個函式，誤差越低，信度就越高。

- 在進行測試時，要確保對所有設置的指示，都已標準化且清楚明確。
- 增加項目或者觀察值數量時，因為從你研究的行為總體中得到的樣本數越大，樣本代表性和信度就越高。對成就測試來說，這特別是事實。
- 刪除不明確的項目，因為一些人以一種方式回應，另外一些人則會用不同的方式回應，而這和他們的知識、能力水準或個人特徵無關。
- 特別是對成就測試（如拼寫考試、歷史考試）來說，因為任何測試太難或太容易都不能準確地反映一個人的成績，因此要調整測試的容易度和難度。
- 將外部事件的影響極小化，並且將指引說明標準化，舉例而言：特定重要事件，如狂歡節 (Mardi Gras) 或畢業季在接近測試時間時發生，你可能需要延遲測試的進行。

還有一件事

建立一個具備可靠心理測驗性質之工具的第一步是建立信度（我們花費一些時間在這個主題上）。為什麼？如果測試或測量工具不可信，或者沒有一致性，而且不能在不同的時間進行相同的測試，那麼測量什麼就不重要了（這是效度問題），對吧？

在拼寫入門的 KACAS（孩子對拼寫很在行）測試中，開始的三個項目

可能是：

$$16 + 12 = ?$$
$$21 + 13 = ?$$
$$41 + 33 = ?$$

這肯定是信度很高的測試，但是不能肯定是有效的測試。現在我們對信度已經有相當的瞭解，讓我們開始介紹效度。

效度——哇！真相是什麼？

最簡單的說，效度是一個評價工具的特質，它表示此工具能夠測量它要測量的內容。有效的測試是測量它應該要測量內容的測試。如果成就測試是測量歷史知識，那就是它要測量的內容；如果智商測試是打算要測量測試建立者所定義的智商內容，那麼它就只測量那些內容。

效度的不同類型

就如信度有不同的類型，效度也有不同的類型，我們會介紹最重要也最常用的三種類型。這幾種類型都總結在表 8.2 中。

內容效度 (Content Validity)

內容效度是一個測試的性質，它使得測試項目是由用於設計測試的總體項目中抽樣。內容效度常用於成績測試（例如：從一年級的拼寫測試到學術能 力測驗的任何測驗）。

建立內容效度。建立內容效度實際上非常容易，你需要做的就是找到在地合作專家。例如：我要設計物理入門測試，我會尋找在地的物理專家（可能是地方高中的教師，也可能是大學教授物理學的教授），而且我會說「嗨，艾伯特（或艾伯塔），你看這 100 個選擇題的項目，能不能準確地反映我期望我的入門課學生瞭解的所有可能主題和概念？」

我可能告訴艾伯特（或艾伯塔）主題是什麼，然後在他（或她）看了這些項目後，就會給我有關這些項目是否符合我建立之標準的判斷，包括了是

表 8.2 效度的不同類型、何時使用、如何計算、及其意義

效度的類型	何時使用	如何計算	舉例說明 對所得結果的涵義
內容效度	當你想知道一個特定主題的項目樣本是否能夠反映項目總體。	請教專家，讓專家判斷測試的項目是否反映將要測量的主題的項目總體。	我的統計學課程的每週小考可以評價每章的內容。
準則效度	當你想知道測試成績是否和其他標準系統相關，這個標準表示參與測試者在某一特定區域是適任的。	計算測試成績和其他有效並評價相同能力集的測量之間的相關係數。	研究顯示烹調技能的 EATS 測試與結束烹飪學習後 2 年內成為主廚相關（預測效度的一個案例）。
建構效度	當你想知道測試是否測量一些基本的心理結構。	計算測試成績和反映測試設計的結構的理論結果之間的相關係數。	這是真的一參與身體接觸和危險性運動的男性在侵略性 TEST 測試的分數較高。

否能代表入門課整體項目。如果答案是肯定的，就表示我完成了設計（至少就現在而言）；如果答案是否定的，就要重新開始建立新的項目或者修正現存的項目。

準則效度 (Criterio Validity)

準則效度是評價一個測試是否反映現在和未來的能力集合。如果準則是發生在現在，我們所談的就是**同步效度** (concurrent criterion validity)；如果準則是發生在未來，我們所談的就是**預測效度** (predictive validity)。對於準則效度的出現，你不需要同時建立同步效度和預測效度，只需要能夠滿足測試目的的效度。

*建立同步效度。*例如：你受僱於世界烹飪學院，設計測量烹飪技能的工具。烹飪訓練的部分內容與直接知識有關（例如：什麼是奶油麵粉糊？）這屬於成就測試的內容。

因此，你建立了你認為能夠測量烹飪技能的測試，現在你想建立同步效度水準。為完成這項工作，你設計了烹飪量表（你設計的評分是從 1 到

100），由每個裁判都使用的標準（如表現、清潔等），以 5 分制的項目形式集中在一起。作為一個標準（這是關鍵），你還有另一組裁判，他們將學生整體烹飪能力，進行從 1 到 10 的等級排序。然後你計算烹飪量表分數和裁判排序之間的相關係數。如果效度係數（簡單相關係數）很高，那就表示你設計得很好，否則就需要重新開始。

建立預測效度。 例如：我們知道烹飪學校 10 年來發展得很好，而且你不僅僅對人們廚藝好壞感興趣（這是你剛才建立的同步效度的部分），也對預測效度感興趣。現在，準則已經從現在當下的分數（裁判的給分）轉變為未來的分數。

在此，我們的興趣是建立一個測試，可以預測一個廚師 10 年後是否的成功。要建立烹飪測試的預測效度，你要回過頭來鎖定那些完成烹飪課程且 10 年來仍然從事烹飪工作的畢業生，對他們進行測試。這裡使用的標準是他們的成功水準，而且你使用的測量指標是：他們是否有自己的餐館；餐館經營是否超過 1 年（因為新餐館經營的失敗率在第 1 年就超過 80%）。此一設計的基本原理是，如果餐館經營超過 1 年，那麼主廚的廚藝一定很好。

要完成這項練習，就要計算值為 1（如果餐館經營超過 1 年並且是畢業生所有）的烹飪分數與之前的（10 年前）烹飪分數之間的相關係數，較高的相關係數表明具有預測效度，較低的相關係數表明缺乏預測效度。

建構效度 (Contruct Validity)

建構效度是最有趣也最難建立的效度，因為建構效度是基於測試或測量工具背後的基本結構或概念。

你可能記得從你的初級心理學學習中瞭解，結構是一群彼此相關的變量，例如：侵略性是一個結構（包括不恰當的碰觸、暴力、缺乏成功的社會交往等），智力、母嬰依戀和希望等同樣也都是結構。而且要記住的是，這些結構來自某種研究者假定的理論位置，例如：他（或她）認為有侵略傾向的男性比沒有侵略傾向的男性，更容易造成執法者的麻煩。

建立建構效度。 如果你有好戰性測試（或侵略性測試）量表，這是由一系列依據你對侵略性結構構成的理論，概括得出的項目而構成的觀察工具。你從

犯罪學文獻瞭解到具有侵略性的男性會比其他人更容易做出某種類型的行為，例如：他們陷入更多的爭論、更多的肢體衝突（如推擠）、更多的暴力犯罪、而且在人際關係方面很少能成功。好戰性量表包括的項目描述了不同的行為，其中一些項目在理論上和侵略性行為有關，其中一些則無關。一旦好戰性量表完成，你就應該檢視結果來確定好戰性量表的分數，是否與你預測的行為類型（如涉入犯罪的程度或人際關係的性質等）的出現相關，而不要與無關的行為類型（如沒有家庭暴力、完成高中、大學學業等）有相互關係。如果你預期相關項目的相關係數很高，而且預期無關項目的相關係數很低，你就可以得出好戰性量表（而且很可能是你所設計之評價侵略性要素的項目）的測量是有效的結論。恭喜你。

如果不能建立效度……那該怎麼辦？

這個問題很難回答，特別是因為效度類型是這麼多。

一般來說，如果你沒有得到你想要的效度證明，這是由於你的測試沒有做到它應該要做的事。如果是成就測試，而且一個滿意的內容效度水準是你要的，那麼你可能要重新設計測試的問題，以確保這些問題與專家認為應該測試的問題保持一致性。

如果你關心準則效度，你可能需要重新檢視測試中項目的本質，並且回答你預期對這些問題的反應，與你選定的準則之間相關程度的這個問題。當然，這個前提是你所使用的準則是有意義的。

最後，如果你尋求建構效度卻找不到，那你最好要認真思考支撐你建立測試的理論基礎。也許我們關於侵略性的定義和模型是錯的，或者智力需要更嚴謹的重新思考，你的目的是在於確認理論和以理論為基礎所設計的測驗項目之間具有一致性。

最後的友善建議

這個測量事務是相當酷的，因為它在智力上是有趣的，而且在這些有當責的時代，每個人都想知道學生、股票經紀人、社會福利機構專案的進展。由於這股強烈且不斷增加的興趣，強烈吸引撰寫學期論文或傑出論文的大學

生，或是撰寫畢業論文或學位論文的研究生，為他們最後的論文計劃設計一組測量工具。

但是要注意的是，聽起來像是很好的想法卻可能導致一場災難。建立任何工具信度和效度的過程可能需要幾年的持續工作，而且當單純的或無研究精神的人想建立新的工具檢定新的假設時，可能會使事情變得更糟。這意味著在檢定新假設的同時，重要的事還包括確保這工具能發揮作用。

如果你在做自己的原創性研究，如為了畢業論文或學位論文所需，要確保找到已經建立了信度和效度的測量。這樣的話，你才可以將精力用在檢定你的假設工作上，而不是將精力浪費在發展工具這項工作上，因為這本身就是一項職業。是否想要有一個好的開始，請查閱比勒斯心理測量中心，你可以從 http:// buros.org 獲得線上資料。

信度和效度：非常親密的兄弟

現在我們暫停一下，並回顧閱讀這一章的原因。

因為這是指定要學習的內容。

不，真的不是。這章很重要，因為你需要瞭解你用於測量結果之工具的信度和效度。為什麼？因為如果工具不可信也無效，那你的實驗結果就會讓人懷疑。

就如本章之前提到的，你可以有一個可信但無效的測試，但是，你不可能有一個有效卻是沒有信度的測試。為什麼？因為不論一個測驗在測試什麼，都可以重複測試（這是信度），但是可能仍然沒有測量到它應該測量的內容（這是效度）。反之，如果一個測試確實在測量它要測量的內容，那麼這個測試就必須能夠實現一致性的測量。

你可能在本章的其他地方已經看到關於信度和效度關係的內容，但是還存在一種非常酷的關係，你會在之後的課程中學到，但是應該現在就有所瞭解。這個關係是效度的最大值等於信度係數的平方根，例如：如果機械能力傾向

測試的信度係數是 0.87，效度係數不會超過 0.93（是 0.87 的平方根）。用專業語言來說，就是測試效度受到測試信度的限制。如果我們在確定測試能夠測試到它說要測試的內容之前，不必再思考一個測試必須要一致性的做它要做的，那就完全合理了。但是這個關係也很密切，你不可能有一個沒有信度卻有效度的工具，因為一個測試要做也應該要做之前，首先必須具有測試的一致性，對吧？因此，信度和效度兩者同時發揮作用。

真實世界的統計

　　這是有關專家在執行各類型的研究或利用研究結果指導行動時，效度在理解和確認其所呈現之內容上，為何是一個重要概念的一篇典型文章。在這個例子中，它是和注意力不足過動症 (ADHD) 的評估有關的研究，通常，這種診斷的偏差是來自於症狀及家長和老師報告的主觀性，利用相對較新的持續性表現測驗（測量持續的和選擇性的注意力）可以提高更標準化和更精確地診斷 ADHD 的期待，這兩者是任何有信度和有效度之測驗的品質。在這個研究中，Nathanel Zelnik 和他的同事檢視了 230 位在臨床上被視為 ADHD 的小孩的多相性注意力測驗 (TOVA)，在 179 位被診斷為 ADHD 的小孩中（效標組），有 163 位參與者被測出是潛在的 ADHD（91.1% 的敏感度），但是在被認為不是 ADHD 的那一組小孩中，也有 78.4% 的參與者被測出是潛在的 ADHD。總而言之，這並不是一個充分具有信度的測量，足以精確地區辨這兩組參與者。

　　想要知道更多嗎？可以上網或到圖書館閱讀有關這篇文章：

Zelnik, N., Bennett-Back, O., Miari, W., Geoz, H. R., & Fattal-Valevski, A. (2012). Is the test of variables of attention reliable for the diagnosis of attention-deficit hyperactivity disorder (ADHD)? *Journal of Child Neurology, 27*, 703-707.

小結

是的，這是統計學課程，為什麼要學習測量事務？再提一次，任何統計學的應用都是圍繞一些測量的結果。就如你需要基本的統計學讓資料變得更有意義，你也需要基本的測量資訊，使得如何評價行為、考試成績、排序或讓評分變得有意義。

練習時間

1. 去圖書館找 5 篇你有興趣的領域中，有提供信度和效度資料報告的文章，並且討論所用的結果測量工具。指認所建立的信度類型和效度類型，並且評論你認為這個水準是否可接受。如果不能接受，該如何改進？

2. 提供一個你會想建立再測信度和平行形式信度的範例。

3. 你在發展一套測量職業偏好（人們在一生中想要做的工作）的工具，而你需要在學生參加職業訓練的一年中執行許多次測驗。你需要由兩次執行來評估此測驗的再測信度，資料在第 8 章資料集 2 (ch8ds2.csv) ——一次在秋季，另一次在春季。你會說這是一個可靠的檢定嗎？為什麼是或為什麼不是？

4. 一個測驗如何可以是可靠但是卻無效？為什麼一個測驗除非它是可靠，否則都是無效的測驗？

5. 這個情境是，你是在州政府的就業部門中負責測驗發展計劃，你需要在同一天中執行至少兩種以上相同測驗的方式，你會想要建立哪一種類型的信度？利用第 8 章資料集 3 (ch8ds3.csv) 的資料，計算參與測試的 100 個人在第一種和第二種測量方式之間的信度係數，看看你是否達成你的目標？

6. 簡單來說，如果一個測驗是可靠的但卻是無效的，描述這個測驗會是像什麼。現在，同樣描述一下一個有效的但卻不可靠的測驗會像什麼。

7. 在檢定任何實驗假設時，為什麼用於測量結果之測試的可信度和有效性很重要？

8. 描述內容效度、預測效度和建構效度之間的差異，並舉例說明如何測量這些效度。

9. 在一個評估「跳出框框思考」的觀察性紙筆測驗中，說明你建立建構效度時

會採取的步驟。

學生學習網址

　　你可以連上 **edge.sagepub.com/salkindshaw** 找到其他的練習題目與電子快閃卡片 (eFlashcards)，也可觀賞 R 的教學影片，並可下載檔案資料集！

抓住獲得樂趣和
利潤的機會

這是我統計上來說，最重要的另一半

PART IV

到 目前為止，你知道什麼，接下來呢？首先，你在瞭解如何描述一組分數的特徵，以及分配彼此如何不同，已經具備了扎實 的基礎，這是你在《愛上統計學：使用 R 語言》第 4、5 和 6 章學到的內容。在第 7 章，你也學習了如何使用相關的工具描述變數間的關係。而在第 8 章，為了瞭解任何測驗分數的完整性或其他類型的結果，你學習了信度和效度的重要性。

現在是下重賭注並且真正開始玩真的時候了。在《愛上統計學：使用 R 語言》第四部分第 9 章，會開始介紹假設檢定的重要性和本質，包括假設檢定是什麼、有什麼不同的類型、假設的功能，以及假設為什麼和如何被檢定的深度討論。

接著，在第 10 章，我們將由常態曲線以及作為機率基礎的基本原則的討論，進入極重要的主題——機率。作為統計學的一部分，機率能幫助我們定義某類事件（如一個考試中的特定分數）將會發生的可能性。我們將使用常態曲線作為這些討論的基礎，而且你將會看到在一個分布中，任何數值或事件的發生具有與機率一致的可能性。

帶著樂趣學習機率和常態曲線之後，我們準備在第五部分開始更進一步的討論，主要是根據假設檢定和機率理論來測試變數間的相關。從現在開始會漸入佳境。

假設和你
——檢定你的問題

難易指數：☺☺☺1/2（不需要整晚都學習）

本章學習內容

✦樣本和母體之間的差異。

✦虛無假設和研究假設的重要性。

✦判斷一個好假設的標準。

因此你想成為一位科學家……

你可能已經在其他的課程聽到假設這個名詞，你甚至不得不為了你在另一門課上所做的研究計劃建立一個假設，或者你在一期刊文章中，已經看到過一次或兩次。如果是這樣，你可能對假設是什麼，已經有了很好的概念。對於不熟悉這個常用名詞的人來說，假設基本上是「有高度訓練的猜測」，它最重要的角色是反映一般問題的陳述，而這正是提出研究問題的動機。

這就是為什麼花費精力和時間，去建立一個真正精準和清晰的研究問題

是如此重要的原因。研究問題將是你建立假設時的指導，而反過來，假設將決定你用於檢定假設，以及回答最初提出之問題的技術。

　　因此一個好的假設，將問題陳述或研究問題轉換為更適合於檢定的形式，這種形式就叫做假設，但我們將在本章後面的部分，討論什麼能成就一個好的假設，但在這之前，我們的注意力會轉向樣本和母體的差異，這是一個重要的區別，因為假設檢定是處理樣本，然後將結論一般化到更大的母體。讓我們將注意力轉向假設的兩個主要類型（虛無假設和研究假設）。但是，首先讓我們正式定義在《愛上統計學：使用 R 語言》前面的章節用到的一些簡單辭彙。

樣本和母體

　　作為一個好的科學家，你希望能說「如果方法 A 比方法 B 好」，這是永遠、一直而且對宇宙所有人都是真實的，對嗎？的確，如果你在方法 A 和方法 B 相對的優點上進行足夠的研究，並檢定了足夠的人，你有一天也許會那樣說。但是不要太激動，因為你不太可能有如此的信心這麼說，這會花費太多的錢和太多的時間來做所有那些研究，另外，這甚至是不必要的。相反地，你可以只從母體中選擇一個代表性樣本，並且檢定有關方法 A 和方法 B 的假設。

　　幾乎所有的科學家都受到時間和研究基金永遠不夠的限制，接下來最好的策略就是，從一個較大群參與者中選取一部分，而且在這個較小的群體中進行研究。在這種情況下，較大的群體稱為母體，而從這個母體中選出的較小群體稱為樣本。在第 5 章中，我們區分了母體標準差和樣本標準差。我們將分母更改為除以 $n - 1$ 而不是 n，以便從樣本資料中更好地估算母體標準差。之所以這樣做，是因為我們通常希望將代表性樣本概括為樣本來源。

測量一個樣本和母體特徵接近程度的測量數叫做**抽樣誤差** (sampling error)。抽樣誤差基本上就是樣本統計值和母體參數之間的差異，抽樣誤差越大，抽樣過程中的精確性就越低，而且要讓你在樣本中的發現確實反映你預期在母體中的發現，就更加困難。正如存在於分布中的不同度量方式一樣，樣本度

量和母體度量之間的差異也存在不同的度量。而且，如果你的樣本確實能夠代表母體，由於從樣本中蒐集任何資料的隨機性，你仍然會有一些抽樣誤差。你只希望抽樣誤差較小。

樣本應該以這樣的方式從母體中選取，就是樣本要盡可能和母體的特徵匹配，目標就是使得樣本盡可能地類似母體。保證這兩個群體類似的最重要的意義就是，基於樣本的研究結論可以一般化到母體。當樣本確實代表了母體，就可以說研究結論具有高度的一般化。

具有高度一般化是良好研究的一個重要品質，因為這表示投入研究的時間和努力（及金錢），除了原始參與者之外，對其他未被抽中的人也有重要的意義。

我們常常會誤以為「大」與「代表性」是相同的。請記住，擁有一個準確的代表性樣本比擁有一個大樣本要重要得多（順便說一句，人們常常認為越大越好——這只適用於感恩節吧）。樣本中有很多參與者可能會給人留下深刻的印象，但是如果參與者不能代表更大的人群，那麼這項研究將毫無價值。

虛無假設 (Null Hypothesis)

好吧，我們有了從母體中選取的一組參與者樣本來檢定我們的研究假設，我們首先要建立虛無假設。

虛無假設是一個有趣的小生物，如果它能講話，它一定會說類似這樣的話，「我代表你們正在研究的兩個變數無關」。換句話說，虛無假設就是可以由下面取自於許多流行的社會和行為科學雜誌的真實生活等陳述。為了保護個人隱私，我們改變了名稱。

- 9 年級學生的 ABC 記憶考試平均成績，和 12 年級學生的平均成績沒有差異 (no difference)。
- 對老人提供以社區為基礎的長期照顧的效率，和對老人提供居家的長期照顧的效率沒有差異 (no difference)。
- 反應時間和問題解決能力無關 (no relationship)。

- 白人家庭和黑人家庭提供給孩子的學校相關活動方面的支援數量沒有差異 (no difference)。

這四個假設相同的地方是它們都包含一個敘述，這個敘述是兩件或更多件事情彼此相等或無關；亦即，它們之間「沒有差異」或「無關」。

虛無假設的目的

虛無假設的基本目的是什麼？虛無假設既是研究起點，也是測量實際研究結果的基準。

現在讓我們更詳細的檢視每一個目的。

首先，虛無假設是研究的起點，因為在沒有其他資訊的情況下，虛無假設就是被接受為事實的現實狀態。例如：讓我們看上面列出的第一個虛無假設：

9 年級學生的 ABC 記憶考試平均成績，和 12 年級學生的平均成績沒有差異。

如果對 9 年級和 12 年級學生的記憶技巧沒有更多瞭解，你就沒有理由相信這兩個群體之間存在差異，對吧？如果對這些變數間的關係沒有任何瞭解，你能做的就是去猜測。那就要承擔風險。你可能對一個群體為什麼比另一個群體做得好，做出猜測，但是你沒有先驗的（在事實之前）證據，那麼除了假定他們是相同的之外，還有什麼選擇？

「兩者沒有關係」是整個研究主題的重點。換句話說，在你能證明存在差異之前，你只能假定沒有差異。而無差異或無關的陳述，正是虛無假設的所有內容。

進一步講，如果這兩個群體之間存在任何差異，你必須假定這些差異就是因為任何群體在任何變數上之差異的最有吸引力解釋—隨機性！這是對的，如果沒有其他資訊，隨機性總是對觀察到的兩個群體之間的差異，或變數之間關係的最可能和最有吸引力的解釋。隨機性解釋我們不能解釋的差異。你可能已經把隨機性看作是在遊戲機上贏得 5,000 美元大獎的勝率，但是我們討論的隨機性完全是其他的「事物」，它掩蓋事實，甚至使得瞭解變

數間關係的「真實」本質變得更困難。

　　例如：你可能選取了一群橄欖球隊員和一群足球隊員，來比較他們的跑步速度。但是要考慮所有我們不知道、但可能導致速度差異的因素。誰要知道一些橄欖球隊員是否進行了更多的練習，或者一些足球隊員是否更強壯？或者兩群隊員是否都接受了額外的訓練？更重要的是，也許測定他們速度的方式留有很大的隨機性空間；出問題的碼錶或大風天都可能產生與真實速度無關的差異。作為好的研究者，我們的工作是從解釋觀察到的差異中消除隨機性因素，並評估其他可能導致群體差異的因素，例如：有目的的訓練或營養計劃，並分析這些因素如何影響速度。

　　重點是，如果我們發現群體間的差異不是由於訓練引起的，我們別無選擇，只能將差異歸因於隨機性。順帶一提，你可能會發現將隨機視為錯誤相當有用。當我們可以控制錯誤的來源時，為某些結果提供有意義的解釋的可能性就會增加。

　　虛無假設的第二個目的是，提供一個與觀察到的結果進行比較的基準，分析這些差異是否是由於其他因素所引起。虛無假設有助於定義任何觀察到的群體間差異是由隨機性引起（這是虛無假設論點）的範圍，或者是由隨機性之外的因素（這可能是操縱其他變數的結果，例如：上個例子中的訓練）引起。

　　大多數的研究暗含著虛無假設，而且你不能在報告和期刊文章中清楚地發現虛無假設的陳述。但是，你將會發現明確陳述的研究假設，這是我們接下來要關注的地方。

研究假設 (Research Hypothesis)

　　虛無假設是變數間無關係的陳述，而研究假設是變數間有關係的明確陳述。例如：對於之前陳述的每一個虛無假設，都有對應的一個**研究假設** (a research hypothesis)。注意我們說到相應的研究假設用的是「不定冠詞」(a) 而不是「定冠詞」(the)，因為對任何一個虛無假設來說，肯定存在不止一個研究假設。

• 9 年級學生的 ABC 記憶考試的平均成績，不同於 (*is different*) 12 年級學

生的平均成 績。

- 依據瑪格奧萊斯社會活動量表的測量，對老人提供以社區為基礎的長期照顧的效果，不同於 (is different) 對老人提供居家的長期照顧的效果。
- 較慢反應時間和問題解決能力是正相關的 (positively related)。
- 白人家庭和黑人家庭提供給孩子在教育活動方面的支援數量有差異 (there is a difference)。

　　這四個研究假設有一個共同點，它們都是不等式的陳述。它們假定變數間存在一定的關係，而且不是虛無假設中的等式關係。

　　不等式關係可以採取兩種不同形式，有方向研究假設和無方向研究假設。如果研究假設假定不等式關係沒有方向（例如：「不同於」），這個研究 假設就是無方向研究假設；如果研究假設假定不等式關係有方向（例如「多於」或「少於」），這個研究假設就是有方向研究假設。

無方向研究假設 (Nondirectional Research Hypothesis)

　　無方向研究假設反映群體間的差異，但是差異的方向是不確定的。

　　例如：研究假設：

　　「9 年級學生的 ABC 記憶考試平均成績，不同於 12 年級學生的平均成績。」

　　是無方向的，也就是兩個群體間差異的方向不確定。假設只是陳述差異的存在，但是沒有陳述差異的方向。因為差異是假設的，所以是研究假設，但是差異的性質並不確定。無方向研究假設就同這裡所描述的，可以用下面的式子表示。

$$H_1 : \overline{X}_9 \neq \overline{X}_{12} \tag{9.1}$$

其中

- H_1：第一個（可能有幾個）研究假設的符號
- $\overline{X}_9$：9 年級學生樣本的平均記憶成績
- $\overline{X}_{12}$：12 年級學生樣本的平均記憶成績

- ≠：「不等於」

有方向研究假設 (Directional Research Hypothesis)

有方向研究假設反映群體間的差異，而且差異的方向是確定的。例如：
研究假設：

「12 年級學生的 ABC 記憶考試平均成績比 9 年級學生的平均成績高。」

是有方向的，因為兩個群體間差異的方向是確定的。一個被假設大於（不僅僅是不同）另一個。其他兩個有方向假設的範例是：

A 大於 B（或 A > B）。
B 大於 A（或 B > A）。

這兩個假設都表示有確定的不相等（大於或小於）。就如上面描述的 12 年級學生的成績比 9 年級學生的成績好的假設，有方向研究假設可以用下面的式子表示：

$$H_1 : \overline{X}_{12} > \overline{X}_9 \tag{9.2}$$

其中

- H_1：第一個（可能有幾個）研究假設的符號
- $\overline{X}_9$：9 年級學生樣本的平均記憶成績
- $\overline{X}_{12}$：12 年級學生樣本的平均記憶成績
- >：「大於」

研究假設的目的是什麼？研究假設是研究過程中被直接檢定作為一個重要步驟的假設。檢定的結果與隨機（也就是虛無假設）預期的結果比較，來確定這兩個中，哪一個對你可能觀察到的群體間差異是更具吸引力的解釋。

表 9.1 是四個虛無假設和相應的有方向以及無方向研究假設。

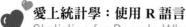

表 9.1　虛無假設和相應的研究假設

虛無假設	無方向研究假設	有方向研究假設
9 年級學生的 ABC 記憶考試的平均成績和 12 年級學生的平均成績沒有差異。	12 年級學生的 ABC 記憶考試的成績不同於 9 年級學生的成績。	12 年級學生的 ABC 記憶考試的平均成績高於 9 年級學生的平均成績。
依據瑪格奧萊斯社會活動量表的測量，對老人提供社區長期照顧的效果和對老人提供家庭長期照顧老人的效果沒有差異。	依據瑪格奧萊斯社會活動量表的測量，對老人提供社區長期照顧的效果不同於對老人提供家庭長期照顧的效果。	依據瑪格奧萊斯社會活動量表的測量，對老人提供社區長期照顧的效果高於對老人提供家庭長期照顧老人的效果。
反應時間和問題解決能力無關。	反應時間和問題解決能力有關。	反應時間和問題解決能力之間有正向相關。
白人家庭和黑人家庭提供給孩子的支援數量沒有差異。	白人家庭提供給孩子的支援數量不同於黑人家庭提供的支援數量。	白人家庭提供給孩子的支援數量高於黑人家庭提供的支援數量。

　　討論有方向和無方向假設的另一種方式，就是討論單尾和雙尾檢定。單尾檢定（反映有方向假設）假定了特定方向的差異，例如：當我們假設群體 1 的分數比群體 2 高時；雙尾檢定（反映無方向假設）假定差異沒有特定的方向。當你檢定不同類型的假設（單尾和雙尾），並建立拒絕或接受虛無假設的機率水準，這個區別就十分重要。我保證這在第 10 及 11 章會有更多的討論。

研究假設和虛無假設的一些差異

　　這兩類假設還有幾個重要的不同之處。

　　首先，簡短的回顧一下，兩類假設的差異在於一個（虛無假設）表示兩個變數之間沒有關係（相等），而研究假設表示兩個變數之間有關係（不相等）。這是主要的差異。

　　其次，虛無假設總是談論母體，而研究假設總是談論樣本。我們從一個較大的母體中選擇一個參與者樣本，接著，我們試著將樣本的結論一般化到母體中。如果你還記得你的基本哲學和邏輯原理（你已經上過這些課，對

吧？），你應該記得從一個小群體（如樣本）到一個大群體（如母體）就是推論的過程。

第三，因為整個母體不能直接被檢定（而且這是不實際、不經濟、通常也是不可能的），你不能百分之百肯定地說在某些變數上，樣本間沒有真正的差異；相反地，你必須由以樣本為基礎之研究假設的檢定結果來做出間接推論。因此，虛無假設必須被間接檢定，而研究假設則能夠被直接檢定。

第四，虛無假設以等號來表示，而研究假設以不等號、大於、或小於符號來表示。

第五，虛無假設總是用希臘字母表達，而研究假設總是用羅馬字母表達。例如：9 年級的平均成績等於 12 年級學生的平均成績的虛無假設，可以表示如下：

$$H_0 : \mu_9 = \mu_{12} \tag{9.3}$$

其中

- H_0：虛無假設
- μ_9：9 年級學生母體的理論平均值
- μ_{12}：12 年級學生母體的理論平均值

研究假設：一個 12 年級樣本的平均值高於一個 9 年級生樣本的平均值，如式 9.2 所示。

最後，因為你不能直接檢定虛無假設，因此虛無假設是暗含假設。但是研究假設是明確地而且可以這樣的被陳述。這就是你在研究報告中很少看到虛無假設的敘述，而幾乎都只會看到研究假設敘述的另一個原因。

好的假設標準是什麼？

現在你知道假設是有高度訓練的猜測，這是進一步研究的起點。對任何的猜測來說，一開始其中有一些就比另一些好。我們再怎麼強調也不為過：精確提出你想要被回答的問題，並且記住你提出的任何假設，就是你要問的原始研究問題的直接延伸，這是非常重要的事。這個問題反映你個人的興趣

和動機，以及已完成的研究。在瞭解這些之後，你可以使用下面的標準來決定你在研究報告中看到的假設，或者你自己建立的假設是否是可被接受的假設。

我們用一個研究範例來說明這一點，這項研究是檢視為工作到很晚的員工提供的課後兒童照顧，對父母工作調適的影響。下面是一個很好的假設：

讓自己的孩子加入課後兒童照顧計劃的父母，會比沒有讓自己的孩子加入這個計劃的父母，一年之內耽誤的工作日比較少，同時依據工作態度調查的測量，他們的工作態度更積極。

下面就是這些準則。首先，一個好的假設，一般是以敘述句的形式出現，而不是以問句形式出現。在上面的範例中，我們沒有提出「你是否認為父母和他們工作的公司會更好……？」這樣的問題，這是因為當他們做出明確、有力的敘述時，假設是最有效的。

其次，一個好的假設提出變數間預期的關係。被用作範例的假設，清楚地描述了課後兒童照顧、父母的態度和缺勤率之間的關係。檢定這些變數來檢視一個變數（加入放學後兒童照顧計劃）對其他變數（缺勤率和工作態度）的影響。

注意到上面準則中「預期的」一詞嗎？定義一個預期關係是為了要預防受到誘惑，而採用沒有生產力的釣魚式或鳴槍放炮式的方法。你確實使用可以使用鳴槍放炮式的方法到達某個地方，但是由於你不知道從哪裡開始，所以也無法知道最終的結果。

釣魚方法就是你把你的線扔出去，然後拉起任何咬了線的東西。不論你的興趣是什麼，或甚至蒐集資料是否是科學調查的一部分，你都可以在許多事情上盡可能地蒐集資料。或者你把槍裝滿子彈，然後向任何移動的東西射擊，你肯定能射中什麼。問題是你可能不想要你射中的東西，更糟的是，你可能錯過你想要射的東西，最糟的是（如果可能），你可能不知道你射中的是什麼。好的研究人員不僅想要他們抓到或者射中的任何東西，他們還想要特定的結果。想得到想要的資料，研究人員就需要讓他們開放性的問題和假設明確、有力和容易瞭解。

第三，假設反映了用來建立它們的理論和文獻基礎。就如你在第 1 章讀到的，科學家的成功很少是歸因於他們自己的努力，他們的成功一部分通常是來自於於走在他們前面，並留下後續探索框架給其他科學家的前輩。一個好的假設要反映這一點，這樣假設就和已存在的理論及文獻有確切的關聯。在上面的範例中，讓我們假定有文獻表明，父母知道孩子在有序的環境中得到照料會感到更放心，然後他們就能在工作中更有生產力。瞭解這些，就可以讓我們假設課後照顧孩子的計劃，能讓父母安心，然後，這會使父母集中精神工作，而不是不斷地打電話來確定他們的孩子瑞秋或者格雷戈里是否安全到家。

第四，假設應該簡短並切中要點。你希望你的假設以敘述句的形式描述變數間的關係，並且盡可能直接和明確。越是切中要點，其他人（如你的碩士論文或博士論文答辯委員會成員）就越容易閱讀你的研究、瞭解你確切的假設是什麼，以及重要的變數是什麼。實際上，當人們閱讀並評價研究時（你會在後面的章節學到更多），他們大多數做的第一件事是找到假設，以獲得有關研究的一般目的和研究如何進行的一個好概念。一個好的假設可以告訴你這兩方面的事情。

第五，好的假設是可檢定的假設。這意味著你可以真正執行由假設所反映的問題本意。你可以從上面的樣本假設中看到，重要的比較是讓孩子加入課後照顧計劃的父母和沒有讓孩子加入的父母之間的比較。接著就是要測量態度或缺勤的天數等變數。這些都是合理的目標。態度可以由工作態度調查來測量（假定的標題，但是你可以瞭解），而缺勤（未工作的天數）很容易記錄並精確地測量。想想看，如果建立的假設是「讓孩子加入課後照顧計劃的父母對他們的工作有更好的感覺」時，我們的檢定會有多辛苦。雖然你也許得到相同的資訊，但是像「更好的感覺」這個模稜兩可的詞，就會使得結果更難解釋。

總之，假設應該：

• 以敘述句的形式表達；
• 假定變數間的關係；
• 反映建立假設的理論和文獻基礎；

- 簡短並切中要點；
- 可檢定。

當一個假設滿足這五個準則，你可以知道這個假設好到可以繼續進行研究，並將準確地檢定用以導出假設的一般性問題。

真實世界的統計

你可能認為科學方法及使用虛無假設和研究假設是科學研究世界中理所當然的事，嗯，你可能是錯的。這裡正好有一些從過去這幾年來發表在專業期刊上對此一問題提出關切的文章中抽取出來的例子。雖然還沒有人已經準備放棄將科學方法視為是檢定假設的最佳途徑，但是不時地問這個方法是否永遠是最佳的模型並不是一個壞主意。

想要知道更多嗎？你可以上網或去圖書館找到完整的參考文獻：

- 堪薩斯州立大學的 Walter Schumm 強調了虛無假設檢定的問題，包括樣本量和統計力、我們證明虛無假設的無能、在許多情況下缺乏真正的隨機分配以及其他設計問題。本文中的範例借鑒了醫學、精神科學和心理學的研究。該文重點是建議永遠都要報告效應量的大小，這是我們在第 12 章中討論的內容。想要知道更多嗎？

Schumm, W. (2010). Statistical requirements for properly investigating a null hypothesis. *Psychological Reports*, *107*(3), 953-971.Wainer, H. & Robinson, D. H. (2003). Shaping up the practice of nullhypothesis significance testing. Educational Researcher, *32*, 22-30.

- Howard Wainer 和 Daniel Robinson 將這些批評更往前推一步，提出此一程序的傳統運用方式是合理的，但是，修改成顯著性檢定及結果的解釋是為對現代科學提供更好的服務。基本上，除了「傳統的」顯著性檢定外，他們認為其他的工具（像是我們在第 12 章會討論的效應量）也應該被用來評估結果。想要知道更多嗎？

Wainer,H., & Robinson, D. H. (2003). Shaping up the practice of null hypothesis significance testing. *Educational Researcher*, *32*, 22-30.

- 最後，在一篇真的很有趣的名為「不死理論的大墳場：發表偏差和心理學對虛無假設的厭惡」的文章中，Christopher Fergusion 和 Moritz Heene 提出一個非常真實的議題，即許多的期刊拒絕刊登發現虛無假設的結果（像是各組之間沒有差異），Fergusion 和 Heene 相信透過不刊登這種結果，期刊將科學的可複證性（所有的科學過程中，非常重要的一個原則）打折扣，他們的結論是，只有在科學是依賴否證過程（在實驗被重複進行之後，可以推導出結果）的給定前提之下，否則，錯誤的理論從不可能因它的真實性而被加以指責和確實地檢定。想要知道更多嗎？

  Fergusion, C. J., & Heene M. (2012). A vast graveyard of undead theories: Publication bias and psychological science's aversion to the null. *Perspective on Psychological Science, 7*, 555-561.

我們希望你從以上舉例中得到的想法是：科學不是非黑即白的或既成的事實，也不是任何其他隱喻，表明做事只有一個正確的方法，而且只有一個錯誤的方法。科學是一個有機且動態的過程，其焦點、方法和潛在結果，總是在改變。

小結

任何科學研究的中心要素是假設，而且不同類型的假設（虛無假設和研究假設）有助於形成計劃，來回答研究中所提出的問題。虛無假設的研究起點和基準特質，使得我們可以把虛無假設作為在評價研究假設的可接受性時的比較基礎。現在，讓我們繼續學習如何實際檢定那些虛無假設。

練習時間

1. 去圖書館，並從你感興趣的領域中找出五篇實證研究文章（包含資料）。對於每一篇文章，列出下面的內容：

   a. 虛無假設是什麼（潛在的，還是明確的陳述）？

　　b. 研究假設是什麼（潛在的，還是明確的陳述）？

　　c. 利用任何一篇文章的內容，建立其他的研究假設。

2. 當你在圖書館時，請從你感興趣的領域中選擇另外兩篇文章，並簡要描述樣本以及如何從母體中選擇樣本。關於研究人員是否在選擇樣本方面做得足夠好，一定要加上一些話；能夠證明你的答案是正確的。為什麼科學方法有用？

3. 依據下面的研究問題，建立一個虛無假設、一個有方向研究假設、一個無方向研究假設。

　　a. 注意力對教室裡離座行為的效果如何？

　　b. 婚姻的品質和夫婦雙方與他們兄弟姊妹關係的品質之間的關係如何？

　　c. 治療飲食障礙的最好方式是什麼？

4. 回到你在問題 1 中找到的五個假設，並用本章最後部分討論的五個標準進行評價。

5. 使用寫得不好或模棱兩可的研究假設，可能會帶來哪些問題？

6. 什麼是虛無假設，其重要目的之一是什麼？和研究假設有什麼區別？

7. 在研究假設的背景下，隨機性是什麼？我們如何應對在實驗中與隨機性應對？

8. 為什麼虛無假設要假設變量之間彼此沒有關係？

學生學習網址

　　你可以連上 edge.sagepub.com/salkindshaw 找到其他的練習題目與電子快閃卡片 (eFlashcards)，也可觀賞 R 的教學影片，並可下載檔案資料集！

10

來和鐘形曲線玩耍吧
——機率和機率的重要性

難易指數：☺☺☺（不是太容易也不是太難，但是很重要）

本章學習內容

✦為什麼瞭解機率是瞭解統計學的基礎。

✦什麼是常態曲線或鐘型曲線，其特點是什麼。

✦如何計算和解釋 z 分數。

為什麼是機率？

現在你認為這是統計學課程了吧！呵呵，是的，就如你在這一章將學到的，學習機率是瞭解常態曲線（之後會有更多討論）的基礎，也是瞭解推論統計的基礎。

為什麼？首先，常態曲線提供瞭解與任何可能結果有關的機率（如一次考試中得到某個分數的勝率，或者投擲一枚硬幣時，得到正面的勝率）的基礎。

其次，學習機率是決定我們在敘述特定的發現或結果是「真」時所具有之信心程度的基礎。或者更好的說法是，一個結果（如平均成績）沒有出現只是由於偶然因素所致。例如：我們比較 A 群體（每星期參加 3 小時的額外游泳訓練）和 B 群體（每星期都沒有額外訓練），我們發現 A 群體的適配度檢定上和 B 群體不同，但是我們可以說這個差異是由於額外訓練引起，或者是其他因素引起的嗎？機率學習所提供的工具，允許我們決定差異是由於練習（且只有練習）或其他因素（如隨機性）引起的確切的數學上的可能性。

上一章，我們花在假設上的所有時間都是值得的，一旦我們把對虛無假設和研究假設的瞭解和機率基礎的想法結合在一起，我們就可以討論特定結果（由研究假設所建立）出現的可能性。

常態曲線（或鐘形曲線）

什麼是常態曲線？好吧！常態曲線（也叫做鐘形曲線）就是某一數值的分布，具備三個特徵的圖形表示，圖 10.1 說明了這三個特徵。

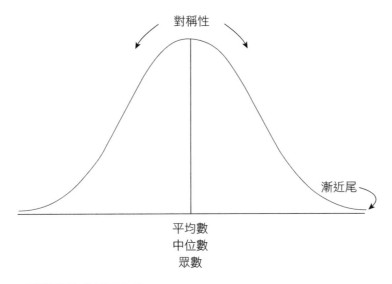

圖 10.1　常態曲線或鐘形曲線

常態曲線表示一個平均數、中位數和眾數彼此相等的分布。你可能還記

得第 4 章的內容，也就是如果中位數和平均數不同，那麼分布就向一個方向或另一個方向傾斜。常態曲線沒有偏態，常態曲線有一個很好的波峰（只有一個）且那波峰正好處於中間。

其次，常態曲線完全對稱於平均數。如果沿著中心線將曲線對折，這兩半會完全重疊，這兩邊是完全相同的，曲線的一半是另一半的鏡像。最後（準備好學習新的內容），常態曲線的雙尾是一個很陌生的字——漸近的 (asymptotic)。這個字的涵義是曲線的雙尾越來越逼近橫軸，但是永遠不會碰到。看看你是否對這個特徵為何如此重要有一些想法（在此之前，因為我們稍後將會討論到），因為它是所有機率要素的基石。

常態曲線像鐘的形狀，給這個曲線本身另外一個名稱，也就是鐘形曲線。

當你摯愛的其中一位作者還小時，他總是好奇常態曲線的尾巴如何能逼近橫軸或 x 軸卻永不碰到它。試看這樣做，放置兩支相距一英寸的鉛筆，然後將它們移近些（一半），所以它們就相距二分之一英寸，再移近些（四分之一英寸），再移近些（八分之一英寸），這兩支鉛筆會持續的接近，對吧？但是不會（永遠不會）相碰。常態曲線的尾巴同樣也是如此，尾巴緩慢的接近曲線「棲居」其上的數軸，但是永遠不會真正的碰到。這一點為什麼很重要？如在本章後面的部分，你將會學到的，尾線從不和 x 軸相碰的事實，意味著存在無限小的可能性可以得到極值（在曲線的左側或右側）。如果尾巴和 x 軸相碰，得到極值的可能性就不存在。

嘿，那不是常態曲線！

我們希望你接下來的問題是，「但是有許多組分數的分布不是常態或不是鐘形，對吧？」是的（在此有一個大但書），當我們處理大資料集（超過 30）時，並且當我們從母體中抽取重複的樣本，曲線中的數值就接近常態曲線的形狀。這很重要，因為當我們討論的由樣本推論母體時，我們所做的大多數工作，都是基於這樣的假設，意即由母體中抽取的樣本都是屬於常態分布的。

　　而且事實是，一般而言，許多事物的分布就有我們所說的常態分布特徵。也就是說，很多事件正好在分布的中間部分，但兩端卻非常少，就如你在圖 10.2 中所看到，它表示一般母體中 IQ 和身高的分布。

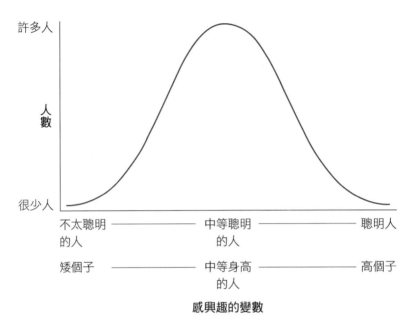

圖 10.2　數值可以如何分布

　　例如：一個群體中聰明人很少，智力或認知能力處在絕對底端的人也很少，大多數人正好處在曲線的中間，而當我們移到曲線的尾巴時，人數就比較少；高個子的人相當少，矮個子的人也相當少，但大多數人處在中間。在這兩個範例中，智慧和身高的分布接近常態分配。

　　因此，傾向於發生在常態曲線中極值範圍內的那些事件，具有很小的發生機率。我們可以很確切地說任何人（事前，我們還不知道他們的身高）個子很高的勝率不是很大，但是我們知道任何一個人處於平均身高，或者正好處於中間附近的勝率是相當不錯的。傾向於常態曲線中間發生之事件的發生機率，高於那些在極值範圍內發生之事件的機率。這在很多狀況都可以適用，例如：身高、體重、智商、舉重的能力、多少數量的 App 在你的手機上、擁有的《星球大戰》人物玩偶的數量……等等。

更常態的曲線 101

你已經知道有三個主要的特徵使得曲線成為常態，或者說看起來像鐘形，但是常態曲線不僅僅有這三個特點，請看一下圖 10.3 中的曲線。

這裡所顯示的分布平均數是 100，標準差是 10。我們已經在 x 軸上增加了用以表示分布中偏離平均數，而以標準差表示的距離。你可以看到 x 軸（表示分布中的數值）的刻度是以間隔為 10（也就是分布的標準差）從 70 增加到 130，10 是一個標準差的值。我們編造了這些數字（100 和 10），所以不要笨笨的去試著找出我們從哪裡得到這些數字。

因此，短暫的回顧告訴我們，這個分布的平均數是 100，標準差是 10，曲線內的每條垂直線將曲線分成一個部分，而且每個部分由特定的分數限定，例如：平均數 100 右端的第一部分由數值 100 和 110 所限定，這表示偏離平均數 (100) 一個標準差。

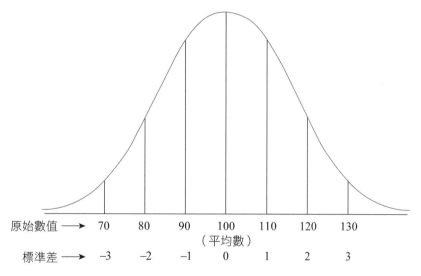

圖 10.3　分割成不同部分的常態曲線

而且在每一個原始分數 (70, 80, 90, 100, 110, 120, 130) 下端，你將會發現相應的標準差 (–3, –2, –1, 0, 1, 2, 3)，就如你可能已經瞭解，我們的範例中，每一個標準差是 10 點，因此偏離平均數 (100) 一個標準差，就是平均數 加 10 或者是 110。不是很難，對吧？

　　如果我們進一步深入討論，你應該就能夠看到由平均數為 100、標準差為 10 的常態分布表示的數值範圍是由 70 到 130（包括 –3 到 3 個標準差）。關於常態分布、平均數和標準差的一個始終是正確的重要事實：對任何分布來說（不論平均數和標準差的數值），如果分數是常態分布的，幾乎 100% 的分數將處於平均數的 –3 到 3 個標準差範圍內。這非常重要，因為這個事實可用在所有的常態分布上。因為這個規則的確很實用（再說一次，不論平均數和標準差的數值為何），分布彼此之間可以相互比較，稍後我們還會再討論。

　　緊接著上面的內容，我們再進一步深入討論。如果分數的分布是常態的，我們也可以說有一定百分比的範例會落在沿 x 軸的不同資料點之間（例如：平均數和一個標準差之間）。實際上，在分數的分布中，大約 34%（實際上是 34.13%）的範例落在平均數（在這個範例中是 100，計算出來了嗎？）和平均數以上 1 個標準差（就是 110）的範圍內。這是你可以找第三者查證的事實，因為它永遠正確。

　　想要再進一步嗎？請認真地看圖 10.4。你可以看到具備所有明顯特徵的同一常態曲線（平均數等於 100，標準差等於 10），以及在平均數和標準差定義的範圍內，我們預期發生之範例的百分比。

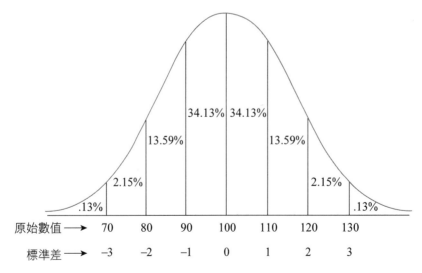

圖 10.4　常態曲線下切割成不同區域

下表是我們可以得出的結論。

兩者間的距離	包括的範例百分比	所包括的分數範圍（如果平均數 = 100，標準差 = 10）
平均數和 1 個標準差	曲線之下 34.13% 的範例	100-110
1 個標準差和 2 個標準差	曲線之下 13.59% 的範例	110-120
2 個標準差和 3 個標準差	曲線之下 2.15% 的範例	120-130
3 個標準差及以上	曲線之下 0.13% 的範例	130 以上

如果你們將常態曲線任何一半的所有數值加起來，猜猜你會得到什麼？答對了，是 50%。為什麼？常態曲線之下，平均數和平均數右側所有分數的距離範圍內，包括了 50% 的分數。

而因為曲線對稱於中心線（一半是另一半的鏡像），兩個部分加起來表示所有分數的 100%。雖然這不是火箭的科學一樣難懂，但是無論如何，指出這一點很重要。

現在我們將這個同樣的邏輯延伸到平均數 100 左側的分數。

兩者間的距離	包括的範例百分比	所包括的分數範圍（如果平均數 = 100，標準差 = 10）
平均數和 1 個標準差	曲線之下 34.13% 的範例	90-100
1 個標準差和 2 個標準差	曲線之下 13.59% 的範例	80-90
2 個標準差和 3 個標準差	曲線之下 2.15% 的範例	70-80
3 個標準差及以下	曲線之下 0.13% 的範例	70 以下

現在要記住的是，我們使用的平均數 100 和標準差 10 僅僅是特定範例的樣本數字。很明顯地，不是所有的分布都是平均數為 100、標準差為 10。所有的這些都相當簡潔，特別是當你考慮 34.14%、13.59% 等數值是絕對獨立於平均數和標準差的實際值時。粗略地說，這個數字是 34%，這是因為曲線的形狀，而不是因為分布中的任何分數或平均數和標準差的值。實際上，如果你真正在一個硬紙板上繪製常態曲線，然後將平均數和一個標準差範圍內的區域切下來，然後秤出重量，重量恰好是從中切除曲線的整個硬紙板的 34.13%。（試一次，這是真的。）在我們的範例中，這意味著（粗略

地說）68%（34.13% 的雙倍）的分數落在原始分數 90 到 110 之間。那麼其他 32% 呢？這個問題很好。一半（16%，或者 13.59% + 2.15% + 0.13%）落在平均數的一個標準差以上（平均數右側），另一半落在平均數的一個標準差以下（平均數左側）。而且因為曲線傾斜，所以當分數越來越偏離平均數時，曲線下的區域量就越小，那麼一個分數落在分布極值範圍內的可能性要小於落在中間的可能性，這一點也不驚奇。這也是為什麼曲線在中間有波峰而在任何一個方向上沒有偏度，而且這也是為什麼離平均數較遠的分數發生的機率，會比離平均數較近的分數發生的機率還要低。

我們最中意的標準分數：z 分數 (z score)

你已經不只一次看到分布在集中趨勢和變異性方面如何的不同。

但是在一般的研究實務中，我們將會發現我們在處理真正不同的分布，但是我們需要對它們進行相互比較。而進行這樣的比較，我們需要某一種標準。

這就是**標準分數** (standard scores)。因為這些分數以標準差為單位，進行了標準化，所以是可以比較的。例如：平均數為 50、標準差為 10 的分布標準分數與平均數為 100、標準差為 5 的分布，標準分數都是 1；它們都表示一個標準分數，並且與各自平均數的距離也相同。我們也可以使用常態曲線的知識，並指定偏離平均數一個標準差的分數出現的機率。我們在後面會繼續討論。

雖然還有其他類型的標準分數，但是在你學習統計學過程中，最常看到的 是 z 分數。z 分數就是將原始分數與分布平均數的差，除以標準差所得的結果（見式 10.1）。

$$z = \frac{X - \overline{X}}{s} \tag{10.1}$$

其中

- z：z 分數
- X：個別分數

- $\overline{X}$：分布的平均數

- s：分布的標準差

　　例如：在式 10.2 中，你可以看到如何計算平均數是 100、原始分數是 110、標準差是 10 的 z 分數。

$$z = \frac{110 - 100}{10} = 1.0 \qquad (10.2)$$

給定 z 分數去計算原始分數和給定原始分數去計算 z 分數一樣容易。你已經知道了給定原始分數、平均數和標準差的 z 分數公式，但如果你知道 z 分數、平均數和標準差，那麼要如何計算相應的原始分數？簡單，就用公式 $X = z(s) + \overline{X}$。如果有需要，你可以很容易的將原始分數轉換成 z 分數，然後又轉回去。例如：在某個平均數是 50、標準差是 5 的分布中，若標準分數為 -0.5，那麼原始分數會是 $X = (-0.5)(5) + 50$，或 47.5。

如你所見，在公式（公式 10.11）中，我們分別使用 $\overline{X}$ 和 s 表示平均值和標準差。在某些書中（和在某些講座中），母體平均值由希臘字母 *mu* 或 μ 以及標準差用希臘字母 *sigma* 或 σ 表示。可以嚴格限制何時使用內容，但出於我們的目的，我們將使用羅馬字母。

統計術語	希臘字—母體	羅馬字—樣本
平均值	μ	$\overline{X}$
標準差	σ	s

　　下面是平均數為 12、標準差為 2 的 10 個分數樣本的原始分數和相應的 z 分數。平均數之上的原始分數對應的 z 分數是正數；反之，平均數之下的原始分數對應的 z 分數是負數。例如：原始分數 15 對應的 z 分數是 +1.5，原始分數 8 對應的 z 分數是 -2，當然與平均數相等的原始分數 12（或平均數）的 z 分數是 0（一定如此，因為原始分數與平均數的距離為 0）。

X	$X - \bar{X}$	z 分數
12	0	0
15	3	1.5
11	−1	−0.5
13	1	0.5
8	−4	−2
14	2	1
12	0	0
13	1	0.5
12	0	0
10	−2	−1

當作一個小小的複習，以下是關於這些分數的一些觀察。首先，那些在平均數以下的分數（如 8 和 10）有負的 z 分數，而那些在平均數以上的分數（如 13 和 14）有正的 z 分數。

其次，正的 z 分數總是落在平均數的右側，而且在分布的上半部分；而負的 z 分數總是落在平均數的左側，也就是分布的下半部分。

第三，當我們討論位在平均數一個標準差以上的一個分數時，也就等於說這個分數是在平均數之上的一個 z 分數。就我們的目的來說，當比較不同分布的分數時，z 分數和標準差是等價的。換句話說，z 分數就是偏離平均數的標準差個數。

最後也是最重要的一點，不同分布的 z 分數具有可比較性，下面是另一個可以說明這一點的資料表。這個表和上一個類似，我們從 100 個分數中選取了 10 個分數，這些分數的平均數是 59、標準差是 14.5。

X	$X - \bar{X}$	z 分數
67	8	0.55
54	−5	−0.34
65	6	0.41
33	−26	−1.79

X	$X - \overline{X}$	z 分數
56	−3	−0.21
76	17	1.17
65	6	0.41
33	−26	−1.79
48	−11	−0.76
76	17	1.17

　　你在之前看到的平均數是 12、標準差是 2 的第一個分布中，原始分數 12.8 對應的 z 分數是 +0.4，也就是說，原始分數 12.8 距離平均數 0.4 個標準差。在平均數是 59、標準差是 14.5 的第二個分布中，原始分數 64.8 對應的 z 分數也是 +0.4。這是奇蹟嗎？不，這只是一個很好的想法。

　　原始分數 12.8 和 64.8 相對於彼此來說與平均數的距離相等。如果這些原始分數用標準分數表示，那麼就可以使用在它們各自分布中的相對位置來直接進行相互比較。

z 分數表示什麼

　　你已經知道特定的 z 分數不只代表一個原始分數，也代表一個分布沿 x 軸的一個特定位置。而且 z 分數越極端（例如：−2 或 +2.6），距離平均數就越遠。

　　因為你已經知道沿 x 軸落在特定兩點之間面積的百分比（例如：平均數和 +1 個標準差之間的面積是 34%，+1 個標準差和 +2 個標準差之間的面積是 14%），我們也可以作出如下正確的敘述：

- 所有分數的 84% 落在 z 分數為 +1 之下（50% 落在平均數之下，34% 落在平均數和值為 +1 的 z 分數之間）。
- 所有分數的 16% 落在 z 分數為 +1 之上（曲線下的全部面積是 100%，84% 的分數落在值為 +1 的 z 分數之下）。

　　想一下上面的兩個敘述。我們所想要說的是，如果分布是常態分布，曲線的不同面積可以用不同數目的標準差或者 z 分數來表示。

當然，這些面積或比例也很容易可以看作是代表一特定分數出現的機率。例如：這裡有一個大問題（該注意囉！）：

在平均數為 100、標準差為 10 的一個分布中，110 或以上的分數出現的機率是多少？

答案是 16%，或者說 100 次中會出現 16 次，或 0.16。我們如何得到答案？

首先，我們計算對應的 z 分數，也就是 +1 [(110 − 100)/10]。接著，依據我們已經知道的知識（見圖 8.4），我們知道 z 分數為 1，表示 x 軸上的一個特定位置，分布中有 84% 的分數落在這個位置之下，在這個位置之上有 16% 的分數或機率是 0.16。因為我們已經知道介於平均數和平均數之上或之下 1、2 和 3 個標準差之間的面積，我們可以很容易地得出任何 z 分數對應的數值出現的機率。

我們介紹的方法對於 z 分數是 1、2 和 3 很合適，但是如果 z 分數不是像 2 一樣的整數，而是像 1.23、−2.01 一樣的非整數呢？我們需要找到一個更精確的方法。我們該怎麼辦呢？很簡單，就是學會微積分並將微積分應用到曲線，來計算沿 x 軸上幾乎每一個可能的值所對應的曲線面積，或者我們更喜歡使用附錄 B（常態分布表）的 B.1 表。表中列出了對應於不同 z 分數在曲線之下面積的所有數值（當然不包括極值），這個表有兩欄，第一欄（z 值）就是已經計算好的 z 分數；第二欄（均值和 z 值之間的面積）就是這兩點之間曲線下的面積。

例如（當你往下閱讀時，應該翻到附錄 B 並試看看）：如果我們想知道平均數和 z 分數為 +1 之間的面積，先在 z 值欄找到數值 1.00，接著在對應的第二欄找到介於平均數和 z 分數 1.00 之間的面積 34.13。你以前看到過這樣的表嗎？

為什麼在表中沒有正號或負號（如 −1.00）呢？因為曲線是對稱的，而且 z 分數是正或者是負，沒有影響。平均數和 1 個標準差之間的面積，在任何方向上都是 34.13%。

接下來的步驟是，假使說對於特定的 z 分數如 1.38，你想知道與那個 z 分數對應的機率。如果你想知道介於平均數和 z 分數 1.38 之間面積的百分

比，你可以在 B.1 表中找到對應 z 分數 1.38 的面積是 41.62，這表明一個分布中多於 41% 以上的所有範例落在 z 分數 0 和 1.38 之間，而且約 92% (50% + 41.62%) 的範例落在 z 分數 1.38 之下。現在你應該注意到我們做最後的範例時，根本完全沒有提到原始分數，一旦你懂得使用這個表，就不再需要原始 分數。

但是我們是否始終只對介於平均數和一些 z 分數之間的面積量感興趣呢？那麼不是平均數的兩個 z 分數之間的面積又如何呢？例如：我們有興趣知道的是介於 z 分數 1.5 和 z 分數 2.5 之間的面積量，或者說一個分別落在這兩個 z 分數之間的機率？我們如何使用這個表計算這些結果？這很容易，要找到每一個 z 分數對應的面積，然後用一個減去另一個。通常繪製如圖 10.5 所示的圖，有助於我們瞭解。

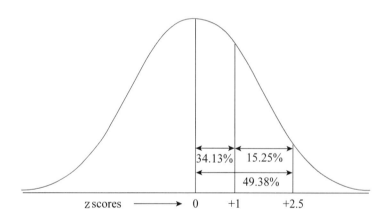

圖 10.5 繪圖說明兩個 z 分數之間面積的差異

例如：我們想找到在平均數為 100、標準差為 10 的分布中，原始分數在 110 和 125 之間的面積。我們可以採用如下的步驟：

1. 計算原始分數 110 的 z 分數，也就是 (110 – 100)/10，或 +1。
2. 計算原始分數 125 的 z 分數，也就是 (125 – 100)/10，或 +2.5。
3. 使用附錄 B 的 B.1 表，找到介於平均數和 z 分數 +1 之間的面積，是 34.13%。
4. 使用附錄 B 的 B.1 表，找到介於平均數和 z 分數 +2.5 之間的面積，是

49.38%。

5. 因為你想知道兩個值之間的距離，用較大的數減去較小的數，也就是 49.38% – 34.13%，結果是 15.25%。圖 10.5 是具有很多資訊的圖。

好的。因此我們可以十分確信，一特定分數出現的機率，可以藉由檢視這個分數在分布中，相對於其他分數的位置，來做最好的瞭解。在這個範例中，一分數出現在 z 分數 +1 和 z 分數 +2.5 之間的機率大約是 15%。

以下是另一個例子。在平均數 100、標準差 10 的一組分數中，原始分數 117 對應的 z 分數是 1.70。這個 z 分數對應的曲線下面積是 95.54% (50% + 45.54%)，意味著這分數出現在 z 分數 1.70 之下的機率是 95.54%，或者說 100 次中有 95.5 次，或者是 0.955。

有關於標準分數的兩件事。首先，即使我們關注的是 z 分數，但還有其他類型的標準分數，例如：T 值是一種標準分數，它是將 z 分數乘以 10（也就是 T 值的標準差）然後加 50（也就是 T 值的平均數）而來，這個標準分數的優點是很少出現負的 T 分數。和 z 分數一樣，T 值也可以讓你從不同分布計算分數。

其次，一個標準分數和一個標準化分數是完全不同的生物。標準化分數來自事先已確定平均數和標準差的分布。考試成績如 SATs 和 GREs（研究生入學考試）的標準化分數的使用，可以很容易比較平均數和標準差都相同的分布分數。

z 分數真正表示什麼

統計賽局的另一個說法是能夠估計某個結果的機率。如果我們掌握了本章前面的內容，並且再往前走一步，那就是要確定某一特定事件發生的機率。接著我們將使用一些準則來判斷我們認為該事件的可能性是等於、高於、或低於我們預期的機率。研究假設提出了所預期事件的命題，而我們將使用我們的統計工具來評估該事件的可能性有多大。

這就是「統計學是什麼」的 20 秒版本，但是包含了很多內容。現在讓

我們用一個範例來將這一段內容再走一遍。

假使說你的老朋友一值得信賴的盧，給了你一枚硬幣，並讓你決定硬幣是否是「公正的」，也就是如果你拋 10 次硬幣，你應該可以得到 5 次正面、5 次反面，因為任何一次拋擲，出現正面或反面的機率是 0.5，所以我們預期出現 5 次正面和 5 次反面，在 10 次獨立的拋硬幣實驗中（也就是任一次拋擲不會影響下一次），我們應該得到 5 次正面，等等。現在的問題是，出現多少次正面，才能確認這枚硬幣是偽造的或是非法的？

假使說我們用來判斷公正性的標準是：如果在拋擲 10 次硬幣中，我們得到正面（或者反面）的次數少於 5%，我們將說硬幣是偽造的，而且叫警察來抓人（或者碰巧他已經在假釋中了）。5% 就是統計學家們使用的標準，如果事件（正面出現的次數、一次考試的成績或者兩個群組平均成績的差異）的機率發生在極值上（我們所說的極值是定義為出現次數小於 5%），那麼它就是不太可能出現的結果，在這個範例中，就是不公正的結果。

下表是 10 次隨機拋擲硬幣的實驗中，你可以預期出現正面次數的分布。所有可能的結果組合是 210 或 1,024 種。例如：9 次正面 1 次反面，7 次正面 3 次反面，10 次正面 0 次反面等。例如：在 10 次拋擲實驗中得到 6 次正面的機率大約是 21%。

正面次數	機率
0	0.00
1	0.01
2	0.04
3	0.12
4	0.21
5	0.25
6	0.21
7	0.12
8	0.04
9	0.01
10	0.00

　　所以，任何特定結果出現的可能性，如 10 次投擲中出現 6 次正面，大約是 0.21，或 21%。現在是做出決定的時間，也就是 10 次拋擲中，你究竟要得到多少次正面，才可以斷定硬幣損壞了、不均勻、偽造的或是不公正的。好吧！與所有優秀的統計學家一樣，我們將標準定義為 5%，之前我們也是這樣定義。如果觀察到的結果（所有我們投擲硬幣的結果）機率小於 5%，我們將可以斷定這是不太可能發生的，以致於隨機性之外的事必須為此負責，而我們的結論將是「隨機性之外的事」就是一個偽造的硬幣。

　　如果你看看上面的表，你可以看到 8、9 或 10 次正面都表示小於 5% 的結果。因此，如果 10 次硬幣投擲的結果是 8、9 或 10 次正面，結論就是這枚硬幣不是公正的。（當然，你是對的，正面出現 0、1 或 2 次也能得出相同的結論，硬幣另一面的出現情形也如此。）

　　相同的邏輯也適用於之前關於 z 分數的討論。我們究竟預期 z 分數要多麼極端，才可以斷定一個結果的出現不是由於隨機性，而是由於一些其他因素？如果你查閱附錄 B 的常態曲線表，你將看到 z 分數 1.65 的臨界點大約包含了曲線下面積的 45%，如果你把它與曲線另一側下方面積的 50% 加起來，就得到全部面積的 95%，那樣在 x 軸的這一點之上只留下了 5%，任何表示 z 分數 1.65 或這個值以上的任何分數，就落在很小的區域內，或者至少是在比其他分數出現的機率小很多的區域內。

假設檢定和 z 分數：第一步

　　我們這裡所要說的是，任何事件都有一個相關的機率，而我們用這些機率值來對我們預期某個事件有多麼不可能，做出決策。例如：拋擲 10 次硬幣只出現 1 次正面、9 次反面，是不太可能的事。而我們也說過，如果一事件在 100 次中似乎只發生 5 次 (5%)，我們就可以認為相對於其他可能發生的事件來說，這個事件不太可能發生。

　　與研究假設相關的結論當然也是如此。虛無假設（你在第 9 章所學到的）宣稱群體（或變數）之間沒有差異，而且它發生的可能性是 100%，我們試著去檢定虛無假設上，任何可能存在的錯誤。

　　換句話說，如果由研究假設的檢定，我們發現事件發生的可能性是有些

極端的，那麼研究假設就是比虛無假設更有力的解釋。因此，如果我們發現 z 分數（記著 z 分數是和這些事件的發生機率相同）是極端值（多極端？發生機率小於 5%），我們就會說極端值出現的原因不是由於隨機性，而是與某種關係或者某種處理方式有關。我們將會在下一章更詳細的討論這一點。

使用 R 計算 z 分數

你可以前往 edge.sagepub.com/ salkindshaw 看 R 的教學影片

R 確實做了很多很酷的事情，但在這裡也可勝任雕蟲小技使這個軟體成為節省時間的好幫手。你已經知道如何手動計算 z 分數，那麼讓 R 替你代勞，計算公式 10.1。

要讓 R 為你在下表的第一欄中看到的資料集計算 z 分數（你之前在本章也看過），請按照以下步驟操作：

1. 建立一個列向量，包含原始成績。

```
> rawScores <- c(67, 54, 65, 33, 56, 76, 65, 33, 48, 76)
>
```

2. 計算原始成績的平均

```
> rsMean <- mean(rawScores)
> rsMean
[1] 57.3
>
```

計算並保存平均值後，我們要求 R 在一行上單獨輸入 `rsMean`（原始分數均值的簡寫名）來向我們顯示平均值。在這種情況下，平均值為 57.30，無餘數。

3. 計算該向量的標準差

```
> rsSD <- sd(rawScores)
> rsSD
[1] 15.60662
>
```

與平均值一樣，我們要求 R 向我們顯示原始成績的標準偏差。R 顯示我們存在 rsSD 中的 15.60662，這是原始分數標準差的簡稱。如果你是手工計算這些 z 分數，則希望至少保留小數點後四位，以獲得與下表相同的答案——除非獲得最終答案，否則請勿四捨五入！

4. 為每個值計算 z 分數

```
> zScores <- (rawScores - rsMean) / rsSD
> zScores
[1] 0.62153102 -0.21144870 0.49338029 -1.55703132
-0.08329797 1.198209
[7] 28 0.49338029 -1.55703132 -0.59590087 1.19820928
>
```

在最後一步中，我們使用公式 10.1，並插入我們建立的向量以及平均值和標準差。最酷的部分是我們提供了 10 個數字的向量，R 對向量中的每個數字進行了計算。下表顯示了 z 分數，四捨五入到小數點後第二位。無須保留小數點後兩位以上的數字，因為我們不打算對這些數字進行任何其他處理。

原始分數	z 分數
67	0.62
54	−0.21
65	0.49
33	−1.56
56	−0.08
76	1.20
65	0.49
33	−1.56
48	−0.60
76	1.20

像 R 中的大多數其他內容一樣，總有一個功能可以幫我們做這件事情！讓我們嘗試一下稱為 scale 的函式來計算 z 分數。

```
> getZ <- scale(rawScores)
> getZ
             [,1]
 [1,]   0.62153102
 [2,]  -0.21144870
 [3,]   0.49338029
 [4,]  -1.55703132
 [5,]  -0.08329797
 [6,]   1.19820928
 [7,]   0.49338029
 [8,]  -1.55703132
 [9,]  -0.59590087
[10,]   1.19820928
attr(,"scaled:center")
[1] 57.3
attr(,"scaled:scale")
[1] 15.60662
>
```

我們使用在步驟 1 中建立的向量，rawscores 和要求的比例來給我們 z 分數。在此函式中，R 返回小數點右邊的八個數字，因為建立此函式的人想顯示那麼多數字。我們還可以看到原始分數的平均值和標準差分別為 57.3 和 15.60662。

你是否看到稱為 "scaled:center" 和 "scaled:scale" 的項目？第一個是 scaled:center，是指我們要按其平均值縮放每個值的設置。如果我們對原始分數所做的一切都是從每個分數減平均值，則原始分數的新平均值將為 0。這將是分數的新向量：

```
> rawScores - rsMean
[1] 9.7 -3.3 7.7 -24.3 -1.3 18.7 7.7 -24.3 -9.3 18.7
>
```

之前，最小的數字是 33，最大的數字是 76，全距為 43。透過從每個值中減去 57.3，我們新的最小數為 −24.3，最大數為 18.7，全距仍然為 43。因此，scale:center 告訴我們，從每個值中減去 57.3，並假設如果不告訴函式使用其他數字，則該值為平均值。根據我們對 scale:scale 的觀察，將每個值除以標準偏差。本質上，透過使用預設值，可以為我們計算 z 分數。

環肥燕瘦的分布型態

到目前為止，你當然可以猜測，分布有多種形態。實際上，它們可以有四種不同的區別方式：平均值（你知道——平均值、中位數、或眾數）；變異性（全距、變異數、和標準差）；偏度和峰度。最後兩個是新的術語，我們將用圖形來對其定義。讓我們討論這四個中的每一個特徵並說明它們。

平均值

我們再一次回到集中趨勢測量數。如圖 10.6 所示，你會看到三個不同的分配在平均值上如何不同。你注意到分配 C 的平均值大於分配 B 的平均值；同樣地，分配 B 的平均值大於分配 A 的平均值。

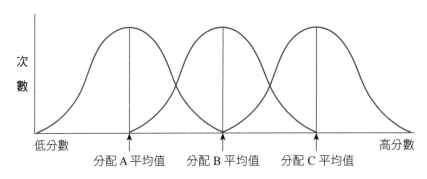

 10.6　分配在平均值上可以如何不同

變異性

在圖 10.7 中，你可以看到具有相同平均值但是變異性不同的三個分配。

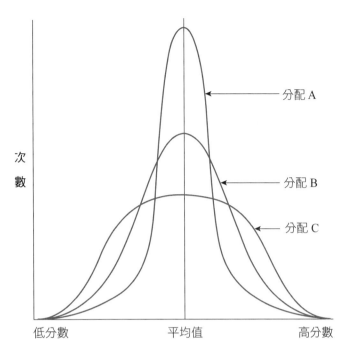

次
數

低分數　　　　　　　　平均值　　　　　　　　高分數

圖 10.7　分配的變異性可以如何不同

分配 A 的變異性小於分配 B 的變異性，分配 B 的變異性小於分配 C 的變異性。換句話說，這三個分配中，分配 C 的變異性最大，分配 A 的變異性最小。

偏態 (Skewness)

　　偏態是對一個分配缺乏對稱性或者不平衡性的一種測量。換句話說，就是分配的一個「尾巴」比另一個長。例如：在圖 10.8 中，分配 A 的右尾比左尾長，相當於分配的右端發生的次數較少。這是正偏態分配。這可能是當你參加一個非常難的考試時，只有少數人得到相當高的成績，而非常多的人的成績都相當低。分配 C 的右尾比左尾短，相當於分配的右端發生的次數較多。這是負偏態分配，較容易的考試就是這種情況（許多是高分，很少是低分）。而分配 B 剛好左右尾相等，而且沒有偏態。

峰度 (Kurtosis)

　　即使這聽起來像是醫療情況，但這是我們可以將不同分配加以分類的四

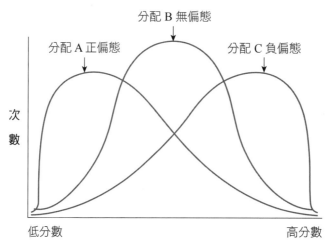

分配 B 無偏態

分配 A 正偏態　　　　分配 C 負偏態

次數

低分數　　　　　　　　　　高分數

圖 10.8　不同分配的偏態程度

種方法中的最後一個。峰度與一個分配看起來是如何扁平或者陡峭有關，而且用於描述這個特徵的概念是相對的。

　　例如：**低闊峰 (platykurtic)** 一詞是指一個分配相對於常態分配或鐘形分配來說是十分的扁平；**高狹峰 (leptokurtic)** 一詞是指一個分配相對於常態分配或鐘形分配來說是十分的陡峭。在圖 10.9 中，分配 A 相對於分配 B 是扁平的；分配 C 相對於分配 B 是陡峭的。基於一個很好的理由，圖 10.9 看起來與圖 10.7 類似，例如：低闊峰的分配比不是低闊峰的分配更分散；同樣地，高狹峰的分配相對於其他分配來說，離散性或變異性更小。

當偏態和峰度主要用來當作描述用語時（例如：「這是負偏態分配」），也有一個關於分配是多傾斜或陡峭的數學指標。例如：偏態是由平均值減去中位數計算而得。例如：如果一個分配的平均值是 100 而中位數是 95，則偏態值是 100 − 95 = 5，而這個分配是正偏態。如果一個分配的平均值是 85 而中位數是 90，偏態值是 85 − 90 = −5，這個分配是負偏態。其實還有一個更複雜的公式，這個公式不是相對的，而是考慮了分配的標準差，因此偏態指標能夠相互比較（見式 10.3）。

$$Sk = \frac{3(\bar{X} - M)}{s} \tag{10.3}$$

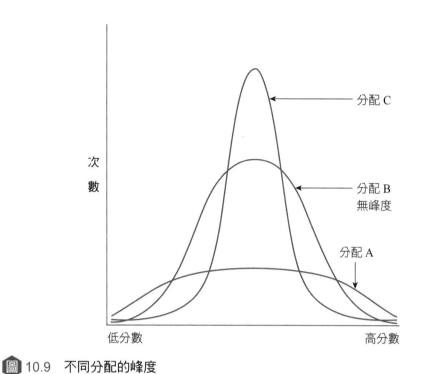

分配 C

分配 B
無峰度

分配 A

次
數

低分數　　　　　　　　　　　　　高分數

圖 10.9　不同分配的峰度

其中

- *Sk*：皮爾森（就是你在第 7 章學過的、設計出相關係數的那位統計學家）
  偏態測量數
- $\overline{X}$：平均值
- *M*：中位數
- *s*：樣本標準差

這裡有一個範例：分配 A 的平均值是 100，中位數是 105，標準差是 10；資料分配 B 的平均值是 120，中位數是 116，標準差是 10。使用皮爾森的公式，分配 A 的偏態是 −1.5，分配 B 的偏態是 1.2。分配 A 是負偏態，分配 B 是正偏態。不管偏態的方向如何，分配 A 比分配 B 更偏。在這個討論中，我們不要遺漏了峰態 (kurtosis)。它也可以用一個非常時髦的公式來計算，如下所示：

$$K = \frac{\frac{\sum(X - \bar{X})^4}{n}}{s^2} - 3 \tag{10.4}$$

其中

- K：峰度測量數
- $\sum$：總和
- X：個別分數
- $\bar{X}$：樣本平均值
- s：標準差
- n：樣本數

這是一個相當複雜的公式。它基本上是在看一組分數有多平坦或高聳。你可以看出，如果每一個分數都相同，那麼，分子為 0，而 $K = 0$。當分布具常態峰 (mesokurtic)（終於有個字丟出來）。如果個別分數（公式中的 X）與平均數的差異大（因此，有很大的變異性），那麼，分布的曲線將可能非常扁平。

那麼，為什麼我們要關心我們的一組數字是偏態、還是高狹峰或低闊峰呢？這一切都可以追溯到我們對常態曲線和 z 分數機率的瞭解。回顧圖 10.4，我們知道 34.13% 的分數應該落在 0 到 1 個標準差的區間，13.59% 的分數應該落在 1 和 2 的區間，以及 2.28% (50% – 34.14% – 13.59%) 落在 2 到無限大的區間。雖然沒有資料集蒐集或檢查是完全呈現常態的，但我們仍然希望它是大致正常的。如果資料大致正常，則可以使用表 8.1 查找 z 分數的概率。但是，如果數據過於偏斜（$Sk < -2$ 或 $Sk > 2$）或峰度 ($K > 7$)，那麼我們就不能對表 8.1 的結果充滿信心。

真實世界的統計

你一定曾經聽過關於孩童時期肥胖的各種討論，這些研究人員致力於探討藉由將體能活動當作介入手段，調查減少小孩子肥胖的方法，這和 z 分數

可能有什麼關係呢？z 分數是他們的主要結果或依變數中的一個：平均身體質量指數 (BMI) 的 z 分數是 3.24，標準差是 0.49。

這些參與的小朋友被邀請去參加一個為期一週的運動營，他在參加期間選擇其中一項作為未來 6 個月的運動項目，在運動營之後，由一位來自當地運動俱樂部的運動教練協助每一位小孩，體重、身高、身體組成、生活型態在基準期和 12 個月後各測量一次。結果呢？參與介入手段的小孩，其 BMI 的 z 分數有明顯的下降，為什麼是 z 分數？最大的可能是因為這些相互比較的小孩是來自於不同的分數分布（他們有不同的 BMI），而且利用標準分數，這些差異（至少是分數的變異性）可以被消除。

想要知道更多嗎？可以上網或到圖書館閱讀有關這篇文章：

Nowicka, P., Lanke, J., Pietrobelli, A., Apitzsch, E., & Flodmark, C. E. (2009). Sports camp with six months of support from a local sports club as a treatment for childhood obesity. *Scandinavian Journal of Public Health*, 37, 793-800.

小結

瞭解整個推論統計的最初和最重要的技能，就是能夠計算 z 分數，並能夠估計在一個樣本資料中，這個 z 分數出現的可能性。一旦我們知道考試成績或者組距差異發生的可能性，我們就能將這個可能性和我們由於隨機性所預期的可能性進行比較，並進一步做出有用的決策。在《愛上統計學：使用 R 語言》第五部分開始，我們將把這個模型應用到檢定差異性問題的特定範例中。

練習時間

1. 常態曲線的特徵是什麼？你可以想到人類的哪些行為、特性或特徵的分布是常態的？

2. 就標準分數的計算，你需要知道哪三項資訊？

3. 標準分數，像 z 分數，讓我們可以在不同樣本間做比較，為什麼？

4. 為什麼 z 分數是標準分數？為什麼 z 分數可以用於比較不同分布的分數？

5. 一組測驗分數的平均數是 50 分，標準差是 5 分，原始分數是 55 分，所對應的 z 分數是 +1，當標準差變成是原來的一半或 2.5 分，z 分數是多少呢？從這個例子中，你可以得到一個結論，即在一組資料中，變異量的減少對標準分數是有影響的（在其他條件一樣，像是相同的原始分數），為什麼這個影響是很重要的？

6. 就下列一組分數，填滿空格。平均數是 74.13 且標準差是 9.98。

原始分數	z 分數
68.0	?
?	−1.6
82.0	?
?	1.8
69.0	?
?	−0.5
85.0	?
?	1.7
72.0	?

7. 就以下這一組分數，計算標準分數。使用 R（很簡單）或動手算來計算（不像使用 R 那樣容易，但是一旦掌握了它，就很容易）。有發現任何區別嗎？。

18	27
19	22
15	34
20	29
25	40
31	33
17	21
35	

8. 依據平均數為 75、標準差為 6.38 的常態分布來回答問題 a 到 d。繪製一個小圖來協助你需要什麼。

    a. 一個分數落在原始分數 70 和 80 之間的機率是多少？

    b. 一個分數落在原始分數 80 以上的機率是多少？

    c. 一個分數落在原始分數 81 和 83 之間的機率是多少？

    d. 一個分數落在原始分數 63 以下的機率是多少？

9. 確定這些分布是否是負偏態、正偏態或根本不偏態，並說明為什麼用這種方式描述它們。

    a. 這群才華橫溢的運動員在垂直跳躍任務中，分數很高。

    b. 在這個極其糟糕的測試中，每個人都得到了相同的分數。

    c. 在一年中最困難的拼寫測試中，三年級的學生在分數出來的時候哭了，然後他們的父母抱怨了。

10. 為了獲得體適能認證，傑克必須拿到前 10% 的分數。全班平均數是 78 而標準差是 5.5。他需要什麼原始分數才能獲得那份有價值的文件？

11. 想像你正負責一個計劃，在計劃結束後，所有的參與成員必須用 5 種不同的測驗來評量。為什麼只有計算這 5 種測驗的平均值當作績效表現的衡量是沒有意義的，還不如先計算每一個人在每一種測驗的 z 分數，再取其平均值？

12. 相對於他（或她）的同班同學，誰是最好的學生？這裡是所有你需要知道的資訊。

數學		
班級平均數	81	
班級標準差	2	
閱讀		
班級平均數	87	
班級標準差	10	
原始分數		
	數學分數	**閱讀分數**	**平均值**
Noah	85	88	86.5
Talya	87	81	84
z 分數		
	數學分數	**閱讀分數**	**平均值**
Noah	_____	_____	_____
Talya	_____	_____	_____

13. 這是一個非常難的額外加分題，就如你所知道的，常態曲線所定義的其中一個特徵是分布的尾端不會和 x 軸相碰觸，為什麼？

學生學習網址

你可以連上 **edge.sagepub.com/salkindshaw** 找到其他的練習題目與電子快閃卡片 (eFlashcards)，也可觀賞 R 的教學影片，並可下載檔案資料集！

顯著性差異
——使用推論統計

「他們在談論平方和呢……」

PART V

你 已經學到這裡，而且仍然充滿活力，那麼恭喜你自己。到現在為止，你應該已經瞭解敘述統計到底是在做什麼、隨機性如何在有關結果的決策中扮演影響因子，以及結果有多可能因隨機性因素或處理因素而出現。

你已是建立和瞭解假設在社會和行為科學研究中所扮演之角色的專家，現在就是實踐的時候了，讓我們看看在《愛上統計學：使用 R 語言》接下來的部分會學到什麼。最重要的是，你曾經付出的努力會因為對應用問題的瞭解而得到快速的補償。

本書的這部分專門討論瞭解和應用特定類型的統計來回答特定類型的研究問題，我們將會介紹最常用的統計檢定，甚至也介紹一些稍微複雜的統計檢定。在第六部分中，我們甚至將介紹一些更為複雜的方法，這些測試在你不能依賴於常態分布時，非常有用。

讓我們由顯著性概念的簡短討論開始，然後逐步介紹執行推論性檢定的步驟，接著我們將進入特定檢定的範例。這一章，我們將有許多需要動手的工作，現在就讓我們開始吧。

11

顯著的顯著性
——對你我來說，它意味著什麼

難易指數：☺☺（激發思維，理解的關鍵）

本章學習內容

✦顯著性的概念及顯著性為何重要。

✦型 I 錯誤和型 II 錯誤的重要性及兩者之間的差異。

✦推論統計如何進行。

✦如何為了你的目的，選擇適當的統計檢定。

顯著性的概念

對於初學統計學的學生來說，統計顯著性 (statistical significance) 的概念最令人迷惑，但是對你來說，這事實並非如此。雖然統計顯著性是非常有影響力的概念，但是也很簡單，上過基礎統計學課的任何學生都可以瞭解。

我們需要一個研究範例來說明我們想說的要點。我們以理查德斯和達科特 (M. Richards and E. Duckett) 的〈單親家庭中的母親就業和青少年的日常經歷〉(Maternal Employment and Young Adolescents' Daily Experiences in

Single Mother Families) 為例（這是一篇超級古老、在 1989 年密蘇里州堪薩斯城兒童發展研究協會上發表的論文），他們調查了 436 個 5 到 9 年級的青少年對孕婦就業的態度，即使這篇論文是在很久以前進行的，它也是說明本章核心內容的許多重要思想的完美範例。

特別是他們調查了母親有工作和沒工作的青少年，在態度上是否存在差異。他們也檢定了其他因素，但是就這個範例來說，我們關注的是有工作的母親和沒有工作的母親，這兩者之間的群體差異。我們在差異性的討論中增加「顯著性」一詞，因此我們的研究假設如下：

依據情緒狀態的測量，母親有工作和沒有工作的青少年，對母親就業的態度具有顯著性差異。

我們所說的顯著性，是指兩個群體間態度的任何差異，是由於系統性因素，而不是隨機性因素的影響。在這個範例中，影響因素是母親是否有工作，我們假定控制了可能影響兩個群體之間差異的所有其他因素，因此，剩下的可以解釋青少年態度差異的唯一因素，就是母親是否有工作。這就是正確的解釋嗎？是的。結束了嗎？還沒有。

如果只有我們是完美的

由於我們的世界並不完美，所以我們並不確定是否有其他因素引起群體間的差異。換句話說，你需要表明即使你很確信兩個青少年群體之間的差異是由於母親的就業狀態引起的，但是你不能百分之百地、絕對地、肯定地、無可置疑或毫不含糊地確信這一點。你的結論是錯誤的可能性始終存在，不論這個可能性多小。

而且，順便一提的是，常態曲線的尾端從未真正地碰觸到 x 軸的整體概念（誠如我們在前一章所提到的）與我們在此的討論直接相關，如果尾巴真的碰觸到，某一事件在分布的任何一個尾端成為非常極端的機率會完全等於 0，但是，正因為它沒有碰觸到，它總是有一個機會，不論這個世界是多麼完美，這個事件都有機會發生——不論它的機率可能是多麼地小或多麼地不像是真的。

　　為什麼？原因很多。例如：有可能你的結論完全錯誤；也許在這次研究中，青少年的態度差異不是由於母親工作與否引起的，而是由於其他沒有注意到的解釋因素，像是一些學生出席地方性的就業母親俱樂部舉辦的演講。如果一個青少年群體的成員幾乎都是男性，而另一個青少年群體的成員幾乎是女性的情況下，又是怎樣的結論？這也可能是差異的來源。如果你是優秀的研究者，也進行了相關的研究，你可以解釋這樣的差異，但是一般情況下，不能做出解釋。作為優秀的研究者，你必須考慮這種可能性的存在。

　　那麼，你要怎麼做呢？在大多數涉及假設檢定（例如：範例中的群體差異）的科學研究中，一定存在不能控制的誤差，這也是前面幾章已經討論過的隨機性因素。你願意承擔的風險水準或者機率水準，就是顯著水準，這個名詞毫無疑問地給堅強的男人或女人帶來恐懼。

　　顯著水準 (significance level)（我們這裡給一個比較簡單的定義）是指我們無法完全確信實驗中所觀察的結果，是由於處理因素（或需要檢定的因素）所造成的機率有多大。在這個例子中，檢定的因素就是「母親是否工作」。如果你看到的陳述是在 0.05 機率水準下有顯著性結論（或者更專業的說 $p < 0.05$，在專業期刊中，你會經常看到），一個解釋是 20 次中有 1 次（或 0.05，或 5%）所發現的任何差異不是由於假設的原因（母親是否在工作），而是由於其他未知的原因所引起。你的工作就是藉由消除所有可能引起觀察到的任何差異的其他原因，盡可能地減少這種可能性，因為你不可能完全消除這種可能性（因為沒有人能夠控制所有潛在的因素），所以必須分配一些機率水準給這些因素，而且謹慎的陳述結論。

　　總之（實際上也是如此），研究者定義了他（或她）願意承擔的風險水準。如果結果落在「這不是偶然因素引起的，而是其他因素所產生的影響」的範圍內，研究者就會知道虛無假設（敘述式是等式）不是觀察到的結果最有吸引力的解釋。相反地，研究假設（不等式，或者說存在差異）是我們中意的解釋。

　　現在來看另一個範例，這是假設的範例。

　　研究者有興趣瞭解參與學前專案的孩子和沒有參與的孩子，在學習成績上是否存在差異，虛無假設是兩個群體的學習成績相等。研究假設是參與學前專案的孩子成績的平均值，高於沒有參與專案孩子成績的平均值。作為一

個優秀的研究者，你的工作就是證明（盡你所能——而且沒有人可以完美的解釋任何事物）兩個群體之間存在的任何差異，僅僅是由於學前專案的影響，而非任何其他因素或者其他因素的組合所造成。但是你可以使用一些技術（你會在高一級的統計學課程中學習）控制或者消除差異的所有能原因，如父母教育水準、家中孩子的數目等的影響。一旦消除了其他潛在的解釋變數，唯一留下對差異的解釋，就是學前經驗的影響。

但是你可以完全確定嗎？不，你不行。為什麼？首先，你不能確定你所研究的樣本能夠反映母體結構。而且即使樣本能代表母體，也總是存在影響結論的其他因素，在設計試驗的過程中，你總會在無意間遺漏這些因素。研究中始終存在錯誤的可能性。

在推論考試成績的差異是由於經驗不同時，你已接受一些風險。實際上（給點掌聲鼓勵），這個風險水準就是你願意執行的統計顯著性水準。

統計顯著性 (statistical significance)（這裡是正式的定義）是指虛無假設為真的情況下，拒絕虛無假設所要承擔的風險水準。就上面的例子來說，虛無假設是兩個樣本群體之間沒有差異（記住，虛無假設始終以等式陳述），但是在給你們的資料中，你們的確發現差異的存在。也就是考慮到目前你們可能找到的證據的情況下，群體成員的身分似乎對學習成績有影響。但是，在真實的世界中，可能沒有差異，如果你拒絕了你陳述的虛無假設，你就犯了一個錯誤，犯此類錯誤你可能承擔的風險（或者說顯著水準），就是人們熟知的型 I 錯誤。我們將在下面幾頁說明。

因此，下一步是制定一組步驟，以測試我們的發現是否表明錯誤是造成差異的原因，還是實際差異是造成錯誤的原因。

這世界上最重要的表（只對這一學期而言）

下面是簡單的摘要。虛無假設可能是對的也可能是錯的。兩個群體之間可能真的沒有差異，也可能真的是不相等的（如兩個群體之間存在差異）。但是要記住，你永遠不會知道真實的狀況，因為虛無假設不能直接檢定（記住，虛無假設只應用於母體）。

實際上，作為優秀的統計學者，你既可以選擇拒絕，也可以接受虛無假設，對吧？一共有四種情況，你可以在表 11.1 中看到。

現在就來看看表中的每一格。

更多有關表 11.1

表 11.1 中的四個重要欄位描述了虛無假設的本質（對的或錯的），和相應的行動（接受或拒絕虛無假設）之間的關係。就如你所看到的，虛無假設可能是對的，也可能是錯的，而且你可能拒絕或接受。

要瞭解這個表，最重要的是，研究者永遠不知道虛無假設的真實本質，以及群體之間真的存在或者不存在差異。為什麼？因為母體（虛無假設所表示的）不能直接檢定。為什麼？這樣做是不切實際的，而且這也是為什麼我們有推論統計。

表 11.1　不同類型的錯誤

		你可以採取的行動	
		接受虛無假設	拒絕虛無假設
虛無假設的本質	虛無假設是對的	1 ☺ 對啦，虛無假設是對的情況下，而且母體之間沒有差別，你接受了虛無假設。	2 ☹ 哎呀，你犯了型 I 錯誤，在母體之間沒有差異的情況下，拒絕了虛無假設。型 I 錯誤也可以用希臘字母阿爾法，或 α 表示。
	虛無假設是錯的	3 ☹ 哦喔，你犯了型 II 錯誤，接受了錯的虛無假設。型 II 錯誤也可以用希臘字母貝塔，或 β 表示。	4 ☺ 很好，在母體之間存在差異的情況下，你拒絕了虛無假設。也可以叫做檢定力，或 $1-\beta$。

- 表 11.1 中，小格 1 ☺ 表示的狀況是虛無假設是對的（母體之間沒有差異）情況下，研究者做出了正確決策—接受它，這裡沒有問題。在我們的範例中，我們的結果表明兩個孩子群體之間沒有差異，而且我們接受了表示沒有差異的虛無假設，這是正確的行動。

- 小格 2 ☹ 表示一個嚴重的錯誤。我們在這裡拒絕了虛無假設（沒有差異），而虛無假設實際上是對的（而且沒有差異）。即使兩個孩子群體之間沒有差異，但是我們得出的推論是有差異，這種類型的錯誤就是人們所說的**型 I 錯誤** (type I error, α)，也就是顯著水準 (level of significance)。

- 還存在另一類錯誤，小格 3 ☹ 也表示一種嚴重的錯誤。我們在這裡已經接受了虛無假設（也就是沒有差異），而虛無假設實際上是錯的（而且實際上存在差異）。我們已經說過，即使兩個孩子群體之間有差異，但是我們得出的推論是沒有差異，很明顯這就是人們熟知的**型 II 錯誤** (type II error, β)。

- 表 11.1 中的小格 4 ☺ 表示的狀況是虛無假設實際上是錯的情況下，研究者做出了拒絕的正確決定，這裡也沒有問題。在我們的範例中，我們的結果表明兩個孩子群體之間有差異，而且我們做出了拒絕虛無假設的正確行動。

因此，如果 0.05 是好的，那麼 0.01 更好，為什麼不把型 I 錯誤的風險水準定在 0.000001？對於每一個你將如此嚴謹拒絕錯的虛無假設的好理由，你會經常錯過正確的虛無假設。這樣嚴格的型 I 錯誤率留下的餘地很小，實際上，研究假設可能是正確的，但是相應的機率可能是 0.015，非常少見，但是由於嚴格的型 I 錯誤而錯過了。

為什麼我們說「無法拒絕虛無假設」？為什麼我們不能說「接受虛無假設」？請記住，虛無假設是關於母體的，而我們檢定假設的原因是因為我們無法直接衡量我們的母體。如果我們可以像一些政治學家和經濟學家一樣，直接測量我們的人口，他們的資料是基於美國的 50 個州時，我們只描述樣本即可，我們不需要從樣本中推斷出我們的母體。但是由於我們是從樣本中推斷出母體，因此我們只能蒐集有關母體中正在發生的事情的證據。我們永遠不知道母體的真正性質。我們只能進行測試、測試和再次測試，為我們的理論蒐集證據來顯示差異的存在。如果我們不能拒絕虛無假設，那是說，我們沒有足夠的證據來拒絕虛無假設。至少目前沒有這些數據。

回到型 I 錯誤

我們現在把重點放在小格 2，也就是犯了型 I 錯誤，因為這是我們討論

的重點。

這個型 I 錯誤或顯著水準具有特定的值，這些值定義了在任何虛無假設的檢定中，你願意承擔的風險。一般設定的顯著水準是在 0.01 與 0.05 之間。

例如：如果顯著水準是 0.01，這意味著在任何一個虛無假設檢定中，有 1% 的可能性是：在虛無假設為真的情況下，你拒絕了虛無假設，並且在群體之間，實際上根本沒有差異的情況下，得出群體之間有差異的結論。

如果顯著水準是 0.05，這意味著在任何一個虛無假設檢定中，有 5% 的可能性是：在虛無假設為真的情況下，你拒絕了虛無假設（並得出群體之間有差異的結論），而實際上根本沒有群體間差異。要注意的是，顯著水準與虛無假設的獨立檢定相關，而且不可以說「對虛無假設的 100 次檢定中，我只犯了 5 次錯誤或總數中 5% 的錯誤。」

在最近的研究報告中，統計顯著性通常以 $p < 0.05$ 表示，可以讀作「觀察到這種結果的機率小於 0.05」，在專業文章的報告中，簡單的敘述為「在 0.05 的顯著水準下。」儘管該短語僅應在摘要中指多個測試且所有測試的 $p < 0.05$ 使用。另外，盡可能在在測試前就先設定好 p 值的大小，而不是在測試後才決定。

在流行的統計分析軟體引進後，我們就不再需要擔心「$p < 0.05$」或「$p > 0.01$」這類敘述的不準確性——$p < 0.05$ 意指從 0.000 到 0.049999 的所有值，不是嗎？但是軟體給你犯型 I 錯誤時所願意承擔之風險的確定機率，如 $p = 0.013$，或者 $p = 0.158$。因此，當你在研究報告中看到類似「$p < 0.05$」的陳述時，意味著 p 值是從 0.00 到 0.049999999999 之間的任何值（你會明白的）。同樣地，當你看到「$p > 0.05$」或「$p = n.s.$」（非顯著性），意味著拒絕真實的虛無假設的機率超過 0.05，實際上的範圍是從 0.0500001 到 1.00。因此，我們知道一個結果的確定機率是很棒的事，因為我們能夠更準確的測量我們願意承擔的風險。但是，如果 p 值恰好是 0.05，該怎麼辦？好吧，鑑於你剛才看過的內容，如果你想遵守規則，那麼結果並不顯著。結果在統計上只可能是顯著或是不顯著的。因此 0.04999999999 是顯著的，而 0.05 不是顯著的。但是，如果 R（或任何其他軟體）的結果是 0.05，則你可以試著展開小數位數——可能實際上是 0.04999999999。

在型 I 錯誤之外，你還可能犯另一類型的錯誤，如表 11.1 中所示。當你無意識地接受了錯的虛無假設，就產生了型 II 錯誤（表中的小格 3）。例如：樣本群體代表的兩個母體之間可能存在真實的差異，但是你錯誤地得出差異不存在的結論。

當我們討論一項發現的顯著性時，你可能聽到檢定力 (power) 這個名詞的使用。檢定力是一個與統計檢定偵測並拒絕錯的虛無假設有關的結構，從數學上來說，檢定力就是用 1 減去型 II 錯誤的值。更有檢定力的檢定總是比相對沒有檢定力的檢定更具有吸引力，因為更有檢定力的檢定，可以讓你更清楚知道什麼是錯的、什麼是對的。強大的測試具有我們在第 8 章中討論過的兩個必要的特性：高信度和效度。

就理想狀態而言，你想同時減少型 I 錯誤和型 II 錯誤，但是這總是很難實現，或很難控制。你已經完全控制了型 I 錯誤的水準，或者說你願意承擔的風險大小（因為你實際上設定了風險水準）。不過，型 II 錯誤沒有直接控制，但是型 II 錯誤與樣本大小等因素相關。型 II 錯誤對樣本中個體的數量特別敏感，當個體數量增加時，型 II 錯誤就降低。換句話說，樣本的特徵值越是與母體的特徵匹配（可以由增加樣本數目來達成），你接受錯的虛無假設可能性就降低。

顯著性與有意義 (meaningfulness)

對研究者來說，有趣的狀況是發現實驗的結果在統計上是顯著的。技術上你知道統計顯著性的涵義，研究是技術上的成功，而且虛無假設不是所觀察到之結果的合理解釋。現在，如果你的實驗設計和其他因素都經過謹慎的考慮，毫無疑問地，統計上顯著的結果為你的研究領域做出貢獻邁出了第一步，但是，對統計顯著性的價值及其重要性或意義，必須有正確認知。

例如：我們面對的情況是將規模非常大的不識字成年人（大概 10,000 人）樣本分成兩組，一組透過電腦來接受密集閱讀訓練，另外一組透過課堂教學來接受密集閱讀訓練。組 1（在課堂中學習）在一閱讀測驗的平均成

績是 75.6，組 2（使用電腦學習）的平均成績是 75.7，兩組的變異數幾乎
相等。就如你所看到的，成績平均數的差異只有十分之一點或 0.1（75.6 與
75.7），但是對獨立平均數之間的顯著性進行 t 檢定時，結果在 0.01 的水準
是顯著的，這表明電腦學習者比教室教學學習者學得更好。（第 13 章和 14
章會討論 t 檢定）

兩組之間 0.1 的差異的確在統計上在 0.01 的水準是顯著的，但是是否有
意義？考試成績（這麼小的差距）的改進，是否能夠為建立這個專案花費
300,000 美元提供充分的合理解釋？或者說這個差異無足輕重，可以忽略，
即使在統計上是顯著的？

下面列出的是我們依據這個範例和其他許多可能的範例，得出的有關統
計顯著性的重要結論。

- 統計顯著性本身是沒有多大意義的，除非所執行的研究具有健全的概念
  基礎，可以賦予結果的顯著性一些意義。
- 統計顯著性不能脫離發生的背景被獨立解釋，例如：若你是學校系統管
  理者，如果留級專案以半分之差顯著地提高學生的標準化成績，你是否
  願意將學生留級？
- 雖然統計顯著性是很重要的概念，但不是終極目標，當然也不應該是統
  計研究的唯一目標，這就是為什麼我們「測試」假設，而不是「證明」
  假設。如果我們的研究設計正確，那麼甚至產生無法拒絕虛無假設的結
  果也會告訴你們重要的資訊，如果特定的處理因素沒有發揮作用，這也
  是其他人需要知道的重要資訊。如果你的研究設計得很好，接著你應該
  知道為什麼處理因素沒有發揮作用，那麼沿著這條線研究的其他人，在
  設計他（或她）的研究時，就可以考慮你所提供的有價值資訊。

研究者在他們的書面報告中，以許多不同的方式處理統計顯著性的報
告，有些人使用像是*顯著的 (significant)*（假定如果某現象是顯著的，在統
計上也會是如此）、或是*統計上顯著 (statistically significant)* 的完整字詞。
但是，當研究發現所得到的機率可能是 0.051 或 0.053，有些人也會使用*邊
際上顯著 (marginally significant)* 這個字詞。該怎麼做？最佳做法是堅持使用
預設的值 0.05，不要只說這些結果是邊際上顯著的。但是，你也可以為你的

讀者提供更多訊息，我們將在本章和下一章中，討論這些內容──信賴區間和效果大小（而在下一章中，進一步討論這些訊息）。這些附加訊息將提供最重要的資訊。

幾乎每一個學科都有「其他」名詞來表示顯著的與有意義的之間的區別，但是，這個議題大多被認為是關注相同的要素。舉例來說，健康照護專業人員將方程式中有意義的部分指稱為「臨床的顯著」而不是「有意義的」。這是相同的觀念──他們只是在他們的結果發生的環境之下，使用一個不同名詞。

曾經聽過「出版偏差」(publication bias) 嗎？它是指一個 0.05 的顯著值通常被當作一篇文章是否出刊登的唯一認真考慮的標準。這並不只是精確的 0.05 或是更低的值，而在過去一段時間甚至是今日，有些期刊的編輯委員會堅持像是 0.05 或 0.01 這類的顯著水準當作判斷事情對錯的聖杯，如果達不到這些值，其研究發現就不可能是顯著的，更不用說是有意義的。現在，據說在整個領域中已經有一致性了，但是如今一些不錯的分析工具如 R，允許我們精確地找到和結果有關的準確機率，而不是 一個像是以 0.05 作為有或無的判斷標準，這個值在它被討論之前，就已經決定的。身為一個有經驗的人──以所有的證據為基礎，自己做決定。

推論統計介紹

敘述統計是用於敘述樣本的特徵，而推論統計則是根據樣本特徵來推論母體的一些事項。

在《愛上統計學：使用 R 語言》前半部分的幾個重點，我們已經強調，一個好的科學研究的特色，就是由母體中選取一個可以代表母體的樣本。接下來的過程就是推論統計，就是根據樣本的檢定（和試驗）結果，從較小的樣本群體推論到較大的母體。

在我們開始討論個別的推論檢定之前，讓我們先瞭解推論方法應用的邏輯。

推論如何進行

下面是研究專案的一般步驟，可以瞭解推論如何進行，我們仍然以青少年對母親工作的態度作為範例。下面是可能發生之事件的次序：

1. 研究者從母親有工作的青少年和母親沒有工作的青少年中，選擇代表性樣本，樣本選擇的方式是樣本可以代表他們所來自的母體。
2. 每一個青少年要進行一次測試來評估他（或她）的態度，接著計算群體的平均分數，並使用一些檢定方法來比較。
3. 可以得出的結論是成績之間的差異是由於隨機性因素（也就是母親工作之外的一些因素是差異的原因）引起，或是由於群體之間「真實的」以及統計顯著的差異引起（也就是由於母親有沒有工作）。
4. 可以得出的結論是樣本所來自的母體中，母親就業和青少年態度之間的關係。換句話說，根據樣本資料分析所得結果，對青少年母體做出推論。

如何選擇用什麼檢定

上面的步驟 3 讓我們提出下面這個問題，「我如何選擇適當的統計檢定來決定群體之間的差異是否存在？」。檢定方法太多了，你必須決定使用哪一種以及何時使用。學習使用哪一種檢定的最好方式是成為有經驗的統計學者，選修過許多個領域的課程而且參與了許多研究。經驗仍然是最好的老師，實際上，沒有一套方法可以真正地告訴你，要選用哪一種以及何時使用哪一種檢定，除非你有實際應用這些工具的機會。而上這門課的結果，就是你正在學習如何使用這些特定的工具。

因此，為了實現我們的目的並開始學習，我們建立了各種工具的簡易流程圖（或速查表），如圖 11.1 所示。你必須知道你在做什麼，這樣選擇正確的統計檢定就不完全是隨意的決定，但它當然是開始學習的好起點。

不要認為圖 11.1 可以取代你去學習這些不同的檢定在何時使用是適當的，這裡的流程圖只是幫助你開始學習而已。

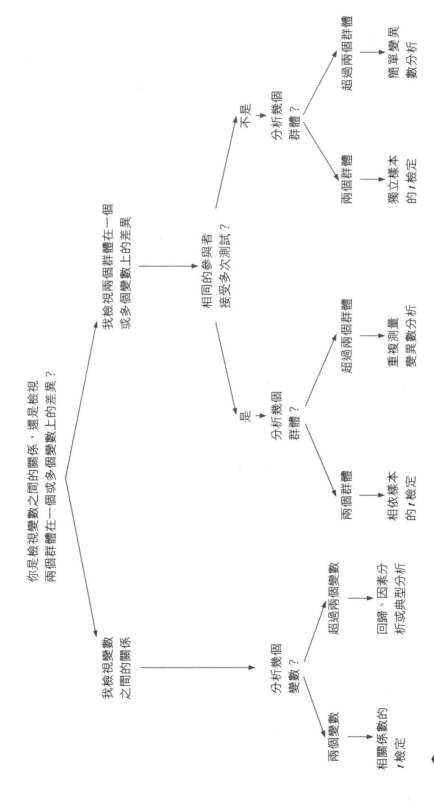

圖 11.1 決定使用何種統計檢定的簡易（但並不一定是最好的）流程圖

這真的很重要。我們剛才已經提到，選擇適當的統計檢定不一定是一件容易的事。學習如何做的最好方法就是去做，這意味著要練習，甚至參加更多的統計學課程。通常，我們在這裡展示的簡單流程圖可以使用，但請謹慎使用。當你做出決定時，請與你的教授或其他有經驗的人確認，他們會比你可能更有信心（並且他們也知道更多！）。

如何使用流程圖

1. 假定你是剛入門的統計人員（實際上也是），對顯著性檢定有一定的瞭解，但是對於何時使用哪一種，很迷惑。

2. 回答流程圖上半部的問題。

3. 依據對流程圖每一個問題的回答進行選擇，直到流程圖的末端，那就是你應該選擇的統計檢定。這不是很難的事情，而且經過一些練習（你可以透過本書的這一部分來練習），你就能夠快速有效的選擇適當的檢定。本書這一部分的每一章，都會以類似圖 11.1 中所見的流程圖開始，讓你經過特定的步驟選擇應該使用的統計檢定。

圖 11.1 中的簡易流程圖是否包含所有的統計檢定？當然不是。大約有上百種統計檢定方法，但是圖 11.1 列出了最常用的，而且你熟悉了你所在領域的研究之後，你就會經常使用其中幾種檢定方法。

顯著性檢定介紹

推論統計做得最好的，是可以依據樣本的資訊得出關於母體的結論。進行 推論的最有用工具之一就是統計顯著性檢定，顯著性檢定可以依據所提問題 的性質和虛無假設的形式，而應用於不同類型的情境。

例如：你是否想瞭解兩個群體之間的差異，如男孩的一些考試成績是否與女孩的成績有顯著差別？或者是兩個變數之間的關係，如一個家庭中孩子

的數量和智力測試的平均成績？這兩個範例需要不同的方法，但是兩者最後都會使用特定的統計顯著性檢定，對虛無假設進行檢定。

顯著性檢定如何進行：計劃

顯著性檢定是基於這樣的事實，每一類型的虛無假設都與特定的統計量有關，而每一種統計是與一特定的分布連結，此分布用來與樣本資料比較，依據樣本特徵與檢定的分布特徵比較，讓你可以推論樣本特徵是否不同於隨機下的預期結果。

下面是統計檢定應用在任何虛無假設時，需要採用的一般步驟，這些步驟也是第四部分各章的模式。

1. 陳述虛無假設。你是否記得虛無假設的陳述形式是等式？虛無假設是在沒有其他資訊可用以做出判斷的情況下的「真實」狀態。

2. 設定連結虛無假設的風險水準（或者顯著水準，或型 I 錯誤）。任何研究假設也要設定你可能錯誤的特定風險水準，型 I 錯誤越小（如 0.01 與 0.05 相比），你願意承擔的風險越小。因為你永遠不會知道兩個變數之間的「真實」關係，因此沒有假設檢定是完全沒有風險的。要記住，按慣例，型 I 錯誤率設定的水準是 0.01 或 0.05；R 則可陳述確切的水準。

3. 選擇恰當的檢定統計量。每一個虛無假設伴隨著特定的檢定統計量，在本書的這部分，你可以知道什麼樣的檢定與什麼樣的問題類型相關。

4. 計算檢定統計量值。檢定統計量值（也叫實際值）是特定的統計檢定結果，例如：兩個群體的平均值之間差異的顯著性、相關係數與 0 值之間差異的顯著性、兩個比例值之間差異的顯著性，都需要統計檢定量。

5. 使用特定統計量的統計臨界值表確定拒絕虛無假設需要的值。為此，你要針對特殊的統計方法使用適當的臨界值表。每一個檢定統計量（同時考慮樣本大小和願意承擔的風險）都有相應的臨界值，這個值是虛無假設確實為真的情況下，你所預期統計檢定量的值。

6. 比較實際值和臨界值。這是關鍵的一步，就是比較由檢定統計量獲得的值（你計算所得的值）與隨機情況下，你預期的值（臨界值）。

7. 如果實際值大於臨界值。也就是說，虛無假設的等式陳述（反映隨機

性）不是我們所發現差異的最有吸引力解釋，這也正是推論方法表現出其真正美麗的地方。只有當實際值大於隨機情況下的值（也就是統計檢定量的結果不是隨機變動的結果），你才可以說，你發現的任何差異不是隨機結果，而虛無假設的等式陳述不是你發現的任何差異最有吸引力的解釋。相反地，差異一定是由於處理因素引起。如果兩個值相等（你正要問老師這個問題，對嗎？），該怎麼辦？不會的，由於隨機性。

8. 如果實際值沒有超過臨界值，虛無假設是最有吸引力的解釋。如果你不能證明你發現的差異是由於隨機因素之外的因素（如處理因素）所引起，那麼差異一定是由於隨機因素或者其他你沒有辦法控制的因素引起。換句話說，虛無假設是最好的解釋。

價值千言萬語的圖

在圖 11.2 中，你可以看到我們剛才學習的八個步驟，這是當我們比較實際值和臨界值時的圖形表示。在這個範例中，顯著水準設定為 0.05 或者 5%，也可以設定為 0.01 或 1%。請注意，當所有 5% 都在分布的右側時，這表明我們正在處理單尾測試（方向很重要）。如果將 5% 均勻地分配在兩條尾巴，我們將進行雙尾檢定（方向就不重要了）。

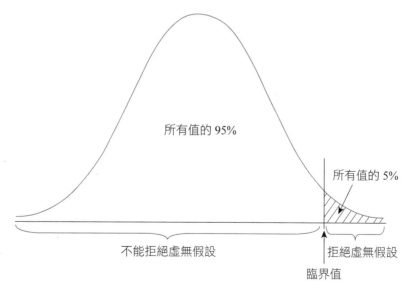

圖 11.2 比較實際值和臨界值，並做出拒絕或者接受虛無假設的決定

在檢視圖 11.2 時，須注意以下幾點：

1. 整個曲線表示根據特定虛無假設的所有可能結果，如兩個群體之間的差異或相關係數的顯著性。

2. 臨界值是這樣的點，即超過這個點的實際結果是如此稀少，因此可以推論此實際結果不是由於隨機因素，而是由於其他因素引起的。在這個範例中，我們定義*稀少 (rare)* 事件是小於 5% 的機率會出現的事件。

3. 如果表示實際值的結果落在臨界值的左邊（比較不極端），結論就是虛無假設是觀察到的任何差異的最有吸引力解釋。換句話說，實際值落在我們預期結果範圍之內，是由於隨機因素引起的這個範圍（曲線下面積的 95%）。

4. 如果實際值落在臨界值的右邊（更極端），結論就是研究假設是觀察到的任何差異的最有吸引力解釋。換句話說，實際值落在我們預期的結果中，是由於非隨機因素引起的這個範圍（曲線下面積的 5%）。

變得更有信心

你現在已經知道機率可以和前二章所介紹主題的結果相連結在一起，我們在此可以用有點不同的方式來說明相同的事，同時也介紹一個稱之為「信賴區間」的新觀念。

信賴區間是在給定的樣本數值（或樣本統計值）之下，我們可以得到的母體數值（或母體參數）範圍的最佳估計。例如：如果我們知道（在一個學區內所有三年級學生中）以 20 位三年級學生為樣本的平均拼字分數，我們有多大的信心可以說母體的平均數會落在兩個分數之間？因此，舉例來說，95% 的信賴區間會有 95% 次可能是正確的（定義為樣本統計值代表母體參數）。

讓我們逐步完成在常態曲線中找到 95% 信賴區間的步驟。

1. 前往附錄 B 中的表 B.1，以獲取常態曲線下方的區域面積。

2. 要獲得 95% 的信賴區間，請用 95 除以 2，找到該信賴區間上半部分的平均值和 z 分數之間的區域。也就是 47.5。

3. 在標記為「平均值和 z 分數之間的區域」的列中查找數字 47.5。找到該數字後，請查看左側欄位中的 z 分數，應為 1.96。

　　z 分數為常態曲線的上半部分為 1.96，常態曲線的下半部分為 −1.96。這兩個數字之間的曲線下面積為 95%。現在，我們可以使用該數字來計算我們的 95% 信賴區間。你將如何更改這些步驟以獲得 99% 的信賴區間？如果按照這些步驟進行操作，則應該找到 ±2.56 z 分數的答案。

　　讓我們隨意用一些真實的數字來說明吧。

　　如果說 100 位 6 年級學生的平均拼字分數是 64 分（超過 75 個字），標準差是 5 分，我們預測 6 年級學生整個母體平均拼字分數的母體平均數，信心會是多少？

　　95% 的信賴區間等於……

$$64 \pm 1.96(5)$$

或範圍是從 54.2 分至 73.8 分。因此，至少你可以說有 95% 的信心，所有 6 年級學生的平均拼字分數的母體平均數會落在這兩個分數之間。

　　想要更有信心嗎？99% 信賴區間的計算如下：

$$64 \pm 2.56(5)$$

或範圍是從 51.2 分至 76.8 分，因此，至少你可以說有 99% 的信心，所有 6 年級學生的平均拼字分數的母體平均數會落在這兩個分數之間。

　　要記住，有些人會用平均數的標準誤計算信賴區間，無論是使用標準差或平均數的標準誤都是正確的，就看你的老師想要你做什麼。標準誤是什麼？閱讀本段後面的技術部分以瞭解更多訊息。

當我們在本章中使用標準差來計算信賴區間時，許多人選擇使用平均值或 SEM 的標準誤（請參見第 12 章）。平均值的標準誤是理論上可以從總體中選擇的所有樣本平均值的標準差。請記住，標準差和標準誤是圍繞某個「真實」點的測量中的「誤差」（在我們的情況下，這是真實平均值和變異性的真實數量）。SEM 的使用有點複雜，但這是計算和理解信賴區間的另一種方法。

為什麼當正確的機率增加時（例如：從 95% 提高到 99%），信賴區間本身會變得更大？因為信賴區間的範圍越大〔這個例子是從 95% 的 19.5 (73.8 − 54.2) 擴大到 99% 的 25.6 (76.8 − 51.2)〕，讓你可以包容更多數量的可能結果，因此你會變得更有信心。哈！不覺得這很酷嘛？

真實世界的統計

當不同學科之間的人在分享時，如何互相學習，真的是一件很有趣的事情，但讓人慚愧的是，這種事情並不常發生，這是為什麼跨學科的學習是非常重要的許多理由的其中一個，它可以創造一個新、舊觀念，可以在新與舊的情境中使用的環境，這種討論發生在以麻醉相關文章為主的醫學期刊，其焦點是放在探討統計和臨床顯著性的相對優點上。Timothy Houle 和 David Stump 指出，有許多大型的臨床試驗在只有非常微小差異的群間之間獲得一個相當高的統計顯著差異水準（正如我們在前一章所討論過的），但是他們在臨床上是無關的。不過，這兩位作者指出，透過適當的行銷，可以從令人質疑其臨床重要性的結果中創造出幾十億美元，這真的是一個貨物既出，概不退換或買主要自行小心的狀態。很清楚地，在此只有少數一些很好的經驗可以學習，有關一個結果的顯著性是否真的有意義。要如何知道呢？看看其所發現之結果的脈絡和實質內容。

想要知道更多嗎？可以上網或到圖書館閱讀有關這篇文章：

Houle, T. T., & Stump, D. A. (2008). Statistical significance versus clinical significance. *Seminars in Cardiothoracic and Vascular Anesthesia, 12*, 5-6.

小結

現在你已經明確地瞭解顯著性概念如何應用，剩下的工作就是將顯著性概念應用到不同的研究問題中。這也是下一章開始的內容，也會在本書這一部分的多數章節中，繼續使用。

練習時間

1. 為什麼顯著性是研究和應用推論統計的重要構念？

2. 什麼是統計顯著性？

3. 臨界值的概念在表現什麼？

4. 根據以下的資訊，你的決定是拒絕或是無法拒絕虛無假設？決策的顯著水準設為 0.05，並為你的結論提出解釋。

   a. 虛無假設是一個人聽的音樂類型和犯罪率之間無關 ($p < 0.05$)。

   b. 虛無假設是咖啡的消費數量和學業平均成績 (GPA) 之間無關 ($p = 0.62$)。

   c. 研究假設是工作時數和工作滿意程度之間是負相關 ($p = 0.51$)。

5. 下面的陳述有什麼問題？

   a. 型 I 錯誤是 0.05，意味著 100 次中，有 5 次我會拒絕真的虛無假設。

   b. 將型 I 錯誤設定為 0 是可能的。

   c. 型 I 錯誤率越小，結果越好。

6. 當研究假設是在 .01 顯著水準而不是 .05 顯著水準被檢定時，所有其他條件皆相等，為什麼會「比較難」去發現一個顯著結果？

7. 為什麼我們應該是說「無法拒絕」虛無假設，而不是「接受」虛無假設？

8. 顯著和有意義的差異在哪裡？

9. 以下是更多在顯著性—有意義的辯論：

   a. 提供一個範例，其中的發現也許是統計上顯著且有意義。

   b. 現在提供一個範例，其中的發現也許是統計上顯著但不具有意義。

10. 隨機性為何與研究假設的顯著性檢定有關？

11. 在圖 11.2，右側有一塊加上條紋的區域。

    a. 那整個條紋區域代表什麼？

    b. 如果條紋區域在曲線之下是一大塊，那又代表什麼？

學生學習網址

　　你可以連上 **edge.sagepub.com/salkindshaw** 找到其他的練習題目與電子快閃卡片 (eFlashcards)，也可觀賞 R 的教學影片，並可下載檔案資料集！

只有孤單一個
——單一樣本 Z 檢定

難易指數：☺☺☺（不是太困難——這是此類檢定的第一個，
瞭解就夠了，不一定要精通。）

單一樣本 z 檢定的介紹

　　缺乏睡眠可能會引發各種問題，從心情不佳到疲累，甚至在少數個案中會導致死亡，所以，你可以想像健康照護專家對於瞭解病人是否有充分睡眠是非常關注的，而且，對於那些生病的人和真正需要透過睡眠帶來治療效果和恢復精神品質的人，這是特別重要的事。約瑟夫 · 卡佩萊里博士和他的同事檢視了全身肌肉無力這個特殊疾病的病人的睡眠障礙，以評估醫療成效研究 (Medical Outcomes Study, MOS) 的睡眠量表 (Sleep Scale) 作為測量睡眠

問題的有用性。雖然其他的分析已經完成，包括一組實驗組和一組控制組的相互比較，但還有一個重要的分析（就我們的討論而言）是參與者的 MOS 分數和全國 MOS 基準分數的比較。這一個樣本（本研究參與者的 MOS 數值）與母體（全國的基準數值）的分數之間的比較，必須使用單一樣本 Z 檢定。他們的發現呢？參與者的 MOS 睡眠量表分數統計上 ($p < 0.001$) 低於母體的平均值（表示他們沒有睡得很好），這表示接受測試的樣本並未和一般母體具有相同的特徵（至少在睡眠的測量方面）。換句話說，樣本平均值和母體平均值相等的虛無假設可以被拒絕。

那麼，為什麼要使用單一樣本 Z 檢定呢？卡佩萊里和他的同事想要知道利用相同測量所蒐集到的樣本數值和母體（全國）數值是否不同。實際上，他們是比較一個樣本統計值和一個母體參數，看看能否得到這個樣本可以代表母體的結論。

是否想瞭解更多？查閱 Cappelleri, J. C., Bushmakin, A. G., McDermott, A. M., Dukes, E., Sadosky, A., Petrie, C. D., & Martin, S. (2009). Measurement properties of the Medical Outcomes Study Sleep Scale in patients with fibromyalgia. Sleep Medicine, *10*, 776-770.

通往智慧和知識的道路

圖 11.1 是第 11 章所介紹的流程圖，你可以利用此圖選擇適當的檢定統計量——單一樣本 z 檢定。沿著圖 12.1 標示底色的步驟順序就可以找到，這是一個非常容易的檢定（其他的都沒有這個容易），因為這是本書的第四部分中只有一個群體時，唯一的推論程序，而且，有很多要素的討論會帶你回到第 10 章和標準分數；另一個原因是，你在這方面已經是專家⋯⋯。

1. 我們正在檢視一個樣本和一個母體之間的差異。
2. 只有一個群體被檢定。
3. 適當的統計檢定量是單一樣本 z 檢定。

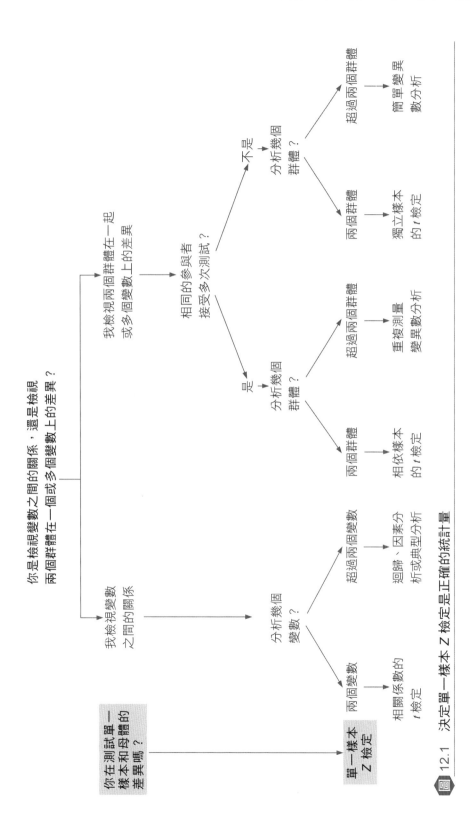

圖 12.1 決定單一樣本 Z 檢定是正確的統計量

計算檢定統計量

式 12.1 是計算單一樣本 Z 檢定之數值的公式。記著我們正在檢定某一個樣本平均數是否屬於或是代表某一母體平均數，樣本平均數 ($\overline{X}$) 和母體平均數 (μ) 的差異，決定了 z 值的分子，分母稱之為平均數的標準誤，是一個誤差項，我們在隨機下，預期這個數值是包含從母體中所選取之所有可能的樣本平均數的所有變異性，利用這個樣本平均數的標準誤（這裡的重要字詞是標準），讓我可以再一次（如我們在第 11 章所示）使用 z 分數來決定某一結果的機率。

$$z = \frac{\overline{X} - \mu}{SEM} \tag{12.1}$$

其中

- $\overline{X}$：樣本的平均數
- μ：母體的平均數
- SEM：樣本平均數的標準誤

現在，要使用下列的公式 12.2 來計算式 12.1 所需要之樣本平均數的標準誤：

$$SEM = \frac{\sigma}{\sqrt{n}} \tag{12.2}$$

其中

- σ：母體的標準差
- n：樣本的數目

樣本平均數的標準誤是從母體所選取之所有可能平均數的標準差，在不可能計算所有可能的平均數的情況下，那是我們可以得到的最佳估計值。如果我們的樣本選擇非常完美，樣本和母體的平均值之間的差異會是零，對吧？沒錯。如果從母體中進行抽樣並不正確（隨機和代表性），那麼所有這些樣本的標準差會非常大，對吧？沒錯。但是，即使我們很努力去做，也不可能選

出完美的樣本，總是會有一些誤差存在，而樣本平均數的標準誤反映了所有的樣本平均數值這整個群體的可能數值。沒錯，這就是樣本平均數的標準誤，這也可能是其他測量的標準誤。

　　來看一個例子。

　　麥克唐納博士 (Dr. McDonald) 認為他那一群地球科學學生是非常特殊的（好的方面），他想知道這個班級的學習平均值是否落在過去 20 年來曾經修過地球科學課程這個較大之學生群體中的平均值範圍內。因為他都有保存良好的紀錄，他知道這一群 36 位學生和過去登錄的 1,000 位較大學生群體的平均數和標準差，以下就是他所保有的資料。

	數目樣本	平均數	標準差
樣本	36	100	5.0
母體	1,000	99	2.5

下面是著名的八個步驟和 Z 檢定統計量的計算。

1. 陳述虛無假設和研究假設

虛無假設的陳述是樣本平均值等於母體平均值。如果虛無假設不被拒絕，表示樣本可以代表母體，如果虛無假設被拒絕而支持研究假設，表示樣本的平均值和母體的平均值不一樣。

虛無假設是：

$$H_0 : \overline{X} = \mu \tag{12.3}$$

這個例子的研究假設是：

$$H_A : \overline{X} \neq \mu \tag{12.4}$$

2. 設立虛無假設的風險水準（或顯著水準或型 I 錯誤）

風險水準、型 I 錯誤或顯著水準（還有其他名稱嗎？）是 0.05，這完全由研究者決定。

3. 選擇合適的檢定統計量

利用圖 12.1 所示的流程圖，我們可以決定單一樣本 Z 檢定是合適的檢定。

4. 計算檢定統計量值〔也叫做估計值 (estimated value)〕

現在我們代入數值並進行計算。式 12.1 是 z 值的公式，代入特定的數值（先是式 12.5 的 SEM，接著是式 12.6 的 z 值）。

$$SEM = \frac{2.5}{\sqrt{36}} = \frac{2.5}{6} = 0.4167 \tag{12.5}$$

$$z = \frac{100 - 99}{0.41667} = 2.40 \tag{12.6}$$

計算完 SEM 後，我們四捨五入到小數點後第四位（請始終至少保留小數點後四位或在計算中使用未取整的值）。麥克唐納博士的資料，樣本平均值與總體平均值的比較的 z 值為 2.40。

5. 使用特定統計量的適當臨界值決定拒絕虛無假設所需要的值，現在我們需要到附錄 B 的表 B.1，表 B.1 列出特定 z 值的機率，即是拒絕虛無假設的臨界值，這正是我們在第 11 章的幾個例子中所做的事。我們可以利用表 B.1 的數值，藉由比較隨機下的預期值（分布表中的值或臨界值）和觀察到的值（實際值），來檢視兩個平均數是否「屬於」彼此。

從我們在第 11 章的操作，我們知道 z 值 +1.96 與平均值和 z 分數之間的機率分別為 0.025 和 0.475，如果我們認為樣本平均數可能是大於或小於雙尾檢定的母體平均數，那麼，我們必須考慮分布的兩端（即 ±1.96 的範圍）和全部的型 I 錯誤為 0.05。

6. 比較實際值和臨界值

實際值是 2.38，因此，在 36 個樣本和以 0.05 的水準檢定虛無假設的情況下，臨界值是 ±1.96，這個值代表了樣本平均數和母體平均數有差異的最有吸引力的解釋，無論是哪一個方向超過了臨界值（記著研究假設是沒有方向的且這是雙尾檢定），即表示我們需要對樣本和母體的平均數為何會有差異提出解釋。

7. 和 8. 做出決定

如果實際值是比臨界值還更極端（回憶圖 11.2），虛無假設便無法被接受。如果實際值沒有超過臨界值，虛無假設就是最有吸引力的解釋。在這個例子中，實際值 (2.38) 確實是超過了臨界值 (1.96)，這已經足夠極端到讓我們可以說，以麥克唐納博士的班級中的 36 位學生為樣本和先前曾經修過這個課程的 1,000 位學生為母體的平均值是不相等的。如果實際值小於 1.96，即是表示樣本的考試成績和過去 20 年來曾經參加考試的 1,000 位學生的成績是沒有差異的，在這個例子中，這 36 位學生的表現基本上和之前的 1,000 位學生是相同的水準。然後，最後一個步驟呢？解釋為什麼，當然。為什麼這一群學生會不一樣？也許麥克唐納是對的，他們比較聰明，但是，也有可能他們是較佳的科技使用者或是對此學科更有興趣，又也許他們只是比較用功，所有這些問題在其他時候都會被檢定。

那麼我如何解釋 *z* = 2.40，*p* < 0.05?

- *z* 表示我們所用的檢定統計量。
- 2.40 是實際值，是利用本章較早前給的公式計算所得的值。
- *p* < 0.05（實際上是這個簡短運算式中最重要的部分）表示對虛無假設的任何檢定來說，機率是小於 5%，樣本和母體的平均值有差異。

使用 R 來做 *z* 檢定

我們將以兩種方式使用 R。首先，我們將 R 作為計算器，將樣本輸入向量，然後將數字代入公式 12.1。其次，我們將使用內建函式來獲取與 *z* 統計量關聯的 *p*。

你可以前往 edge.sagepub.com/ salkindshaw 看 R 的教學影片

使用單一樣本 *z* 檢定，我們將評估樣本是否與母體平均分數 μ = 13 和標準差 *s* = 3 不同。我們的虛無假設表明沒有差異，而研究假設表明平均值不同。下面是整個樣本：

12	15
9	16

7	8
10	9
11	12

1. 輸入資料到向量中
2. 計算 *SEM*
3. 計算 *z* 統計量
4. 獲得 *z* 統計量的機率

1. 我們從剛才的數字開始，建立一個向量：

```
> sampleScores <- c(12, 9, 7, 10, 11, 15, 16, 8, 9, 12)
>
```

2. 我們已知母體標準差為 3，並且我們知道樣本大小為 10。使用公式 12.2 計算 *SEM*，然後看一下結果：

```
> sem <- 3/sqrt(10)
> sem
[1] 0.9486833
>
```

我們在公式中使用了平方根函式 sqrt()，然後 R 告訴我們 *SEM*：0.9486833。

3. 母體平均值為 13。將 *SEM*、母體平均值、和樣本平均值代入式 12.1 中，得到 *z* 並查看結果：

```
> zStat <- (mean(sampleScores) - 13) / sem
> zStat
[1] -2.213594
>
```

我們的 z 統計量是 -2.213594。 統計數字為負，因為樣本平均值小於我們的母體平均值。

4. 由於常態分布是對稱的，因此 $z = -2.213594$ 與 $z = 2.213594$ 的機率相同。考慮到常態分布的對稱性質以及我們假設樣本和母體平均值不同，而不是樣本體平均值大於或小於母體平均值，我們需要在 R 裡面將得出的機率加倍：

```
> pnorm(abs(zStat))
[1] 0.9865717
>
```

這裡的 R 語法是個起點。我們透過僅詢問 z 統計量的絕對值的絕對機率，我們得出 zstat = |−2.213594| 的機率為 98.66%。這就表示 2.213594 和平均值之間的面積為 48.66%；我們還知道平均值以下的面積是 50%，這些面積加起來等於 98.66%。這是與你從表 B.1 中獲得的訊息相同的訊息，但並不完全是我們感興趣的訊息。我們想知道與獲得 z 或更極端值相關的機率。讓我們將其更改為：

```
> 1 - pnorm(abs(zStat))
[1] 0.01342835
>
```

現在我們知道 $z = 2.213594$ 或更大的機率。但是小到 -2.213594 或更小的機率，要怎麼知道呢？簡單！只需將值加倍：

```
> (1 - pnorm(abs(zStat))) * 2
[1] 0.0268567
>
```

使用我們預先決定的 $\alpha = 0.05$ 和 z 分數小於 0.05 的機率，我們現在知道樣本平均值與總體平均值不同的機率等於 0.0268567。現在我們有了這

些訊息，我們如何報告結果？基於 $z = -2.21$，$p = 0.03$，我們拒絕樣本平均值和母體平均值相等的虛無假設，並接受它們不同的研究假設。

特殊效果：這是真正的差異嗎？

計算效應量並且對效應量做出判斷，對理解顯著性結果的全新方向。好的，是時候讓你接受一個全新的想法了，即效應大小的想法，並學習如何使用它來進行任何推理測試的分析，這將變得更加有趣和有價值。

通常，使用各種推論工具，你可能會發現樣本和母體之間的差異，兩個或多個樣本，依此類推，但 \$64,000 的問題不僅在於該差異是否（在統計上）顯著，還會衡量這是否有意義。也就是說，代表你測試的每個樣本或組的分布之間是否存在足夠的差異，使得該差異確實是值得討論的差異！

好吧，現在歡迎你進入效應量 (effect size) 的討論。

效應量是兩個群體之間有何差異的一種測量，也是對處理規模的一種測量，類似於多大才算大，而且計算效應量特別有趣的是，不考慮樣本規模。計算效應量並做出判斷，為理解重要的結果增加了一個全新的維度。關於效應量的另一個有趣的註解是，許多不同的推論測試使用不同的公式來計算效果大小（正如你將在接下來的幾章中看到的），但是使用相同的度量標準（稱為 Cohen's d，我們將很快介紹）。當我們談論平均值差異時，往往會使用它。就像你使用尺或準繩來測量兩種不同尺寸的木材一樣，你仍會使用英寸。

例如：讓我們以麥克唐納博士和地球科學測試的資料為例。我們來回顧一下它們的平均值和標準差。

	數量	平均數	標準差
樣本	36	100	5.0
母體	1,000	99	2.5

以下是針對單一樣本 z 檢定，計算效應量 Cohen's d 的公式：

$$d = \frac{\overline{X} - \mu}{\sigma} \tag{12.7}$$

其中

- $\overline{X}$：樣本平均值
- μ：母體平均值
- σ：母體標準差

該公式看起來很像 z 統計量的式 12.1。但分母是不同的。在計算效應量時，我們不會針對樣本大小進行調整。因此，如果樣本的大小為 10、100、1,000 或更大，則本範例中的效應量保持不變。如果我們在式 12.7 中替換麥克唐納博士的值，則會得到：

$$d = \frac{100 - 99}{2.5} = 0.4$$

從我們以前的計算中，我們知道，獲得的 z 分數 2.40 非常重要，這意味著確實，麥克唐納博士的班級表現與母體上的表現不同。現在我們已經確定了效應量 (0.4)，因此讓我們將注意力轉移到這個具有統計意義的結果，可能對效應量的意義上。

瞭解效應量

雅各布 • 科亨 (Jacob Cohen) 是對效應量貢獻最大的人，他撰寫了有關效應量最有影響力、最重要的一些文章。他撰寫了一本非常重要、非常有影響力的書（在你統計學老師的書架上，肯定有這本書），它可以指導研究者就有關變數之間的差異，與關係的種種問題如何計算效應量。本書還提供了一些指導原則，說明不同大小的效果可能代表理解差異。你還記得，在我們的範例中，效果大小為 0.4。這是什麼意思？為了幫助我們理解這些值的涵義，Cohen（和其他人）為 d 分配了不同的值名稱，以說明效應量的大、中、小。他們使用以下準則：

- 小效應量範圍是 0 到 0.2。
- 中等效應量範圍是 0.2 至 0.5。
- 大效應量是 0.5 以上的任何值。

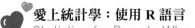

我們的範例的效果大小為 0.4，被歸為中等。但這到底是什麼意思？

效應量告訴我們有關每個群體相對於另一個群體的位置的概念。例如：如果效應量為 0，就意味著兩個群體非常的相似而且幾乎完全重疊，兩個數值分布之間沒有差異。另一方面，效應量為 1 意味著兩個群體大約有 45%（有那麼多相同）重疊。而且，如你所預期的，效應量越大，就意味著兩個群體重疊的部分越少。

雅各布・科亨的《行為科學的統計檢定力分析》(*Statistical Power Analysis for the Behavioral Sciences*) 這本書，1967 年的第一版和最近的版本 (1988) 可以從 Lawrence Erlbaum Associates（現在是 Taylor and Francis 出版），是每一個想瞭解更多而不限於這裡提供極為粗淺資訊的人所必需的。這本書有許多表格和技術，可以用於理解為什麼統計顯著的發現，只是分析工作的一半，另一半是效應的規模。

Cohen's *d* 只是效應量的一種類型，當你的原始分數在現實世界中，意義不大時，這尤其有用。Cohen's *d* 是一種標準化的度量，它使我們能夠傳達差異的意義如何，而不僅僅是差異的統計意義。如果你的分數實際上是花了錢怎麼辦？計算此數值會為你的讀者提供更有意義的東西嗎？可能不是。我們的讀者可能會對美元的平均差額感興趣。這實際上是效應量的目標——使結果對你的讀者有意義。

真實世界的統計

最近有去看醫生嗎？你的檢定結果有沒有向你解釋什麼？利用電子化醫療記錄（許多地方已經在使用？）是否可以掌握有關即將出現之趨勢的任何訊息？在這個研究中，Noel Brewer 和他的同事比較利用表格和長條圖來報告醫療檢定結果的有用性。利用一個 *z* 檢定，研究人員發現，相較於使用表格呈現，研究者只需要用使用較少的時間看長條圖，研究人員將差異歸因於長條圖對於基本資訊的表達有較為卓越表現（你還記得在第 6 章，我們強調像長條圖這類的圖形勝過千言萬語）；而且，不令人非常意外的是，當參與

者同時看這兩種形式的資料時，有接觸長條圖經驗的那些人會比較偏愛長條圖，而有接觸表格經驗的那些人則是發現圖形也一樣容易使用。你下一次去拜訪你的醫生，當他（或她）給你看一張表格時，告訴他（或她），你想要看長條圖的結果。這就是將統計學應用在現實世界，每一天都會用到！

想要知道更多嗎？可以上網或到圖書館閱讀有關這篇文章：

Brewer, N. T., Gilkey, M. B., Lillie, S. E., Hesse, B. W., & Sheridan, S. L. (2012). Tables or bar graphs? Presenting test results in electronic medical records. *Medical Decision Making*, *32*, 545-553.

套件	功　能	說　明
BSDA	z.test	z 檢定的結果、及其相對應的 p 值、研究假設〔這裡叫做替代假設 (alternative hypothesis)〕、95% 的信賴區間、以及樣本平均值

```
> z.test(x = sampleScores, mu = 13, sigma.x = 3)

  One-sample z-Test

data: sampleScores
z = -2.2136, p-value = 0.02686
alternative hypothesis: true mean is not equal to 13
95 percent confidence interval:
   9.040615 12.759385
sample estimates:
mean of x
   10.9
>
```

小結

單一樣本 z 檢定是推論檢定中最簡單的例子，這是為什麼我們花這麼長的篇幅來解釋這個檢定是什麼和如何應用，這也是為什麼我們在這個新的版本中以這個檢定作為開端——簡單且直接的介紹。但是，（很）好消息是，我們在這裡所採取的大部分（即使不是全部）的步驟，和我們進入到較為複雜的分析工具時，你所看到的

步驟幾乎完全一模一樣。讓我們進入下一個很常用的推論檢定（這是我們在這裡所涵蓋之 Z 檢定的延伸），即兩個不同群體的平均數之間的簡單 t 檢定。

練習時間

1. 什麼時候適合使用單一樣本 Z 檢定？

2. 在 Z 檢定中，z 值是什麼？它和簡單的 z 分數或標準分數有何相似性？

3. 在下面的情境中，用文字寫出研究假設：

   a. 鮑伯想知道在他的巧克力飲食法的群體中所減輕的體重，是否代表中年男性這個較大群體所減輕的體重。

   b. 健康部門要負責找出在過去的這一個流感季節每千人的流感率，是否與過去 50 季的平均比率相當。

   c. 布萊爾幾乎確信過去這一年來每個月的花費，並不代表過去 20 年的平均月花費。

4. 在 Remulak 學校體系內 ($n = 500$)，最近這個流感季的流感案例大約是每週 15 個。就全州而言，每週的平均值是 16 個，標準差是 15.1。Remulak 的兒童生病的情形是否和全州的兒童一樣？

5. 有 3 家超級 Bo 的特色商店的夜班工人約 3 小時可以搬存 500 個產品，相較於此一連鎖商店的其他 97 家商店，3 小時平均可以搬存 496 個產品，此一比率如何？這 3 家特色商店的倉儲工人是否做得比「平均值」好？以下是你需要的資訊：

	樣本數	產品儲存的平均值	標準差
特色商店	3	500	12.56
所有商店	100	496	22.13

6. 有一個重要的研究所進行的調查是，當樣本和全部的母體相比較時，接受治療的群體在某些症狀上的減緩是因為某一藥物的作用？其結果指出，研究假設的檢定結果得到 Z 檢定的數值是 1.67，研究人員可以公布什麼結論？線索：注意型 I 錯誤的比率或顯著水準並沒有被陳述（因為通常應該要提供的），

你對整個結果會做何解釋？

7. 米爾曼的高爾夫團隊是一群由業餘愛好者組成的很棒的團隊。他們準備好轉職業了嗎？以下是一些資料。（提示：請記住，【高爾夫】分數越低，越好！）

	樣本數	產品儲存的平均值	標準差
米爾曼隊	9	82	2.6
職業隊	500	71	3.1

8. 以下是 T&K 在 2015 年期間的 12 個月內銷售的玩具單位清單。2016 年的平均銷售額為 $31,456 [$\sigma = \$3,287$]，與 2015 年的月度銷售額有顯著差異嗎？柯亨的 d 是什麼？2015 年和 2016 年銷售額之間的平均差異是多少？哪個更容易理解？

2015 年銷售量	
一月	34,518
二月	29,540
三月	34,889
四月	26,764
五月	31,429
六月	29,962
七月	31,084
八月	30,506
九月	28,546
十月	29,560
十一月	29,304
十二月	25,852

學生學習網址

你可以連上 **edge.sagepub.com/salkindshaw** 找到其他的練習題目與電子快閃卡片 (eFlashcards)，也可觀賞 R 的教學影片，並可下載檔案資料集！

兩個群體的 *t* 檢定

——不同群體的平均數檢定

難易指數：☺☺☺（比前一章稍長一些，但基本上是相同的程
序和很相似的問題。不太難，但需要專注。）

本章學習內容

✦ 何時使用獨立平均數的 *t* 檢定較合適。
✦ 如何計算觀察到的 *t* 值。
✦ 解釋 *t* 值並理解 *t* 值的涵義。
✦ 計算獨立平均數的 *t* 檢定的效應量

獨立樣本 *t* 檢定的 介紹

我們如何探索這個世界？當我們從一個地方到另一個地方旅行時，特別
是在當今許多人使用智慧型手機上最喜歡的應用程式向我們導航的時候，
我們會注意到什麼？澳大利亞新南威爾斯大學 (UNSW) 雪梨分校的 Aida
Afrooz 及其同事也想知道同樣的事情。他們設計了一項隨機對照實驗，其
中要求實驗組 54 人在地圖的幫助下，導航通過 UNSW Sydney 校園的預定
路線，並要求對照組 54 人在同一條路線上跟隨某人，他們只看過一次地圖，

但被告知要注意周圍的環境。參與者的年齡從 17 歲到 58 歲不等，平均年齡為 23.9（標準差 = 7.07），並且所有人都對校園有部分瞭解或熟悉。被要求導航自己路線的人們被稱為主動，而在路線上跟隨別人的人被稱為被動。然後給他們問卷調查，詢問他們在旅途中看到的東西，稱為場景識別測試以測試他們的記憶力。測試中有校園中的 27 個場景，以及非校園的 27 個場景。實驗結果顯示主動組比被動組得分高，這表示主動組記得更多的校園場景，$t_{(96)} = 2.00$，$p = 0.04$。

這些結果意味著什麼？請接著往下讀。

為什麼用獨立平均數 t 檢定？Adrooz 和他同事想瞭解兩個相互獨立的群體在一個（或多個）變數的平均數上是否有差異。我們所指的獨立性 (independent) 是兩個群體在任何方面都不相關。研究中的每一個參與者只接受一次測試。研究者採用獨立平均數的 t 檢定，得出對每一個結果變數，兩個群體之間的差異在等於和小於 0.0001 的水準下是顯著的。這麼小的型 I 錯誤意味著兩個群體得分的差異是由於群體本身之外的因素引起的機率非常小，在這個範例中，群體本身的因素是指民族、文化或者種族。

是否想瞭解更多？請查閱：

Afrooz, A., White, D., & Parolin, B. (2018). Effects of active and passive exploration of the built environment on memory during wayfinding. Applied Geography, *101*, 68-74.

通往智慧與知識的道路

以下介紹如何用圖 13.1 來選擇合適的統計檢定，這個流程圖在第 11 章已介紹過，也就是獨立平均數的 t 檢定，沿著圖 13.1 中加底色的步驟就可以。

1. 探究主動組和被動組之間差異。
2. 每一個參與者只被測試一次。
3. 有兩個群體。
4. 合適的統計檢定是獨立平均數的 t 檢定。

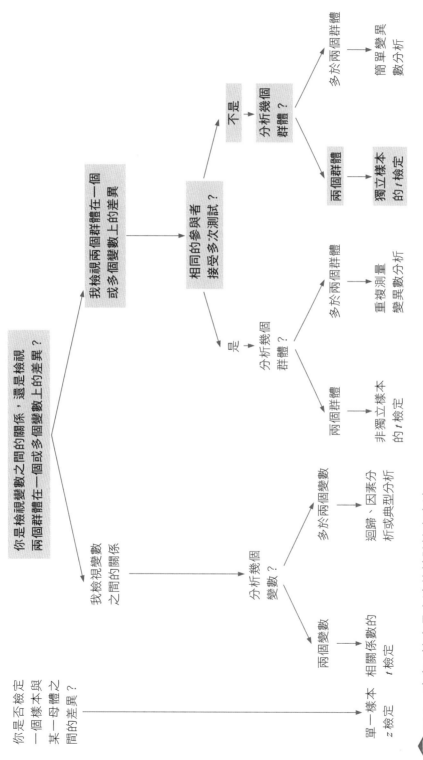

圖 13.1　確定 *t* 檢定是合適的統計檢定方法

幾乎每一個統計檢定都有特定的假設支援檢定的使用。例如：t 檢定的一個主要假設是：兩個群體中，每個群體的變異數是相等的。這是變異數齊一性假定，如果樣本數目夠大，就會破壞這個假定，小樣本或者假定的破壞可能導致自相矛盾的結果和結論，你不需要擔心這些假定，因為這些內容已經超過了本書的範圍。但是，你應該知道這樣的假定很少被違反，但這種可能性確實存在。

如同我們前面所提過的，有非常多的統計檢定存在，且我們在本書中所涵蓋的、用在單一樣本的唯一推論檢定是單一樣本 Z 檢定（參見第 12 章）。但是，也有單一樣本 t 檢定被 用在一個樣本的平均分數和另一個分數的比較，且有時這個分數實際上就是母體平均數，就像是單一樣本 Z 檢定一樣。在任何情況下，你可以使用單一樣本 Z 或單一樣本 t 檢定來檢定相同的假設，而且你會得到相同的結論（雖然你會使用 不同的值和分布表來做）。

計算 t 檢定統計量

式 13.1 是計算獨立平均數 t 檢定之 t 值的公式。在下面用以計算 t 值或實際值的檢定統計量的公式中，平均數之間的差構成公式中的分子，這兩個群體的群體內和群體之間的變異數則構成分母。

$$t = \frac{\overline{X}_1 - \overline{X}_2}{\sqrt{\left[\dfrac{(n_1-1)s_1^2 + (n_2-1)s_2^2}{n_1 + n_2 - 2}\right]\left[\dfrac{n_1 + n_2}{n_1 n_2}\right]}} \tag{13.1}$$

其中

- $\overline{X}_1$：群體 1 的平均數
- $\overline{X}_2$：群體 2 的平均數
- n_1：群體 1 中參與者的數目
- n_2：群體 2 中參與者的數目
- s_1^2：群體 1 的變異數
- s_2^2：群體 2 的變異數

　　這個公式看起來很龐雜，但其實公式中完全沒有新的內容。只是代入正確值的例行公事而已。

範例時間

　　以下的資料是參與幫助老年癡呆症患者記住日常生活秩序而設計的專案時，能夠記住的單字數量，群體 1 是使用視覺教學，群體 2 使用視覺教學和密集發聲訓練。我們將使用這些資料，計算下面例子中的檢定統計量。

群體 **1**			群體 **2**		
7	5	5	5	3	4
3	4	7	4	2	3
3	6	1	4	5	2
2	10	9	5	4	7
3	10	2	5	4	6
8	5	5	7	6	2
8	1	2	8	7	8
5	1	12	8	7	9
8	4	15	9	5	7
5	3	4	8	6	6

　　下面是有名的八個步驟和 *t* 檢定統計量的計算。

1. 陳述虛無假設和研究假設

　　如式 13.2 所示，虛無假設表示群體 1 和群體 2 的平均數之間沒有差異。就我們的目的而言，研究假設（式 13.3 所示）表示兩個群體的平均數之間有差異；研究假設是雙尾的無方向假設，因為研究假設只是表示差異存在，卻沒有特定的方向。

虛無假設是：

$$H_0 : \mu_1 = \mu_2 \tag{13.2}$$

研究假設是：

$$H_1 : \overline{X}_1 \neq \overline{X}_2 \qquad (13.3)$$

2. 設立虛無假設的風險水準（或顯著水準或型 I 錯誤）

風險水準、型 I 錯誤或顯著水準（還有其他名稱嗎？）是 0.05，這完全由研究者決定。

3. 選擇合適的檢定統計量

使用圖 13.1 所示的流程圖，我們判定合適的檢定方法是獨立平均數的 t 檢定。因為這兩個群體相互獨立，所以不是相依平均數的 t 檢定（初學者常犯這個錯誤）。

4. 計算檢定統計量值（也叫做估計值）

現在我們代入觀察值並進行計算，式 13.1 是 t 值公式。代入特定的值之後，我們就得到式 13.4（我們已經計算了平均數和標準差）。

$$t = \frac{\overline{X}_1 - \overline{X}_2}{\sqrt{\left[\dfrac{(n_1-1)s_1^2 + (n_2-1)s_2^2}{n_1 + n_2 - 2}\right]\left[\dfrac{n_1 + n_2}{n_1 n_2}\right]}}$$

$$t = \frac{5.43 - 5.53}{\sqrt{\left[\dfrac{(30-1)3.42^2 + (30-1)2.06^2}{30 + 30 - 2}\right]\left[\dfrac{30 + 30}{30 \times 30}\right]}} \qquad (13.4)$$

代入特定的數值之後，式 13.5 表示我們如何得到最後的值 −0.137。因為是用一個較小的值（群體 1 的平均數是 5.43）去減一個較大的值（群體 2 的平均數是 5.53），所以這個值是負值。要記住一點，即檢定是無方向的，因為研究假設是有沒有任何差異，所以在這裡，差異的符號也是無意義的。

$$t = \frac{-0.1}{\sqrt{\left[\dfrac{339.20 + 123.06}{58}\right]\left[\dfrac{60}{900}\right]}} = -0.14 \qquad (13.5)$$

當討論無方向檢定時，你可能會發現 t 值表示為一個絕對值，如下所示：$|t|$ 或 $t = |0.137|$，它完全忽略了該值的正負符號。如果我們的研究假設是無方向的，則我們可以忽略該正負符號，因為 t 分布，如常態曲線，是對稱的。你的老師甚至可能會用正負符號來表示與單尾測試有關的 t 統計量，以強調該符號。

5. 使用特定統計量的適當臨界值表決定拒絕虛無假設所需要的值

現在我們需要查閱附錄 B 的表 B.2，表 B.2 列出了 t 檢定的臨界值。

我們可以使用這個分布來看兩個獨立平均數是否不同，這要藉由比較隨機下的預期值（分布表中的值或者臨界值）與觀察到的值（實際值）來進行。

我們的第一個任務是確定**自由度** (degree of freedom, df)，自由度近似於樣本數。對目前選定的檢定統計量來說，自由度是 $n_1 - 1 + n_2 - 1$ 或 $n_1 + n_2 - 2$。因此對每一個群體來說，就是將兩個樣本的大小加起來，然後減去 2。在這個範例中，就是 30 + 30 - 2 = 58。這就是這個檢定統計量的自由度，對其他統計量不一定合適。

無論你使用什麼統計測試，自由度的概念幾乎是相同的。但是，針對特定考試計算自由度的方式可能因老師而異，且會隨不同書目有不同做法。我們會告訴你，我們將採用最常見的方法來計算每個測試的自由度。對於獨立樣本 t 檢定，正確的自由度計算為 $n_1 - 1 + n_2 - 1$。

使用這個自由度 (58)、你願意承擔的風險水準（早先定義的 0.05）以及雙尾檢定（因為研究假設沒有方向），你就可以使用 t 檢定表來查臨界值。對於顯著水準為 0.05、自由度為 58 的雙尾檢定來說，拒絕虛無假設需要的值就是……噢！在分布表中沒有自由度 58 這個數值！你該做什麼？

如果選擇對應自由度 55 的值，你會顯得保守，因為你使用了小於現有樣本規模的樣本所對應的值（臨界值 t 值會變大）。如果你選擇對應自

由度 60（最接近 58 的值）的值，你會更接近母體規模，但是選擇 60 相較於 58 而言更為隨意一些。雖然統計學家對於這種情況該怎麼做的觀點不同，我們通常選擇小於實際樣本的自由度作為較為保守的臨界值，因此，在顯著水準為 0.05、自由度為 58 的情況下，拒絕虛無假設需要的值是 2.004。

6. 比較實際值和臨界值

實際值是 −0.14（−0.137 四捨五入至百分位），拒絕群體 1 和群體 2 的成績沒有差異的虛無假設的臨界值是 2.004。臨界值 2.004 表示，在願意承擔的風險水準為 0.05、每個群體 30 個參與者的情況下，隨機因素是對兩個群體之間所觀察到的任何差異的最有吸引力的解釋。

7. 和 8. 做出決定

現在我們該做出決定了。如果實際值大於臨界值（參照圖 11.2）就不能接受虛無假設，如果實際值沒有超過臨界值，虛無假設就是最有吸引力的解釋。在這個範例中，實際值 (−0.14) 沒有超過臨界值 (2.001)，這個值沒有大到讓我們可以說群體 1 和群體 2 之間的差異，是由於隨機因素之外的因素引起的。如果實際值等於或者大於 2.001，就如投硬幣試驗中，10 次有 8、9 或 10 次都得到正面一樣，這個值大到我們不能相信除了隨機因素之外，其他因素沒有發揮作用。在投硬幣試驗中，其他因素便是這個不均勻的硬幣，在這個範例中，一定有其他更好的方法來教這些老年人記憶技巧。

那麼是什麼引起兩個群體之間這麼小的差異？如果我們繼續現在的討論，可以說，差異是由於抽樣誤差、四捨五入，或者對參與者成績的微小變化引起的。最重要的是，我們可以確信（當然不是 100% 確信，這是和顯著水準和型 I 錯誤有關，對吧？），不是由於任何特定的因素，使得一個群體比另一個群體獲得更好的成績。

那麼我如何解釋 $t_{(58)} = -0.14$，$p > 0.05$?

- t：我們所用的檢定統計量。
- 58：自由度數值。

- 0.14 是實際值,是使用本章較早前給的公式計算所得的值。
- $p > 0.05$(實際上是這個簡短運算式中最重要的部分)表示對虛無假設的任何檢定來說,兩個群體的無差異是由於教學方式不同所造成的可能性大於 5%。同時注意,$p > 0.05$ 也可以 $p = n.s.$ 的形式出現,以表示非顯著性。

t(EA) 的效應量

你在第 12 章中瞭解到,效應量是兩個群體之間有何差異的一種測量,也是對處理規模的一種測量,類似於多大才算大。

計算效應量特別有趣的是,不考慮樣本規模。計算效應量並且對效應量做出判斷,對理解顯著性結果的全新方向。

現在看下面的範例。研究者檢視的問題是參與社區自助服務(例如:撲克牌遊戲、野外旅行等),是否提高了美國老年人的生活品質(從 1 到 10 分 為十個等級)。研究者執行了為期 6 個月的治療,在治療期結束之後,測量兩個群體的生活品質(每個群體由 50 名 80 歲以上的老人構成,其中一個群體得到服務,另一個沒有得到),下面是結果。

	沒有社區服務	有社區服務
平均數	6.90	7.46
標準差	1.03	1.53

而且結論在風險水準 0.034 下,差異是顯著的(也就是 $p < 0.05$,是不是?)。好吧,是有顯著差異,但是差異的規模是多大?

計算和瞭解效應量

正如我們在第 12 章中向你展示的那樣,最直接、最簡單用來計算效應量的方式,就是以平均數之間的差,除以任何一個群體的標準差。這樣做有風險,因為這假定兩個群體的標準差(和變異數)相等。

就上面的範例來說,我們會這樣計算:

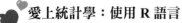
$$ES = \frac{\overline{X}_1 - \overline{X}_2}{\sqrt{\left[\dfrac{s_1^2 + s_2^2}{2}\right]}} \qquad (13.6)$$

其中

- ES：效應量
- $\overline{X}_1$：第一組的平均數
- $\overline{X}_2$：第二組的平均數
- s_1^2：第一組的變異數
- s_2^2：第二組的變異數

所以，在這個例子中，

$$ES = \frac{7.46 - 6.90}{\sqrt{\left[\dfrac{1.03^2 + 1.53^2}{2}\right]}} = \frac{0.56}{\sqrt{1.70}} = 0.43 \qquad (13.7)$$

此範例的效應量是 0.43。

　　從第 12 章的準則中可以看出，效應量 0.43 歸類為中等。除了這兩種方法之間的差異在統計上是有意義的之外，還可以得出這樣的結論：由於效應量不可忽略，因此差異也是有意義的。實際上，平均值相差 0.43 個標準差。現在，有許多因素會影響你解釋這個結果的意義，其中包括研究問題的背景。

　　因此，你得真的對效應量保持冷靜。如果你的小組人數相等，則可以按照我們剛剛向你展示的簡單方法進行操作。效應量的複雜版公式使用你之前看到的 *ES* 方程式的分母中的合併變異數，如果組的大小不相等，則需要用此合併變異數。合併的標準差是來自第一組的標準差和來自第二組的標準差的平均值，該平均值根據組的大小，調整每個組貢獻的變異量。公式如下：

$$ES = \frac{\overline{X}_1 - \overline{X}_2}{\sqrt{\left[\dfrac{(n_1 - 1)s_1^2 + (n_2 - 1)s_2^2}{n_1 + n_2 - 2}\right]}} \qquad (13.8)$$

其中

- *ES*：效應量
- $\bar{X}_1$：第一組的平均數
- $\bar{X}_2$：第二組的平均數
- s_1^2：第一組的變異數
- s_2^2：第二組的變異數
- n_1：第一組的樣本數
- n_2：第二組的樣本數

不覺得公式 13.8 看起來很熟悉嗎？希望你是熟悉的。對於我們的獨立樣本 *t* 檢定，它非常接近公式 13.1。分母是不同的。我們缺少平方根號下的一部分，在這裡，我們將兩個組的大小相加，然後除以它們的乘積 $n_1 + n_2/n_1 n_2$。遺漏的部分是我們為什麼不考慮樣本數量的原因。是的，樣本數是公式的一部分，但僅與變異數有關，因此我們可以按比例控制每個組貢獻多少變異量。

兩個非常酷的效應量計算器

　　為什麼不搭順風車直接去 http://www.uccs.edu/~lbecker/，加利福尼亞大學的統計學家 Lee Becker 在那兒開發了一個效應量計算器？或是由沃爾夫岡和亞歷山德拉倫哈德博士所創建的效應量計算器 http:///www.psychometrica.de/effect_size.html？使用這些計算器，你只需輸入值，點擊 Compute，程式將完成剩餘工作，如圖 13.2 所示。

使用 **R** 來計算 *t* 檢定量

　　R 很樂意幫助你執行這些推論檢定。這裡將會展示如何執行剛剛討論的內容並解釋輸出的意涵。我們正在使用名為第 13 章資料集 1 (ch13ds1.csv) 的資料集。若對這些資料進行檢查，你會看到分組變數（組 1 或組 2）在第一欄，檢定變數（記憶）在第二欄。

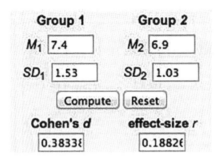

圖 13.2　很酷的效應量計算器

來源：Lee Becker, http://www.uccs.edu/~lbecker/

1. 匯入資料集並查看匯入的內容。

2. 執行檢定。

從我們的匯入開始，使用 File > Import > CSV，透過以下方式從 RStudio 提供的對話框匯入資料。RStudio 將匯入你的資料並向你顯示你剛剛匯入的內容。群組在第一行中，記憶測試在第二行。 另一個選擇是使用此語法匯入文件，然後用 View 查看：

```
> ch13ds1 <- read.csv(file.choose())
> View(ch13ds1)
>
```

我們可以用下列的語法來執行 t 檢定：

```
> t.test(MemoryTest ~ Group, data = ch13ds1, var.equal = TRUE)
```

其中

- `MemoryTest ~ Group`:`MemoryTest` 是我們正在比較的分數。在我們各組中，在「組」行中，以 1 表示實驗組，2 表示對照組。

- `data = ch13ds1`：這是包含我們的資料的 R 物件。

- `var.qual = TRUE`：我們告訴 **t.test()** 函式，群體具有相同的變異數，這是

我們待會要討論的重要假設。

t.test() 函式的輸出如下：

```
  Two Sample t-test
data: MemoryTest by Group
t = -0.1371, df = 58, p-value = 0.8914
alternative hypothesis: true difference in means is not equal to 0
95 percent confidence interval:
-1.560009 1.360009
sample estimates:
mean in group 1 mean in group 2
      5.433333        5.533333
```

結果顯示，我們執行了雙樣本 *t* 檢定，以及我們用什麼資料來做檢定。檢果是 *t* = -0.1371，*df* = 58，*p* = 0.8914，這告訴我們這次的 *t* 檢定用了多少的自由度以及準確的 *p* 值。當我們手動計算時，我們只有設立 *p* > 0.05，然後查表來獲得我們的臨界值，現在我們知道要得到我們要的結果 *p* 準確要在哪個位子。信賴區間就是我們在 11 章提及的，但是這裡的 95% 信賴區間在平均值差異的 0.1（公式 13.5 中的分子）而且有依據樣本大小調整。我們被告知的最後一個數字是每個組的平均值，與我們代入公式 13.4 的平均值相同，儘管在該範例中，我們將其四捨五入到兩位小數。

有了這些語法，我們得到的答案與手工計算 *t* 的答案相同。R 就是這麼方便。但是在此過程中，我們學到了一些新知識，這與記憶測試的變異數有關。我們認為它們是平等的。如果變異數不相等，我們的結果是否相同？

最簡潔的答案是否定的。如果各組之間的變異數不相等，則我們用於拒絕虛無假設的表 B.2 中的 *t* 值不成立。讓我們首先使用名為 boxplot 的函式查看分數，而我們將要得到的正是一個看起來像盒子的圖案！讓我們將結果保存到名為 memory 的物件中，以便我們查看用於建立此有趣圖的統計訊息。

```
> memory <- boxplot(MemoryTest ~ Group, data = ch13ds1,
+        main = "Memory Test Scores",
+        xlab = "Groups", ylab = "Scores")
> memory$stats
     [,1] [,2]
[1,]   1  2.0
[2,]   3  4.0
[3,]   5  5.5
[4,]   8  7.0
[5,]  15  9.0
attr(,"class")
        1
"integer"
>
```

我們使用 boxplot 函式產生了一個箱形圖。讓我們談談它的功能。

- memory <-：將函式的輸出結果存在 memory 這個物件中
- boxplot：函式名稱
- MemoryTest ~ Group：我們的應變量 MemoryTest 按組成員組別劃分
- data=ch13ds1：函式中使用的資料集
- main="Memory Test Scores"：「記憶測試成績」：箱形圖頂部的標題
- xlab = "Groups"：x 軸名稱
- ylab = "Scores"：y 軸名稱

　　然後，我們檢視了根據資料生成的統計訊息，以便看到用於建立箱形圖的數字。我們使用 memory$stats 顯示這些數字。最下面的線代表該群體最小值，群體 1 中代表我們下限須在 1 處繪製。群體 2 的下限須在 2 處繪製。這些數字位於 [1,] 列上。下一列數字是第一個四分位數 (25%)，用於繪製下框、第三列是中位數，第四列是第三四分位數 (75%)。因此，中間 50% 的資料由方框本身表示。[5,] 上的線是資料裡的最大值。將這些數字與圖 13.3 中的箱形圖進行比較。

Memory Test Scores

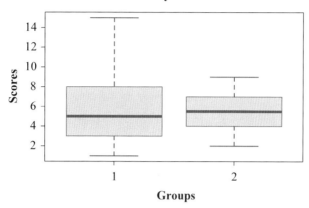

圖 13.3　一個箱形圖告訴我們各組的分布情形

根據箱形圖，你可能會看到變異數是如何不同的，但是差異是否很大呢？我們有一個統計檢定可以幫助我們回答！該統計檢定稱為 Levene 檢定。我們將不會展示和解釋完整的公式，而是專注於統計數據告訴我們的內容，並使用這些結果正確地檢定我們的組差異。回到 R，我們首先需要加載 car library，以便 R 可以找到名為 LeveneTest 的函式。

```
> library(car)
>
```

接下來，我們使用函式 leveneTest()。在函式內部，我們還告訴 R，組是一個因子，本質上是類別的變量。該檢定的虛無假設是變異數相等，而研究假設則是變異數不同。就像一個好的統計學家一樣，我們需要預先決定在什麼時候，我們將拒絕虛無假設。對於此檢定，我們將使用 $p < 0.05$ 表示應拒絕虛無假設。

```
> leveneTest(MemoryTest ~ as.factor(Group), data = ch13ds1)
Levene's Test for Homogeneity of Variance (center = median)
      Df F value Pr(>F)
group 1 3.3429 0.07264 .
```

```
        58
---
Signif. codes: 0 '***' 0.001 '**' 0.01 '*' 0.05 '.' 0.1 ' ' 1
>
```

在這種情況下，Levene 的檢定為 $F_{(1,58)} = 3.34$，$p = 0.07$。Levene 檢定的 p 大於 0.05，因此我們無法拒絕虛無假設，我們可以像上面一樣，精確地比較記憶分數。因此，世界一切正常。

如果我們拒絕了虛無假設，怎麼辦？如果你一直沿用 R，請嘗試在不使用 var.equal = TRUE 的情況下，進行 t 檢定。輸出發生了什麼變化？什麼保持不變？

```
> t.test(MemoryTest ~ Group, data = ch13ds1)
      Welch Two Sample t-test
data: MemoryTest by Group
t = -0.1371, df = 47.635, p-value = 0.8915
alternative hypothesis: true difference in means is not equal to 0
95 percent confidence interval:
-1.566803 1.366803
sample estimates:
mean in group 1 mean in group 2
      5.433333        5.533333
>
```

首先要注意的是，檢定的標題從 "Two Sample t test" 更改為 "Welch Two Sample t-test"。讓我們向 R 尋求幫助，看看發生了什麼。

```
> ?t.test
>
```

你應該在右下方面板中看到函式 t.test() 的說明文字，類似於圖 13.4。

在說明視窗中向下滾動到參數 var.equal 的描述，「一個邏輯變量，指示是否將兩個變異數視為相等」。如果為 TRUE，則使用合併的變異數估計

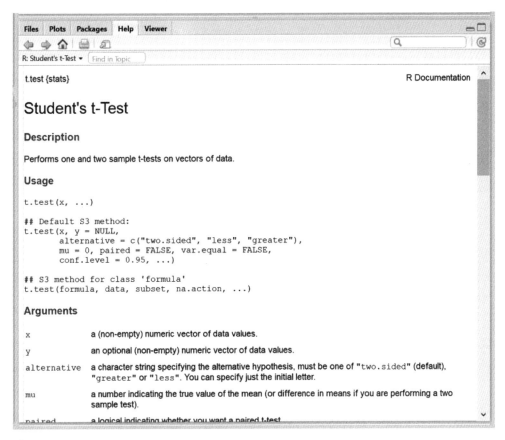

R: Student's t-Test ▾   Find in Topic

t.test {stats}   R Documentation

Student's t-Test

Description

Performs one and two sample t-tests on vectors of data.

Usage

```
t.test(x, ...)

## Default S3 method:
t.test(x, y = NULL,
       alternative = c("two.sided", "less", "greater"),
       mu = 0, paired = FALSE, var.equal = FALSE,
       conf.level = 0.95, ...)

## S3 method for class 'formula'
t.test(formula, data, subset, na.action, ...)
```

Arguments

x	a (non-empty) numeric vector of data values.
y	an optional (non-empty) numeric vector of data values.
alternative	a character string specifying the alternative hypothesis, must be one of `"two.sided"` (default), `"greater"` or `"less"`. You can specify just the initial letter.
mu	a number indicating the true value of the mean (or difference in means if you are performing a two sample test).
paired	a logical indicating whether you want a paired t-test.

圖 13.4   函式 `t.test()` 的內建說明文字視窗

變異數；否則，將使用 Welch（或 Satterthwaite）來近似於我們要使用的自由度。當我們寫 `var.equal = TRUE` 時，函式假設變異數不相等，並從常規 t 檢定切換到 Welch 的 *t* 檢定。

所以呢？真正改變的是輸出中 *df* 旁邊的數字。我們從 `df = 58` 變為 `df = 47.635`。如果兩組之間的差異確實不同，我們不能使用表 B.2 中的自由度和臨界值。如果我們不調整自由度，則我們決定拒絕虛無假設，可能會導致型 I 錯誤，或是我們可能無法拒絕虛無假設並產生型 II 錯誤。

在此範例中，我們將做出與假設變異數相等時所做的相同決定，但是下一次，你可能不會那麼幸運！

真實世界的統計

男女童軍很強調隨時做好準備。但是，關於如何做好準備的最佳教學方式是什麼呢？在這個由土耳其 Kirikkale 大學的 Serkan Celik 所做的研究，線上和面對面的急救教學課程可以用來相互比較，以檢定學習傳遞模式的效能。有趣的是，這兩種模式都是由同一位老師教導，線上形式的學員在課程最後獲得較高的學習分數。Celik 在他的分析中做了什麼呢？課程的獨立 t 檢定，且事實上，他是利用 SPSS 產生所得到的 t 值，顯示前測分數和後測分數之間是有差異的。

想要知道更多嗎？可以上網或到圖書館閱讀有關這篇文章：

Celik, S. (2013). A media comparison study on first aid instruction. *Health Education Journal, 72*, 95-101.

小結

t 檢定是你執行真正統計檢定和嘗試由應用觀點去完整瞭解顯著性的第一步。在進一步深入學習之前，要確定你瞭解本章的內容，而且可以手動完成我們要求做到的一些計算。接下來，我們學習相同檢定的另外一種形式，不過這項檢定是對同一個參與者群體要進行兩項測量，而不是對不同的兩個群體進行一項測量。

練習時間

1. 使用檔案名稱為第 13 章資料集 2 (ch13ds2.csv) 的資料，在 0.05 的顯著水準下，檢定在課堂上，男生比女生更經常舉手的研究假設。使用計算機手動完成這次練習。關於此研究假設，你得出的結論是什麼？記住，首先要決定這是單尾，還是雙尾檢定。

2. 使用相同的資料集（第 13 章資料集 2），在 0.01 的顯著水準下，檢定課堂上男生和女生舉手次數不同的研究假設。使用計算機手動完成這次練習。關於此研究假設，你得出的結論是什麼？你使用的資料和問題 1 使用的資料相同，

但是假設不同（一個是有方向的，另一個是無方向的），結果有何不同？為什麼？

3. 到了有點乏味的時刻，動手練習只是想瞭解你是否可以得到正確的數值。利用下面的資訊，動手計算 t 檢定的統計量。

a. $X_1 = 62$　$X_2 = 60$　$n_1 = 10$　$n_2 = 10$　$s_1 = 2.45$　$s_2 = 3.16$

b. $X_1 = 158$　$X_2 = 157.4$　$n_1 = 22$　$n_2 = 26$　$s_1 = 2.06$　$s_2 = 2.59$

c. $X_1 = 200$　$X_2 = 198$　$n_1 = 17$　$n_2 = 17$　$s_1 = 2.45$　$s_2 = 2.35$

4. 利用你在前面的問題 3 所得到的結果，且在 0.05 的顯著水準下，說明每一個檢定的雙尾臨界值為何？虛無假設是否會被拒絕？

5. 利用下列資料與 R，針對在家諮商與離家治療對兩個分開的群體是否同等有效，撰寫一段摘要文字。資料如下，結果變數是在治療之後，以 1 至 10 為尺度的焦慮水準。

在家諮商	離家治療
3	7
4	6
1	7
1	8
1	7
3	6
3	5
6	6
5	4
1	2
4	5
5	4
4	3
4	6
3	7
6	5
7	4

在家諮商	離家治療
7	3
7	8
8	7

6. 使用檔案名稱為第 13 章資料集 3 (ch13ds3.csv) 的資料，檢定農村居民和城市居民對待武器控制的態度相同的虛無假設。使用 R 完成對這個問題的分析。

7. 這裡有一個可以思考的好問題。一位公共衛生研究人員檢定下列假設：提供小孩安全座椅給新車買主，也將鼓勵父母採取其他方法來保護他們的小孩（如更安全地駕駛車輛；保證小孩安全的居家環境）。L 博士針對接受與不接受小孩安全座椅的父母，計算他們在車上與家中安全行為的出現次數。有什麼發現呢？在 0.013 顯著水準下，有顯著的差異。另一位研究者也做了相同的研究，且為了我們方便說明，我們假設所有一切都相同——同類型的樣本、同樣方法來測量結果、同樣的安全座椅等。R 博士的結果是，在 0.051 顯著水準下是有顯著差異。誰的結果，你比較相信？為什麼？

8. 這裡有 3 個實驗的結果，其中，用來比較的兩群組的平均數都相同，但標準差則是每個實驗都不同。利用式 13.6 計算效應量，然後討論為何這個量會隨著變異量的改變而改變。

Experiment 1	Group 1 Mean	78.6	Effect Size _____
	Group 2 Mean	73.4	
	Group 1 Standard Deviation	2.0	
	Group 2 Standard Deviation	1.8	
Experiment 2	Group 1 Mean	78.6	Effect Size _____
	Group 2 Mean	73.4	
	Group 1 Standard Deviation	4.0	
	Group 2 Standard Deviation	5.0	
Experiment 3	Group 1 Mean	78.6	Effect Size _____
	Group 2 Mean	73.4	
	Group 1 Standard Deviation	8.0	
	Group 2 Standard Deviation	8.0	

9. 利用第 13 章資料集 4 (ch13ds4.csv) 和 SPSS，檢定四年級學生這兩個群體的正確拼字數量的群體平均數之間是沒有顯著差異的虛無假設，你的結論是什麼？

10. 針對這個問題，你需要做兩個分析。利用第 13 章資料集 5 (ch13ds5.csv)，就兩個群體在檢定變數上的差異，計算 *t* 分數。然後，利用第 13 章資料集 6 (ch13ds6.csv) 做相同的事。注意，雖然每一組的平均分數是一樣的，但這兩個 *t* 值之間是有差異存在的，這個差異的來源是什麼？在相同的樣本數之下，為什麼 *t* 值會有差異？

11. 這是一個有趣的 (假設的) 情況。一組在能力傾向測試中的平均分數為 89.5，而第二組的平均分數為 89.2。兩組的樣本量約為 1,500，變異量很大，但效應量很小，假設是 0.1。你如何看待兩組之間在統計學上有顯著差異，而沒有意義的效應大小呢？

學生學習網址

你可以連上 **edge.sagepub.com/salkindshaw** 找到其他的練習題目與電子快閃卡片 (eFlashcards)，也可觀賞 R 的教學影片，並可下載檔案資料集！

兩個群體的 *t* 檢定
——相關群體的平均數檢定

難易指數：☺☺☺（不太難——這是這類檢定的第一個，但你只要瞭解就夠了，不一定要精通）

本章學習內容

✦ 何時使用相依平均數的 *t* 檢定。
✦ 如何計算觀察到的 *t* 值。
✦ 解釋 *t* 值並理解 *t* 值的涵義。
✦ 計算相依平均數的 *t* 檢定的效應量。

相依樣本 *t* 檢定的介紹

　　由於美國面臨高齡化的人口，每年都在對癡呆症患者的健康問題和服務進行更多的研究。Philip Sauer、Joan Fopma-Loy、Jennifer Kinney 和 Elizabeth Lokon 設計了一項研究，將傳統的視覺藝術計劃與一項藝術計劃進行了比較，在該藝術計劃中，參與者與一名學生志願者配對，該志願者鼓勵並支持該參與者創作名為以個人為中心的大開眼界藝術的計劃。所有參與者均診斷為癡呆，家庭成員和主要護理人員均同意接受研究。在這兩種類型

的藝術活動中觀察十個人，觀察者使用大辛辛那提分會的幸福感觀察工具 (Greater Cincinnati Chapter Well-Being Observation) 對社交參與、參與度、愉悅感、疏離感、負面影響、悲傷和困惑等領域的活動參與進行評分。研究人員將七個獨立的成對樣本 t 檢定的顯著性水準定為 0.05，這些 t 檢定將參加藝術開放思想時的評分與傳統視覺藝術活動中的評分進行比較，發現在參與度方面存在差異 ($t_{(9)} = 2.98$，$p = 0.016$)；愉悅感 ($t_{(9)} = 2.74$，$p = 0.023$)；和疏離感 ($t_{(9)} = 2.50$，$p = 0.034$)。

為什麼是相依平均數檢定 (test of dependent means)？相依平均數 t 檢定指出相同的群體在兩種不同的條件下進行研究。在這個範例中，條件是實驗前和實驗結束後。根本上的原因是相同的參與者被測試兩次，也就是傳統的視覺藝術計劃與一項藝術計劃，所以我們使用相依平均數檢定。依據上面的結果，你可以知道，在參與度、愉悅感和疏離感是有差異的，而上面沒有提及的四項，分別是社交參與 (1.97)、負面影響 (1.52)、悲傷 (−1.41)、和困惑 (−0.43)，t 值 (1.23) 非常小，沒有落在我們拒絕虛無假設的範圍之外。換句話說，由於變化太小，以致於我們不能說變化是由隨機因素之外的因素引起。這麼小的差異，2.7 (88.5 − 85.8) 可能是由於抽樣誤差或者組內的變異引起。

是否想瞭解更多？請查閱：

Sauer, P. E., Fopma-Loy, J., Kinney, J. M., & Lokom, E. (2016). "It makes me feel like myself": Person-centered versus traditional visual arts activities for people with dementia. *Dementia*, *15*(5), 895–912.

通往智慧與知識的道路

下面介紹如何使用流程圖選擇合適的檢定統計量，也就是相依平均數的 t 檢定，沿著圖 14.1 中加底色的步驟就可以。

1. 前測和後測學生成績的差異是關注的重點。
2. 參與者接受不止一次的測試。
3. 有兩個分數的群體。
4. 適合的檢定統計量是相依平均數的 t 檢定。

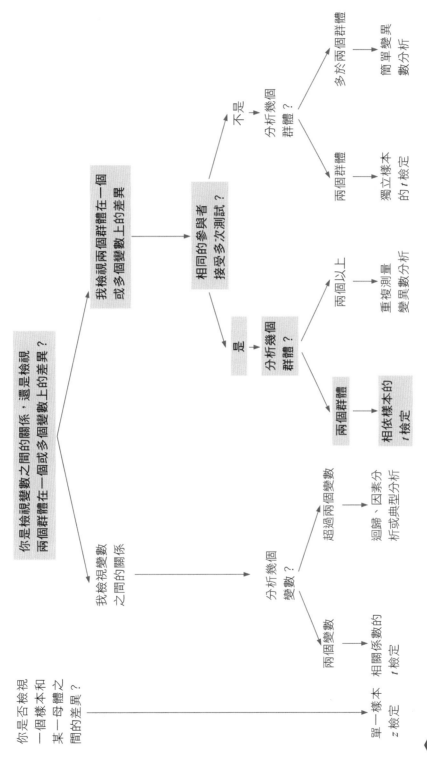

圖 14.1　確定相依相關平均數 *t* 檢定是合適的統計檢定方法

統計人員有時以另一種名稱談論相依測試，也就是重複測量 (repeated measures)。相依測試經常被稱為「重複測量」，這是因為這些測量是在時間或條件或某些因素上重複進行的，並且因為它們是在同一案例（每個案例都是一個人，一個地點或一個事物）上重複進行的。

計算檢定統計量

相依平均數 t 檢定包含每一群體平均數的比較，而且集中在分數之間的差異。就如式 14.1 所示，兩次測試的差異總和構成分子，並反映群體之間的差異。

$$t = \frac{\sum D}{\sqrt{\left[\dfrac{n \sum D^2 - (\sum D)^2}{n-1}\right]}} \tag{14.1}$$

其中

- D：同一個體前後兩個時間點的觀察值的差異
- ΣD：兩組觀察值的差異的總和
- ΣD^2：兩組觀察值的差異的平方和
- n：成對觀察值的組數

下面用一些資料說明相依 t 檢定的 t 值要如何計算。就如上面的例子一樣，列出前測和後測結果，而且為瞭解說的需要，假定這是閱讀專案開始前和結束後的分數。

你是否在公式中注意到公式的分子僅包含一個數字，D 代表差異？在要測試平均數是否有差異的公式 12.1 和 13.1 中，我們用一個平均值減去另一個平均值。公式 14.1 中沒有顯示的是分子中的另一個平均值為 0，因為我們想知道分數的差是否不為 0。上述公式的一個變化形式是公式 14.2，它包含 0 的項目，可以幫助你記住你在測試什麼。

$$t = \frac{\sum D - 0}{\sqrt{\left[\dfrac{n \sum D^2 - (\sum D)^2}{n-1}\right]}} \qquad (14.2)$$

下面是有名的八個步驟和 *t* 檢定統計量的計算。

1. 陳述虛無假設和研究假設

虛無假設表示閱讀成績的前測和後測平均分數之間沒有差異。研究假設
是單尾、有方向的假設，因為研究假設假定後測分數高於前測分數。

虛無假設是：

$$H_0 : \mu_{posttest} = \mu_{pretest} \qquad (14.3)$$

研究假設是：

$$H_1 : \overline{X}_{posttest} > \overline{X}_{pretest} \qquad (14.4)$$

前測	後測	差異 (D)	D^2
3	7	4	16
5	8	3	9
4	6	2	4
6	7	1	1
5	8	3	9
5	9	4	16
4	6	2	4
5	6	1	1
3	7	4	16
6	8	2	4
7	8	1	1
8	7	−1	1
7	9	2	4
6	10	4	16

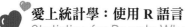

	前測	後測	差異 (D)	D^2
	7	9	2	4
	8	9	1	1
	8	8	0	0
	9	8	−1	1
	9	4	−5	25
	8	4	−4	16
	7	5	−2	4
	7	6	−1	1
	6	9	3	9
	7	8	1	1
	8	12	4	16
總和	158	188	30	180
平均數	6.32	7.52	1.2	7.2

2. 設立虛無假設的風險水準（或顯著水準或型 I 錯誤）

風險水準、型 I 錯誤或顯著水準（還有其他名稱嗎？）是 0.05，這完全由研究者決定。

3. 選用合適的檢定統計量

使用圖 14.1 所示的流程圖，我們確定合適的檢定方法是相依平均數的 t 檢定，因為這兩個群體並非彼此獨立，所以這不是獨立平均數的 t 檢定。實際上，這不是兩組參與者群體而是相同參與者的兩組分數，兩組之間相互依賴。相依平均數 t 檢定的另一個名稱是配對樣本的 t 檢定，或相關樣本的 t 檢定，你會在第 15 章看到兩組分數（前測和後測）之間相關的顯著性檢定，和我們這裡計算的 t 值之間有非常密切的關係。

4. 計算檢定統計量值（也叫做算出值）

現在我們代入觀察值並進行計算，上面已經列出 t 值計算公式。代入特定的值之後，我們就得到式 14.5（我們已經計算了前測和後測分數的平均數和標準差）。

$$t = \frac{30}{\sqrt{\dfrac{(25 \times 180) - 30^2}{25 - 1}}} \tag{14.5}$$

代入特定的數值之後，我們得到下面的等式和最終的算出 *t* 值 2.45。專案前測分數的平均值是 6.32，專案後測分數的平均值是 7.52。

$$t = \frac{30}{\sqrt{150}} = 2.45 \tag{14.6}$$

5. 使用特定統計量的適當臨界值決定拒絕虛無假設所需要的值

現在我們需要查閱附錄 B 的表 B.2，表 B.2 列出了 *t* 檢定的臨界值。同樣地，我們有一個 *t* 檢定，而且使用第 13 章中用到的同一個表來找出拒絕虛無假設的臨界值。

我們的第一個任務是決定自由度 (*df*)，自由度近似於樣本大小。對現在這個檢定統計量來說，自由度是 *n* − 1，其中 *n* 等於成對觀察值的數目，也就是 25 − 1 = 24。這些是只適合這項統計檢定的自由度，對其他統計檢定來說，未必適合。

使用這個數字 (24)、你願意承擔的風險水準（之前定義的 0.05）以及單尾檢定（因為研究假設有方向，後測分數大於前測分數），拒絕虛無假設 需要的臨界值是 1.711。

6. 比較實際值和臨界值及決定

實際值是 2.45，大於拒絕虛無假設所需要的臨界值。

7. 和 **8.** 做出決定

現在我們該做出決定了。如果實際值大於臨界值，就不能接受虛無假設，如果實際值沒有超過臨界值，虛無假設就是最有吸引力的解釋。在這個範例中，實際值超過臨界值，這個值夠大，我們可以說前測分數和後測分數的差異的確是由於隨機因素之外的因素所引起的。如果我們的實驗安排正確，那麼是什麼因素影響結果？很簡單，是每日閱讀專案。我們知道差異的產生是由於特定的因素，前測群體和後測群體之間的差異不可能是由隨機因素引起的，而是由於特定的處理因素。

那麼我如何解釋 $t(24) = 2.45$，$p < 0.05$？

- t 表示我們所用的檢定統計量。
- 24 是自由度數值。
- 2.45 是實際值，是使用本章之前給的公式計算所得的值。
- $p < 0.05$（實際上是這個簡短運算式中最重要的部分）表示對虛無假設的任何檢定來說，後測分數的平均值大於前測分數的平均值，是由於隨機因素所造成的可能性小於 5%，也就是說，有其他因素在發揮作用。因為我們定義 0.05 作為研究假設比虛無假設更有吸引力的準則，我們的結論就是兩組分數之間具有顯著性差異；也就是其他因素在發揮作用。

你可以前往
edge.sagepub.com/
salkindshaw 看 R

使用 R 進行 t 檢定

　　R 很樂意並已經可以幫助你執行這些推論檢定。這裡我們會展示如何執行我們剛剛做的檢定並理解如何詮釋結果。我們正在使用第 14 章資料集 1 (chl4ds1.csv)，該資料集也在先前的範例中使用過。我們將以兩種方式來介紹該範例。第一，我們將使用 R 這個精美的計算器並手動解決問題。第二，我們將使用 R 函式快速獲得答案。

1. 將資料匯入 R，並將物件命名為 ch14ds1。確保在測試前和測試後的分數中有單獨的欄位。與獨立測試的 t 檢定不同，沒有可識別的群體。
2. 建立差異分數的向量。
3. 建立分數的平方差的向量。
4. 在公式中使用差異分數的平均值和標準差。

　　首先讀取資料並檢查我們剛剛匯入的內容：

```
> ch14ds1 <- read.csv(file.choose())
> View(ch14ds1)
>
```

在「環境」窗格中查看，我們看到該物件包含 25 列和兩個變量。這是對的！讓我們繼續計算考試前和考試後，分數之間的差異。

```
> ch14ds1$D <- ch14ds1$Posttest - ch14ds1$Pretest
> ch14ds1$Dsq <- ch14ds1$D^2
>
```

如果你再次查看該物件，則應該看到四行數字和一個看起來很像幾頁前的數字表的表。有什麼不見了？最下面的兩行包含每列的和和平均值。如果看公式 14.1，我們實際上只需要求差異的和和差異平方的和。讓我們先計算它們。

```
> sumD <- sum(ch14ds1$D)
> sumD
[1] 30
>
```

根據第 315、316 頁上的表格檢查我們的工作，我們得到相同的答案，即 *D* 的總和 $(\Sigma D = 30)$，將在公式的分子和分母中使用。現在針對 *D* 平方：

```
> sumDsq <- sum(ch14ds1$Dsq)
> sumDsq
[1] 180
```

同樣，我們得到了我們期望的值，即 $\Sigma D^2 = 180$。

將我們的數字代入公式：

```
> sumD/sqrt((25*sumDsq - sumD^2)/(25 - 1))
[1] 2.44949
>
```

像我們之前所做的那樣，我們可以在附錄 B 和表 B.2 中，找測試的臨

界值。臨界值仍為 1.711。或者我們可以要求 R 給出與 $t = 2.44949$ 相關的精確 p 值。R 具有此功能！

```
> pt(tStat, df = 24, lower = FALSE)
[1] 0.0109915
>
```

對於 $t_{24} = 2.45$，單尾測試的 $p = 0.01$，表示干預將增加記憶得分，導致我們拒絕虛無假設（即測試前和測試後的分數沒有差異）。

現在是時候使用 R 快捷方式了。

```
> t.test(ch14ds1$Posttest, ch14ds1$Pretest, paired = TRUE,
alternative = "greater")


    Paired t-test
data: ch14ds1$Posttest and ch14ds1$Pretest
t = 2.4495, df = 24, p-value = 0.01099
alternative hypothesis: true difference in means is
greater than 0
95 percent confidence interval:
0.3618424 Inf
sample estimates:
mean of the differences
                    1.2
>
```

首先，讓我們談談我們在 t.test 函式中使用的選項。

- ch14ds1$Posttest：資料中後測分數的向量。列出此內容是因為我們希望函式從後測分數中減去前測分數。
- ch14ds1$Pretest：資料中預測成績的向量
- paired = TRUE：測試前和測試後分數指的是同一個人（非獨立）。這告訴 R 將公式用於配對 t 檢定。
- alternative = "greater"：第一個向量大於第二個向量。這個選項給了

我們一個單尾的測試結果，因為我們說測試後的分數會大於測試前的分數。如果你運行的是雙尾測試（當你不知道它們會變大，還是變小，只能檢定分數是否不同），則可以關閉此選項。

查看結果，R 告訴我們運行了哪個測試（相依的 t 檢定），使用的資料、帶有自由度的 t 檢定結果以及 p 值。輸出甚至告訴你研究假設，即你認為真實差異大於 0！接下來是我們的單尾測試在差異分數附近的 95% 信賴區間。最後，我們被告知兩個分數的平均差異是 1.2。

如果我們將預測試向量放在 t 的第一位會怎麼樣呢？如果第一個變量的平均值小於第二個變量的平均值（在這種情況下，它的 t 值為 -2.449 而不是 2.449），我們將得到一個負 t 值。只要在解釋結果時，牢記研究假設，就可以了。

只是為了好玩，我們在此小小地幫助你融入這個學習情境中。有時，只是有時，當兩個測量（通常是針對相同的參與者）實際上是針對在所有相關特徵上（可能是年齡、性別、社會階級、積極主動、測驗速度、冰淇淋喜好──你可以理解吧？）都非常近似。研究人員也使用這個檢定來比較成對的人們，比方說兄弟姊妹、親子、或情侶關係等，兩兩之間的差異。在這樣的例子中，雖然他們是不同的參與者，他們仍被視為是相依的，因為他們是同組成對的。我們藉此進一步說明相依的意義，以及它在實務上的應用情形。

不論你是否相信，本書作者之一，當年還在當研究生的時候，只有大型的主機電腦可以使用，完全無法想像現在有這麼方便的個人電腦與軟體。換句話說，我們在上統計課的時候，全部都是用手算。自己用手進行計算的好處之一是，你對於整個過程瞭如指掌；其二，即便你沒有電腦可以使用，你還是可以進行統計分析。因此，倘若電腦無法產出你所想要的東西，那就用點創意吧。只要你知道臨界值的基本公式以及合適的統計表，你沒問題的。

t(EA) 的效應量（再一次）

這次的公式與公式 13.6 和 13.7 有所不同，因為我們的分數是相關的。

在上面的範例中，一個人在後測中的得分與他（或她）在前測中的得分相關。如果我們不減去相關性，我們的效果大小將小於應有的大小。

$$ES = \frac{\overline{X}_{post} - \overline{X}_{pre}}{\sqrt{s_{post}^2 + s_{pre}^2 - (2rs_{post}s_{pre})}} \tag{14.7}$$

　　我們需要從 R 中獲得更多數字，然後才能將所有數字代入公式。具體來說，我們需要測試前和測試後的標準差，以及測試前和測試後，分數之間的相關性。從我們的測試前和測試後，分數的標準差開始：

```
> sd(ch14ds1$Pretest)
[1] 1.725302
> sd(ch14ds1$Posttest)
[1] 1.828478
>
```

　　接下來，我們需要知道我們的閱讀測驗的前測後側成績之間的相關性，但是在進行計算之前，讓我們看一下具有這兩個變量的散布圖，如圖 14.2 所示。

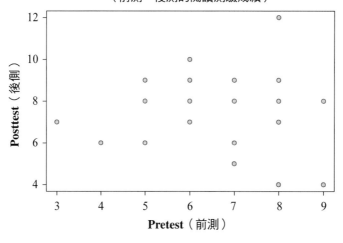

Pretest and Posttest Reading Achievement Scores
（前測、後測的閱讀測驗成績）

圖 14.2　前測與後測成績的散布圖

```
> plot(ch14ds1$Pretest, ch14ds1$Posttest,
+ xlab = "Pretest", ylab = "Posttest",
+ main = "Pretest and Posttest Reading Achievement Scores")
>
```

從散布圖來看，很難判斷變量是否相關。讓我們計算相關性。

```
> cor(ch14ds1$Pretest, ch14ds1$Posttest)
[1] 0.05071834
>
```

結果肯定可以解釋這一點。測驗前和測驗後，閱讀成績得分之間的相關性僅為 0.05。根據第 7 章的表 7.5，這種關係是微弱的。但是我們仍將數字包括在效果大小計算中。

現在讓我們代入所有數字。

$$ES = \frac{7.52 - 6.32}{\sqrt{1.8285^2 + 1.7253^2 - (2 \times 0.05072 \times 1.8285 \times 1.7253)}} = 0.49 \quad (14.8)$$

對於此分析，效應量（根據 Cohen 提出並在第 12 章中討論的準則）是中等的。考慮到所研究問題的背景，差異不僅顯著，而且差異很大是真實的，也許是有意義的。

真實世界的統計

你可能是屬於「三明治」世代的一分子，這一世代的成年人不僅要照顧年長的父母，也要扶養未成年的小孩，這種情況（各種人口中，像這樣的年齡層在美國各地都有）說明了評估年長者（無論是如何定義這個世代）和使用我們在此所討論之分析工具的重要性。這個研究的目的是確認不同個人日常生活作息的泰國老年人樣本的生活滿意度，透過檢定老年人的配對樣本來瞭解誰是自認為對生活滿意或對生活不滿意的人，在生活滿意測量工具上回答 85% 及以上的分數被當作是認定老年人生活滿意度的標準，雙尾的相依

樣本 t 檢定（因為樣本是配對的——研究人員實際上將這些配對的參與者視為是同一群參者）被同時用以檢視整體和各個日常生活作為的平均數差異，對生活滿意的那一組老年人相較於對生活不滿意另一組相配對的老年人，很明顯有較高的分數。最有趣的研究問題之一是，這個研究結果如何可以應用到不同文化中的其他老年人參與者樣本。

　　想要知道更多嗎？可以上網或到圖書館閱讀有關這篇文章：

Othaganont, P., Sinthuvorakan, C., & Jensupakarn, P. (2002). Daily living practice of the life-satisfied Thai elderly. *Journal of Transcultural Nursing, 13,* 24-29.

小結

　　這是平均數的檢定。你剛剛學習到如何比較來自獨立群體（第 13 章）和相依群體（第 14 章）的資料，而且現在是進一步學習處理兩個以上群體（可能是獨立的或相依的）的顯著性檢定的時候。這類統計技術就叫做變異數分析，是非常強有力、流行且很有價值的統計分析工具。

練習時間

1. 獨立平均數檢定和相依平均數檢定有何不同？何時使用哪一個較恰當？

2. 在下列範例中，指出你會執行獨立樣本 t 檢定或是相依樣本 t 檢定。

   a. 兩組腳踝扭傷的人接受不同水準的治療，哪一種治療是最有效的？

   b. 一位護理研究者想要知道：接近額外居家照顧的病患是否會比接受標準居家照顧的病患恢復快？

   c. 一組青少年接受人際技巧的諮詢服務，並於 9 月及 5 月接受測試，以瞭解對於家庭和諧是否有任何影響？

   d. 有一組成年人接受了降低他們高血壓的指導，而另一組則沒有接收任何指導。

   e. 有一組男人在針對心臟健康的 6 個月研究期間，獲得了使用運動課程的機

會，並接受兩次測驗。

3. 使用第 14 章資料集 2 (ch14ds2.csv) 手動計算 *t* 值，然後將結論寫下來，這結論是關於在 25 個街區實施的回收專案是否改變紙的使用量（以噸計）。（提示：專案前和專案後是處理的兩個水準。）在 0.01 顯著水準下，檢定此虛無假設。

4. 這裡是一項研究的資料，其中的青少年在學年開始時，接受了諮商服務，以瞭解這樣的服務在他們對其他在道德上與他們不同的青少年的容忍度上是否有衝擊，在研究開始前及 6 個月之後，都進行評估工作。這樣的課程有用嗎？結果變數是面對其他青少年的態度測驗分數，由最低分 0 分到最高分 50 分。利用 R 或其他電腦應用程式來完成這項分析。

諮商前	諮商後
45	46
46	44
32	47
34	42
33	45
21	32
23	36
41	43
27	24
38	41
41	38
47	31
41	22
32	36
22	36
34	27
36	41
19	44
23	32
22	32

5. 使用第 14 章資料集 3 (ch14ds3.csv) 計算 t 值，然後將結論寫下來，這結論是關於引入服務專案之後，使用服務中心的一群家庭的滿意水準是否有差異，尺度是從 1 到 15。請用 R 完成這個練習，並且描述這個結果的確切機率以及效應量。

6. 用手動的古老方式做這個練習題。一知名品牌製造商想要知道人們喜歡 Nibbles 或 Wribbles。他們有一個機會來抽樣每一類餅乾，並指出他們的喜歡或不喜歡程度（1-10 分的尺度）。他們最喜歡哪一種餅乾？

Nibbles 分數	Wribbles 分數
9	4
3	7
1	6
6	8
5	7
7	7
8	8
3	6
10	7
3	8
5	9
2	8
9	7
6	3
2	6
5	7
8	6
1	5
6	5
3	6

7. 檢查一下第 14 章資料集 4 (ch14ds4.csv)，輪班是否和工作壓力有關（壓力分

數越高，工人感受到越大的壓力）？

8. 第 14 章資料集 5 (ch14ds5.csv) 為你提供了兩組成年人的數據，分別在秋季和春季的阻力舉重課中，進行了測試。結果變量是骨骼密度（分數越高，骨骼越密實），範圍為 1 到 10。舉重是否起作用？效應量如何？

學生學習網址

你可以連上 **edge.sagepub.com/salkindshaw** 找到其他的練習題目與電子快閃卡片 (eFlashcards)，也可觀賞 R 的教學影片，並可下載檔案資料集！

15

兩個群體是否太多？
──嘗試進行變異數分析

難易指數：☺（比其他統計檢定長且難，但卻是非常有趣也非常有用的方法，值得付出更多努力。）

本章學習內容

✦ 變異數分析是什麼，何時使用較適當。
✦ 如何計算和解釋 F 統計量。
✦ 如何使用 R 完成變異數分析。
✦ 計算一元變異數分析效應量

變異數分析的介紹

　　心理學的一個新興領域是運動心理學，雖然這個領域主要集中在提高運動成績，仍有許多方向受到特別注意。其中之一是何種心理技能對於一個成功的運動員是必需的。針對這個問題，馬里斯‧古塔斯 (Marious Goudas)、楊尼斯‧塞奧佐拉基斯 (Yiannis Theodorakis) 和喬治斯‧卡拉莫薩利蒂斯 (Georgios Karamousalidis) 對運動員應對技能量表的有效性進行了檢定。

　　作為研究的一部分，他們使用簡單的變異數分析（或 ANOVA）來檢定

運動的訓練年數與應對技能（或者運動員應對技能量表的得分）有關的假設。因為需要檢定多於兩個群體，而且要比較這些群體的平均成績，所以使用 ANOVA，尤其是，群體 1 是訓練年數在 6 年以內的運動員，群體 2 是訓練年數為 7-10 年的運動員，群體 3 是訓練年數在 10 年以上的運動員。

ANOVA 的檢定統計量是 F 檢定（以這個統計量的建立者 R. A. Fisher 命名），而且結果顯示 $F_{(2, 110)} = 13.08$，$p < 0.01$。這三個群體的量表測試平均分數不完全相同。換句話說，測試分數的任何不同可歸因於在運動方面的訓練年數，而不是一些隨機因素所造成。

是否想瞭解更多？查閱 Goudas, M., Theodorakis, Y., & Karamousalidis, G. (1998). Psychological skills in basketball: Preliminary study for development of a Greek form of the Athletic Coping Skills Inventory-28. *Perceptual and Motor Skills, 86*, 59-65.

通往智慧與知識的道路

下面介紹如何使用圖 15.1 所示流程圖選擇 ANOVA 作為合適的檢定統計量，沿著圖中加底色的一系列步驟就可以。

1. 我們在檢定不同群體之間分數的差異，在這個範例中是運動員巔峰分數的差異。
2. 每一個運動員接受不止一次的測試。
3. 有三個群體（按訓練年數分為 6 年以下、7-10 年和 10 年以上）。
4. 合適的檢定統計量是簡單變異數分析。

ANOVA 的不同選擇

ANOVA 有許多不同的形式，最簡單的形式是簡單變異數分析，也是本章的重點，只分析一個因子或者一個處理變數（如群體身分），而有多於兩個群體受到這個因子的影響。簡單 ANOVA 也叫做一元變異數分析，因為只有一個分組維度。這項技術被稱為變異數分析的原因是，由於成績差異產生的變異數，可以分解為 (a) 群體內個體差異產生的變異數和 (b) 群體之間差

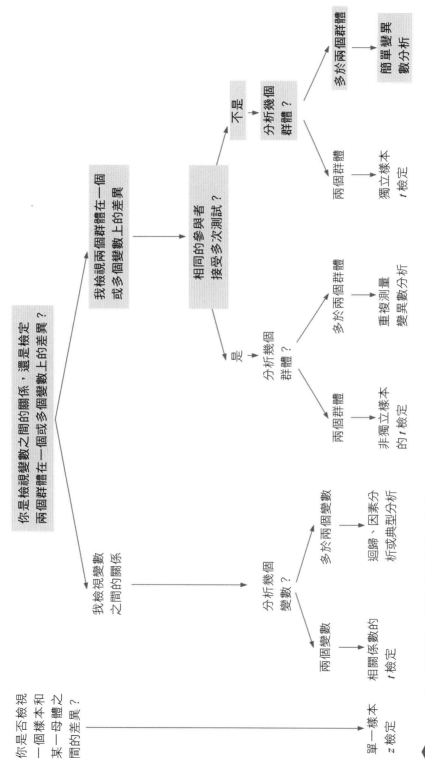

圖 15.1　確定變異數分析是合適的統計檢定方法

異產生的變異數，接著，對兩類變異數進行比較。

實際上，ANOVA 在許多情況下類似於 t 檢定（其實如果 ANOVA 只比較兩個群體的平均值差異，就是 t 檢定），在這兩項方法中，都需要計算平均數的差，但 ANOVA 要處理多於兩個平均數。例如：我們調查每個星期待在幼兒園 5、10 和 20 個小時對語言發展的影響。每個孩子所屬的組別就是處理變數，或者就是分組因子，語言發展是被解釋變數或者是結果測量。實驗設計看起來如下表所示，一個變數（參加時數）有三個等級。分析上來說，我們將這種類別變量稱為一個因子，R 也是如此。

組 1（每星期 5 小時）	組 2（每星期 10 小時）	組 3（每星期 20 小時）
語言發展測試成績	語言發展測試成績	語言發展測試成績

計算 F 檢定統計量

簡單 ANOVA 檢定包含多於兩個群體在一個因素或維度上的平均數差異，例如：你可能想知道四個群體（20、25、30 和 35 歲的年齡群體）對私立學校的公共支援的態度是否有差異；或者你想知道 5 個不同年級（2、4、6、8 和 10 年級）的兒童群體的父母參與學校活動的水準是否有差異。任何分析如果符合：

- 只有一個維度或者一個處理變數，
- 分組因子有多於兩個水準，而且
- 在尋找不同群體在平均分數上的差異。

就需要使用簡單 ANOVA。

F 值，也就是評估群體之間是否有差異之假設所需要的檢定統計量，計算公式如式 15.1 所示。這是簡單的公式，但是相對於前幾章學習的其他檢定統計量來說，需要花費更多精力來計算。

$$F = \frac{MS_{\text{between}}}{MS_{\text{within}}} \tag{15.1}$$

其中

MS_{between}：不同群體的變異數差

MS_{within}：在同群體的變異數差

這個比率背後的邏輯是這樣的。如果每個組中絕對沒有可變性（所有分數都相同），那麼組之間的任何差異都是有意義的，對吧？也許是。ANOVA 公式（是一個比率）比較群組距的變動量（因分組因子而產生）與群組內的變動量（由於隨機因素而產生）。如果比值為 1，那麼群組內差異產生的變動量，等於群組間差異產生的變動量，那麼群組距的任何差異都不顯著。如果群組距的平均差異變大（也就是此比率的分子變大），F 值也變大，如果 F 值變大，則相對於所有 F 值的分布，它就會更趨向於極端值，也就更可能是由於隨機因素之外的因素所造成。

下面是一些資料及初步的計算，用來說明 F 值如何計算。就我們的例子來說，讓我們假定有三組幼兒園學生和他們的語言測試分數。

群體 **1** 的成績	群體 **2** 的成績	群體 **3** 的成績
87	87	89
86	85	91
76	99	96
56	85	87
78	79	89
98	81	90
77	82	89
66	78	96
75	85	96
67	91	93

下面是有名的八個步驟和 F 檢定統計量的計算。

1. 陳述虛無假設和研究假設

式 15.2 的虛無假設表示三個不同群體的平均數沒有差異。ANOVA，也叫做 F 檢定（因為計算得到的是 F 統計量或 F 比值），尋求不同群體之間所有的差異。

F 檢定不是分析配對差異，如群體 1 和群體 2 之間的差異。因此，我們需要使用另一項統計技術，本章後面部分會討論。

$$H_0 : \mu_1 = \mu_2 = \mu_3 \tag{15.2}$$

研究假設則不向 t 檢定那樣直接明瞭。這裡我們有兩個以上的平均數，而研究假設所陳述的是並不是所有的平均數都是相等的。我們不知道三個平均數都不相等，還是只有第一個跟其他兩個不同。要留意的是，此處所假設的平均數差異是沒有方向性的，因為 F 檢定是無方向性的。

2. 設立虛無假設的風險水準（或顯著水準或型 I 錯誤）

風險水準、型 I 錯誤或顯著水準（還有其他名稱嗎？）是 0.05，這完全由研究者決定。

3. 選用合適的檢定統計量

使用圖 15.1 所示的流程圖，我們確定合適的檢定方法是簡單 ANOVA。

4. 計算檢定統計值（也叫做算出值）

現在我們代入特定的值並進行計算。需要進行很多計算。

- F 值是組距差異和組內差異的比值。要計算這些值，首先我們要計算每一種差異，包括組距、組內和總體差異的平方和。
- 組距差異平方和等於所有值的平均數和每一個群體平均數之差的平方和，這意味著每一群體的平均數和總體平均數之差異的大小。
- 組內差異平方和等於群體內每一個特定值和這個群體平均數之間差異的平方和，這意味著群體內每一個值和這個群體平均數之差異的大小。
- 總體差異平方和等於組距差異平方和與組內差異平方和的加總。

現在我們計算這些值。

到現在為止，我們已經討論了單尾和雙尾檢定，但在討論 ANOVA 時，不需要確定單尾或雙尾，因為要檢定兩個以上的群體，而且因為 F 檢定是綜合性的檢定（也就是檢定平均數之間的所有差異），故討論特定差異的方向沒有意義。

圖 15.2 顯示了你先前看到實際數值，計算所有需要計算的組距、組內和總體平方和。首先，我們看看上面這個表，先從這個表的左下角開始：

- n：每個群體的參與者數量（如 10）
- ΣX：每個群體的特定分數的總和（如 766）
- $\overline{X}$：每個群體的平均數（如 76.60）
- $\Sigma(X^2)$：每個分數的平方和（如 59,964）
- $(\Sigma X)^2/n$：每個群體的所有分數和的平方除以群體的大小（如 58,675.60）

其次，我們看看表的右下角：

- n：參與者的總體數量（如 30）
- $\Sigma\Sigma X$：所有群體的分數總和
- $(\Sigma_k\Sigma X)^2/n$：所有分數總和的平方除以 n
- $\Sigma_k\Sigma(X^2)$：所有分數平方的總和
- $\Sigma_k(\Sigma X)^2/n$：每個群體分數和的平方和除以 n

以上是所有需要進行的計算，我們也幾乎完成了。

首先，我們計算所有差異來源的平方和，以下是這樣的計算：

組距平方和	$\Sigma_k(\Sigma X)^2/n - (\Sigma_k\Sigma X)^2/n$，或者 215,171.60 – 214,038.53 = 1,133.07	
組內平方和	$\Sigma_k\Sigma(X^2) - \Sigma_k(\Sigma X)^2/n$，或者 216,910 – 215,171.60 = 1,738.40	
總平方和	$\Sigma_k\Sigma(X^2) - (\Sigma_k\Sigma X)^2/n$，或者 216,910 – 214,038.53 = 2,871.47	

其次，我們需要計算平均平方和，也就是平方和的平均。這些是最終計算 F 比率時，需要的變異數估計值。

我們是以近似的自由度 (df) 去除每一個平方和。還記得嗎？自由度是樣本數或者群體數的近似值。對 ANOVA 來說，我們需要兩類自由度。對組距估計來說，自由度是 $k - 1$，其中 k 等於群體的數目（在這個範例中，有 3 個群體，自由度是 2）。對組內估計來說，我們需要的自由度是 $n - k$，其中 n 是總樣本數（也就是說，自由度是 30 – 3，或 27）。而且 F

愛上統計學：使用 R 語言
Statistics for People Who (Think They) Hate Statistics Using R

群體	考試成績	X^2	群體	考試成績	X^2	群體	考試成績	X^2	
1	87	7,569	2	87	7,569	3	89	7,921	
1	86	7,396	2	85	7,225	3	91	8,281	
1	76	5,776	2	99	9,801	3	96	9,216	
1	56	3,136	2	85	7,225	3	87	7,569	
1	78	6,084	2	79	6,241	3	89	7,921	
1	98	9,604	2	81	6,561	3	90	8,100	
1	77	5,929	2	82	6,724	3	89	7,921	
1	66	4,356	2	78	6,084	3	96	9,216	
1	75	5,625	2	85	7,225	3	96	9,216	
1	67	4,489	2	91	8,281	3	93	8,649	
n	10		10			10			$N = 30.00$
ΣX	766		852			916			$\Sigma\Sigma X = 2{,}534.00$
$\overline{X}$	76.60		85.20			91.60			$(\Sigma\Sigma X)^2/N = 214{,}038.53$
$\Sigma(X^2)$	59,964		72,936			84,010			$\Sigma\Sigma(X^2) = 216{,}910$
$(\Sigma X)^2/n$	58,675.60		72,590.40			83,905.60			$\Sigma(\Sigma X)^2/n = 215{,}171.60$

圖 15.2 計算單因子 ANOVA 所需要的重要數值

比率是組距差異平方和平均與組內差異平方和平均的簡單比值，或

$$F_{(2,27)} = \frac{566.54}{64.39} = 8.799 \tag{15.3}$$

這就是算出的 F 值。

下面的表格總結了用於計算 F 比率的變異數估計，也是專業期刊和手寫稿中，大多數 F 表出現的形式。

來源	平方和	自由度	平均平方和	F
組距	1,133.07	2	566.54	8.799
組內	1,738.40	27	64.39	
總和	2,871.47	29		

F 值的計算並不容易吧？沒錯，但是我們之前已經說過，至少手動計算一次對瞭解計算過程很重要，計算過程會告訴你這些數字的來源，而且在某些程度上，你會更瞭解這些數字的涵義。

因為你已經瞭解 t 檢定，所以你可能想知道 t 值（總是用於兩個群體平均數差異的檢定）和 F 值（總是用在多於兩個）群體之間的關係。有趣的是，兩個群體的 F 值等於兩個群體 的 t 值平方，或 $F = t^2$。很簡單的問題，對吧？但是如果知道其中一個，而想知道另一個的情況下，也非常有用。

5. 用特定統計量的適當臨界值表決定拒絕虛無假設所需的值，就如之前所進行的，我們需要比較實際值和臨界值。我們現在需要查閱附錄 B 表 B.3，也就是 F 檢定的臨界值分布表。我們的第一個任務是決定分子的自由度，也就是 $k - 1$，或 $3 - 1 = 2$，接著決定分母的自由度，也就是 $n - k$，或 $30 - 3 = 27$。合在一起可以表示為 $F_{(2, 27)}$。

算出值是 8.80，或 $F_{(2, 27)} = 8.80$。在顯著水準為 0.05、分子自由度為 2（由表 B.3 中的欄表示）、分母自由度為 27（由表 B.3 中的列表示）情況下，

臨界值是 3.36。也就是在顯著水準為 0.05、自由度是 2 和 27 的三個群體的平均數的綜合檢定來說，拒絕虛無假設所需要的值是 3.36。

6. 比較實際值和臨界值

實際值是 8.80，而在 0.05 顯著水準下，拒絕三個群體沒有差異之虛無假設（沒有關注差異在什麼地方）的臨界值是 3.36。

7. 和 8. 做出決定

現在我們該做出決定了。如果實際值大於臨界值，就不能接受虛無假設，如果實際值沒有超過臨界值，虛無假設就是最有吸引力的解釋。在這個範例中，實際值超過臨界值，這個值足夠大到我們可以說三個群體之間的差異不是由於隨機因素引起的。如果我們的實驗過程正確，那麼是什麼因素影響結果？很簡單，是在幼兒園的時間。我們知道差異的產生是由於特定的因素，因為群體之間的差異，不可能是由隨機因素引起的，而是由於特定的處理變數。

那麼我如何解釋 $F_{(2, 27)} = 8.80$，$p < 0.05$？

- F 表示我們使用的檢定統計量。
- 2 及 27 是組距估計和組內估計的自由度數值。
- 8.80 是使用本章之前給的公式計算所得的實際值
- $p < 0.05$（是這個簡短運算式中，真正最重要的部分）表示對虛無假設的任何檢定來說，每個群體語言技能的平均成績有不同的原因，是由於隨機因素而不是實驗變數的影響的可能性小於 5%。因為我們定義 0.05 作為研究假設比虛無假設更有吸引力的標準，我們的結論就是三個群體之間存在顯著差異。

真的很重要的專業討論

想像這樣的情節。你是廣告公司的高階研究者，想知道顏色是否影響銷售，而且你在 0.05 的顯著水準下，進行檢定。你將黑白、25% 帶彩色、50% 帶彩色、75% 帶彩色和 100% 帶彩色的產品集合在一起，構成 5 個不同的水

準，然後進行 ANOVA 並發現有差異存在。但是 ANOVA 是綜合性檢定，你不知道顯著差異的來源，因此，你一次只能選擇兩個群體（如 25% 帶彩色和 75% 帶彩色），然後進行相互檢定。實際上，你要檢定每一個兩兩群體組合的差異。需要這樣做嗎？不可能，這是在進行多元 t 檢定，而多元 t 檢定實際上違反一些原則。當進行多元 t 檢定時，由於要執行的檢定數量增加，型 I 錯誤（你設定為 0.05）發生的可能性提高。這項檢定中有 10 對可能的群體差異比較（如沒帶彩色與 25% 帶彩色，沒帶彩色與 50% 帶彩色，沒帶彩色與 75% 帶彩色，等等），型 I 錯誤真正發生的可能性是

$$1-(1-\alpha)^k \tag{15.4}$$

其中

- α：型 I 錯誤發生的水準，在這個範例中是 0.05
- k：比較的次數

因此，每一對比較群體被檢定時，實際的型 I 錯誤不是 0.05，而是

$$1-(1-0.05)^{10} = 0.40(!!!!!)$$

這遠遠超過了 0.05。這代表你有 40% 的機率會在不該拒絕的時候，拒絕了虛無假設。

使用 R 計算 F 比率

你可以前往 edge.sagepub.com/ salkindshaw 看 R 的教學影片

F 比率不容易手動計算，須經過太多的計算才能得出 F 比率。使用電腦會更容易、更準確，因為電腦可以消除計算上的誤差。也就是說，你應該很高興看到手動計算了這個值，因為這是一項你應該掌握的技能，但是也很高興，我們可以使用 R 以及函式 aov() 代勞。

我們使用第 15 章資料集 1 (chl5dsl.csv) 中的資料，也就是之前幼兒園範例中使用的資料。

1. 匯入資料，然後查看。確保有一個「組」的欄位，並且該欄中有三個組。

愛上統計學：使用 R 語言
Statistics for People Who (Think They) Hate Statistics Using R

從閱讀和查看我們的資料集開始：

```
> ch15ds1 <- read.csv(file.choose())
> View(ch15ds1)
>
```

在輸入 View(ch15ds1) 函式之後，RStudio 應該會顯示一個表，如圖 15.3
所示。使用右側的滾動條，向下滾動以查看 10 小時和 20 小時的組。
如果你遵循此步驟，則應該在電腦上看到非常相似的內容。

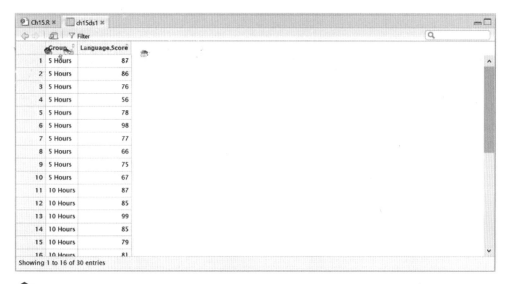

圖 15.3 檢視物件 ch15ds1 的前 15 列

2. 按組查看敘述性統計數據。要執行此步驟，我們需要先告訴 R，我們將
在心理庫中使用一個方便的函式。在第 5 章的末尾，我們向你介紹了
describe 函式，但你可能尚未安裝它，所以讓我們開始吧。

```
> install.packages("psych")
>
```

3. 安裝套件後，我們使用 library() 函式告訴 R，我們要使用該套件。

```
> library(psych)
>
```

4. 現在，讓我們使用 describeBy()，它需要知道為哪個變量提供敘述性統計訊息（平均值、標準差等）以及分組（因子）變量的名稱。

```
> describeBy(ch15ds1$Language.Score, group = ch15ds1$Group)
Descriptive statistics by group
group: 10 Hours
 vars  n mean  sd median trimmed  mad min max range skew kurtosis   se
X1  1 10 85.2 6.2     85   84.38 5.19  78  99    21 0.89    -0.15 1.96
----------------------------------------------------------------
group: 20 Hours
 vars  n mean   sd median trimmed  mad min max range skew kurtosis   se
X1  1 10 91.6 3.41   90.5   91.62 2.97  87  96     9 0.26    -1.72 1.08
----------------------------------------------------------------
group: 5 Hours
 vars  n mean    sd median trimmed   mad min max range skew kurtosis   se
X1  1 10 76.6 11.96   76.5    76.5 14.08  56  98    42 0.05     -0.9 3.78
>
```

看起來，每個組的平均值是不同的，如果在三個組中平均值均不相等，這就是我們應該看到的情況。我們還可以看到每個組有 10 個觀測值 (n = 10)。

5. 執行 ANOVA!

```
> m1 <- aov(Language.Score ~ Group, data = ch15ds1)
>
```

我們從函式 aov() 開始。這是每個部分的涵義：

- m1：存儲我們的結果的物件名稱

- <-：分配符號
- aov：函式的名稱
- Language.Score：因變量的名稱
- ~：一個符號，表示由後者來作為分群依據
- Group：分組變量
- data = ch15ds1：我們的資料物件的名稱

總而言之，我們告訴 R，我們想在我們的因變量 Language 上執行 aov。按組預測的得分，這些變量可以在 ch15ds1 中找到。另外，請將這些結果儲存在 m1 中。為了查看結果，我們將查看一個名為 summary() 的函式。

```
> summary(m1)
            Df   Sum Sq   Mean Sq   F value   Pr(>F)
Group        2    1133     566.5     8.799    0.00114 **
Residuals   27    1738      64.4
---
Signif. codes: 0 '***' 0.001 '**' 0.01 '*' 0.05 '.' 0.1 ' ' 1
>
```

上面的範例中的來源表相似，R 會傳回自由度、平方和、平方和的平均值、F 值以及相應的 $p = 0.00114$。從該輸出中，我們可以報告 $F_{(2, 27)} = 8.80$，$p = 0.001$ 的結果。

第 3 章之前，我們已經看到了 summary()。在此之前，我們在資料框上使用它，因此 R 為我們提供了有關資料框中，每一列資料的摘要統計訊息。這次，我們將它用於 aov() 的結果。R 意識到我們要從統計計算中獲取匯總結果，並更改其功能。summary() 就是這麼聰明！在這種情況下，我們得到一個看起來像來源表的表，以及 Pr (> F) 下的 p 值和統計訊息。它不能完全重現它，但是我們可以將「組」和「殘差總和」值相加以得到「總計」列。

記住，這個假設是在 0.05 級水準下測試的。R 輸出提供了結果的確切概率，0.001。這比 p 值準確得多，而且更不可能大於 0.05。

簡單變異數的效應量

在前面的章節中，你瞭解了我們如何使用 Cohen's d 來衡量效應量。你也可以將 Cohen's d 用於變異數分析，但需要針對每一對群體進行計算。在這裡，我們改變方向，並使用一個稱為 eta 平方或 η^2 的值。此效應量一次適用於所有組。與 Cohen 的 d 一樣，圖的大小取決於效應量：

- 較小的效應量約為 0.01。
- 中等效應量大小約為 0.06。
- 大效應量約為 0.14。

現在到實際效果的大小。

η^2 的公式如下：

$$\eta^2 = \frac{SS_{between}}{SS_{total}} = \frac{SS_{between}}{SS_{between} + SS_{residual}} \tag{15.5}$$

你可以直接從 R（或手動執行）生成的來源表中獲取該訊息。誠然，R 並沒有給我們平方和 (SS_{total})，但我們可以輕鬆地將平方和之間的差 ($SS_{between}$) 和殘差平方和 ($SS_{residual}$) 相加來得出總數。另一個棘手的事情是 R 並沒有命名 $SS_{between}$，而是使用分組變量的名稱。

在我們之前使用的三個組的範例中，$SS_{between}$ 等於 1,133，$SS_{residual}$ 等於 1,738，SS_{total} 等於 2,871。簡單的計算是

$$\eta^2 = \frac{1,133}{1,133 + 1,738} = \frac{1,133}{2,871} = 0.39$$

根據對於圖的大、中、小準則，η^2 為 0.39 會產生很大的影響。效應量是幫助評估 F 比率的絕佳工具，事實上幾乎所有的測試統計資料都是如此。

但差異在哪呢？

現在你已經執行了 ANOVA 分析，也知道三個、四個或者更多群體之間有差異，但是差異處在哪裡？

你已經知道不能進行多元 *t* 檢定，你需要進行**事後** (post hoc) 比較。在此，每一個群體的平均數都和另一個群體的平均數比較，然後來看差異發生在什麼地方，但是最重要的是，每一次比較的型 I 錯誤都控制在你設定的相同水準。有許多不同的比較方法，其中一個就是 Tukey 誠實顯著差異 (HSD) 測試。Tukey 的 HSD 測試只有 ANOVA 上進行的 *F* 測試具有統計意義時，才會一一將各組拿出來兩兩單獨比對。

在進行事後測試之前，讓我們看一下這三組語言成績的箱形圖。根據你在圖 15.4 中看到的內容，你認為事後檢驗所有群體的平均值結果是什麼？

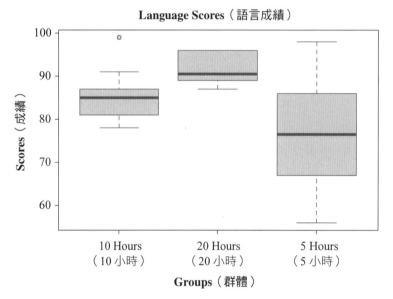

圖 15.4　各組語言成績的箱形圖

為了使用 R 完成此特定分析，我們使用一個稱為 TukeyHSD 的函式。該功能唯一需要的是 ANOVA 的結果。預設情況下，信賴區間為 95%，與統計顯著性的 *p* 值 0.05 相符。

```
> TukeyHSD(m1)
Tukey multiple comparisons of means
95% family-wise confidence level
Fit: aov(formula = Language.Score ~ Group, data = ch15ds1)
```

```
$`Group`
                    diff        lwr       upr      p adj
20 Hours-10 Hours    6.4   -2.497288  15.2972884  0.1941234
5 Hours-10 Hours    -8.6  -17.497288   0.2972884  0.0596448
5 Hours-20 Hours   -15.0  -23.897288  -6.1027116  0.0007780
>
```

此結果告訴我們什麼？首先為我們顯示測試的名稱、信賴區間和原始的 ANOVA 命令。然後顯示了有關平均值差異的結果。第一列將 20 小時組與 10 小時組進行比較。兩組平均值之差為 6.4；平均值的 95% 信賴區間 (CI) 為 [−2.50, 15.30]；$p = 0.19$。我們如何解釋這個結果？對於差異分數，我們想知道它們是否不同於 0。95% CI 包含 0，這意味著 6.4 的平均差異在統計上與 0 沒有差異。你要如何更正式地報告此結果？請參考下列報告方式：在學齡前兒童的 20 小時學習與 10 小時學習的得分沒有差異。$\overline{X}_{20,10} = 6.4$，95% CI [−2.50, 15.30]，$p = 0.19$。

第二列比較的是 5 小時組與 10 小時組，我們可以得出相同的結論，即這兩組沒有區別。但是第 3 列就有意思了，在這種情況下，5 小時與 20 小時的組別之間的平均值差為 −15.0 點。CI 為 [−23.90, −6.10]，不包含 0。請注意，$p = 0.0007780$，比 0.05 小得多。我們可以得出什麼結論？學齡前兒童在 5 個小時內的語言得分與 20 個小時相比有差異，僅上 5 個小時的學生的得分比同齡人低 15.0 分 (95% CI [−23.90, −6.10]，$p < 0.001$)。

真實世界的統計

當研究人員結合不同學科的專業來回答不同的問題，有多有趣呢？只要看一下這裡所出現的期刊：《音樂與醫學》(*Music and Medicine*)。在這個研究中，作者檢視了表演音樂家的焦慮感，他們檢定了 5 位職業歌手和 4 位笛子演奏家的刺激程度，此外，他們利用一個 5 點制的李克特量表來評估這些受試者的緊張程度。每一位音樂家在有觀眾（像是一場音樂會）和沒有觀眾（像是彩排預演）的情境下，表演一段放鬆的和緊張的曲目，然後，研究人員利用單因子變異數分析測量他們的心跳速率 (HR) 和心跳速率的變異性

(HRV)，結果顯示這些受試者在這四種不同情境（輕鬆 / 彩排、緊張 / 彩排、輕鬆 / 音樂會、緊張 / 音樂會）下有顯著的差異，而且，當檢視年齡、性別或工具（歌曲或笛子）這些因素時，並沒有顯著差異存在。

想要知道更多嗎？可以上網或到圖書館閱讀有關這篇文章：

Harmat, L., & Theorell, T. (2010). Heart rate variability during singing and flute playing. *Music and Medicine, 2*, 10–17.

小結

　　變異數分析 (ANOVA) 是《愛上統計學：使用 R 語言》這本書中最複雜的推論檢定，你需要付出許多的注意力來進行手動計算，即使可以使用 R，你也必須真的瞭解這是綜合性的檢定，且不能給你配對群體差異的資訊。如果你選擇緊接著進行事後分析，你才真正完成與這項強有力的工具相關的所有工作。我們還會介紹因子變異數分析，可以分析兩個或更多因子，但是我們主要討論兩個因子的變異數分析，而且 R 會展示具體的方式。

練習時間

1. 什麼時候變異數分析是比一對平均數的檢定更適合使用的統計方法？

2. 如果你能夠拒絕基於 F 檢定、其 p 值和臨界值的虛無假設，那麼你對不同組的平均值該如何解讀？

3. 使用下面的表，提出三個簡單一元 ANOVA 範例、兩個兩因子 ANOVA 範例和一個三因子 ANOVA 範例。我們列出一些範例，換你列出其他的例子，務必指認分組變數和檢定變數。

設計	分組變數	檢定變數
簡單 ANOVA	訓練時間分為四個水準—— 2、4、6 和 8 個小時	打字的準確度
	填入你的範例	填入你的範例
	填入你的範例	填入你的範例
	填入你的範例	填入你的範例
兩因子 ANOVA	訓練和性別的兩個水準（2 × 2 設計）	打字的準確度
	填入你的範例	填入你的範例
	填入你的範例	填入你的範例
三因子 ANOVA	訓練和性別的兩個水準、收入的三個水準	選舉態度
	填入你的範例	填入你的範例

4. 使用第 15 章資料集 2 (ch15ds2.csv) 和 R，計算用以比較游泳者每週訓練的平均時間（< 15，15-25 以及 > 25 小時）這三個水準的 F 比率，結果變數是游 100 碼自由式的時間，回答「訓練時間是否會產生差異」這個問題。不要忘記使用「選項」來得到群體平均數。

5. 下面的資料是由想要瞭解三組員工的壓力總量是否不同的研究者所蒐集的，你可以在第 15 章資料集 3 (ch15ds3.csv) 中找到。群體 1 的員工是在早上／白天輪班工作，群體 2 的員工是在白天／晚上輪班工作，群體 3 的員工是在晚上輪班工作。虛無假設是群體之間的壓力總量是沒有差異的，利用 R 進行檢定，並提出你的結論。

6. 麵條公司想要知道什麼麵條厚度是消費者在味覺上是最喜愛的（在 1 至 5 的尺度上，1 代表最喜歡的），因此，食品製造業者對此進行檢定，資料在第 15 章資料集 4 (ch15ds4.csv)，分析結果是有顯著差異（$F_{(2, 57)}$ = 19.398，$p <$ 0.001），薄麵條是最受歡迎的。但是，薄、中和厚麵條之間的差異是什麼？事後多重比較分析可以解答。

7. 為什麼只有在 F 值顯著時，適合事後分析？

學生學習網址

　　你可以連上 **edge.sagepub.com/salkindshaw** 找到其他的練習題目與電子快閃卡片 (eFlashcards)，也可觀賞 R 的教學影片，並可下載檔案資料集！

16

兩個以上的因子
——因子變異數分析的簡要介紹

本章學習內容

✦ 何時使用多於一個因子的變異數分析。

✦ 什麼是主效應和交互效應。

✦ 如何使用 R 完成因子變異數分析。

✦ 計算因子變異數分析效應量

因子變異數分析的介紹

人們如何做出決策，幾十年來已經成為迷惑心理學者的過程之一。這些研究所得到的資料被廣泛應用在廣告學、商業、計劃和宗教領域。米爾蒂亞蒂斯・普羅阿斯 (Miltiadis Proios) 與喬治・多加尼斯 (George Doganis) 研究了積極參與決策過程（在一系列的情境下）的經驗和年齡如何對道德論證產生影響。研究樣本由 148 個裁判所構成，包含了 56 個足球裁判、55 個籃球裁判以及 37 個排球裁判，他們的年齡範圍是 17-50 歲，性別不被列為重

要變數。在整個樣本中，大約 8% 沒有在社會、政治或運動領域全面參與決策制定過程的任何經驗；大約 53% 表現積極但是沒有全面參與；大約 39% 不但表現積極，也參與該組織所作的決策。雙因子變異數分析顯示了經驗和年齡對道德論證及裁判的目標導向的交互影響。

為什麼是雙因子變異數分析？很簡單，它有兩個獨立因子，第一個是經驗水準，第二個是年齡。如同任何變異數分析程序，我們有：

1. 對年齡主效應的檢定；
2. 對經驗主效應的檢定；
3. 對經驗和年齡之交互效應的檢定（結果是顯著的）。

在檢定不止一個因子或者獨立變數時，變異數分析非常酷的一點是研究者可以分析每一個因子的個別效應，同時可以透過交互效應，分析兩者的共同 效應，在本章後面的部分，會進行更多的討論。

是否想瞭解更多？查閱 Proios, M., & Doganis, G. (2003). Experiences from activemembership and participation in decision-making processes and age in moral reasoning and goal orientation of referees. *Perceptual and Motor Skills*, *96*(1), 113-126.

通往智慧與知識的道路

下面介紹如何使用圖 16.1 所示流程圖來選擇 ANOVA（但現在多於一個因子）作為合適的檢定統計量，沿著圖中加底色的系列步驟就可以。

1. 我們檢定不同群體的分數之間的差異，在這個範例中，是檢定經驗水準和年齡之間的差異。
2. 參與者只接受一次測試。
3. 我們檢定兩個或更多個群體。
4. 我們處理多於一個因子或獨立變數。
5. 合適的檢定統計量是因子變異數分析。

就如在第 15 章一樣，我們已經確定 ANOVA 是正確的方法（檢定多於

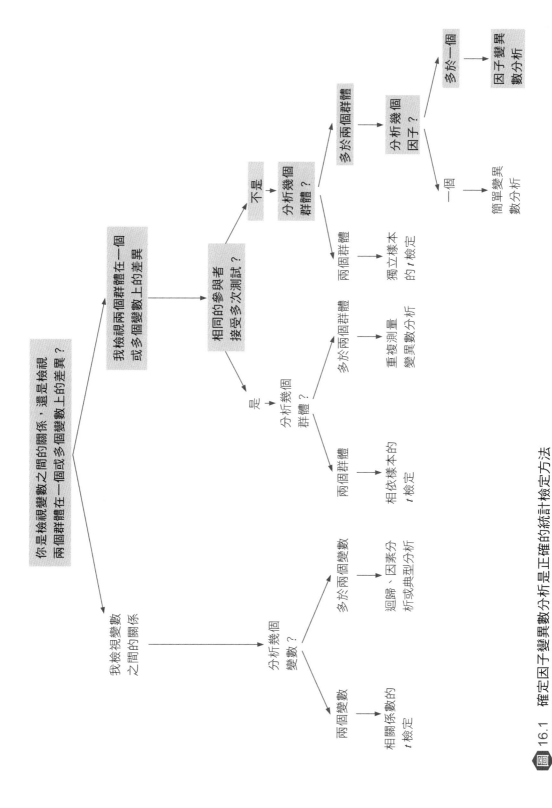

圖 16.1 確定因子變異數分析是正確的統計 t 檢定方法

兩個群體之間的差異，或者獨立變數多於兩個水準之間的差異），但是因為我們要處理不止一個因子，所以，因子 ANOVA 是正確的選擇。

ANOVA 的新選擇

你已經瞭解 ANOVA 至少有一種形式，也就是第 15 章討論的簡單變異數分析。簡單變異數分析只分析一個因子或者處理變數（如群體的會員身分），而且這個因子或者處理變數可分為多於兩個的群體或水準。

現在，我們將整個技術提升一級到可以同時分析多於一個因素，並稱為**因子變異數分析** (factorial analysis of variance) 雙因子變異數分析 (two-way ANOVA)。

現在我們來看一個包含兩個因子的簡單範例：性別（男和女）和處理變數，這是處理變數為不同類型的訓練專案（高強度和低強度），以及結果，即體重減少的數量。這個範例的實驗設計看起來像是：

		訓練專案	
		高強度	低強度
性別	男性		
	女性		

接著，我們來看主效應和交互效應看起來像什麼。現在不進行許多資料資料分析，要到本章的最後才會有資料分析，現在只是看和學習。甚至型 I 錯誤的確切機率也在最後結果才提供（而且我們不需要把像是 $p < 0.05$ 等陳述混雜在一起）。我們使用 0.05 作為拒絕虛無假設的準則。

就因子分析來說，你可以提出並回答三個問題：

1. 兩個訓練專案水準（也就是高強度和低強度）對體重減少的效果之間是否有差異？
2. 性別的兩個水準（男性和女性）對體重減少的效果之間是否有差異？
3. 高強度或低強度專案對男性或女性是否有不同的效應？

問題 1 和問題 2 討論主效應的存在，問題 3 則討論兩個因子之間的交互

效應。

一堆效應

你可能還記得，變異數分析的主要任務是測試兩個或多個組之間的差異。與單個因子相關的結果稱為主效應。當我們同時討論兩個因素的影響時，我們將討論一種交互效應。

從交互效應開始

在我們的範例中，四個組中的每組有 5 位參與者，總共 20 位。這就是分析結果的樣子。這與我們在第 15 章中介紹的來源表的形式類似。

表 16.1　減重相關的相依變數的交互效應

來源	型 **III** 平方和	自由度	平均平方和	**F**	顯著性
截距	86,329.8	1	86,329.8	19,845.93	**.000**
處理	1.8	1	1.8	0.42	**.529**
性別	2,000.0	1	2,000.0	459.77	**.000**
處理 * 性別	0.8	1	0.8	0.18	**.674**
殘差	69.6	16	4.35		

好的，讓我們從處理和性別（處理 x 性別）交互作用對減肥的影響開始。表中最後一列的第二個顯示 $F_{(1, 16)} = 0.18$，$p = 0.67$。因此，處理和性別不會相互作用，我們將無法拒絕虛無假設。當考慮到性別和處理時，兩組沒有什麼不同。現在，讓我們繼續討論不相互作用的處理方法和性別。

主要事件：因子 **ANOVA** 的主效應

如果資料分析表明了任何因子的不同水準之間存在差異，我們就會說存在主效應。在我們的範例中，四組中每個組有 5 位參與者，總共 20 人，下面的表就是分析結果，這與我們在第 15 章中介紹的來源表的形式類似。

表 16.2 主效應與交互效應檢定，依變數：體重減少

來源	型 III 平方和	自由度	平均平方和	F	顯著性
截距	86,329.8	1	86,329.8	19,845.93	.000
處理	1.8	1	1.8	0.42	.529
性別	2,000.0	1	2,000.0	459.77	.000
處理 * 性別	0.8	1	0.8	0.18	.674
殘差	69.6	16	4.35		

　　現在只注意來源欄和顯著性欄（有加粗體顯示）。我們可以得出的結論是有性別主效應（$F_{(1, 16)} = 2,000.0$，$p < 0.001$），而沒有處理主效應（$F_{(1, 16)} = 1.8$，$p = 0.53$），而且這兩個主要因子之間沒有交互效應（$F_{(1, 16)} = 0.8$，$p = 0.67$）。因此，對減少體重來說，在高強度組或低強度組並不重要，但是男（或女）卻很重要，而且因為處理因子和性別之間沒有交互效應，所以處理對性別沒有差異效應。

其他列

　　intercept：截距是指在加入因素之前的平均降低體重。

　　residual：殘差是指群體內部誤差變數，它是計算 F 時分母的一部分。預設情況下，R 將為你提供這兩行，但我們將不對其解釋。

按組別繪製平均值

　　如果你將這些值的平均數繪圖，就會得到如下的圖形（圖 16.2）。

　　在圖 16.2，你可以看到男性和女性在體重減少軸相差的距離很大（所有男性的平均數是 75.7，所有女性的平均數是 55.7）。但是對處理變數來說（如果你計算了平均數），你會發現差異很小（高強度專案的平均數是 66.0，低強度的平均數是 65.4)。當然，現在這是變異數分析，群體內的變異很重要，但是在這個範例中，你可以看到在每一個因子中（如性別）群體（如男性和女性）間的差異，以及它們如何反映在分析的結果中。圖 16.2 提供的另一個提示是，這兩條線彼此平行，告訴你這兩者的平均以相同的方

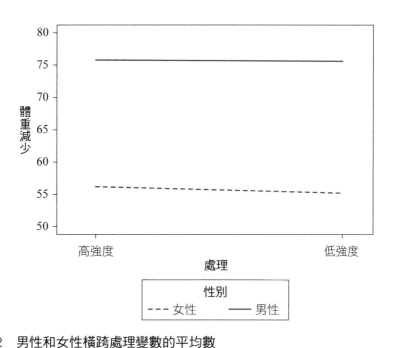

圖 16.2 男性和女性橫跨處理變數的平均數

式進行改變，所以不會影響彼此。

你看出來我們在做什麼了嗎？檢查完模型中重要的部分後，我們將會介紹最複雜的部分，再介紹簡單的部分。如果交互作用是統計上顯著的，我們就不能解釋主效應，因為交互效應已經遮蓋了主效應。但如果交互效應在統計上不顯著，我們就可以解釋主效應，這就是我們在這個範例中做的事情。

或許更有趣的：交互效應

表 16.3 的結果用於另一項研究，研究了處理和性別對減肥的影響。在這種情況下，我們每個小組有 10 個人，四個小組共有 40 名參與者。像前面的例子一樣，我們也測試了處理和性別之間的相互作用。在這裡，性別之間的互動，$F_{(1, 36)} = 1,050.63$，$p = 0.004$，這是一個非常有意思的結果。實際上，如果你同時考慮這兩種情況，那確實很重要，這樣一來，處理對男性的體重減輕的影響，確實與對女性的體重減輕的影響不同。

表 16.3   主效應與交互效應檢定，依變數：體重減少

來源	型 III 平方和	自由度	平均平方和	F	顯著性
截距	218,892.025	1	218,892.025	2,017.39	**.000**
處理	265.225	1	265.225	2.44	**127**
性別	207.025	1	207.025	1.91	**.175**
處理 * 性別	1,050.625	1	1,050.625	9.68	**.004**
殘差	3,906.100	36	108.503		

圖 16.3 顯示了四個組的平均值的圖表。與圖 16.2 不同，這些線絕對不是平行的。

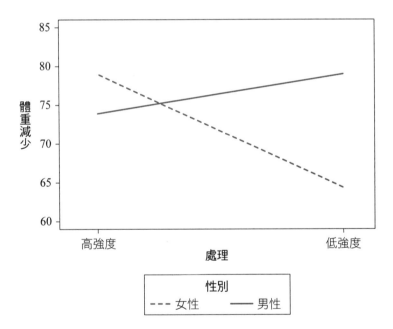

圖 16.3   男性和女性橫跨處理變數的平均數

下面列出實際的平均數：

	男性平均數	女性平均數
高強度	73.70	79.40
低強度	78.80	64.00

如何理解這個結果？這解釋非常直接了當。下面是我們所表達的，而聰明如你，應該認得出來，這就是之前我們所列出的三個問題的答案。

1. 處理變數和性別之間有明顯的交互效應，也就是說，在高強度專案中，女性體重減少的幅度比男性大，而在低強度專案中，男性體重減少的幅度比女性大。
2. 沒有運動類型主效應。
3. 沒有性別主效應。

事實上，瞭解交互效應規模（或是沒有交互效應）的最簡單方法之一就是利用平均數畫圖，就像我們在圖 16.3 所做的一樣，這些線條之間不一定總是急劇地交叉，這種圖形的出現也是看 x 軸檢視什麼變數而定，不過，利用平均數畫圖，通常是理解主效應和交互效應產生什麼效果的唯一方式。

這是特別需要記憶的內容。如果你接觸的不多（且不曾閱讀本章），你可能會以為你必須做的分析，就只是男性和女性平均數之間的簡單 t 檢定，或者參與高強度訓練專案的群體，和參與低強度專案群體的平均數之間的另一種簡單 t 檢定，你不會有任何發現。但是如果用到主要因子之間交互效應的想法，你就會發現差異性效應的存在，這是在其他的分析中沒有被注意到的結果。的確，如果你可以接受這項結果，交互效應實際上是任何因子變異數分析中，最有趣的結果。

關於變異的假設

回到第 13 章，當我們查看 t 檢定結果時，我們需要找出兩組之間的變異數是否相等。如果變異數不相等，我們將 R 中的語法更改為 Welch 的 t。像 t 檢定一樣，變異數分析也假設所有組的變異數均相等。對我們來說，幸運的是，我們可以像在 t 檢定狀況下那樣使用 Levene 檢定來為我們進行評估。 在下面的 R 步驟中，我們將檢查此假設。

使用 R 計算 *F* 檢定統計量

現在要教你一種改變。在《愛上統計學：使用 R 語言》的整

你可以前往
edge.sagepub.com/
salkindshaw 看 R 的
教學影片

本書中，我們已經提供範例，說明如何使用古老的方式（用計算機手動計算），或者應用如 R 的統計分析套裝軟體進行特定的統計分析。由於因子變異數分析的引進，我們只使用 R 來說明分析，這不是由於用計算機完成因子 ANOVA 更具知識上的挑戰性，而是由於計算工作量太大。也就是因為這個原因，我們不準備含括手動計算，而是直接進行重要值的計算，並且將更多的時間用在解釋方面。

我們使用之前顯示有顯著交互效應的資料。可參照第 16 章資料集 1 (ch16ds1.csv)。

處理變數→	高強度	高強度	低強度	低強度
性別→	男性	女性	男性	女性
	76	65	88	65
	78	90	76	67
	76	65	76	67
	76	90	76	87
	76	65	56	78
	74	90	76	56
	74	90	76	54
	76	79	98	56
	76	70	88	54
	55	90	78	56

這裡是一些步驟和 *F* 檢定統計量的計算。你在這裡沒有看到「有名的八個步驟」的原因是（好吧，是有 10 個），這是本書從頭到尾第一次（也是唯一一次）不用手動計算，而只用電腦計算。如我前面所說過的，就這個程度的課程而言，這個分析太過於勞力密集。

1. 陳述虛無假設和研究假設

實際上，這裡出現三個虛無假設（式 16.1a、16.1b、16.1c），表明兩個因子的平均數之間沒有差異，沒有交互效應。現在就開始。

首先，對處理變數來說，

$$H_0 : \mu_{\text{high}} = \mu_{\text{low}} \tag{16.1a}$$

對性別變數來說，

$$H_0 : \mu_{\text{male}} = \mu_{\text{female}} \tag{16.1b}$$

對處理變數和性別之間的交互效應來說，

$$H_0 : \mu_{\text{high.male}} = \mu_{\text{high.female}} = \mu_{\text{low.male}} = \mu_{\text{low.female}} \tag{16.1c}$$

式 16.2a、16.2b、16.2c 所顯示的研究假設，表示群體的平均數之間有差異，而且存在交互效應。具體內容如下：

首先，對處理變數來說，

$$H_1 : \overline{X}_{\text{high}} \neq \overline{X}_{\text{low}} \tag{16.2a}$$

對性別變數來說，

$$H_1 : \overline{X}_{\text{male}} \neq \overline{X}_{\text{female}} \tag{16.2b}$$

對處理變數和性別之間的交互效應來說，我們需要用一個句子來描述它，因為一個簡單的公式行不通：並非所有透過交叉比對的處理和性別變數所組成的四個群體都是相同的平均值。

2. 設立虛無假設的風險水準（或顯著水準或型 I 錯誤）

風險水準、型 I 錯誤或顯著水準（還有其他名稱嗎？）是 0.05，這完全由研究者決定。

3. 選用合適的檢定統計量

使用圖 16.1 所示的流程圖，我們決定合適的檢定是因子 ANOVA。

4. 計算檢定統計值（也叫做算出值）

我們將使用 R 來計算，這裡是具體的步驟。我們使用前述的資料，這些資料可以從《愛上統計學：使用 R 語言》這本書的網站下載，請參考附錄 C，用 Read 函式匯入資料並用 View 來檢視資料。檢查一下是否有 Treatment（治療）、Gender（性別）、和 Loss（減重）這三個欄位。

```
> ch16ds1 <- read.csv(file.choose())
> View(ch16ds1)
>
```

讓我們仔細檢查四個組中每個組的平均值：女性高強度、女性低強度、男性高強度和男性高強度。我們應該得到與表 16.3 相同的數字。為此，我們將在 psych 套件中，使用一個方便的函式，稱為 describeBy()。

```
> library(psych)
> describeBy(ch16ds1$Loss, group = list(ch16ds1$Treatment,
ch16ds1$Gender))
Descriptive statistics by group
: High Impact
: Female
   vars  n mean    sd median trimmed  mad min max range  skew kurtosis   se
X1    1 10 79.4 11.89   84.5   79.88 8.15  65  90    25 -0.23       -2 3.76
------------------------------------------------------------------------
: Low Impact
: Female
   vars  n mean    sd median trimmed  mad min max range skew kurtosis   se
X1    1 10   64 11.23   60.5   62.38 9.64  54  87    33 0.81     -0.8 3.55
------------------------------------------------------------------------
: High Impact
: Male
   vars  n mean   sd median trimmed mad min max range  skew kurtosis   se
X1    1 10 73.7 6.67     76    75.5   0  55  78    23 -2.15     3.21 2.11
------------------------------------------------------------------------
: Low Impact
: Male
   vars  n mean    sd median trimmed  mad min max range  skew kurtosis  se
X1    1 10 78.8 11.04     76   79.25 1.48  56  98    42 -0.25    -0.17 .49
>
```

在此輸出中，我們可以看到每個組中有 10 個人，而平均值跟我們所期

望的一樣。

5. 使用 aov 函式計算來源表和 *F*。但是在此之前，我們要告訴 R 更改其每一組資料的方式。總共有六種方法可以用數學的方式比較我們的小組。我們將使用 Helmert 對比，並且只需要為 R 設置一次會話，就可以執行的所有變異數分析。

```
> options(contrasts = c("contr.helmert", "contr.poly"))
> options("contrasts")
$`contrasts`
[1] "contr.helmert" "contr.poly"
>
```

在告訴 R 之後，我們想對分類變量使用 Helmert 對比 ("contr.helmert")，對有序變量使用多項式對比 ("contr.poly")，現在可以執行 ANOVA。

```
> m1 <- aov(Loss ~ Treatment + Gender +
Treatment*Gender, data = ch16ds1)
>
```

此函式看起來很熟悉。我們添加的唯一一件事是另一個因素。讓我們將它逐段分解：

- m1：儲存我們結果 R 物件名稱
- <-：將我們的結果分配給 m1 物件的字符
- aov：運行 ANOVA 的功能
- Loss：我們的因變量
- ~：簡寫，表示可被什麼解釋或等於的意思。
- **處理 + 性別 + 處理 * 性別**：我們告訴 aov，自變量是處理、性別以及透過乘號 (*) 將性別和處理相乘，以得到處理和性別之間的相互作用。
- data = ch16ds1：使用此資料物件。

6. 使用函式 Anova() 取得型 III 錯誤。

```
> Anova(m1, type = "III")
Anova Table (Type III tests)
Response: Loss

                Sum Sq  Df   F value    Pr(>F)
(Intercept)     218892   1   2017.3864  < 2.2e-16 ***
Treatment          265   1      2.4444  0.126693
Gender             207   1      1.9080  0.175698
Treatment:Gender  1051   1      9.6829  0.003631 **
Residuals         3906  36
---
Signif. codes: 0 '***' 0.001 '**' 0.01 '*' 0.05 '.' 0.1 ' ' 1
>
```

現在，這看起來與我們在本章中介紹過的來源表相似。治療：性別 (Treatment:Gender) 是我們的互動效應，通常在研究文章中被視為治療 × 性別。回想一下，「殘差」行是組內方差。R 不提供均方根列。均方列很容易計算：Sum Sq/Df 之和。

查看結果，我們從治療與性別的互動開始。基於 $F_{(1, 36)} = 1,051$，$p = 0.004$，我們知道樣本中的處理與性別問題有關。但是我們可以相信這個結果嗎？

7. 為了確定我們是否可以信任基於 F 檢定的結果，我們需要檢查各組之間變異數相等的假設。虛無假設是所有組均值相等，我們希望不能拒絕虛無假設。我們將 0.05 作為我們的顯著性水準。

```
> leveneTest(Loss ~ Treatment*Gender, data = ch16ds1)
Levene's Test for Homogeneity of Variance (center = median)
      Df  F value  Pr(>F)
group  3   2.0855  0.1193
36
>
```

基於 $F_{(1, 36)} = 2.09$，$p = 0.12$，它的機率 > 0.05，我們將無法拒絕虛無假設，並且我們可以信任結果，因為我們滿足了變異數相等的假設。

8. 為所有四個組建立一個交互圖。對於交互圖的第一個範例，我們使用盡可能多的預設選項。因此，我們只需要告訴函式，x 軸使用什麼變量 (x.factor)、y 軸使用什麼變量 (response)、每行使用什麼變量 (trace. factor)、以及我們要繪製的數字類型即可。預設情況下，interaction. plot 將繪製每個組的平均值：

```
> interaction.plot(x.factor = ch16ds1$Treatment,
+                  trace.factor = ch16ds1$Gender,
+                  response = ch16ds1$Loss)
>
```

這種語法將產生如圖 16.4 所示的圖。

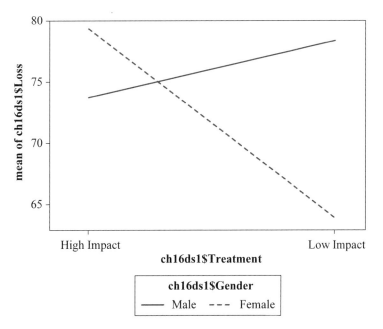

圖 16.4 　男性和女性橫跨處理變數的平均數

稍微調整一下，我們便可以繪製出更好看的圖。語法如下：

```
> interaction.plot(x.factor = ch16ds1$Treatment,
+                  trace.factor = ch16ds1$Gender,
+                  response = ch16ds1$Loss,
+                  fixed = TRUE,
+                  leg.bty = "b",
+                  xlab = "Treatment",
+                  ylab = "Weight Loss",
+                  trace.label = "Gender",
+                  ylim = c(60, 85))
>
```

每個額外的選項都允許我們更改圖的一部分，使我們得到圖 16.3：

- fixed = TRUE：按字母順序列出性別因素。在第一張圖中，男性被列為第一名，因為它在「低強度」下，具有最高的價值。
- leg.bty ="b"：在圖例周圍加一個框
- xlab =「**處理**」：x 軸的名字
- ylab ="weight Loss"：y 軸的名字
- trace.label ="Gender"：圖的名字
- ylim = c (60, 85))：y 軸的範圍從 60 到 85。在圖 16.4 中，該範圍足夠大，可以包括所有四個平均值。在此範例中，我們在 64 的最小均值下方添加了額外的空間，在 79.4 的最大均值上方添加了額外的空間。

我們完成了，我們會得到一張調整後的交互圖！

9. 最後，使用 TukeyHSD 函式比較不同組。由於我們現在具有兩個因子並具有相互作用的因子變異數分析，因此 TukeyHSD 的輸出變得更大了。

```
> TukeyHSD(m1)
Tukey multiple comparisons of means
95% family-wise confidence level
Fit: aov(formula = Loss ~ Treatment + Gender + Treatment * Gender,
data = ch16ds1)
```

```
$`Treatment`
                              diff       lwr      upr      p adj
Low Impact-High Impact  -5.15  -11.83049  1.530493  0.1266935
$Gender
                 diff       lwr       upr       p adj
Male-Female      4.55  -2.130493  11.23049  0.1756979
$`Treatment:Gender`
                                             diff      lwr       upr      p adj
Low Impact:Female-High Impact:Female  -15.4 -27.94609 -2.85391 0.0110583
High Impact:Male-High Impact:Female    -5.7 -18.24609  6.84609 0.6162344
Low Impact:Male-High Impact:Female     -0.6 -13.14609 11.94609 0.9992219
High Impact:Male-Low Impact:Female      9.7  -2.84609 22.24609 0.1782508
Low Impact:Male-Low Impact:Female      14.8   2.25391 27.34609 0.0154282
Low Impact:Male-High Impact:Male        5.1  -7.44609 17.64609 0.6949307
>
```

　　該函式首先為我們提供了主效應的分組比較，但是我們對交互效應非常感興趣，因為這是我們能夠拒絕的假設種類。透過四個組的交叉比對，我們得到六組比較。如果差異為正，則列出的第一組的平均值較高；如果差異為負，則第二組的平均值較高。將注意力集中在 p adj 欄上，我們發現第一組的比較，也就是低強度鍛煉女性和高強度鍛煉女性之間的比較，差異為 −15.4 (95% CI [−27.95, −2.85])，且均值是一樣的機率是 0.01。因此，對於女性而言，鍛煉的類型至關重要。機率 < 0.05 的唯一另一列是倒數第二列。在這種情況下，低強度鍛煉男性與低低強度鍛煉女性差異為 14.8 (95% CI [2.25, 27.35]，$p = 0.02$)。

計算效應量對於因子變異數分析

　　我們使用不同的公式來計算因子變異數分析的效應量，但是想法是相同的。我們仍在對觀察到的差異的大小做出判斷。

　　對於因子 ANOVA，該統計量稱為奧米加 (omega) 平方，由 ω^2 表示，以下是它的公式：

$$\omega^2 = \frac{SS_{\text{between groups}} - (df_{\text{between groups}})(MS_{\text{within group}})}{MS_{\text{within group}} + SS_{\text{total}}}$$

- ω^2：效應量
- SS_{between}：因子之間的平方和，
- df_{between}：總自由度，
- MS_{within}：處理變數的平均值平方和 ($SS_{\text{within}}/df_{\text{within}}$)，且
- SS_{total}：($SS_{\text{between}} + SS_{\text{within}}$) 的平方和

不要被這個公式嚇到；這些術語，你在第 15 章中，就已經看過了，最終 ω^2 值的解釋也與我們前面討論的其他效應量的解釋相同。只不過如何獲得 SS 可能不是很明顯。

對於表 16.1 的範例中名為 Gender 因子的效應量，我們有以下公式：

$$\omega^2 = \frac{2,000 - (1)(4.35)}{4.35 + (2,000 + 69.6)} = 0.96$$

性別的效應量為 0.96。根據我們之前的指引，此效應量 0.96，反映了相關的強度很大。

真實世界的統計

你一定看過這些新聞：某些主要發生在孩童時期的失調行為，在頻率上持續增加，像是自閉症和注意力不足過動症 (ADHD)，這可能是因為改變了診斷的標準，也可能是這些行為的發生次數真的增加。在任何個案中，當在認定這些診斷時，某些行為和結果需要精確地測量被當成是第一步驟，這正是此一研究所探討的相關內容。在一個以 70 位 3 歲、4 歲和 5 歲的小孩所組成的樣本中，行為抑制的衡量被用以檢查因子效度 (factorial validity)、生態效度 (ecological validity) 和五種行為抑制表現衡量的信度，一個以性別和年齡群體（兩個因子）作為自變數的 2 × 3 因子變異數分析，顯示性別和年齡有顯著的主效應，交互效應不顯著。這些測量中，有些和老師的評定有關，有些則否，導致研究人員的結論是，某些行為抑制的衡量可能很有用，其他

則是需要進一步的解釋。

想要知道更多嗎？可以上網或到圖書館閱讀有關這篇文章：

Floyd, R. G., & Kirby, E. A. (2001). Psychmetric properties of measures of behavioral inhibition with preschool-age children: Implications for assessment of children at risk for ADHD. *Journal of Attention Disorders*, 5, 79-91.

小結

我們已經完成了平均數之間差異的檢定，接著，我們要前往檢視相關或兩個變數之間關係的顯著性。

練習時間

1. 何時你會使用因子 ANOVA 而不是簡單 ANOVA，來檢定兩個或更多群體平均數之間差異的顯著性？

2. 建立一個可以進行因子 ANOVA 的 2×3 實驗設計，要確切地指出自變數和依變數。

3. 使用第 16 章資料集 2 (ch16ds2.csv)，用 R 完成分析並解釋嚴重程度和處理類型對減輕痛苦的結果。這是一個 2×3 實驗設計，就像你在問題 2 提出的答案中所看到的。

4. 使用第 16 章資料集 3 (ch16ds3.csv) 並回答下面有關壓力程度和性別對咖啡因的消費量（以每天的咖啡杯數進行測量）是否有影響的分析。

   a. 高度壓力、低度壓力和沒有壓力的群體的咖啡因消費量是否有差異存在？

   b. 不管是哪一個壓力群體，男性和女性的咖啡因消費量是否有差異？

   c. 有無任何交互作用？

5. 這是額外的加分題目：在命名為第 16 章資料集 4 (ch16ds4.csv) 的資料檔中，女生的表現是否比男生好（利用一個能力從 1 到 10 的測驗來評估，10 分是最好的。）？如果是的話，是在什麼情況之下？

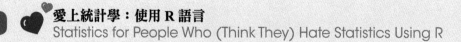
學生學習網址

你可以連上 **edge.sagepub.com/salkindshaw** 找到其他的練習題目與電子快閃卡片 (eFlashcards)，也可觀賞 R 的教學影片，並可下載檔案資料集！

17

親戚或只是好朋友？
──用相關係數檢定關係

難易指數：☺☺☺☺（容易──甚至不需要進行任何計算）

本章學習內容

✦ 檢定相關係數的顯著性。

✦ 詮釋相關係數。

✦ 區別顯著性和有意義 (meaningfulness) 的差異。

✦ 使用 R 分析相關資料並瞭解分析結果。

相關係數檢定之簡介

　　丹尼爾 ・ 舍克 (Daniel Shek) 在他的研究論文「婚姻品質與親子關係品質的相關性」中，告訴我們至少有兩種可能性。首先，失敗的婚姻可能促進親子關係，這是由於父母對婚姻不滿意，就可能以他們與子女的關係替代婚姻中所欠缺的情感滿足。反之，依據外溢效果的假設，失敗的婚姻也可能破壞親子關係，這是由於失敗的婚姻可能增加了撫養子女的困難。

　　舍克研究了 378 對華人夫婦在兩年期間內的婚姻品質和親子關係。他發

現婚姻品質越高，親子關係也越高；單一時間的測量（同一時點）和貫時性的測量（縱跨兩個時點）都支持這項發現。他也發現親子關係的強度對父親和母親而言都是一樣的。這個案例清楚地說明了，當我們想知道變數與變數之間有什麼相關性時，可以如何使用相關係數來進行分析。舍克把父親與母親雙方在兩個時點的數據都交叉計算相關係數，目的只有一個：想看看這些變數之間有沒有相關性。務必記得，這並不是說變數之間有因果關係，而只是說它們之間存在相關性。

是否想瞭解更多？查閱 Shek, D. T. L. (1998). Linkage between marital quality and parent-child relationship: A longitudinal study in the Chinese culture. *Journal of Family Issues, 19*, 687-704.

通往智慧與知識的道路

下面介紹如何使用流程圖選擇合適的檢定統計量來檢定相關係數，沿著圖 17.1 中加底色的系列步驟就可以。

1. 只檢視變數之間的關係，而不是群體之間的差異。
2. 只用兩個變數。
3. 所應使用的檢定統計量是相關係數的 *t* 檢定。

計算檢定統計量

底下這句話或許會讓你放寬心一點：相關係數本身可以作為它自己的檢定統計量。這會讓事情簡單許多，因為你不需要計算任何檢定統計量，而且顯著性的檢定，事實上也非常容易。

我們現在利用下面這組資料作為例子，檢視婚姻品質和親子關係這兩個變數之間的關係。下表中兩組變數的分數範圍從 0 分到 100 分，分數越高表示婚姻越幸福和親子關係越好。

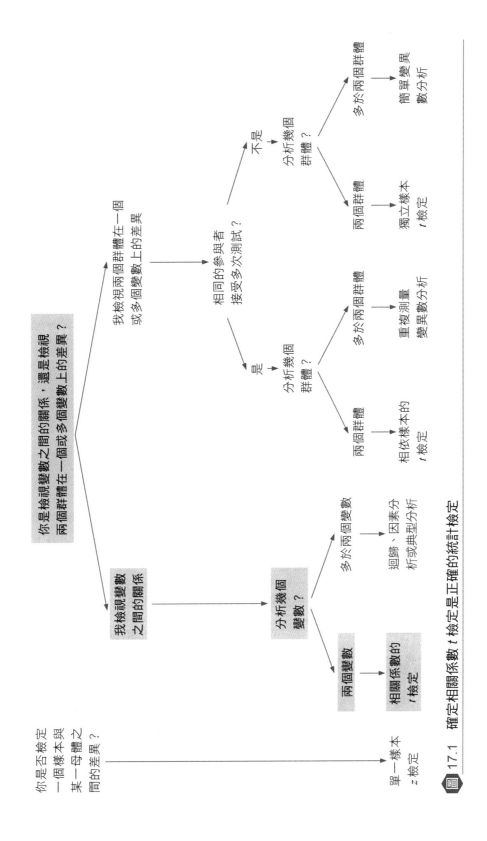

圖 17.1 確定相關係數 *t* 檢定是正確的統計檢定

婚姻品質	親子關係
76	43
81	33
78	23
76	34
76	31
78	51
76	56
78	43
98	44
88	45
76	32
66	33
44	28
67	39
65	31
59	38
87	21
77	27
79	43
85	46
68	41
76	41
77	48
98	56
98	56
99	55
98	45
87	68
67	54
78	33

你可以應用第 7 章的式 7.1 計算皮爾森相關係數。實際計算時，你會得到的結果是 $r = 0.437$。現在我們按步驟檢定這個值的顯著性，並 且對這個值的涵義作出解釋。

如果你需要快速地回顧一下相關的基本概念，可以看一下線上影音檔。

$$r_{xy} = \frac{n\sum XY - \sum X \sum Y}{\sqrt{\left[n\sum X^2 - (\sum X)^2\right]\left[n\sum Y^2 - (\sum Y)^2\right]}} \tag{7.1}$$

以下是有名的八個步驟與 t 檢定統計量的計算。

1. 陳述虛無假設和研究假設

虛無假設是婚姻品質與親子關係之間沒有關係，研究假設是雙尾的無方向假設，因為研究假設只是假定兩個變數之間有關係，而方向並不重要。記住，相關可能是正向的（或直接的）或負向的（或間接的），而且相關係數最重要的特徵是它的大小而不是符號（正或負）。

虛無假設如式 17.1 所示：

$$H_0 : \rho_{xy} = 0 \tag{17.1}$$

希臘字母 ρ 或 rho 表示母體相關係數。

研究假設（式 17.2 所示）表示兩個變數之間有關係，而且這個關係不等於零。

$$H_1 : r_{xy} \neq 0 \tag{17.2}$$

2. 設定虛無假設的風險水準（或型 I 誤差，或顯著水準）

風險水準或型 I 誤差或顯著水準是 0.05。

3. 和 **4.** 選擇合適的檢定統計量

使用圖 17.1 的流程圖，我們確定相關係數是合適的檢定。在這個範例中，我們不需要計算檢定統計量，因為樣本的 r 值（$r_{xy} = 0.437$）本身就是我們的檢定統計量。

5. 使用該檢定統計量的合適臨界值表，來決定用以拒絕虛無假設的數值

附錄 B 的表 B.4 列出了相關係數的臨界值。

首先我們要確定自由度 (df)，自由度近似樣本數。就現在的檢定統計量來說，自由度是 n – 2，或者 30 – 2 = 28，其中 n 等於用來計算相關係數的配對數量。此自由度僅限於這項統計檢定量，不見得適用於其他統計檢定。

使用這個數值 (28)、你願意承擔的風險水準 (0.05)、與雙尾檢定（因為研究假設沒有方向），臨界值是 0.381（使用 df = 25，比使用 30 更為保守）。因此，對顯著水準為 0.05、自由度為 28 的雙尾檢定來說，我們拒絕虛無假設所需要的數值是 0.381。

6. 比較實際值和臨界值

實際值是 0.437，而拒絕兩個變數不相關之虛無假設的臨界值是 0.381。

7. 和 **8.** 做出決定

現在我們該做出決定了。如果實際值（或者檢定統計量的值）大於臨界值（表中列出的值），就不能接受虛無假設；如果實際值沒有大於臨界值，虛無假設就是最有吸引力的解釋，因此我們無法拒絕虛無假設。

在這個範例中，實際值 (0.437) 超過臨界值 (0.381)，這個值大到我們可以說兩個變數（婚姻品質和親子關係）之間的關係，是由於隨機因素之外的因素所引起。因此我們拒絕「婚姻品質與親子關係之間沒有關係」這個虛無假設。

單尾還是雙尾檢定？如果是檢定平均數之間的差異，就非常容易將單尾檢定或雙尾檢定概念化，而且對你來說，也很容易理解相關係數的雙尾檢定（任何與零值的差異都要檢定）。但是單尾檢定呢？實際上也很容易，對於有關係存在之研究假設的有方向檢定，可以假定關係是直接的（正向的）或間接的（負向的），因此，如果你認為兩個變數之間是正向相關，那麼就是單尾檢定；同樣地，如果你認為兩個變數之間有負向相關，那麼也是單尾檢定。只有當你沒有預測關係的方向時，才是雙尾檢定，明白嗎？

好啦，我們是有點取巧。實際上，你可以計算 t 值（類似於不同平均數之間差異的檢定）檢定相關係數的顯著性，計算公式並不比之前幾章學

到的公式難，但是你不會在本章看到。重點是，一些聰明的統計學家已經計算了在不同顯著水準下 (0.01、0.05)、不同樣本數（即不同的自由度）的單尾或雙尾檢定的臨界 r 值，就如你在表 B.4 所看到的。因此，如果你在讀專業期刊時，看到使用 t 值檢定相關，你現在就知道原因了。

那麼我如何解釋 $r_{(28)} = 0.437$，$p < 0.05$？

- r 表示我們使用的檢定統計量。
- 28 是自由度的值。
- 0.437 是實際值，是以第 7 章的公式計算所得的值。
- $p < 0.05$（事實上是這句話中最重要的部分）表示對虛無假設的任何檢定來說，兩個變數之間的關係是肇因於隨機因素的可能性小於 5%，因為我們定義 0.05 作為研究假設比虛無假設更有吸引力的標準，我們的結論就是兩個變數之間的關係是顯著的。這意味著隨著婚姻品質水準的提高，親子關係的水準也提高；同樣地，隨著婚姻品質水準的降低，親子關係的水準也降低。

原因與相關（再一次！）

你可能認為你已經對此有足夠的瞭解，但是這一點實在太重要了，因此我們不得不再次強調。因此，我們再一次強調，僅僅因為兩個變數彼此相關（類似上面列出的範例），並不表示一個變數的變化就能導致另一個變數的變化。換句話說，最高的婚姻品質也無法保證親子關係也有高品質。這兩個變數的相關性可能與其他因素相關，比方說某些使得一個人成為好丈夫、好妻子、或好父母的特質（耐心、理解、犧牲的意願）。同樣的，也很有可能看到有潛力成為好丈夫或好妻子的人，與其親子關係卻相當糟糕。

是否還記得第 7 章中所提到的犯罪與霜淇淋範例？在本章也一樣，僅僅因為變數相關並共享一些相同的特徵，並不意味著這兩個變數之間存在因果關係。

相關係數可以用於許多不同的目的，而且你可能在一些期刊論文中看到相關係數用於估計檢定的信度。不過這些事你已經知道了，因為你已經讀了

第 8 章並且瞭如指掌！你也許記得我們討論過信度相關係數，如再測信度（兩個不同時間數據的相關）、平行形式信度（不同表格之分數的相關）、和內在一致性信度（項目之間的內在相關）。相關係數也是用於更多高等統計技術的標準單位，這些我們將於第 20 章中討論。

顯著性與意義（再一次，再一次！）

在第 7 章，我們探討了對使用判定係數來理解相關係數之意義的重要性。你可能記得將相關係數平方，可以得知某變數的變異被另一變數所解釋的量。在第 11 章，我們也討論了顯著性與有意義的一般性議題。

但是我們還是得再一次提起並討論這個主題。即使相關係數是顯著的（如本章的範例），並不意味著被解釋的變異數量是有意義的。例如：在這個範例中，簡單皮爾森相關值 0.437 的判定係數等於 0.190，這表示變異的 19% 可以被解釋，而變異的 81% 不能被解釋。這就留下了很大的質疑空間，對吧？

因此，即使我們知道婚姻品質和親子關係之間有正向的關係，這兩個變數可能「走」在一起，但是這麼小的相關係數 0.437，表示在這兩個變數的關係中，應該還有很多其他的重要因素也在發揮作用。因此，你可能會想到統計學中的一句諺語：「你看到的並不一定是你得到的。」

使用電腦計算相關係數

現在我們使用第 17 章資料集 1 (Chapter 17 Data Set 1, ch17ds1.csv)，這個資料集中有兩個測量指標，一個與婚姻品質有關（三種分類項目中，兩人的共處時間：1 表示最低的婚姻品質，10 表示婚姻品質最好），另一個與親子關係有關（感情強度：分數越高，親子間感情越強）。

在第 7 章中，我們使用 R 的 cor() 函式來計算相關係數。複習一下：

```
> cor(ch17ds1$Qual.Maggiage, ch17ds1$Qual.PC)
[1] -0.09996305
>
```

計算相關係數之後，我們來看看這組資料的散布圖 (scatter plot)。

```
> plot(ch17ds1$Qual.Marriage, ch17ds1$Qual.PC, xlab = "Marriage
Quality", ylab = "Parent-Child Interaction Quality", main =
"Scatterplot")
>
```

圖 17.2 顯示這些資料點並沒有出現明顯的群聚現象，由此可看出婚姻品質與親子關係之間的關聯。

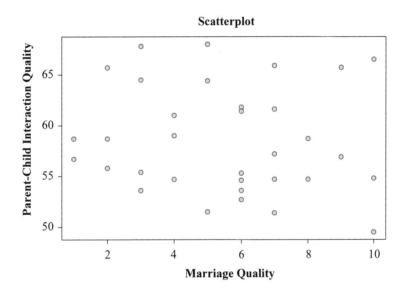

圖 17.2 婚姻品質與親子關係品質之間的散布圖

R 告訴我們 `Qual.Maggiage` 與 `Qual.PC` 之間的相關係數 $r = -0.10$。我們也從散布圖中看到兩個變數之間的分布狀況。那假設檢定要如何處理？

為了進行相關係數的假設檢定，我們必須使用另一個函式 `cor.test()`。此函式所使用的輸入項目是相同的，因此我們只要把 `cor` 改成 `cor.test` 即可。

```
> cor.test(ch17ds1$Qual.Marriage, ch17ds1$Qual.PC)
Pearson's product-moment correlation
```

```
data: ch17ds1$Qual.Marriage and ch17ds1$Qual.PC
t = -0.58581, df = 34, p-value = 0.5619
alternative hypothesis: true correlation is not equal to
0
95 percent confidence interval:
-0.4148737 0.2363342
sample estimates:
cor
-0.09996305
>
```

第一行告訴我們所進行的檢定是皮爾森積差相關 (Pearson's product-moment correlation)。這跟我們在第 7 章所學到的是一樣的。第二行告訴我們所檢定的兩個變數是 `ch17ds1$Qual.Marriage` 與 `ch17ds1$Qual.PC`。這個函式同時也告訴我們 t 統計量、正確的自由度、與準確的 p 值。倘若你要在報告中呈現這些結果，正確的寫法是 $t_{34} = -0.59$, $p = 0.56$。下一行所列出的是對立假設，此處是雙尾檢定。你也可以改成進行單尾檢定，只要在函式中多寫一項，如下所示。

```
> cor.test(ch17ds1$Qual.Marriage, ch17ds1$Qual.PC,+
alternative = "greater")
>
```

對立假設的下一行所寫的是相關係數的 95% 的信賴區間。在這個例子中，95% 的信賴區間是 [−0.41, 0.24]。最後一行則列出相關係數的值，−0.0996305。通常我們會四捨五入至小數點後兩位：$r_{34} = -0.10$, $p = 0.56$。

真實世界的統計

相較於所有的注意力都集中在社群媒體（在社群媒體的時代是理所當然），看看研究人員如何評估那些美國以外就學與生活的大學生的「社會」福祉，是很有趣的事。這個研究調查了在德黑蘭大學註冊的 236 位學生的五大人格領域和社會福祉之間的關係。相關分析呈現人格因子和社會福祉領域

之間的關係，例如：神經質與社會接受、社會貢獻、和社會凝聚之間是負相關；責任感和社會貢獻是正相關；開放性和社會貢獻也是正相關；而社會凝聚及親和力皆與社會接受及社會貢獻有關。在社會福祉方面，男同學的分數顯著高於女同學。研究人員依據國家之間的文化差異和人格特質與社會福祉之間的一般關係來討論這些調查發現，真是太有趣了！

想要知道更多嗎？可以上網或到圖書館閱讀有關這篇文章：

Joshanloo, M., Rastegar, P., & Bakhshi, A. (2012). The Big Five personality domains as predictors of social wellbeing in Iranian university students. *Journal of Social and Personal Relationships*, 29, 639-660.

小結

相關係數是個強大的工具，幫助我們瞭解變數間的關係方向，以及變數間的共通性。切記，相關性只適用於討論相互關係，而不適用於討論因果關係。

練習時間

1. 給定以下資訊，使用附錄 B 的表 B.4 來判定相關係數是否顯著，並解釋結果。

   a. 20 個婦女的速度與耐力之間的相關係數是 0.567，在 0.01 的顯著水準下，使用單尾檢定來檢定結果。

   b. 數學考試中，答對題數與完成考試所需時間之間的相關係數是 −0.45，在 0.05 的顯著水準下，檢定 80 個孩子的相關係數是否顯著？你認為應該採用選擇單尾檢定，還是雙尾檢定，理由是什麼？

   c. 50 個青少年，他們的朋友數與平均成績 (GPA) 之間的相關係數為 0.37，在 0.05 的顯著水準下，雙尾檢定是否顯著？

2. 使用第 17 章資料集 2 (Chapter 17 Data Set 2, ch17ds2.csv) 回答以下的問題。手動計算或使用 R。

   a. 計算動機與 GPA 之間的相關係數。

b. 使在 0.05 的顯著水準下用雙尾檢定，檢定相關係數是否顯著？

c. 這句話對還是錯？「動機水準越高，越願意學習。」你的答案是什麼？為什麼？

3. 使用第 17 章資料集 3 (Chapter 17 Data Set 3, ch17ds3.csv) 回答以下問題。手動計算或使用 R。

a. 計算收入與教育水準之間的相關係數。

b. 檢定此相關係數的顯著性。

c. 你能提出什麼論述來支持「低教育水準導致低收入」的結論？

4. 使用第 17 章資料集 4 (Chapter 17 Data Set 4, ch17ds4.csv) 回答以下列問題。手動計算相關係數。

a. 在 0.05 的顯著水準下，使用雙尾檢定，檢定學習時數與成績的相關係數是否顯著？

b. 解釋此相關係數的意涵。在這個檢定的基礎上，對於學習時數與成績之間的相關係數，你有什麼結論？

c. 這兩個變數之間共用的變異量是多少？

d. 你如何解釋這個結果？

5. 某一個研究已經完成針對 50 位大學生的壓力程度與咖啡消費量之間的相關分析，相關係數是 0.373，這是雙尾檢定，顯著水準設為 0.01。首先，這個相關係數是否顯著？其次，以下這句敘述，有何錯誤：「在嚴謹地分析我們所蒐集到的資料後，我們的結論是，如果你少喝一些咖啡，你就比較不會感受到壓力。」

6. 使用下列資料來回答問題，用手動方式做這一題。

年齡（以月表示）	認識的字數
12	6
15	8
9	4
7	5
18	14
24	20

年齡（以月表示）	認識的字數
15	7
16	6
21	18
15	17

a. 計算年齡與認識的字數的相關係數。

b. 在 0.05 顯著水準下，檢定此相關係數的顯著性。

c. 回想第 7 章所學與相關係數有關的內容，並解釋相關係數。

7. 討論並舉例說明（冰淇淋和犯罪之外的例子）：只因為兩件事相關並不意味著一個變數的改變會引起另一個變數的改變。

8. 第 17 章資料集 5 (Chapter 17 Data Set 5, ch17ds5.csv) 包含四個變數：

    Age 年齡（以年為單位）

    Shoe_Size 鞋子大小（小、中、大的編碼是 1, 2, 3）

    Intelligence 智力（像是用標準化測驗測量）

    Level of Educatopm 教育程度（以年為單位）

哪些變數之間是顯著相關，更重要的是，哪些相關是有意義的？

學生學習網址

你可以連上 **edge.sagepub.com/salkindshaw** 找到其他的練習題目與電子快閃卡片 (eFlashcards)，也可觀賞 R 的教學影片，並可下載檔案資料集！

使用線性迴歸
——預測未來

難易指數：☺（要多難，就有多難）

本章學習內容

✦ 瞭解預測的用處並瞭解如何應用到社會科學與行為科學。

✦ 瞭解線性迴歸如何使用一個變數來預測另一個變數，以及這麼做，為什麼有用。

✦ 判斷預測的準確性。

✦ 瞭解多元迴歸的用途與原理。

線性迴歸簡介

你在新聞報導中，隨處可見——對於肥胖的焦慮以及肥胖如何影響工作與日常生活。瑞典的一群研究人員想瞭解移動障礙度與肥胖度是否可用於預測工作壓力，以及工作中的社會支持是否有助於調和上述的關聯度。他們的研究包含了 35,000 位參與者，並使用線性迴歸來估計工作壓力平均值之間的差異。本章的主題正是線性迴歸。他們的研究發現，移動障礙度的確可用

以預測工作壓力，而且工作中的社會支持，的確有助於調和移動障礙度、肥胖度、與工作壓力三者之間的關聯度。

　　一言以蔽之。你不僅可以計算兩個變數彼此之間相關的程度（就如同我們在第 7 章計算相關係數一樣），也能夠以相關係數為基礎，由一個變數的值來預測另一個變數的值。這是相關係數的有趣應用，而且是社會科學和行為科學研究者常用的強有力工具。

　　是否想瞭解更多？查閱 Norrback, M., De Munter, J., Tynelius, P., Ahlstrom, G., & Rasmussen, F. (2016). The association of mobility disability, weight status and job strain: Across-sectional study. *Scandinavian Journal of Public Health*, *44*, 311–319.

預測是怎麼一回事

　　基本概念就是使用之前已經蒐集的資料集（如變數 *X*、*Y* 的資料）來計算變數如何相關，接著使用相關係數以及 *X* 的資訊來預測 *Y*。聽起來有點難？實際上不難，你看過例子之後，就知道。

　　例如：某研究人員蒐集了 400 位州立大學學生的高中成績 (GPA) 和大一那年的 GPA，然後計算了這兩個變數之間的相關係數。接著，他使用你將在稍後本章學到的技巧，利用新的一組 400 個學生樣本的高中 GPA（從之前的學生資料集中，知道高中 GPA 與大一 GPA 關係）預測大學第一年的 GPA。還不錯吧？

　　再來看另一個例子。有一群教師對晚讀一年的效果深感興趣：那些在幼兒園多讀一年的小朋友，在升上一年級之後，他們的表現是否比早一年升上一年級的小朋友來得好？同樣地，這些教師知道過去這幾年間，晚讀與一年級成績之間的相關係數。他們可以將相關係數應用到新的學生樣本，並依據幼兒園的成績，預測一年級的成績。

　　迴歸是如何運作的呢？從過去事件中蒐集資料（如兩個變數之間現存的關係），然後在只知道一個變數的情況下，應用到未來的事件。這要比你想像中容易。

　　相關係數的絕對值越大，無論其方向是正還是負，用一個變數來預測另

一個變數的準確性就越高。因為當這兩個變數共通性越多，我們就越可從對第一個變數的瞭解來理解第二個變數。而且你可能已經可以猜到，兩個變數間若是是完全相關（+1.0 或 −1.0），那麼預測會是完全準確的。如果 r_{xy} = −1.0 或 +1.0，而且你知道 X 值，那麼你會準確地知道 Y 值；同樣地，如果 r_{xy} = −1.0 或 +1.0，而且你知道 Y 值，那麼你也會準確地知道 X 值。這兩種預測形式都可以發揮很好的效用。

本章的內容就是詳細說明如何利用線性迴歸由 X 值預測 Y 值。我們將先討論預測的一般邏輯，接著複習一些簡單的線性圖形繪製技能，最後以具體的例子討論預測過程。

我們為什麼是用 X 來預測 Y，而不是反過來呢？其實這是約定俗成的用法；既然大家都這麼用，維持一致性是合理的做法。因此我們用 Y 來指稱依變數 (dependent variable) 或是被預測 (predicted) 的變數，而用 X 來指稱自變數 (independent variable)，並用它來預測 Y 的值。在進行預測時，Y 的預測值通常會用 Y'（讀作 **Y prime**）或 $\hat{Y}$（讀作 **Y-hat**）來表示。

預測的邏輯

在我們開始實際計算並呈現如何使用相關性來進行預測之前，我們先瞭解為什麼預測有用以及如何進行。而後我們回到以高中 GPA 預測大學 GPA 的範例來說明。

預測是以現有知識來求算未來結果的過程。當我們想由一個變數預測另一個變數時，我們得先計算兩個變數之間的相關係數，表 18.1 呈現在此範例中所使用的資料，圖 18.1 則呈現出兩個變數的散布圖。

要從高中 GPA 來預測大學 GPA，我們必須建立迴歸方程式，並使用這個方程式來畫迴歸線。迴歸線反映出我們以變數 X 值（高中 GPA）來預測變數 Y 值（大學 GPA）時的最佳猜測。就表 18.1 中的所有資料來說，迴歸線就是它與被預測變數 Y 的資料點之間距離最小的直線。你很快就會知道如何繪製圖 18.2 所示的迴歸線。

圖 18.2 中，這一條迴歸線的意義是什麼呢？

首先，這是變數 Y 對變數 X 的迴歸。換句話說，變數 Y（大學 GPA）

表 18.1 高中 GPA 和大學第一年 GPA 相關

高中 GPA	大學第一年 GPA
3.50	3.30
2.50	2.20
4.00	3.50
3.80	2.70
2.80	3.50
1.90	2.00
3.20	3.10
3.70	3.40
2.70	1.90
3.30	3.70

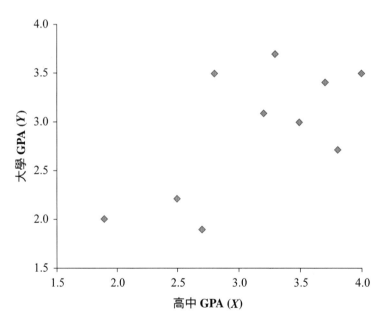

圖 18.1 高中 GPA 與大學 GPA 的散布圖

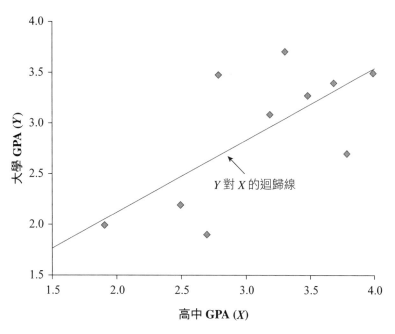

Y 對 X 的迴歸線

圖 18.2　大學 GPA 對高中 GPA 的迴歸線

將以變數 X（高中 GPA）預測。這條迴歸線也被稱為**最佳配適線** (line of best fit)，因為所有資料點與它的距離的平方和是最小的。舉例來說，當我們把所有資料點都考慮進去、而且要找一條直線來配適它們的話，那麼圖 18.2 中的直線就是我們要的。

其次，這條直線能幫助我們產出最好的預測值（在給定高中 GPA、要預測大學 GPA 的情況下）。舉例來說，倘若高中 GPA 是 3.0 的話，那麼大學 GPA 大概會在 2.8 附近（由肉眼判斷）。我們可透過圖 18.3 來看看如何作這樣的預測。我們先在 x 軸上標出 3.0 的位置，往上畫垂直線，交接到迴歸線，然後從交接點往左畫水平線，交接到 y 軸。由此我們即可估計 Y 的預測值。

第三，每一個資料點和迴歸線的距離就是預測誤差，即兩個變數之間相關性的直接反映。例如：圖 18.4 中，你可以看到資料點 (3.3, 3.7) 在迴歸線之上。這個資料點和迴歸線的垂直距離就是預測誤差，如圖 18.4 中的虛線所示。因為如果是完全準確的預測，所有預測點會落在哪裡？剛好就在迴歸線或預測線之上。

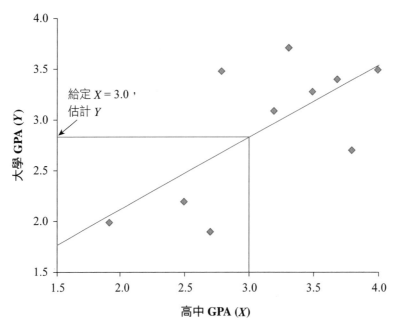

圖 18.3　給定高中 GPA 估計大學 GPA

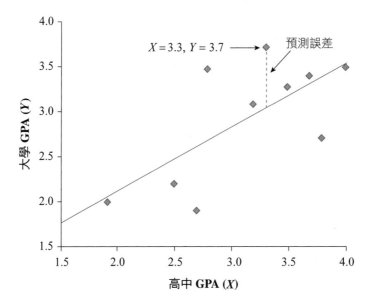

圖 18.4　預測很少是完美：估計預測誤差

第四，如果是完全相關，所有的資料點將沿著 45° 角形成一條直線，而且迴歸線會通過每一個資料點（就如上述第三點）。

給定迴歸線之後，我們就可以使用迴歸線來預測任何未來的值，這正是我們現在要做：建立迴歸線，然後進行預測工作。

為你的資料繪製最佳直線

瞭解預測的最簡單方式，就是由一個變數值（我們稱為 X ──自變數或預測變數）決定另一個變數的值（我們稱為 Y ──依變數或目標變數）。

我們用 X 來預測 Y 的最好方式，就是建立本章之前提到的迴歸線。迴歸線是用已經蒐集到的資料所產出的。而後當我們有新的 X 值時，即可套用其方程式來預測相對應的新的 Y 值。

式 18.1 所呈現的是迴歸方程式的一般式。它看起來或許有點眼熟，因為你可能在高中或大學的其他數學課中，學過或用過類似的式子。它是直線方程式。

$$\hat{Y} = bX + a \tag{18.1}$$

其中

- $\hat{Y}$：Y 的預測值，由 X 值計算而得
- b：迴歸線的斜率
- X：用來進行預測的數值
- a：迴歸線與 y 軸相交的位置

我們現在來看看如何使用表 18.1 中的資料，透過一些簡單的數學運算，來導出迴歸方程式。

	X	Y	X^2	Y^2	XY
	3.5	3.3	12.25	10.89	11.55
	2.5	2.2	6.25	4.84	5.50
	4.0	3.5	16.00	12.25	14.00
	3.8	2.7	14.44	7.29	10.26
	2.8	3.5	7.84	12.25	9.80
	1.9	2.0	3.61	4.00	3.80
	3.2	3.1	10.24	9.61	9.92
	3.7	3.4	13.69	11.56	12.58
	2.7	1.9	7.29	3.61	5.13
	3.3	3.7	10.89	13.69	12.21
總計	31.4	29.3	102.50	89.99	94.75

由表中可知，

- ΣX，或所有 X 值的總和，是 31.4。
- ΣY，或所有 Y 值的總和，是 29.3。
- ΣX^2，或每個 X 值的平方總和，是 102.5。
- ΣY^2，或每個 Y 值的平方總和，是 89.99。
- ΣXY，或所有 X 值和 Y 值乘積的總和，是 94.75。

式 18.2 是用來計算迴歸線斜率 (b) 的公式：

$$b = \frac{\sum XY - (\sum X \sum Y / n)}{\sum X^2 - \left[(\sum X)^2 / n \right]} \tag{18.2}$$

式 18.3 是把實際數字代入式 18.2 的結果：

$$b = \frac{94.75 - [(31.4 \times 29.3) / 10]}{102.5 - [(31.4)^2 / 10]} \tag{18.3}$$

$$b = \frac{2.749}{3.904} = 0.704$$

式 18.4 是用來計算迴歸線與 y 軸相交的位置的公式：

$$a = \frac{\sum Y - b\sum X}{n} \qquad (18.4)$$

式 18.5 是把實際數字代入式 18.4 的結果：

$$a = \frac{29.3 - (0.704 \times 31.4)}{10} \qquad (18.5)$$

$$a = \frac{7.19}{10} = 0.719$$

現在，我們把算出來的 b 與 a 值代入直線方程式，就會得到以下的迴歸縣方程式：

$$\hat{Y} = 0.704X + 0.719$$

為什麼是用 $\hat{Y}$ 而不是 Y？記住，我們用 X 預測 Y，$\hat{Y}$（讀作 Y-hat）是 Y 的預測值而不是實際值。

現在我們已經知道迴歸方程式了，接下來，我們能用它來做什麼？當然是預測 Y 值呀！

我們先來仔細暸解一下這迴歸方程式中的數字的意義。從式 18.1 中，我們可知 0.719 是迴歸線與 y 軸相交的點。在這個例子中，它的意義是，當高中 GPA 是 0 的時候，大學 GPA 的預測值是 0.719。這其實沒有太直接的用途，因為畢竟高中 GPA 為 0 卻還能進大學就讀，是很罕見的事情。迴歸方程式中的另一個數字 (0.704) 就比較有意義了。高中 GPA 每增加 1 分，大學 GPA 會增加 0.704 分。

例如：假設高中 GPA 等於 2.8（或 X = 2.8）。若我們將 2.8 代入迴歸方程式，會得到下面的式子：

$$\hat{Y} = 0.704(2.8) + 0.719 = 2.69$$

因此，2.69 就是當 X 等於 2.8 時 Y 的預測值（或 $\hat{Y}$）。現在，對任何的 X 值，我們都可以方便快速地計算出 Y 的預測值。

你可以使用這個公式搭配已知的資料數值來進行預測。我們所介紹的迴歸，大致上就是這個用途。不過你也可以把迴歸線畫出來，呈現迴歸線與資料點之間的配適度。回顧一下圖 18.2 中，高中 GPA 與大學 GPA 的資料點散

布與迴歸線。圖中的迴歸線也可稱為**趨勢線** (trend line)。我們如何畫出這條線？很簡單。回顧一下第 7 章，先畫出散布圖。然後再加上這條趨勢線；我們很快就會講到這個做法。

　　圖中可見這條趨勢線是正的（它的斜率是正的），而且相關係數是 0.6835，還蠻正的。圖中也可看到資料點並沒有靠近迴歸線，不過也沒有離很遠。這表示誤差並不算大。

並不是所有配適資料點最佳的線都是直線，這些線也可能是曲線，就如我們在第 5 章討論的，變數間也可能有曲線關係。例如：焦慮和成績之間的關係就是曲線關係，也就是人們完全不焦慮或者非常焦慮，他們的成績都不好，而如果他們適度的焦慮，成績才能最大化。這兩個變數之間的關係，就是曲線關係，所以在以 X 值預測 Y 值時，要將此關係考慮。

我們的預測有多好？

　　當我們根據某個結果預測另一個結果之後，我們如何衡量這件事做得好不好？我們知道兩個變數之間的相關係數絕對值越大，預測就越好。理論上來說，這很好，但從實際面來說，在我們初次計算迴歸線的公式時，我們也能夠看到預測值 ($\hat{Y}$) 和實際值 (Y) 之間的差異。

　　例如：若迴歸線的公式是 $\hat{Y} = 0.704X + 0.179$，則 X 值為 2.8 時，Y 的預測值 ($\hat{Y}$) 是 0.704(2.8) + 0.719，或 2.69。我們知道對應於 X 值的 Y 實際值是 3.5（由表 18.1 資料集中可知），3.5 與 2.69 之間相差 0.81，也稱為預測誤差。

　　如果把全部的差異值彙整在一起，我們可以計算每一個資料點與預測值之差異的平均數，這稱為**估計標準誤** (standard error of estimate)。此估計標準誤本質上是標準差，呈現出迴歸線的變異度。我們可從由它的數值知道我們所估計出來的數值有多不準確。就如你可以預期的，若兩個數值之間相關程度越高（預測也越好），則估計標準誤就越小。實際上，如果兩個變數之間完全相關（+1 或 −1），估計標準誤就是 0。為什麼？因為若是完美預測，

所有的實際資料點都會落在迴歸線上，且由 X 估計 Y 不會產生誤差。

　　另一個可用來衡量誤差的，就是第 7 章所介紹的判定係數 (coefficient of determination)，它是兩個變數之間因相關而造成的誤差下降比例。舉例來說，倘若兩個變數之間的相關係數是 0.4，而判定係數是 16%，或是 0.4 的平方，則誤差下降比例就是 16%。一般來說，我們會猜測兩個變數之間的相關係數是 0，也就是 100% 誤差；意思是，知道某個變數的數值，完全無助於預測另一個變數。

被預測的 $\hat{Y}$，或依變數，並不一定要是連續變數，如身高、考試成績或問題解決技能。它也可能是類別變數，如允許／不允許、水準 A ／水準 B，或社會階層 1 ／社會階層 2。不過，在這種情況下，我們要使用的是另一種形式的迴歸模型。其中一種是羅吉斯迴歸 (logistic regression)，我們在第 20 章中會簡單地介紹它；其他形式的迴歸模型則超出本書的範圍。因此就目前來說，當你想要應用線性迴歸時，先以連續的、常態分布的資料為主。

使用 R 計算迴歸直線

　　我們可以使用 R 來求算迴歸線，然後代入 X 值來預測 $\hat{Y}$ 的值。我們使用的資料集是第 18 章資料集 1 (Chapter 18 Data Set 1, ch18ds1.csv)。我們以訓練的時數來預測踢足球過程中，受傷的嚴重程度。

　　以下是資料集中的三個變數：

變數	定義
Training 訓練時數（解釋變數）	每星期重量訓練小時數
Trainer 陪練人員（解釋變數）	是否有訓練人員陪練：有 (1) 或無 (0)
Injuries 傷勢（結果）	以 1-10 為測量等級的受傷程度

　　以下是計算本章所討論之迴歸線的步驟，依序操作即可。

1. 讀取資料檔案第 18 章資料集 1 (ch18ds1.csv)。使用函式 view() 來檢查資料。

```
> ch18ds1 <- read.csv(file.choose())
> View(ch18ds1)
>
```

你應該會看到 30 列、各有三欄變數的資料。在這個範例中，我們只會使用其中兩欄變數：自變數是 Training，依變數是 Injuries。

2. 使用函式 lm() 來執行線性迴歸模型。

```
> lm(Injuries ~ Training, data = ch18ds1)
Call:
lm(formula = Injuries ~ Training, data = ch18ds1)
Coefficients:
(Intercept) Training
6.8473 -0.1251
>
```

函式 lm() 直接把線性迴歸方程式呈現出來，我們可知迴歸係數分別是 6.8473 與 −0.1251。不過調整一下做法，我們可獲得更多的資料。試試看以下的做法：

```
> sr <- lm(Injuries ~ Training, data = ch18ds1)
>
```

接著我們用函式 summary() 來看 sr 的摘要報告；sr 是 simple regression 的縮寫，意思是只用一個解釋變數來進行迴歸分析。

```
> summary(sr)
Call:
lm(formula = Injuries ~ Training, data = ch18ds1)
Residuals:
    Min      1Q   Median      3Q     Max
-3.8467  -1.5954  -0.3456  1.6226  4.4046
```

```
Coefficients:
            Estimate Std.  Error  t value  Pr(>|t|)
(Intercept)  6.84728      1.00425    6.818  2.09e-07 ***
Training    -0.12507      0.04586   -2.727    0.0109 *
---
Signif. codes: 0 '***' 0.001 '**' 0.01 '*' 0.05 '.' 0.1
' ' 1
Residual standard error: 2.182 on 28 degrees of freedom
Multiple R-squared: 0.2099, Adjusted R-squared: 0.1816
F-statistic: 7.436 on 1 and 28 DF, p-value: 0.01091
>
```

R 回傳了很多資訊給我們，我們一行一行來看吧。

a. 頭兩行告訴我們所使用變數與資料物件 (data object) 為何。在這個例子中，Injuries ~ Training 表示 Injuries 是被預測或被解釋的變數，而解釋變數是 Training。資料物件則是 ch18ds1。

b. 跳到最後一行的 F 統計量 (F-statistic)。在這個例子中，$F_{(1, 28)} = 7.44$，$p = 0.01$；我們已在第 15 與第 16 章解釋過 F 統計量的意義。如同之前的章節，我們仍是以 $p = 0.05$ 作為臨界值。這個例子的 p 值是 0.01，小於 0.05。這個結果比我們所預期的還要更為顯著，因此我們可以再繼續解讀彙整報告的其他部分。

c. 回到上方的第三到第五行，這裡告訴我們迴歸模型的殘差 (residuals)。殘差就是之前所提到的預測誤差。每一筆傷勢資料都有相對應的預測誤差。這三行告訴我們，這個例子中，全部殘差的最小值、最大值、與四分位數。

d. 第八與第九行所顯示的是迴歸係數。這些數值代入迴歸方程式（式 18.1）可得：

$$\hat{Y} = bX + a = -0.12507X + 6.84728$$

記得，a 是迴歸線與 y 軸相交的點，而 b 是迴歸線的斜率。所以由上式，我們知道迴歸線與 y 軸的交點是 6.84728，而斜率是 -0.12507。這表示每增加一單位的訓練時數，傷勢下降 0.12507。此外，這個數

字具有統計顯著性；此處所進行的統計檢定是檢定該迴歸係數是否為 0。截距 (a) 的 t 統計量不是我們在意的重點，因此第八行可以忽略不看。我們真正在意的迴歸係數是斜率 (b)。就這個例子來說，傷勢的迴歸係數的 t 統計量是 $t_{28} = -2.73, p = 0.01$。我們可同樣再次使用 0.05 的信心水準，0.01 這樣的 p 值是非常顯著的。因此我們可以拒絕「斜率為 0」這個虛無假設。

e. 下方的 "Residual standard error" 我們目前先跳過，看下一行的 "Multiple R-squared"。此 Multiple R-squared 就是 R^2，判定係數，如前所述，它也可用以衡量誤差。這個例子中，$R^2 = 0.2099$，這表示傷勢的變異之中，有 21% 可被訓練時數所解釋。調整後判定係數 (Adjusted R^2) 是個更為保守的衡量方式；在這個例子中，它的數值是 0.18，亦即 18% 的傷勢的變異

3. 繪製散布圖。我們用第 7 章學過的方式來繪製即可。

```
> plot(Injuries ~ Training, data = ch18ds1)
>
```

此處的語法與 lm() 相同。如果你有同步操作 R 的話，你應該會得到像圖 18.5 這樣的圖。

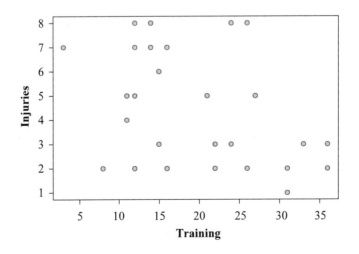

圖 18.5　R 所繪製的散布圖

4. 在圖中加入迴歸線。

我們使用一個新的函式 abline()，並呼叫之前設定的線性迴歸物件 sr。

```
> abline(sr)
>
```

繪製完成的圖，如圖 18.6 所示。迴歸線由左上橫跨到右下。左上角的起點的 y 軸交點是 6.84728。

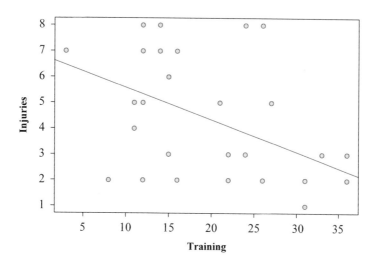

圖 18.6　附上迴歸線的散布圖

瞭解 R 的輸出報告

R 的輸出報告提供許多資訊。

1. 圖 18.6 中的迴歸線的方程式，在輸出報告中的前半段即可得知，是 $\hat{Y} = -0.13\,X + 6.85$。在已知訓練時數是介於 3 小時與 36 小時之間的情形下，這個方程式可用以預測傷勢。用這條迴歸線進行預測時，我們假設被預測的這個足球員是來自與原樣本相同的母體。

2. 如圖 18.6 所示，這條迴歸線的斜率是負的，表示訓練時數與傷勢之間是負相關。因此，這組資料所呈現意義的是，訓練時數越多，出現嚴重

傷勢的情況越少。我們可計算兩個變數之間的相關係數來驗證這點。

3. 我們同時也得知這個預測是具有統計顯著性的；換句話說，由 X 來預測 Y，是基於迴歸係數的顯著性檢定是否拒絕虛無假設（係數為 0）。

那麼，這樣的預測有多好？R 的輸出報告中也顯示了傷勢預測值的表準誤 "Residual standard error" 是 2.182。這表示在 95% 的信心水準下，傷勢的平均值的預測值會是 4.33 ±2.182。由相關係數可知，這樣的預測是還不錯，但算不上很好。

預測變數越多就越好？可能……

在本章中，到目前為止，我們使用的所有範例都是一個結果變數和一個預測變數。這樣的迴歸模型稱為**單迴歸** (simple regression)，是許多人學習迴歸模型的起點。有些情況下，迴歸使用不只一個預測變數或自變數來預測某一特定的結果，如果一個變數能夠以一定的準確度預測一個結果，那麼兩個變數為何就不能做得更好？或許吧，但這是有前提的。繼續讀下去吧。

回到訓練強度與傷勢嚴重度的例子。倘若我們把有無陪練人員的變數納入考慮的話，如何？如此一來，迴歸方程式就不是之前的

$$\hat{Y} = bX + a$$

而是

$$\hat{Y} = b_1 X_1 + b_2 X_2 + a$$

其中

- X_1：第一個自變數的數值
- X_2：第二個自變數的數值
- b_1：X_1 的迴歸權重
- b_2：X_2 的迴歸權重
- a：迴歸線的截距，或迴歸線和 y 軸相交點

你可能已經猜到，這個模型就是**複迴歸**或**多元迴歸** (multiple

rergession)。因此，在理論上就是以兩個自變數（而不是一個）來預測結果。此處我們暫停一下，重新檢視圖 18.7，它是我們在第 11 章到第 17 章都已經看過的決策樹圖。

我們從最上方開始，在那邊我們先判斷是否是要檢視變數之間的關係。沿著決策樹往左下方走，下一個問題是我們要處理幾個變數。在這個例子中，我們要處理的變數有超過兩個。因此所得到的答案是迴歸 (regression)、因素分析 (factor analysis)、或典型分析 (canonical analysis)。在決策數的架構中，這三種分析模型都是合理可行的，不過本章只討論迴歸。現在來說明第二個變數要如何加入迴歸模型。

在迴歸模型中，增加的任何一個新變數，都要對瞭解依變數有獨特的貢獻，否則為什麼要把它加進來？那麼，所謂的獨特貢獻是什麼意思？新增的變數必須要能解釋第一個預測變數所無法解釋之被預測變數的變異。也就是說，這兩個變數合作應該要比任一變數單獨預測得更好。而這個新增的變數與第一個解釋變數之間的相關性，不應太高 (< 0.60)。

在這個例子中，是否有陪練人員這個變數，應該產生獨特的貢獻。我們使用 R 來執行這個複迴歸。

```
> mr <- lm(Injuries ~ Training + Trainer, data =
ch18ds1)
> summary(mr)
Call:
lm(formula = Injuries ~ Training + Trainer, data =
ch18ds1)
Residuals:
    Min      1Q  Median      3Q     Max
-4.0112 -1.6840 -0.2335 1.6444 4.5724
Coefficients:
            Estimate Std. Error t value Pr(>|t|)
(Intercept) 7.00759    1.08759    6.443 6.64e-07 ***
Training   -0.12454    0.04657   -2.674   0.0126 *
Trainer    -0.34188    0.80887   -0.423   0.6759
---
Signif. codes: 0 '***' 0.001 '**' 0.01 '*' 0.05 '.' 0.1
```

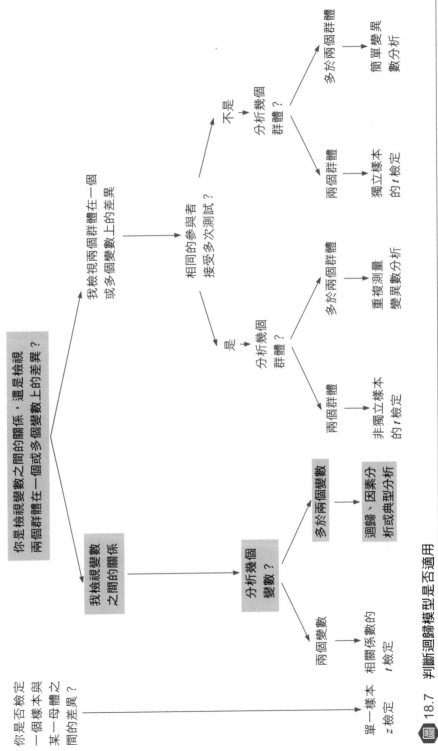

圖 18.7 判斷迴歸模型是否適用

```
' ' 1
Residual standard error: 2.214 on 27 degrees of freedom
Multiple R-squared: 0.215, Adjusted R-squared: 0.1569
F-statistic: 3.698 on 2 and 27 DF, p-value: 0.03805
>
```

你可以看到訓練時數對於傷勢嚴重度仍具有統計顯著性。每增加 1 小時的訓練時數，傷勢嚴重度會下降 0.12。是否有陪練人員這個新增變數，看起來並沒有讓這個模型更有用。因為它的迴歸係數是 −0.34，但它的標準誤竟然大於兩倍 (0.81)，t 統計量也很小 (−0.42)，導致了頗高的 p 值 (0.68)。由於這個新增變數並沒有統計顯著性，因此 R^2 並沒有改變多少。在之前的單迴歸模型中，R^2 是 0.2099，現在複迴歸模型的 R^2 則是 0.215，兩者只相差 0.0051。

我們來看一個更為重要的步驟。我們要檢定是否應該把這個新增變數（是否有陪練人員）留在迴歸模型中。這個檢定就是把單迴歸與複迴歸模型進行比較。前者只有一個解釋變數，後者多加了一個。檢定的顯著水準還是設定在 0.05。倘若此 F 檢定的 p 值 > 0.05，則我們選擇使用單迴歸模型，因為我們無法拒絕「兩個模型有差異」的虛無假設。倘若 F 檢定的 p 值 < 0.05，則我們會留用複迴歸模型，因為我們可拒絕「兩個模型有差異」的虛無假設。

我們可使用 R 的函式 anova() 來進行這個檢定。這個函式的名稱其實有點讓人困惑。此函式所需要的輸入項目，就是我們已存的迴歸物件。它會進行 F 檢定。

```
> anova(sr, mr)
Analysis of Variance Table
Model 1: Injuries ~ Training
Model 2: Injuries ~ Training + Trainer
Res.Df RSS Df Sum of Sq F Pr(>F)
1 28 133.27
2 27 132.40 1 0.87598 0.1786 0.6759
>
```

根據這份輸出報告，我們無法拒絕虛無假設：$F_{(1, 28)} = 0.18$，$p = 0.68$。因此我們選擇使用單迴歸模型，只用訓練時數這個變數來預測。

使用多元預測變數的大原則

如果要使用不只一個預測變數，要謹記遵守下面兩項重要原則：

1. 如果選擇一個自變數去預測一個結果，要選擇與被預測變數 (Y) 相關的預測變數 (X)，也就是這兩個變數要有共通的部分（記住，它們應該相關）。

2. 如果選擇不只一個自變數或預測變數（如 X_1 與 X_2），要儘量選擇相互獨立或者不相關的自變數，但是它們各自都要與結果變數或被預測變數 (Y) 相關。

實際上，你要的是各自與依變數相關、而且彼此相互不相關的自變數或預測變數。如此，每個獨立變數都盡可能在預測依變數時，做出獨特的貢獻。

多少預測變數叫做太多？如果以一個變數預測某結果，而兩個變數就會更準確，那麼為什麼不選 3 個、4 個或 5 個預測變數？就實際操作而言，每增加一個變數就相對增加費用，一些人必須去蒐集資料，這就要花費時間（就研究預算而言就是錢）等。就理論上而言，使用多少變數能有助於瞭解我們要預測的結果，是有其限制的。請記住，最好的情況是預測變數或自變數彼此獨立或不相關。問題是一旦你選擇了 3 個或 4 個變數，變數之間很少不相關。與其使用太多變數、浪費過多經費及預測能力，不如更精確、更保守一點。

真實世界的統計

小孩對他們所做的事情有何感受，通常和他們在這件事情上可以做得多好是密切相關的。這個研究的目的是分析情緒在寫作練習期間所造成的影

響。這個研究所採用的模型中,在寫作過程期間,動機和情感扮演重要的角色,四年級和五年級的學生被指示要寫一段關於自己的故事,不過有些學生被要求寫與情緒無關的內容、有些寫與正面相關情緒的內容、另一些則寫與負面情緒相關的內容。結果顯示,這些指示對於拼字錯誤的比率沒有影響,但是這些指示對於小朋友寫的文章長短有影響。一個簡單迴歸分析(就像我們在這一章所做的和討論的一樣)顯示,只有在中立的情境下,工作記憶能力和拼字錯誤數量之間有存在一些相關性及預測價值。由於研究人員建立這個模型的許多初步想法,討論了很多有關在寫作期間,情緒如何能增加認知負載或必要「工作」總量,因而成為這個研究討論的焦點。

想要知道更多嗎?可以上網或到圖書館閱讀這篇文章:

Fartoukh, M., Chanquoy, L., & Piolat, A. (2012). Effects of emotion on writing processes in children. *Written Communication*, *29*, 391-411.

小結

預測是簡單相關係數的特殊狀況,而且是檢視複雜關係的一項有力工具。本章可能比書中其他各章稍微難一些,但是你會受益於你所學,特別是如果你能夠將此應用到你所閱讀的研究報告和期刊論文中。至此,本書與推論統計相關的內容已近尾聲,下一部分,我們將討論當樣本數非常少或是常態分布的假設不成立的時候,我們該如何應用統計學。

練習時間

1. 線性迴歸和變異數分析有何不同?

2. 第 18 章資料集 2 (Chapter 18 Data Set 2, ch18ds2.csv) 是一個參與定時測試的群體資料。這些資料是參與者完成每個項目的平均完成時間 (time),以及每個項目猜到正確為止的次數 (correct)。

   a. 以猜對所需次數來預測平均完成時間的迴歸方程式為何?

b. 如果猜對所需次數是 8，則平均完成時間的預測值為何？

c. 對每個平均完成時間的預測值，與其相對的實際值，差距是多少？

3. Betsy 對預測有多少 75 歲的老人會得到老年癡呆症感興趣，她以教育程度及 10 級測量的生理健康指數作為預測變數。不過她也有考慮多採用其他預測變數。回答下面的問題。

a. 在選擇其他預測變數時，應遵守什麼原則？為什麼？

b. 列出其他兩個你認為可能與老年癡呆症發病相關的預測變數。

c. 用四個預測變數（教育水準、生理健康指數、以及你所列出的兩個新變數），列出可能的迴歸方程式。

4. 去某間圖書館，在你感興趣之研究領域中，挑出三個不同的線性迴歸應用範例。如果這些研究包含多個預測變數也可以。對每個研究回答下列問題。

a. 哪一個是自變數，哪一個是依變數？

b. 如果有多個自變數，關於變數之間彼此相互獨立，研究者進行了什麼樣的論證？

c. 三個研究中，哪一個的迴歸模型所提供的預測最不具說服力，為什麼？

5. 以下是你可應用本章提供的資訊來預測超級盃冠軍勝利者的機會！Joe Coach 非常想知道一年中，比賽勝利的平均次數，是否可以預測超級盃的表現（獲勝或落敗），變數 X 是在過去 10 個賽季賽事獲勝的平均次數，變數 Y 是過去 10 個賽季這個隊是否贏得超級盃。資料如下表：

隊伍	過去 10 年賽事獲勝的平均次數	是否曾贏得超級盃（1 = 是，0 = 否）
Savannah Sharks	12	1
Pittsburgh Pelicans	11	0
Williamstown Warriors	15	0
Bennington Bruisers	12	1
Atlanta Angels	13	1
Trenton Terrors	16	0
Virginia Vipers	15	1
Charleston Crooners	9	0
Harrisburg Heathens	8	0
Eaton Energizers	12	1

a. 若以獲勝的平均次數作為是否贏得超級盃的預測變數，如何評估此模型的有效性？

b. 使用類別變數（如 1 或 0）作為依變數的優點是什麼？

c. 你還會用其他哪些變數來預測依變數？為什麼你會選擇這些變數？

6. 回顧你在第 17 章問題 5 所計算的咖啡消費量和壓力之間的相關係數。如果你想要知道咖啡消費量是否可以預測群體成員：

a. 預測變數是什麼？

b. 目標變數是什麼？

c. 你認為 R^2 會是多少？

7. 來試一下多元迴歸吧。看看以下關於大廚師測驗結果的資料。我們猜測會影響大廚師測驗 (Great Chef Test) 分數或排名的變數可能包括烹調的經驗年資（年）、烹飪領域的科班教育程度、及歷任過的不同職務數（如：二廚、義大利麵吧檯……等）。

到目前為止，你應該已經知道該如何由這樣的資料來建立迴歸方程式，那就來試試看吧。

經驗年資	教育程度	職務數	大廚師測驗分數
5	1	5	88
6	2	4	78
12	3	9	56
21	3	8	88
7	2	5	97
9	1	8	90
13	2	8	79
16	2	9	85
21	2	9	60
11	1	4	89
15	2	7	88
15	3	7	76
1	3	3	78

經驗年資	教育程度	職務數	大廚師測驗分數
17	2	6	98
26	2	8	91
11	2	6	88
18	3	7	90
31	3	12	98
27	2	16	88

a. 哪些變數是大廚師測驗分數的最佳預測變數？

b. 對於一位有 12 年經驗，教育程度為 2 以及經歷過 5 個不同職務的廚師，你預測他的測驗分數是多少？

8. 第 18 章資料集 3 (Chapter 18 Data Set 3, ch18ds3.csv) 中，研究者用兩個變數來預測住宅銷售數量 (Number_Homes_Sold)：執業年資 (Years_In_Business) 與教育程度（以年數計，Level_Of_Education）。相較於執業年資，為什麼教育程度的預測能力差那麼多？哪個是最佳的預測變數？你怎麼知道？（提示：這些題目有點小陷阱。在你動手分析資料之前，看一下檔案中的原始資料，觀察它們是否出現我們所提過的重要特質：變數之間的相關性。）

9. 對於任何預測變數及被預測變數的組合，它們彼此之間應該要有什麼樣的性質關係？

學生學習網址

你可以連上 **edge.sagepub.com/salkindshaw** 找到其他的練習題目與電子快閃卡片 (eFlashcards)，也可觀賞 R 的教學影片，並可下載檔案資料集！

更多統計！
更多工具！
更多樂趣！

丹在炫耀他所蒐集到的資料。

哇嗚！本書大部分的內容你都已經完成了（或者這門課也是），而且你也已經準備好來學習本書為你所設計的一些額外的新概念。本書第六部分的目標是讓你概略瞭解在各式目的之下所適用的不同統計工具。

第 19 章，我們將翻轉推論統計的概念：當我們所感興趣的變數不符合常態分布、或是違反一些重要的假設時，我們得改用無母數統計 (nonparametrics)，特別是卡方統計 (chi-sqaure statistics)。

第 20 章，我們介紹一些進階的統計方法，如因素分析 (factor analysis) 與結構方程式模式 (structural equation modeling)。在你的學習過程中，你一定會聽過這些詞彙。這些方法的詳細內容已經超出本書的範圍，不過我們仍會簡介其技術與範例。本章讓你一窺更精深統計學的堂奧。

好了，這是本書的最後一個部分，你即將成為學有專精的初級統計學專家了。

卡方和其他無母數檢定
——非常態時該如何

難易指數：☺☺☺☺（容易）

本章學習內容

✦瞭解無母數統計及其使用方法。

✦以卡方檢定來分析資料的配適度 (goodness of fit)。

✦以卡方檢定來分析資料的獨立性 (independence)。

✦無母數統計的使用時機與使用方法。

無母數統計的介紹

到現在為止，我們在《愛上統計學》這本書中介紹的每一種統計檢定方法，幾乎都假設你所使用的資料集都有某些特徵。例如：在平均數（獨立或相依）t 檢定之下的一個假設就是，每個群體的變異數是同質的或者是相似的，而且這項假設可以被檢定。許多參數統計的另一項假設是，樣本量已足以代表母體。統計學家已經發現，樣本數達到 30 個就可以滿足這項假設。到目前為止，我們所教過的許多統計檢定都是穩健的或是有檢定力的，因此

即便這些假設之中有某項並不成立，但是檢定仍然有效。

　　但是當假設可能都不成立時，該怎麼辦呢？最初的研究議題當然仍值得深究並回答，因此此時我們將使用**無母數統計** (nonparametric statistics)。這些統計檢定方法並不遵循相同的「規則」（也就是不需要我們已經提過的參數檢定一樣的假設），但是無母數檢定也同樣有價值。無母數檢定也可以讓我們分析次數資料，例如：不同年級的兒童數或受到社會安全保障的人口比例。在實務上，這些資料常常是以名目資料或是類別資料的形式進行衡量。

　　例如：如果我們想知道最近的選舉中，贊同教育券的投票人數是否符合我們的隨機預測，或者是否真的存在偏好模式，那麼我們就會用名為卡方檢定的無母數方法。

　　在這一章，我們將涵蓋卡方檢定即最常用的無母數檢定之一，並且簡要的介紹其他無母數檢定方法，這樣你就會熟悉一些可用到的無母數檢定。

配適度（單樣本）卡方檢定

　　卡方檢定是一種有趣的無母數檢定，可以幫你確認你所觀察到次數分布，是否如你所期望地隨機。單樣本卡方檢定只包括一維的資料、單變數、或單因素，就如同你在這裡看到的範例。單樣本卡方檢定也常被稱為**配適度檢定** (goodness-of-fit test)，主要用於檢視你所蒐集到的資料的分布模式是否符合你的預期。雙樣本卡方檢定包括兩個維度的資料、雙變數、或雙因素，一般也常被稱為**獨立性檢定** (test of independence)。舉例來說，如贊同教育券與政黨認同和性別之間的關係是否獨立。

　　這兩種卡方檢定，我們在本章中都會介紹。

　　先來看一個配適度檢定的例子。這裡的資料是隨機選自加州索諾瑪郡1990 年人口調查的一個樣本資料，就如你所看到的，這個表安排了關於教育水準的資訊。

教育水準			
沒有上大學	上了大學	有大學學位	總計
25	42	17	84

我們想探討的問題是，此樣本中的回應人數是否平均分布在各個教育水準中？要回答這個問題，我們要先計算卡方值並進行顯著性檢定。在這個範例中，卡方值等於 11.643，而這個值在 0.05 顯著水準之下是顯著的。因此結論是，回應人數在不同教育水準之下並不是均勻分布的。換句話說，這些數字並不是如我們所預期般的隨機。

單樣本卡方檢定或配適度檢定的原理是，就任何一組事件而言，你都可以很容易的計算隨機預期的結果，做法是將事件總數除以組數或分類數。在上述的人口調查樣本中，觀察到的總事件數是 84，因此我們可預期，若隨機性存在的話，那麼每一個分類平均應該有 84/3 或 28 位（次數的總和 84 除以分類總數 3）。

接著，我們來看我們預期的隨機值和實際的觀察值有何差異；如果預期隨機值和實際觀察值沒有差異的話，卡方值就等於 0。

為什麼稱為「配適度檢定」呢？這個名字表示，這個統計量可以幫助我們討論某一組資料與另一組已知的資料之間，有多相似或配適 (fit)。前者當然就是你有興趣的觀察值。而「配適」隱含的意義就是存在一組期望值，來與觀察值配對。這組期望值不必然一定是得均勻分布，如下例所示。或許你想比較的是現在所觀察到的事情，在相似的情況下，在另一個城市或州中，會是如何。這才是我們計算期望值的準則，並由此求算出卡方值 (χ^2)。如果觀察值與期望值之間很配適，那麼兩者之間的差距就不會很顯著。倘若觀察值與期望值之間不配適，那麼它們彼此之間會出現頗大的差距。

我們現在來看看如何計算卡方值。

計算卡方檢定統計量

單變數配適度卡方檢定，比較實際觀察值和隨機期望值。式 19.1 就是單樣本卡方檢定的卡方值計算公式。

$$\chi^2 = \sum \frac{(O-E)^2}{E} \tag{19.1}$$

其中

- χ^2：卡方值
- Σ：連加符號
- O：觀察次數
- E：預期次數

以下是我們用於計算卡方值的一些資料。

對教育券的偏好			總計
贊成	中立	反對	
23	17	50	90

檢定這個統計量的有名的八個步驟如下。

1. **陳述虛無假設與研究假設**

   式 19.2 所顯示的虛無假設，表示每一分類內事件的次數或比例沒有差異。

$$H_0 : O = E \tag{19.2}$$

   在虛無假設中的 O 表示任一分類中事件的觀察值，而 E 表示任一分類中的期望值。此虛無假設表示觀察值與期望值是相等的。這個例子中，只有三個分類，不過在實際運用時，可視情況決定要分幾類，只要這些類別之間彼此是**互斥的** (mutually exclusive) 即可。互斥的意思是說每個觀察值都只能分到某一個類別、不允許分到兩個以上的類別。就如同你無法同時贊成又反對教育券。

   研究假設如式 19.3 所示，意思是在某個或多個類別中，實際值與期望值之間是有差異的。

$$H_1 : O \neq E \tag{19.3}$$

2. **設定虛無假設的風險水準（或顯著水準）**

   此顯著水準設定在 0.05。我們如何決定是這個值而不是其他的值，如 0.01 或 0.001 ？如同我們在前幾章所強調過的，承擔風險的程度（有時）

是專斷的決策。

3. 選擇合適的檢定統計量

互斥類別之次數或比例的任何檢定都需使用卡方檢定。我們之前從第 12 章開始到第 18 章用來選擇統計檢定類型的流程圖,不適合無母數檢定。

4. 計算檢定統計值〔也叫做算出值 (obtained value)〕

現在回到之前教育券範例的資料,並建立一個工作表來幫助我們計算卡方值。

分類	O(觀察次數)	E(預期次數)	D(差異)	$(O-E)^2$	$(O-E)^2/E$
贊成	23	30	7	49	1.63
中立	17	30	13	169	5.63
反對	50	30	20	400	13.33
總計	90	90			20.59

以下是我們準備工作表所採用的步驟。

(1) 鍵入各個分類 (category),包含贊成、中立、和反對。要記住這三個分類相互排斥,任何資料點只能落在一個分類內。

(2) 鍵入觀察次數 (O),表示實際蒐集到的資料。

(3) 鍵入預期次數 (E),是觀察到的總次數除以分類數 (3),或者 90/3 = 30。

(4) 對每一格 (D),用觀察次數減去預期次數。以預期次數減去觀察次數也可以,因為這個差異值在下一步中會被平方。

(5) 計算觀察值和預期值之差的平方,你可以在 $(O-E)^2$ 一欄中看到這些值。

(6) 把實際值和預期值之差的平方除以預期的次數,你可以在 $(O-E)^2/E$ 一欄中看到這些值。

(7) 將最後一欄加總,你就會得到所算出的總卡方值是 20.59。

5. 使用特定統計量的合適臨界值表來決定拒絕虛無假設需要的值

現在我們需要查閱附錄 B 的表 B.5，表 B.5 列出了卡方檢定的臨界值。我們的第一個任務是決定自由度 (*df*)，自由度近似於組織資料的分類數。對現在這個統計檢定量來說，自由度是 *r* – 1，其中 *r* 等於列數，或 3 – 1 = 2。

使用這個數字 (2) 以及你願意承擔的風險水準（之前定義的 0.05），你可以使用卡方分布表查閱臨界值。這個值是 5.99。因此，在顯著水準為 0.05、自由度為 2 的情況下，拒絕虛無假設所需要的值是 5.99。

6. 比較算出值與臨界值

算出值是 20.59，而拒絕分類 1、2、3 事件次數相等的虛無假設的臨界值是 5.99。

7. 與 **8.** 做出決定

現在我們該做出決定了。如果算出值大於臨界值，就要拒絕虛無假設；如果算出值沒有超過臨界值，虛無假設就是最有吸引力的解釋，因此無法拒絕虛無假設。

在這個範例中，算出值超過臨界值，這個值大到我們可以說回應人數在三個分類中的分布並不相等。的確，在教育券的選擇偏好上投票贊成、中立、或反對的人數存在差異。

我如何解釋 $\chi^2_{(2)}$ = 20.6，$p < 0.05$？

- χ^2：檢定統計量。
- 2：自由度數值。
- 20.6：算出值，是使用本章之前提供的公式計算所得的值。
- $p < 0.05$（實際上是這個簡短片語中最重要的部分）表示對虛無假設的任何檢定來說，投票次數在各個分類中，均勻分布的機率小於 5%。因為我們定義 0.05 作為研究假設比虛無假設更有吸引力的標準，所以我們的結論就是三組分數之間有顯著差異。

獨立性卡方檢定

我們已經介紹完配適度卡方檢定了，不過另一種稍微進階一些的卡方檢定也值得跟各位說明，那就是獨立性卡方檢定〔也稱為相關性卡方檢定 (chi-square test for association)〕。

這項檢定主要是用來檢驗兩個不同的名目變數，彼此之間是否存在相關性。舉例來說，以下二乘二 (2 × 2) 的表格中，列出男性與女性分別有投票與沒投票的人數。

	投票	沒有投票
男性	50	20
女性	40	10

你需要記住的是：(1) 這是兩個維度：性別與投票行為；(2) 獨立性卡方檢定所要問題的問題是：在這個例子中，性別和投票行為之間是否相互獨立。

如同單變數卡方檢定，觀察值與期望值越接近，變數之間越可能是獨立的。觀察值與期望值之間越不像，則兩者之間越不可能是獨立的。

檢定統計量的計算方式和我們在配適度檢定所做的是一樣的。先計算出期望值，搭配觀察值，計算出卡方值，然後檢定其顯著性。不過與單變數檢定不同的，是獨立性檢定的期望值的計算方式是不一樣的。我們用以下的例子來說明。

計算獨立性卡方檢定的統計量

以下是計算性別與投票行為範例的檢定統計量的過程。方法與之前的配適度檢定的步驟及公式是一樣的。資料表格如下：

	男性	女性	總計
有投票	37	32	69
沒投票	20	31	51
總計	57	63	120

　　不過雖然步驟及公式是一樣的，但是期望值的算法是不同的。更精確地說，每個格子的期望值是列總和乘上行總和再除以全部總和。

　　舉例來說，表格中男性有投票那格的期望值是這樣算的：

$$\text{Expected} = \frac{\sum \text{Row} \times \sum \text{Column}}{\sum \text{All}} = \frac{69 \times 57}{120} \tag{19.4}$$

期望值 = 列總和 * 行總和 / 全部總和

1. 輸入類別：男性有投票、男性沒投票、女性有投票、女性沒投票。記得這些類別彼此之間要互斥；一筆資料只能被歸類為一個類別。

2. 輸入觀察值 (O)，即是我們所蒐集到的資料。

3. 輸入期望值 (E)，即是列總和乘以行總和、再除以全部總和。

4. 對每個格子，用觀察值減去期望值。以期望值減去觀察值也可以，因為這個差異值在下一步中會被平方。

5. 計算觀察值和預期值之差的平方。

6. 把實際值和預期值之差的平方除以預期的次數，你可以在 $(O - E)^2 / E$ 一欄中看到這些值。

7. 將最後一欄加總，你就會得到所算出的總卡方值是 2.441。

　　下表是上述步驟的匯總。

觀察值			
	男性	女性	總計
有投票	37	32	69
沒投票	20	31	51
總計	57	63	120
期望值			
	男性	女性	
有投票	32.78	36.23	
沒投票	24.23	26.78	

$(O - E)^2/E$			
	男性	女性	
有投票	0.54	0.49	
沒投票	0.74	0.67	

算出的卡方檢定值是 0.54 + 0.49 + 0.74 + 0.67 = 2.44。

此時我們查閱附錄 B 的表 B.5，表 B.5 列出了卡方檢定的臨界值。

不過我們得確認自由度，這個值與資料被分類的數量有關。就獨立性卡方檢定來說，自由度的公式是 $(r - 1)(c - 1)$，其中 r 是列的數量（此例是 2 − 1 = 1），c 是行的數量（此例是 2 − 1 = 1）。因此此例的自由度是 $(r - 1)(c - 1) = 1$。

使用這個數字 (1) 以及你願意承擔的風險水準（之前定義的 0.05），你可以使用卡方分布表查閱臨界值。這個值是 3.84。因此，在顯著水準為 0.05、自由度為 1 的情況下，拒絕虛無假設所需要的值是 3.84。

算出值是 2.44，而拒絕虛無假設的臨界值是 3.84。

8. 現在我們該做出決定了。如果算出值大於臨界值，就要拒絕虛無假設；如果算出值沒有超過臨界值，虛無假設就是最有吸引力的解釋，因此無法拒絕虛無假設。在這個範例中，算出值沒有超過臨界值，因此，結論是，性別與投票行為之間是獨立的。

使用 R 進行卡方檢定

配適度與 R

以下介紹如何使用 R 來進行簡單的單樣本卡方檢定。我們所使用的資料集名稱是第 19 章資料集 1 (Chapter 19 Data Set 1, ch19ds1.csv)，此資料集在之前的教育券範例中曾使用過。

1. 讀取資料檔案，並檢查資料。

```
> ch19ds1 <- read.csv(file.choose())
> View(ch19ds1)
>
```

2. 把觀察值資料做成表格。我們用 **gfdata** 來指稱配適度資料。表格製作完成之後，我們會它列出來確認。

```
> gfdata <- summary(ch19ds1$Voucher)
> gfdata
Against  For  Maybe
    50   23     17
>
```

3. 使用 **chisq.test()** 函式來進行配適度檢定。

```
> chisq.test(gfdata, p = c(1/3, 1/3, 1/3))
Chi-squared test for given probabilities
data: gfdata
X-squared = 20.6, df = 2, p-value = 3.363e-05
>
```

　　在這個函式中，我們呼叫 gfdata 這個物件。我們同時也告訴 R 說三個欄位的期望值分別是 1/3、1/3、與 1/3。R 則告訴我們配適度 $\chi^2_2 = 20.6$，p 值 < 0.001。事實上這個顯著水準非常小，R 所顯示的數值是 3.363e-05，等於是 3.363×10^{-5} 或 0.00003363。這是個非常不常見的結果！因此，極有可能這三個類別的次數是不相等的。

獨立性與 R

　　以下介紹如何使用 R 來進行二維獨立性卡方檢定。我們所使用的資料集名稱是第 19 章資料集 2 (Chapter 19 Data Set 2, ch19ds2.csv)，與之前在性別 / 投票行為範例中曾使用過資料集相似。這個資料集有兩個變數，性別

(Sex) 與投票 (Vote)。性別有兩個值：男性 (Male) 與女性 (Female)；投票也有兩個值：是 (Yes) 與否 (No)。

1. 讀取資料檔案，並檢查資料 ch19ds2。

```
> ch19ds2 <- read.csv(file.choose())
> View(ch19ds2)
>
```

2. 把觀察值資料做成表格。我們用 toidata 來指稱獨立性資料。

```
> toidata <- table(ch19ds2$Sex, ch19ds2$Vote)
> toidata

        No    Yes
Female  31    32
Male    20    37
>
```

3. 與配適度檢定相同，我們也使用 chisq.test() 函式，不過多加一個選項：correct = FALSE，因為我們希望得到的產出要與式 19.1 相對應。只有當有期望次數的數值小於 5 的時候，我們才會用 correct = TRUE。在這個例子中，我們的期望次數中最小的是第二列、第一行的 24.225（參閱式 19.4），因此我們不需要進行修正。

```
> chisq.test(toidata, p = c(1/4, 1/4, 1/4, 1/4), correct = FALSE)
        Pearson's Chi-squared test
data: toidata
X-squared = 2.441, df = 1, p-value = 0.1182
>
```

瞭解 R 的輸出報告

R 的獨立性檢定輸出報告中，呈現以下資訊：

1. 不同類別組合的次數，顯示為 Men-Yes (37), Men-No (20), Women-Yes (32), and Women-No (31)。

2. 皮爾森卡方值 (Pearson chi-square value) 是 2.441，自由度是 1。這個數值與我們之前用手算的結果是一樣的。

3. 顯著水準的確實數值是 0.1182，因此並沒有低於 0.05 的顯著水準。換句話說，性別與投票行為彼此之間是獨立的。

該如何解讀？投票行為不是性別的函式，而性別與投票行為無關。

函式 `chisq.test` 有個優點：我們可省略製作表格的步驟，直接告訴 R 我們所需的期望值。就這個例子來說，另一個做法也可得到一樣的結果：

```
> chisq.test(ch19ds2$Sex, ch19ds2$Vote, correct = FALSE)

        Pearson's Chi-squared test

data: ch19ds2$Sex and ch19ds2$Vote
X-squared = 2.441, df = 1, p-value = 0.1182
>
```

這個網站 (http://www.quantpsy.org/chisq/chisq.htm) 可進行這兩類的卡方檢定。它是由范德堡大學 (Vanderbilt University) 的克里斯多夫 · 普立切 (Kristopher J. Preacher) 教授所提供的。只要你有親自手動計算過卡方值，你就會明瞭它的意義。透過 R 與這個網站，能讓你的統計生活便捷許多！

你應該瞭解的其他無母數檢定

你可能永遠不需要無母數檢定來回答任何你所提出的研究問題，但是，你也可能發現你分析的樣本非常小（至少小於 30 個），或者資料違反了參數檢定所需的一些重要假設。

實際上，你想使用無母數統計的最主要理由，與你所想探究的變數的測量尺度相關。當你所處理的是類別、名目、或排序（第一名、第二名、第三名）資料時，可參考使用表 19.1 中所列出的無母數檢定。

表 19.1 列出你所需瞭解的一些無母數檢定的資訊，包括名稱、使用目的、與應用範例。請記得，這表中所列出的，只是眾多無母數檢定方法的一

小部分而已。

表 19.1 用以分析類別資料與排序資料的無母數檢定

檢定方法名稱	使用時機	應用範例
變化顯著性的麥克尼馬爾 (McNemar) 檢定	檢視「之前和之後」的改變	打電話給對某個特定問題沒有做出投票決定的候選人的效果如何？
費雪 (Fisher) 的精確檢定	計算 2 × 2 列聯表中每個結果的確切機率	投擲 6 次硬幣得到 6 次正面的確切機率？
單樣本卡方檢定（就是本章討論的重點）	決定不同分類的事件次數是否隨機	在最近的銷售中，品牌 Fruities、Whammies 和 Zippies 的銷售量是否相同？
科爾莫戈羅夫－斯米爾諾夫 (Kolmogorov-Smirnov) 檢定	檢視一組樣本分數是否來自特定的母體	一些孩子選擇去哪間小學的決定的代表性如何？
符號檢定或中位數檢定	用於比較兩個樣本的中位數	投票給候選人 A 的民眾的收中位數是否高於投票給候選人 B 的民眾的收入中位數？
曼－惠特尼 (Mann-Whitney) U 檢定	用於比較兩個獨立樣本	群體 A 是否比群體 B 的學習轉移速度快？—以正確數測量
威爾考克森 (Wilcoxon) 等級檢定	比較兩個群體差異的大小和方向	在幫助兒童語言技能的發展方面，學前教育的效果是否是沒有學前教育經驗的兩倍？
克魯斯卡爾－沃利斯 (Kruskal-Wallis) 單因子變異數分析	比較兩個或多個獨立樣本的整體差異	四個地區辦公室管理者的等級差異如何？
弗里德曼 (Friedman) 雙因子變異數分析	比較兩個或多個獨立樣本在不止一個維度上的總體差異	不同地區辦公室與性別的管理者等級差異如何？
斯皮爾曼 (Spearman) 等級相關係數	計算等級相關係數	高中最後一年的名次，和大學第一年的名次之間的相關係數是多少？

真實世界的統計

　　中風病人可能會喪失自己穿衣服的能力，這會讓他們覺得必須依賴他人，且無法掌控自己的日常生活。但如果這個能力可以透過職能治療來恢復的話，情況會如何呢？Fletcher-Smith、Marion Walker、與 Avril Drummond 三位學者設計了一個研究，先評估 70 位因為中風而認知受損的病人的上半身穿衣能力。這些受測者以兩個維度來評估：用單手或雙手穿衣，以及是否需要協助。若能完成穿衣任務的，表現記錄為 1；若否，則記錄為 0。這群受測者六週後再評估一次。研究人員計算前後兩次 2 × 2 表格之間的次數差異，而後進行獨立性卡方檢定，來檢視經過這段時間之後，狀況是否有改善。Fletcher-Smith 與他的同事發現，能用雙手穿衣的病人，表現得比只能單手穿衣的病人好；此外，只能單手穿衣的人，狀況有改善。

　　想要知道更多嗎？可以上網或到圖書館閱讀這篇文章：

Fletcher-Smith, J., Walker, M. F., & Drummond, A. (2012). The influence of hand use on dressing outcome in cognitively impaired stroke survivors. *British Journal of Occupational Therapy, 75*(1), 2–9.

小結

　　卡方檢定是眾多不同的無母數檢定中的一種，它可幫你回答違反常態分布的基本假設、或者因樣本太小而無法使用常規統計工具的問題。這些無母數檢定是非常有價值的工具，即使本章所提供的介紹非常有限，還是能幫助你理解它們在你的研究中所能扮演的角色，也能幫助你進一步探索它們的可能應用。

練習時間

1. 何時實際卡方值會等於 0？提供一個可能發生這種狀況的例子。

2. 使用以下的資料檢定民主黨、共和黨、與無黨派人士，在最近選舉中的投票人數是否相同。以 0.05 的顯著水準檢定此假設。手動計算。

政黨傾向		
共和黨	民主黨	無黨派人士
800	700	900

3. 在 0.01 顯著水準下，使用以下的資料檢定男孩（編碼 = 1）和女孩（編碼 = 2）參與初級足球培訓的人數是否相同。〔可以從第 19 章資料集 3 (ch19ds3.csv) 取得資料。〕使用 R 或其他統計軟體，計算卡方值的確切機率。你的結論是什麼？

性別	
男孩 = **1**	女孩 = **2**
45	55

4. 學校負責註冊的行政人員預期不同年級的學生人數分布會改變，但不確定新的分布跟他們所預期的是否會相同。在 0.05 顯著水準，檢定下列資料的配適度。

年級	**1**	**2**	**3**	**4**	**5**	**6**
學生人數	309	432	346	432	369	329

5. 某家糖果公司中，有半數的行銷人員認為所有方塊糖的口味嚐起來是一樣的，幾乎沒有什麼差異；但另一半的行銷人員並不同意這個看法。誰是對的？可由第 19 章資料集 4 (Chapter 19 Data Set 4, ch19ds4.csv) 取得所需的資料。

方塊糖	**100 人中喜好的人數**
Nuts & Grits	9
Bacon Surprise	27
Dimples	16
Froggy	17
Chocolate Delight	31

6. 以下是調查考試成績與 M&M 口味偏好（原味或花生）相關性的部分結果。這兩個變數有相關嗎？請使用 R 或手動計算。

M&M 口味偏好	考試成績		
	高	中	低
原味	160	400	175
花生	150	500	250

7. 第 19 章資料集 5 (Chapter 19 Data Set 5, ch19ds5.csv) 中呈現兩個變數：年齡 (age) 與重訓後的強度 (strength)。這兩個變數之間是否獨立？

年齡	強度		
	弱	中	強
年輕	12	18	22
中年	20	22	20
老年	9	10	5

學生學習網址

你可以連上 **edge.sagepub.com/salkindshaw** 找到其他的練習題目與電子快閃卡片 (eFlashcards)，也可觀賞 R 的教學影片，並可下載檔案資料集！

20

你應該瞭解的
其他重要統計方法

難易指數：☺☺☺☺（不是很難啦，只是一些閱讀
資料與你已所學過的內容的延伸而已）

本章學習內容

✦ 更高階統計方法的綜述、使用時機、與使用方法。

　　《愛上統計學》全書只涵蓋了整個統計學的一小部分，畢竟我們篇幅有限。不過更重要的是，初學時內容應保持簡單、直接。

　　但這並不表示當你閱讀研究論文或在課堂討論時，不會碰到其他的分析技術；這些技術很重要，你也需要瞭解。因此，為了豐富你的知識，我們列出十項進階的統計技術，介紹它們用來做什麼，以及使用這些技術解決問題的研究範例。本章中所第一次出現的 R 套件（以及所有本書中所介紹過的 R 套件），都列在書末的附錄 A 中。你可以查看開發這些套件的人的姓名與相關文件。

多變量變異數分析 (Multivariate Analysis of Variance)

你可能對於知道變異數分析 (ANOVA) 有許多不同的形式並不感到驚訝，每一種形式都是被設計用來配合特定的「多於兩個群體的平均數比較」的情況。其中之一是多變量變異數分析 (MANOVA)，用於不只一個依變數的情況；也就是使用兩個以上的結果變數或依變數，而不是只使用一個。如果依變數或結果變數之間彼此相關，就很難釐清處理變數對任何單一結果變數的影響。這時候就需要使用 MANOVA。

例如：休士頓大學的 Erlanger Turner 教授與聖塔克拉拉大學的 Jasmín Llamas 教授，針對拉丁美洲裔大學生，研究其心理健康服務的使用及性別對於恐懼治療、族群認同、及靈性的影響。他們所使用的是 2x2 MANOVA：是否使用心理健康服務（是或否）與性別（男或女）。這個分析中的多變量，即是三個依變數：心理治療調查評估、多元族群認同評估、與靈性意識量表。透過這個多變量分析的技術，這兩個獨立變數（是否使用心理健康服務與性別）對於三個依變數的影響，都可以一次估計完成。

想知道更多嗎？可以上網或到圖書館閱讀這篇文章：

Turner, E. A., & Llamas, J. D. (2017). The role of therapy fears, ethnic identity, and spirituality on access to mental health treatment among Latino college students. *College Counseling Services*, *14*, 524–530.

用 R 進行 MANOVA

用 R 來執行 MANOVA 有好幾種方法（終於！）。最簡單的方法是哪個？試試看 stats 套件中的 manova 函式。檢視其說明檔，然後執行 R 內建的範例與資料集。

```
> ?manova
> example(manova)
>
```

重複量測的變異數分析 (Repeated-Measures ANOVA)

我們在第 12 章中，第一次提到重複量測，並介紹成對 *t* 檢定。這裡介紹的是變異數分析的另一種形式，也是另一種形式的重複量測。重複量測的變異數分析與其他變異數分析非常類似，是用以檢定兩個或兩個以上的群體的平均數差異（如果需要複習的話，可以看第 15 章）。在重複量測 ANOVA 中，參與者在單一因子上要測試不只一次。這也是為什麼叫做「重複」，因為你要對相同的因子在不同時點重複進行量測。

例如：倫迪 (Brenda Lundy)、菲爾德 (Tiffany Field)、麥克布萊德 (Cami McBride)、菲爾德 (Tory Field)、與拉爾吉 (Shay Largie) 使用高二與高三學生的資料，檢視同性和異性最好朋友之間的相互影響。他們的主要分析之一是三個因素的變異數分析：性別（男性或女性）、友誼（同性或異性）、以及年級（高二或高三）。重複測量的因子是年級，因為同一個受測者在不同時點要被重複量測。

想知道更多嗎？可以上網或到圖書館閱讀這篇文章：

Lundy, B., Field, T., McBride, C., Field, T., & Largie, S. (1998). Same-sex and opposite-sex best friend interactions among high school juniors and seniors. *Adolescence, 33,* 279-289.

用 R 進行重複量測 ANOVA

用 R 來執行重複量測變異數分析的其中一種方法是使用 lme4 套件中的 lmer 函式。以下這個例子中，我們會見到，時間變數是天，資料中的反應變數被量測了十天。

```
> install.packages("lme4")
> library(lme4)
> fm1 <- lmer(Reaction ~ Days + (Days | Subject),
sleepstudy)
> summary(fm1)
```

第一行將 lme4 套件安裝到你的電腦中，第二行 R 即載入 lme4 套件。

第三行執行建模，並將結果存放入 `fm1` 這個物件中。第四行使用 `summary` 函式把結果呈現出來。感謝 Doug Bates 及其同仁製作撰寫 lme4 這個套件，並蒐集範例來完成這個任務。

Bates, D., Maechler, M., Bolker, B., & Walker, S. (2015). Fitting linear mixed-effects models using lme4. *Journal of Statistical Software*, 67(1), 1–48.

共變異數分析 (Analysis of Covariance, ANCOVA)

這是我們介紹的最後一種 ANOVA。共變異數分析 (ANCOVA) 是特別有趣的一種形式，因為它允許你將群體之間最初的差異平等化。假定你贊助一個提高跑步速度的專案，而且你想比較兩組運動員在 100 碼衝刺中能跑多快。因為力量通常和速度有關，因此你必須做一些修正，這樣專案結束時的任何差異就可以不使用力量這個變數來解釋。而且，你想瞭解去除力量因素之後的訓練效果。所以你會在訓練專案開始之前，測量受訓者的力量，並使用 ANCOVA 來調整基於初始力量的最後速度。

麥吉爾大學的米夏埃拉‧希涅 (Michaela Hyine)、約翰‧林登 (John Lyndon) 與阿里‧塔達什 (Ali Taradash) 使用了 ANCOVA 來研究親密行為與承諾如何影響婚前性行為和使用避孕物品的可接受度。他們所使用的 ANCOVA 以性行為的社會接受度作為依變數（他們期望從中發現群體差異），並以特定情境中的評分作為共變異數。ANCOVA 能確保社會接受度的差異將會被評分所修正，如此一來，差異就可以獲得控制。

想知道更多嗎？可以上網或到圖書館閱讀這篇文章：

Hynie, M., Lydon, J., & Taradash, A. (1997). Commitment, intimacy, and women's perceptions of premarital sex and contraceptive readiness. *Psychology of Women's Quarterly*, 21, 447-464.

用 R 進行 ANCOVA

就 ANCOVA 來說，我們可以使用在第 15 及 16 章所學過的函式 aov 來執行。在第 17 章第 1 個資料集 (ch17ds1.csv) 中，有個變數是記錄一個家庭

每週花多少時間閱讀給家裡的小孩聽。倘若我們引入是否就讀幼兒園這個變數來控制閱讀花費時間，那麼我們或許可以更清楚地知道，對已就讀幼兒園的小孩而言，增強語言能力的最佳時數會是多少。資料中，我們其實沒有這項變數，不過倘若有的話，執行的方式將近似於下列操作：

```
> m1 <- aov(Language.Score ~ Group + Hours.Reading, data
= ch15ds1)
```

多元迴歸 (Multiple Regession)

你已經在第 18 章學到了如何利用一個變數的值來估計另一個變數的值，這是社會和行為科學研究者最常感到興趣的一種分析方法。比方說，我們已經知道父母親的讀寫能力（如家裡有很多書）與其子女的閱讀量與閱讀力相關。我們試著使用多個預測變數來進行研究。本書到目前為止並沒有明說的是，其實許多統計分析方法（*t* 檢定、ANOVA、因子 ANOVA、與相關係數）都可以用迴歸的方式來處理。從許多方面來說，多元迴歸是你的統計分析工具箱中最有彈性的工具之一。它最常被使用的方法就是用多個變數進行平淡無奇的傳統式迴歸。

倘若把班級人數、教師授課比例、授課策略、以及行為管理策略等變數彙整在一起，研究如何影響學習成效，應該會是個相當有趣的研究。三位學者 Adam Lekwa、Linda Reddy、與 Elisa Shernoff 就這麼做了。他們使用多元迴歸分析來探討課堂狀況與授課風格對於學習效果的影響。研究結果發現，除了行為管理策略之外，其餘的預測變數都對於學習效果有顯著的影響。

想知道更多嗎？可以上網或到圖書館閱讀這篇文章：

Lekwa, A. J., Reddy, L. A., & Shernoff, E. S. (2019). Measuring teacher practices and student academic engagement: A convergent validity study. *School Psychology Quarterly*, *34*(1), 109–118.

用 R 進行多元迴歸

就多元迴歸而言，我們可以使用在第 18 章所學過的函式 lm 來執行。在第 18 章第 1 個資料集 (ch18ds1.csv) 中，有三個額外的變數，分別是每週進行有氧運動的時數 (Cardio)、是否有加入某球隊（Team，是或否）、以及是否有陪練人員 (Trainer)。如此一來，模型建起來會像以下樣子：

```
> m1 <- lm(Injuries ~ Training + Cardio + Team +
Trainer, data = ch18ds1)
```

多層次模型 (Multilevel Models)

這個獨特的方法有許多不同的名稱：多層次模型 (multilevel models)、階層線性模型 (hierarchical linear models)、隨機效果模型 (random-effects models)、固定效果模型 (fixed-effects models)、混合效果模型 (mixed-effects models)、交叉分類 (cross-classified)、多元分群模型 (multiple membership models)、以及成長曲線模型 (growth curve models)。這表示無論你看到哪一種名稱，你都知道大致上來說，它們要處理的都是多層次的模型。那什麼是多層次模型？多表示大於一，而層次表示你所關注的項目。舉例來說，倘若你想要瞭解某個州的學生學習狀況，而不是只有單一個學校、單一個班級，那麼學生的上一層是班級、再上一層是學校、再上一層是學區。如此一來，我們就有了四個層次的巢狀 (nested) 模型。我們會明確地把學生放在這樣的層次結構中，是因為假設同一個學區、同一個學校、同一個班級裡的學生，其學習狀況的相似度，應該高於不同學區、不同學校、不同班級的學生。而由於我們有所有班級、學校、學區的學生資料，因此單一個班級裡的學生應被視為不獨立的。這個重要的假設一不小心就會不成立，倘若我們忽略這個巢狀結構的話。

因此多層次模型是用來探討校園霸凌狀況的絕佳方法。這個研究包含了相當多的 25,896 位學生，來自 114 所學校，從小學四年級到高中三年級都有。在控制學生的人口統計變數之後，最能夠預測有較高認知成效、較佳行

為、與情緒控管的變數是良好的校風。

想知道更多嗎？可以上網或到圖書館閱讀這篇文章：

Yang, C., Sharkey, J. D., Reed, L. A., Chen, C., & Dowdy, E. (2018). Bullying victimization and student engagement in elementary, middle, and high schools: Moderating role of school climate. *School Psychology Quarterly*, *33*, 54–64.

用 R 進行多層次模型

用 R 進行多層次模型有許多種方法。最困難的方法之一就是前面介紹過的重複量測的變異數分析，lme4 套件中的 lmer 函式。在那個例子中，研究受測者的下一層存有多次的觀察值。接下來這個例子，我們要使用 cake 這個資料集，其來源是某篇碩士論文；該篇論文比較在烘焙巧克力蛋糕時所使用的三種不同配方與六種不同溫度。

```
> library(lme4)
> fm1 <- lmer(Reaction ~ recipe * temperature +
(1 | recipe:replicate), + data = cake, REML = FALSE)
> summary(fm1)
```

想知道更多嗎？可以上網或到圖書館閱讀這篇文章：

Cook, F. E. (1938). *Chocolate cake, I. Optimum baking temperature* (Unpublished master's thesis). Iowa State College, Ames.

後設分析 (Meta-Analysis)

你有沒有經驗過，針對某個研究議題進行搜尋，結果找到數十篇相近的論文？而且最常發生的狀況是，這些論文的結論都不相同。那，該讀哪一篇呢？從後設分析的角度來說，全部都要讀！透過後設分析，研究人員從各個不同的研究中匯集資料，檢視其中的模式與趨勢。在大量資料已經隨時隨地都被蒐集的今日，後設分析成為一種強而有力的工具，可以協助組織不同的資訊並指引政策的決策。

　　舉例來說，這種方法論在研究性別差異時是很有用的。已有非常多的研究顯示有許多差異存在（也缺少「因此」），而像是後設分析這樣工具，的確可以幫助我們釐清這些研究結果的意義。在工作績效方面，有許多關於性別差異的不同觀點。Philip Roth、Kristen Purvis、與 Philip BoBko 指出，在多種不同的情境中，男性的表現通常被評估比女性好，其中包括工作績效。為了釐清不同性別間，工作績效差異的根本原因，這些作者針對多個田野研究所測量之工作績效資料，進行後設分析。他們發現，雖然工作績效表現的評比對女性有利，但升遷潛力的評比卻是男性較高。這是一個相當有趣的發現！這是個很好範例，說明後設分析如何彙整綜觀多項研究的結果，以得出更深入的見解。

　　想知道更多嗎？可以上網或到圖書館閱讀這篇文章：

　　Roth, P. L., Purvis K. L., & Bobko, P. (2012). "A meta-analysis of gender group differences for measures of job performance in field studies." *Journal of Management, 38*, 719-739.

用 R 進行後設分析

　　後設分析使用許多我們在之前章節介紹過的統計檢定工具，比方說迴歸。因此操作上並不困難，回顧第 4、7、18 章中相關的統計工具即可。最具挑戰性的部分在於找齊你所擬納入後設分析研究的論文的效應量 (effect size) 資訊。修個課或是讀本好書，會有很大的幫助。

邏輯斯迴歸 (Logistic Regression)

　　由於成功率或失敗率常常是我們深感興趣的研究變數，邏輯斯迴歸是個非常好的工具來幫我們分析哪些變數可用以預測成功與否。舉例來說，它可以協助我們回答哪些變數對病人是否康復有影響的問題。它也可以讓我們瞭解評量與個人特質可能如何協助我們辨識不同群組。

　　德州大學的研究人員研究了接觸電子菸的廣告對於電子菸使用者與潛在使用者的影響。就接觸電子菸廣告這個變數來說，他們量測的範圍包括零售廣告、網路廣告、電視與電影廣告、以及印刷品（如雜誌）之中的平面廣告。

他們的研究發現，倘若四種類型的廣告都接觸過的話，曾抽過電子菸者相對於沒抽過者的賠率是 1.81，而現在仍有抽電子菸者的賠率更高達 2.22。

想知道更多嗎？可以上網或到圖書館閱讀這篇文章：

Mantey, D. S., Cooper, M. R., Clendennen, S. L., Pasch, K. E., & Perry, C. L. (2016). E-cigarette marketing exposure is associated with e-cigarette use among US youth. *Journal of Adolescent Health*, *58*, 686–690.

用 R 進行邏輯斯迴歸

用 `glm` 這個函式來進行邏輯斯迴歸是很方便的事。Glm 這個縮寫的涵義是廣義線性模型 (generalized linear model)。使用邏輯斯迴歸時，我們不使用在一般常態分配迴歸模型時常用的最小平方法，而是改用最大概似法 (maximum likelihood)。在這裡就先不要管這些事了。

來看一個有趣的例子。加州大學洛杉磯分校 (UCLA) 裡有一群人成立了以下這個很酷的網站：

https://stats.idre.ucla.edu/r/dae/logit-regression/

這個例子使用一些變數來預測研究所申請入學的結果（成功或失敗），所使用的變數包括 GRE 分數、大學成績 GPA、以及名次。函式 `glm` 中所列的 family 是為了告訴 glm 此處所使用的依變數是二元的。

```
> m1 <- glm(admit ~ gre + gpa + rank, data = mydata,
family = "binomial")
```

因素分析 (Factor Analysis)

因素分析是基於不同項目的彼此相關程度，並形成因素或集群的技術。每一個因素代表幾個不同的變數，而且在某些研究中，因素反而比個別變數能更有效地呈現結果。在使用這項技術時，目標是用更一般化的名稱來描述彼此相關的東西，這就是因素。這些因素的名稱不能亂取，它必須要能反映

它所代表的變數以及它們之間的意涵。此外，因素分析可分為兩種，探索型 (exploratory) 與確認型 (confirmatory)。當你要檢視一組全新的問題而想知道資料中包含多少因素，要使用探索型因素分析。若你對於要如何使用因素來組織你的問題已經有概念的話，則使用確認型因素分析。

舉例來說，Rachel Freed、Benjamin Emmert-Aronson、Kevin Alschuler、與 John Otis 分析應對策略問卷調查 —— 修訂版 (Coping Strategies Questionnaire–Revised) 當中的因素結構，並檢視患有慢性疼痛的退伍軍人的問卷填答回應。他們發現該問卷作者所確認的六項因素，在這群退伍軍人身上獲得印證。這六個因素是：災難、忽略、分心、疏離、正向自我陳述、及禱告。

想知道更多嗎？可以上網或到圖書館閱讀這篇文章：

Freed, R. D., Emmert-Aronson, B. O., Alschuler, K. N., & Otis, J. D. (2018). Confirmatory factor analysis of the Coping Strategies Questionnaire–Revised for veterans with pain. *Psychological Services*. Advance online publication.

用 R 進行因素分析

關於因素分析，我們所沒告訴你的是，其實你只需要共變異數 (covariances)，也就是未標準化的相關係數。或者你可以輸入平均數、標準差、及相關係數等資訊，函式即可計算出所需的共變異數。

在 R 中有好幾種方法可執行探索型因素分析，此處推薦使用 psych 套件中的 fa() 函式。使用 summary() 函式來看分析結果，而 print() 函式會列出更細的資訊。

```
> library(psych)
> pa <- fa(Harman74.cor$cov,4,fm="pa" , rotate="varimax")
> summary(pa)
> print(pa, sort = TRUE)
```

路徑分析 (Path Analysis)

這是檢視相關性的另一項統計技術，不過在分析因素之間的關係時，研究者可建議其方向性或因果性。基本上來說，路徑分析檢視變數間關係的方向性時，是先設立理論面的假設，然後透過資料來驗證該關係方向性是否為真。

舉例來說，Timothy Tansey、Kanako Iwanaga、Jill Bezyak、與 Nicole Ditchman 檢視傷殘失能者的工作動機與自我決定程度。最後的模型包括以下這些與就業相關的變數：自主度、勝任度、關係度、成果預期度、及職業復健參與度。雖然這些變數之間的相關性與研究人員先前的預期截然不同，不過最終模型支持新的自我定工作動機模型。很酷。

想知道更多嗎？可以上網或到圖書館閱讀這篇文章：

Tansey, T. N., Iwanaga, K., Bezyak, J., & Ditchman, N. (2017). Testing an integrated self-determined work motivation model for people with disabilities: A path analysis. *Rehabilitation Psychology*, *62*, 534–544.

用 R 進行因素分析

在 R 中的路徑分析可使用 lavaan 這個套件。網路上有許多範例，不過不在說明檔中。RStudio 支援 RPubs 這個網站，上面有一篇文章 "Introduction to Path Analysis in R"，作者是 Thomas Bihansky。要進行路徑分析，就是安裝 Yves Rosseel 所提供的 lavaan 套件，然後透過 `summary()` 函式來執行所有的分析。倘若你要完整執行整個範例，則必須安裝六個套件。所有程式碼都有，不用擔心。

Bihansky, T. (2017, August 22). Introduction to path analysis in R. Retrieved from http://www.rpubs.com/tbihansk/302732

結構方程式模型 (Structural Equation Modeling)

結構方程模型 (SEM) 還是非常新的技術，但是自從 1960 年代早期引入以來，已經變得十分流行。一些研究者覺得這項技術是迴歸、因素分析和路

徑分析的統稱，其他的研究者則認為這項技術本身代表著完全不同的方法。它是基於變數之間關係的方法（如同我們前面所描述的三項技術）。

SEM 與其他進階統計技術（如因素分析）的主要差別是，SEM 比較是確認型的，而較不是探索型的。換句話說，研究者比較傾向使用 SEM 來確認已提出的模型是否有效（也就是資料相合於模型）。相對地，探索型技術用於發現特定的關係，較少（不是沒有）在分析之前就先建構模型。

舉例來說，Heather Gotham、Kenneth Sher、與 Phillip Wood 研究年輕人的酒精使用患疾 (alcohol use disorders)、成年前的變數（性別、酗酒的家庭史、兒童時期的壓力源、高中時期的班級排名、宗教參與度、神經過敏症、個性外向度、精神病史）、以及年輕人的發展工作（完成學士學位、全職工作、婚姻）這三個變數之間的關係。他們使用結構方程模型，發現相較於是否診斷出患有酒精使用患疾，成年前的變數對於年輕人發展工作成就上的預測力更為顯著。

想知道更多嗎？可以上網或到圖書館閱讀這篇文章：

Gotham, H. J., Sher, K. J., & Wood, P. K. (2003). Alcohol involvement and development task completion during young adulthood. *Journal of Studies on Alcohol, 64*, 32-42.

用 R 進行結構方程式模型

技術上來說，因素分析的範例與路徑分析的範例，都是 SEM 的範例。在這個小節中，這個範例將結合確認型因素分析與路徑分析，整合成一個簡單的模型。與路徑分析不同之處在於在迴歸方程式中使用的是因素，而不是所觀察到的變數。（倘若這段話看不太懂是無妨的。）

```
> install.packages("lavaan")
> library(lavaan)
> example(sem)
```

小結

　　即使近期之內你不會使用到這些進階的統計方法，但是仍有不少好理由來多瞭解它們一些，因為你一定會在不同的研究出版物中看到這些技術，或者在你選修的其他課程中聽到它們。

　　透過這些初步的概念，再結合你對基本統計技術（本書到現在為止的所有章節）的瞭解，你已經掌握了許多基礎的（甚至有些是中階的）統計學的重要知識。

學生學習網址

　　你可以連上 **edge.sagepub.com/salkindshaw** 找到其他的練習題目與電子快閃卡片 (eFlashcards)，也可觀賞 R 的教學影片，並可下載檔案資料集！

R 和 RStudio
帶來更多樂趣

在還沒開始進入本書內容前，R 就可以做很多事了。本附錄提供如何在 Mac 上安裝 R、RStudio，然後還有一些你可以使用 R 進行的出色操作。以本附錄為起點，讓好奇心引導你，然後上網使用你喜歡的搜索引擎瞭解更多吧。本附錄分為四個部分：

- 在 Mac 上安裝 R 和 RStudio
- R 中的有趣功能
- R 的酷玩意
- R 的引用

在 Mac 上安裝 R、RStudio

像第 2 章中 R 和 RStudio 的安裝一樣，我們將首先逐步完成 R 的安裝步驟，然後再安裝 RStudio。這裡介紹的基本步驟遵循第 2 章中描述的在 Windows 上安裝的步驟。我們建議你在第 2 章的其餘部分中閱讀這些步驟，以便在第 3 章中使用 RStudio 進行更多練習之前，全面瞭解 R 和 RStudio。

安裝 R

前往我們在第 2 章中為 Windows 安裝 R 時在圖 A.1 (https://cran.r.-project.

org/) 中顯示的網站。 在這種情況下，我們點 Download R for (Mac) OS X 的
網址。

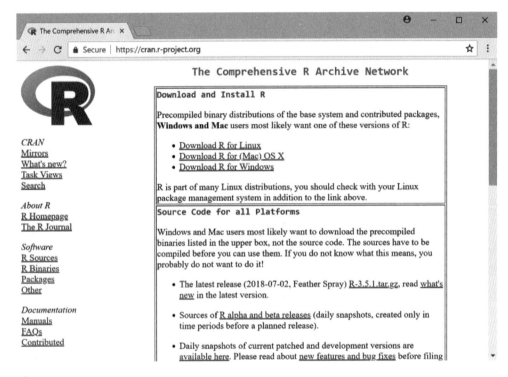

圖 A.1　主要 R 網址

　　單擊網址下載 Mac 版 R，我們被帶到另一個看上去與圖 A.2 非常相似
的網頁。

A.2 Mac 下載 R 網址

你會希望下載最新版本。在編寫本書時，最新版本是 R 版本 3.5.1，因此書上的圖片是下載了 R-3.5.1.pkg。下載 pkg 文件後，請按照以下步驟操作：

1. 打開下載文件夾，然後雙擊剛剛下載的文件。
2. 雙擊以啟動安裝程序。
3. 選擇預設以安裝本程序提供的 R，直到完成安裝。
4. 打開你的應用程序文件夾。
5. 向下滾動以找到 R 圖標，然後雙擊以打開應用程序。

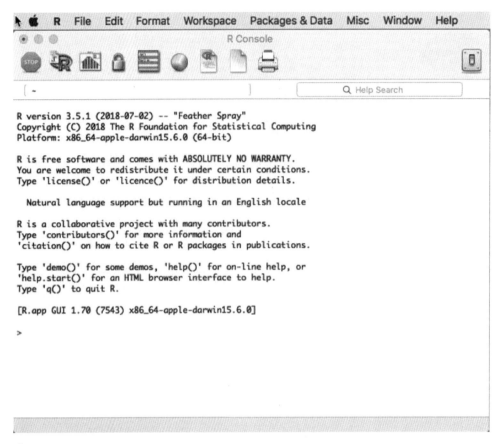

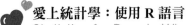

圖 A.3　R 在 Mac 上

　　該窗口非常類似於圖 2.3，即 Windows 上的 R。現在，讓我們測試 R 以確保其安裝正確。我們將在 > 符號處輸入一些簡單的語法。

```
> 2 + 3
```

你應該會看到下圖：

```
[1] 5
```

　　[1] 告訴你它顯示的是輸出的第一行，當你加上 2 + 3 時，5 是我們從 R 得到的結果。

安裝 XQUARTZ

如果你已經閱讀了圖 A.2 中顯示的所有網頁，你可能會想起來如果要使用 R 函式 tdtk，則要安裝 XQuartz。在本書中，我們不會在任何地方使用該套件，但是有時 R 中的套件需要使用其他「套件」。如果要在需要時安裝 XQuartz，請到圖 A.4 (xquartz.org) 中所示的網頁並下載 X11。在安裝 XQuartz 時，請依照預設的安裝選項。

圖 A.4　R 在 Mac 上的繪圖套件 XQuartz

安裝 RStudio

現在，我們只需要再裝 RStudio 就行了。請至網址。你應該能看到類似於圖 A.5 的頁面。

圖 A.5　用於選擇 RStudio 版本的網頁

　　我們想要帶有開放源代碼許可的 RStudio 桌面版本。單擊下載按鈕，將帶你到如圖 A.6 所示的網頁。第二個網址應該是針對 Mac 版本的 RStudio。確切的版本不會相容，但這沒關係。

Installers for Supported Platforms

Installers	Size	Date	MD5
RStudio 1.1.456 - Windows Vista/7/8/10	85.8 MB	2018-07-19	24ca3fe0dad8187aabd4bfbb9dc2b5ad
RStudio 1.1.456 - Mac OS X 10.6+ (64-bit)	74.5 MB	2018-07-19	4fc4f4f70845b142bf96dc1a5b1dc556
RStudio 1.1.456 - Ubuntu 12.04-15.10/Debian 8 (32-bit)	89.3 MB	2018-07-19	3493f9d5839e3a3d697f40b7bb1ce961
RStudio 1.1.456 - Ubuntu 12.04-15.10/Debian 8 (64-bit)	97.4 MB	2018-07-19	863ae806120358fa0146e4d14cd75be4
RStudio 1.1.456 - Ubuntu 16.04+/Debian 9+ (64-bit)	64.9 MB	2018-07-19	d96e63548c2add890bac633bdb883f32
RStudio 1.1.456 - Fedora 19+/RedHat 7+/openSUSE 13.1+ (32-bit)	88.1 MB	2018-07-19	1df56c7cd80e2634f8a9fdd11ca1fb2d
RStudio 1.1.456 - Fedora 19+/RedHat 7+/openSUSE 13.1+ (64-bit)	90.6 MB	2018-07-19	5e77094a88fdbdddddb0d35708752462

圖 A.6　RStudio 版本的網頁下載連結（包含 Mac OS X）

雙擊打開已下載到以電腦的 .dmg 文件。你應該看到一個指向 Applications 文件夾的連結和一個 RStudio 圖標。將 RStudio 圖標拖到 Applications 文件夾中。現在，當你到 Applications 文件夾時，雙擊 RStudio 圖標以啟動 RStudio。你電腦上的 RStudio 應該類似於圖 A.7，但與你在計算機上安裝的 R 版本相同。

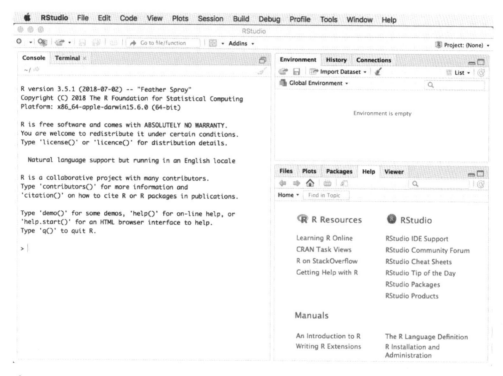

▓ 圖 A.7　在 Mac 上面運行 RStudio

現在，你已經在 Mac 上安裝了 R 和 RStudio，你應該能夠完成老師要求的所有範例和作業分配。祝好運！

R 的酷玩意

在前幾章中，我們向你說明了基礎知識。在某些情況下，我們向你展示一些其他功能，用不同的方式可以得到相同的結果。因為 R 很自由，通常有很多方法可以完成一件事情。本節向你展示一些有趣的功能。

ggplot2

　　ggplot2 套件有很多函式來視覺化資料。有一種是小提琴圖，但是你可以看到實際分布的形狀，在某些情況下，它看起來像小提琴！它還具有很酷的功能，可在你的繪圖中產生抖動。這是什麼意思？有時在繪製散步圖時，許多點都在同一位置，但看起來就像是 1 的點。函式 geom-jitter() 允許將點放置在附近但不直接放置在其位置上，因此你可以瞭解實際上在同一位置有多少個點。

rockchalk

　　該套件具有一些有用的回歸分析功能。為了像第 4 章一樣查看資料而不是 summary()，此程序包將 summarizeFactors() 和 summaryNumerics() 作為兩個獨立的函式，因為在檢查類別變量和連續變量時，我們經常對不同的事物感興趣。如果要組合：諸如冰淇淋口味之類的變量中的類別，也許將黑巧克力和巧克力奶油合併到一個巧克力類別中，則將 combineLevels() 可以幫助你完成此任務。最後，還有一些很酷的繪圖功能，例如：plotPlane() 和 plotcurves()。

stringr

　　綜觀整本書中，你已經看到 R 可以對數字和經過數值處理的類別資料進行很多處理。但是 R 也可以對文字做很多事情。一種特別易於使用的套件是 stringr。想要將多個字符串組合成一個字符串嗎？嘗試 str _c()。是否要按字母順序或反向字母順序放置一串字符串？嘗試 str _order()。可能最有用的是，我們可以使用 str _sub() 將一個字符串替換為另一個字符串。

RXKCD

　　這個套件就是好玩。這可以獲取漫畫。給它一個數字或讓它隨機選擇。我們選擇了一個數字 (195)，getXKCD(195) 返回了 Internet IP 地址。嘗試使用任意數字的 getXKCD()。

　　注意：你需要連接到 Internet，才能使用此功能。

和更多……

　　就 R 而言，無論是套件還是函式，每個人都有自己的看法。熟悉 R 的

基礎知識後，請嘗試搜索短語 "useful functions in r"（R 中有用的函式），以瞭解有什麼樣的功能。別人有用的功能，可能會成為你的最愛！

其他 R 很酷的地方

製作投影片和文件

你是否正在尋找另一種方法來製作投影片，並希望包含一些在 R 中建立的精美圖形？你是否曾經考慮過使用標記語言為紙張建立高度美化的 PDF 文件？你可以在 RStudio 中使用 RMarkdown 進行操作，也可以在 HTML 文檔，Microsoft Word 文件和講義中進行更多操作。查看 http://rmarkdown.rstudio.com/gallery.html。

建立自己的函式

有時，你會發現自己一遍又一遍複製貼上相同函式，而只是改變其中一件事情，例如：如果要在 y 軸上使用相同的變量進行一系列散步圖繪製只是改變 x 軸的變量。你可以建立一個函式，然後僅使用新的 x 軸變量調用該函式，而不是複製整個完整語法來得到精美的圖片。該網頁很好地說明如何執行此操作：https://www.statmethods.net/management/userfunctions.html。

建立自己的套件

如果你對 R 有足夠的興趣，你甚至有一天可能會建立自己的 R 套件。你可以建立打包在一起的整套功能，而不必再東建一個、西建一個函式，而且其他人就可以安裝你的套件並使用你建立的功能。畢竟，R 套件基本上就是一組功能，以及有關如何使用這些功能的幫助訊息。在準備好執行此步驟之前，你可能會花更多的時間在 R 上，但是如果你對基本過程感到好奇，請查看 https://hilaryparker.com/2014/04/29/writing-an-r-package-from-scratch/。

R 的引用

儘管 R 是免費的，但許多人仍然花費大量時間來建置和維護你使用的功能和套件。我們至少要做的，就是透過讓全世界知道我們要感謝的人來表達感謝。

套件	引　用
BSDA	Kitchens, L. J. (2002). *Basic statistics and data analysis*. Boston, MA: Cengage Learning.
car	Fox, J., & Weisberg, S. (2011). *An {R} companion to applied regression* (2nd ed.). Thousand Oaks, CA: Sage. http://socserv.socsci.mcmaster.ca/jfox/Books/Companion
ggplot2	Wickham, H. (2016). *ggplot2: Elegant graphics for data analysis*. New York, NY: Springer-Verlag.
lavaan	Rosseel, Y. (2012). lavaan: An R package for structural equation modeling. *Journal of Statistical Software*, *48*(2), 1–36. http://www.jstatsoft.org/v48/i02/
lme4	Bates, D., Maechler, M., Bolker, B., & Walker, S. (2015). Fitting linear mixed-effects models using lme4. *Journal of Statistical Software*, *67*(1), 1-48. doi:10.18637/jss.v067.i01
ppcor	Kim, S. (2015). *ppcor: Partial and semi-partial (part) correlation*. R package version 1.1. https://CRAN.R-project.org/package=ppcor
psych	Revelle, W. (2018). *psych: Procedures for personality and psychological research*. Evanston, IL: Northwestern University. https://CRAN.Rproject.org/package=psych Version = 1.8.4
R base	R Core Team. (2018). *R: A language and environment for statistical computing*. Vienna, Austria: R Foundation for Statistical Computing. https://www.R-project.org/
rockchalk	Johnson, P. E. (2019). *rockchalk: Regression estimation and presentation*. R package version 1.8.140. https://CRAN.R-project.org/package=rockchalk
RXKCD	Sonego, P., & Korpela, M. (2017). *RXKCD: Get XKCD Comic from R*. R package version 1.8-2. https://CRAN.R-project.org/package=RXKCD
stringr	Wickham, H. (2019). *stringr: Simple, consistent wrappers for common string operations*. R package version 1.4.0. https://CRAN.R-project.org/package=stringr

表

表 B.1：常態曲線下的面積

如何使用這個表：

1. 依據樣本的原始分數和平均數計算 z 分數。
2. 由正確的 z 分數決定常態曲線下面積的百分比，或者決定平均數和計算的 z 分數之間面積的百分比。

表 B.2：拒絕虛無假設需要的 t 值

如何使用這個表：

1. 計算檢定統計量 t 值。
2. 比較實際 t 值和這個表中的臨界值。確定你已正確計算了自由度，而且選擇了合適的顯著水準。
3. 如果實際值大於臨界值或這個表中的值，虛無假設（平均數相等）不是觀察到的任何差異的最有吸引力解釋。
4. 如果實際值小於臨界值或這個表中的值，虛無假設就是觀察到的任何差異的最有吸引力解釋。

表 B.1　常態曲線下的面積

z 值	均值和 z 值之間的面積	z 值	均值和 z 值之間的面積	z 值	均值和 z 值之間的面積	z 值	均值和 z 值之間的面積	z 值	均值和 z 值之間的面積	z 值	均值和 z 值之間的面積	z 值	均值和 z 值之間的面積	z 值	均值和 z 值之間的面積
0.00	0.00	0.50	19.15	1.00	34.13	1.50	43.42	2.00	47.72	2.50	49.83	3.00	49.87	3.50	49.98
0.01	0.40	0.51	19.50	1.01	34.38	1.51	43.45	2.01	47.78	2.51	49.40	3.01	49.87	3.51	49.98
0.02	0.80	0.52	19.85	1.02	34.61	1.52	43.57	2.02	47.83	2.52	49.41	3.02	49.87	3.52	49.98
0.03	1.20	0.53	20.19	1.03	34.85	1.53	43.70	2.03	47.88	2.53	49.43	3.03	49.88	3.53	49.98
0.04	1.60	0.54	20.54	1.04	35.08	1.54	43.82	2.04	47.93	2.54	49.45	3.04	49.88	3.54	49.98
0.05	1.99	0.55	20.88	1.05	35.31	1.55	43.94	2.05	47.98	2.55	49.46	3.05	49.89	3.55	49.98
0.06	2.39	0.56	21.23	1.06	35.54	1.56	44.06	2.06	48.03	2.56	49.48	3.06	49.89	3.56	49.98
0.07	2.79	0.57	21.57	1.07	35.77	1.57	44.18	2.07	48.08	2.57	49.49	3.07	49.89	3.57	49.98
0.08	3.19	0.58	21.90	1.08	35.99	1.58	44.29	2.08	48.12	2.58	49.51	3.08	49.90	3.58	49.98
0.10	3.98	0.60	22.57	1.09	36.21	1.59	44.41	2.09	48.17	2.59	49.52	3.09	49.90	3.59	49.98
0.11	4.38	0.61	22.91	1.10	36.43	1.60	44.52	2.10	48.21	2.60	49.53	3.10	49.90	3.60	49.98
0.12	4.78	0.62	23.24	1.11	36.65	1.61	44.63	2.11	48.26	2.61	49.55	3.11	49.91	3.61	49.98
0.13	5.17	0.63	23.57	1.12	36.86	1.62	44.74	2.12	48.30	2.62	49.56	3.12	49.91	3.62	49.98
0.14	5.57	0.64	23.89	1.13	37.08	1.63	44.84	2.13	48.34	2.63	49.57	3.13	49.91	3.63	49.98
0.15	5.96	0.65	24.22	1.14	37.29	1.64	44.95	2.14	48.38	2.64	49.59	3.14	49.92	3.64	49.98
0.16	6.36	0.66	24.54	1.15	37.49	1.65	45.05	2.15	48.42	2.65	49.60	3.15	49.92	3.65	49.98

表 B.1 常態曲線下的面積（續）

z 值	均值和 z 值之間的面積	z 值	均值和 z 值之間的面積	z 值	均值和 z 值之間的面積	z 值	均值和 z 值之間的面積	z 值	均值和 z 值之間的面積	z 值	均值和 z 值之間的面積	z 值	均值和 z 值之間的面積
0.17	6.75	0.67	24.86	1.16	37.70	1.66	45.15	2.16	48.46	2.66	49.61	3.16	49.92	3.66	49.98
0.18	7.14	0.68	25.17	1.17	37.90	1.67	45.25	2.17	48.50	2.67	49.62	3.17	49.92	3.67	49.98
0.19	7.53	0.69	25.49	1.18	38.10	1.68	45.35	2.18	48.54	2.68	49.63	3.18	49.93	3.68	49.98
0.20	7.93	0.70	25.80	1.19	38.30	1.69	45.45	2.19	48.57	2.69	49.64	3.19	49.93	3.69	49.98
0.21	8.32	0.71	26.11	1.20	38.49	1.70	45.54	2.20	48.61	2.70	49.65	3.20	49.93	3.70	49.99
0.22	8.71	0.72	26.42	1.21	38.69	1.71	45.64	2.21	48.64	2.71	49.66	3.21	49.93	3.71	49.99
0.23	9.10	0.73	26.73	1.23	39.07	1.73	45.82	2.23	48.71	2.73	49.68	3.23	49.94	3.73	49.99
0.24	9.48	0.74	27.04	1.24	39.25	1.74	45.91	2.24	48.75	2.74	49.69	3.24	49.94	3.74	49.99
0.25	9.97	0.75	27.34	1.25	39.44	1.75	45.99	2.25	48.78	2.75	49.70	3.25	49.94	3.75	49.99
0.26	10.26	0.76	27.64	1.26	39.62	1.76	46.08	2.26	48.81	2.76	49.71	3.26	49.94	3.76	49.99
0.27	10.64	0.77	27.94	1.27	39.80	1.77	46.16	2.27	48.84	2.77	49.72	3.27	49.94	3.77	49.99
0.28	11.03	0.78	28.23	1.28	39.97	1.78	46.25	2.28	48.87	2.78	49.73	3.28	49.94	3.78	49.99
0.29	11.41	0.79	28.52	1.29	40.15	1.79	46.33	2.29	48.90	2.79	49.74	3.29	49.94	3.79	49.99
0.30	11.79	0.80	28.81	1.30	40.32	1.80	46.41	2.30	48.93	2.80	49.74	3.30	49.95	3.80	49.99
0.31	12.17	0.81	29.10	1.31	40.49	1.81	46.49	2.31	48.96	2.81	49.75	3.31	49.95	3.81	49.99
0.32	12.55	0.82	29.39	1.32	40.66	1.82	46.56	2.32	48.98	2.82	49.76	3.32	49.95	3.82	49.99

表 B.1　常態曲線下的面積（續）

z 值	均值和 z 值之間的面積	z 值	均值和 z 值之間的面積	z 值	均值和 z 值之間的面積	z 值	均值和 z 值之間的面積	z 值	均值和 z 值之間的面積	z 值	均值和 z 值之間的面積	z 值	均值和 z 值之間的面積	z 值	均值和 z 值之間的面積
0.33	12.93	0.83	29.67	1.33	40.82	1.83	46.64	2.33	49.01	2.83	49.77	3.33	49.95	3.83	49.99
0.34	13.31	0.84	29.95	1.34	40.99	1.84	46.71	2.34	49.04	2.84	49.77	3.34	49.95	3.84	49.99
0.35	13.68	0.85	30.23	1.35	41.15	1.85	46.78	2.35	49.06	2.85	49.78	3.35	49.96	3.85	49.99
0.36	14.06	0.86	30.51	1.36	41.31	1.86	46.86	2.36	49.09	2.86	49.79	3.36	49.96	3.86	49.99
0.37	14.43	0.87	30.78	1.37	41.47	1.87	46.93	2.37	49.11	2.87	49.79	3.37	49.96	3.87	49.99
0.38	14.80	0.88	31.06	1.38	41.62	1.88	46.99	2.38	49.13	2.88	49.80	3.38	49.96	3.88	49.99
0.39	15.17	0.89	31.33	1.39	41.77	1.89	47.06	2.39	49.16	2.89	49.81	3.39	49.96	3.89	49.99
0.40	15.54	0.90	31.59	1.40	41.92	1.90	47.13	2.40	49.18	2.90	49.81	3.40	49.97	3.90	49.99
0.41	15.91	0.91	31.86	1.41	42.07	1.91	47.19	2.41	49.20	2.91	49.82	3.41	49.97	3.91	49.99
0.42	16.28	0.92	32.12	1.42	42.22	1.92	47.26	2.42	49.22	2.92	49.82	3.42	49.97	3.92	49.99
0.43	16.64	0.93	32.38	1.43	42.36	1.93	47.32	2.43	49.25	2.93	49.83	3.43	49.97	3.93	49.99
0.44	17.00	0.94	32.64	1.44	42.51	1.94	47.38	2.44	49.27	2.94	49.84	3.44	49.97	3.94	49.99
0.45	17.36	0.95	32.89	1.45	42.65	1.95	47.44	2.45	49.29	2.95	49.84	3.45	49.97	3.95	49.99
0.46	17.72	0.96	33.15	1.46	42.79	1.96	47.50	2.46	49.31	2.96	49.85	3.46	49.98	3.96	49.99
0.47	18.08	0.97	33.40	1.47	42.92	1.97	47.56	2.47	49.32	2.97	49.85	3.47	49.98	3.97	49.99
0.48	18.44	0.98	33.65	1.48	43.06	1.98	47.61	2.48	49.34	2.98	49.86	3.48	49.98	3.98	49.99
0.49	18.79	0.99	33.89	1.49	43.19	1.99	47.67	2.49	49.36	2.99	49.86	3.49	49.98	3.99	49.99

表 B.2 拒絕虛無假設需要的 *t* 值

	單尾檢定				雙尾檢定		
df	0.10	0.05	0.01	*df*	0.10	0.05	0.01
1	3.078	6.314	31.821	1	6.314	12.706	63.657
2	1.886	2.92	6.965	2	2.92	4.303	9.925
3	1.638	2.353	4.541	3	2.353	3.182	5.841
4	1.533	2.132	3.747	4	2.132	2.776	4.604
5	1.476	2.015	3.365	5	2.015	2.571	4.032
6	1.44	1.943	3.143	6	1.943	2.447	3.708
7	1.415	1.895	2.998	7	1.895	2.365	3.5
8	1.397	1.86	2.897	8	1.86	2.306	3.356
9	1.383	1.833	2.822	9	1.833	2.262	3.25
10	1.372	1.813	2.764	10	1.813	2.228	3.17
11	1.364	1.796	2.718	11	1.796	2.201	3.106
12	1.356	1.783	2.681	12	1.783	2.179	3.055
13	1.35	1.771	2.651	13	1.771	2.161	3.013
14	1.345	1.762	2.625	14	1.762	2.145	2.977
15	1.341	1.753	2.603	15	1.753	2.132	2.947
16	1.337	1.746	2.584	16	1.746	2.12	2.921
17	1.334	1.74	2.567	17	1.74	2.11	2.898
18	1.331	1.734	2.553	18	1.734	2.101	2.879
19	1.328	1.729	2.54	19	1.729	2.093	2.861
20	1.326	1.725	2.528	20	1.725	2.086	2.846
21	1.323	1.721	2.518	21	1.721	2.08	2.832
22	1.321	1.717	2.509	22	1.717	2.074	2.819
23	1.32	1.714	2.5	23	1.714	2.069	2.808
24	1.318	1.711	2.492	24	1.711	2.064	2.797
25	1.317	1.708	2.485	25	1.708	2.06	2.788
26	1.315	1.706	2.479	26	1.706	2.056	2.779
27	1.314	1.704	2.473	27	1.704	2.052	2.771

表 B.2 拒絕虛無假設需要的 t 值（續）

	單尾檢定				雙尾檢定		
df	0.10	0.05	0.01	df	0.10	0.05	0.01
28	1.313	1.701	2.467	28	1.701	2.049	2.764
29	1.312	1.699	2.462	29	1.699	2.045	2.757
30	1.311	1.698	2.458	30	1.698	2.043	2.75
35	1.306	1.69	2.438	35	1.69	2.03	2.724
40	1.303	1.684	2.424	40	1.684	2.021	2.705
45	1.301	1.68	2.412	45	1.68	2.014	2.69
50	1.299	1.676	2.404	50	1.676	2.009	2.678
55	1.297	1.673	2.396	55	1.673	2.004	2.668
60	1.296	1.671	2.39	60	1.671	2.001	2.661
65	1.295	1.669	2.385	65	1.669	1.997	2.654
70	1.294	1.667	2.381	70	1.667	1.995	2.648
75	1.293	1.666	2.377	75	1.666	1.992	2.643
80	1.292	1.664	2.374	80	1.664	1.99	2.639
85	1.292	1.663	2.371	85	1.663	1.989	2.635
90	1.291	1.662	2.369	90	1.662	1.987	2.632
95	1.291	1.661	2.366	95	1.661	1.986	2.629
100	1.29	1.66	2.364	100	1.66	1.984	2.626
Infinity	1.282	1.645	2.327	Infinity	1.645	1.96	2.576

表 B.3：變異數分析或者 F 檢定的臨界值

如何使用這個表：

1. 計算 F 值。
2. 計算分子的自由度 $(k - 1)$，分母的自由度 $(n - k)$。
3. 由分子自由度和分母自由度交錯的位置確定臨界值，臨界值就是行和列交錯位置的值。
4. 如果實際值大於臨界值或這個表中的值，虛無假設（平均數彼此相等）

不是觀察到的任何差異的最有吸引力解釋。

5. 如果實際值小於臨界值或這個表中的值，虛無假設就是觀察到的任何差異的最有吸引力解釋。

表 B.3　變異數分析或 F 檢定的臨界值

分母自由度	型 I 錯誤	分子自由度					
		1	2	3	4	5	6
1	0.01	4,052.00	4,999.00	5,403.00	5,625.00	5,764.00	5,859.00
	0.05	162.00	200.00	216.00	225.00	230.00	234.00
	0.10	39.90	49.50	53.60	55.80	57.20	58.20
2	0.01	98.50	99.00	99.17	99.25	99.30	99.33
	0.05	18.51	19.00	19.17	19.25	19.30	19.33
	0.10	8.53	9.00	9.16	9.24	9.29	9.33
3	0.01	34.12	30.82	29.46	28.71	28.24	27.91
	0.05	10.13	9.55	9.28	9.12	9.01	8.94
	0.10	5.54	5.46	5.39	5.34	5.31	5.28
4	0.01	21.20	18.00	16.70	15.98	15.52	15.21
	0.05	7.71	6.95	6.59	6.39	6.26	6.16
	0.10	.55	4.33	4.19	4.11	4.05	4.01
5	0.01	16.26	13.27	12.06	11.39	10.97	10.67
	0.05	6.61	5.79	5.41	5.19	5.05	4.95
	0.10	4.06	3.78	3.62	3.52	3.45	3.41
6	0.01	13.75	10.93	9.78	9.15	8.75	8.47
	0.05	5.99	5.14	4.76	4.53	4.39	4.28
	0.10	3.78	3.46	3.29	3.18	3.11	3.06
7	0.01	12.25	9.55	8.45	7.85	7.46	7.19
	0.05	5.59	4.74	4.35	4.12	3.97	3.87
	0.10	3.59	3.26	3.08	2.96	2.88	2.83
8	0.01	11.26	8.65	7.59	7.01	6.63	6.37
	0.05	5.32	4.46	4.07	3.84	3.69	3.58

表 B.3 變異數分析或 F 檢定的臨界值（續）

分母自由度	型 I 錯誤	分子自由度					
		1	2	3	4	5	6
	0.10	3.46	3.11	2.92	2.81	2.73	2.67
9	0.01	10.56	8.02	6.99	6.42	6.06	5.80
	0.05	5.12	4.26	3.86	3.63	3.48	3.37
	0.10	3.36	3.01	2.81	2.69	2.61	2.55
10	0.01	10.05	7.56	6.55	6.00	5.64	5.39
	0.05	4.97	4.10	3.71	3.48	3.33	3.22
	0.10	3.29	2.93	2.73	2.61	2.52	2.46
11	0.01	9.65	7.21	6.22	5.67	5.32	5.07
	0.05	4.85	3.98	3.59	3.36	3.20	3.10
	0.10	3.23	2.86	2.66	2.54	2.45	2.39
12	0.01	9.33	6.93	5.95	5.41	5.07	4.82
	0.05	4.75	3.89	3.49	3.26	3.11	3.00
	0.10	3.18	2.81	2.61	2.48	2.40	2.33
13	0.01	9.07	6.70	5.74	5.21	4.86	4.62
	0.05	4.67	3.81	3.41	3.18	3.03	2.92
	0.10	3.14	2.76	2.56	2.43	2.35	2.28
14	0.01	8.86	6.52	5.56	5.04	4.70	4.46
	0.05	4.60	3.74	3.34	3.11	2.96	2.85
	0.10	3.10	2.73	2.52	2.40	2.31	2.24
15	0.01	8.68	6.36	5.42	4.89	4.56	4.32
	0.05	4.54	3.68	3.29	3.06	2.90	2.79
	0.10	3.07	2.70	2.49	2.36	2.27	2.21
16	0.01	8.53	6.23	5.29	4.77	4.44	4.20
	0.05	4.49	3.63	3.24	3.01	2.85	2.74
	0.10	3.05	2.67	2.46	2.33	2.24	2.18
17	0.01	8.40	6.11	5.19	4.67	4.34	4.10
	0.05	4.45	3.59	3.20	2.97	2.81	2.70
	0.10	3.03	2.65	2.44	2.31	2.22	2.15

表 B.3　變異數分析或 F 檢定的臨界值（續）

分母自由度	型 I 錯誤	分子自由度					
		1	2	3	4	5	6
18	0.01	8.29	6.01	5.09	4.58	4.25	4.02
	0.05	4.41	3.56	3.16	2.93	2.77	2.66
	0.10	3.01	2.62	2.42	2.29	2.20	2.13
19	0.01	8.19	5.93	5.01	4.50	4.17	3.94
	0.05	4.38	3.52	3.13	2.90	2.74	2.63
	0.10	2.99	2.61	2.40	2.27	2.18	2.11
20	0.01	8.10	5.85	4.94	4.43	4.10	3.87
	0.05	4.35	3.49	3.10	2.87	2.71	2.60
	0.10	2.98	2.59	2.38	2.25	2.16	2.09
21	0.01	8.02	5.78	4.88	4.37	4.04	3.81
	0.05	4.33	3.47	3.07	2.84	2.69	2.57
	0.10	2.96	2.58	2.37	2.23	2.14	2.08
22	0.01	7.95	5.72	4.82	4.31	3.99	3.76
	0.05	4.30	3.44	3.05	2.82	2.66	2.55
	0.10	2.95	2.56	2.35	2.22	2.13	2.06
23	0.01	7.88	5.66	4.77	4.26	3.94	3.71
	0.05	4.28	3.42	3.03	2.80	2.64	2.53
	0.10	2.94	2.55	2.34	2.21	2.12	2.05
24	0.01	7.82	5.61	4.72	4.22	3.90	3.67
	0.05	4.26	3.40	3.01	2.78	2.62	2.51
	0.10	2.93	2.54	2.33	2.20	2.10	2.04
25	0.01	7.77	5.57	4.68	4.18	3.86	3.63
	0.05	4.24	3.39	2.99	2.76	2.60	2.49
	0.10	2.92	2.53	2.32	2.19	2.09	2.03
26	0.01	7.72	5.53	4.64	4.14	3.82	3.59
	0.05	4.23	3.37	2.98	2.74	2.59	2.48
	0.10	2.91	2.52	2.31	2.18	2.08	2.01
27	0.01	7.68	5.49	4.60	4.11	3.79	3.56

表 B.3　變異數分析或 F 檢定的臨界值（續）

分母 自由度	型 I 錯誤	分子自由度					
		1	2	3	4	5	6
	0.05	4.21	3.36	2.96	2.73	2.57	2.46
	0.10	2.90	2.51	2.30	2.17	2.07	2.01
28	0.01	7.64	5.45	4.57	4.08	3.75	3.53
	0.05	4.20	3.34	2.95	2.72	2.56	2.45
	0.10	2.89	2.50	2.29	2.16	2.07	2.00
29	0.01	7.60	5.42	4.54	4.05	3.73	3.50
	0.05	4.18	3.33	2.94	2.70	2.55	2.43
	0.10	2.89	2.50	2.28	2.15	2.06	1.99
30	0.01	7.56	5.39	4.51	4.02	3.70	3.47
	0.05	4.17	3.32	2.92	2.69	2.53	2.42
	0.10	2.88	2.49	2.28	2.14	2.05	1.98
35	0.01	7.42	5.27	4.40	3.91	3.59	3.37
	0.05	4.12	3.27	2.88	2.64	2.49	2.37
	0.10	2.86	2.46	2.25	2.14	2.02	1.95
40	0.01	7.32	5.18	4.31	3.91	3.51	3.29
	0.05	4.09	3.23	2.84	2.64	2.45	2.34
	0.10	2.84	2.44	2.23	2.11	2.00	1.93
45	0.01	7.23	5.11	4.25	3.83	3.46	3.23
	0.05	4.06	3.21	2.81	2.61	2.42	2.31
	0.10	2.82	2.43	2.21	2.09	1.98	1.91
50	0.01	7.17	5.06	4.20	3.77	3.41	3.19
	0.05	4.04	3.18	2.79	2.58	2.40	2.29
	0.10	2.81	2.41	2.20	2.08	1.97	1.90
55	0.01	7.12	5.01	4.16	3.72	3.37	3.15
	0.05	4.02	3.17	2.77	2.56	2.38	2.27
	0.10	2.80	2.40	2.19	2.06	1.96	1.89
60	0.01	7.08	4.98	4.13	3.68	3.34	3.12
	0.05	4.00	3.15	2.76	2.54	2.37	2.26

表 B.3　變異數分析或 F 檢定的臨界值（續）

分母 自由度	型 I 錯誤	分子自由度					
		1	2	3	4	5	6
	0.10	2.79	2.39	2.18	2.05	1.95	1.88
65	0.01	7.04	4.95	4.10	3.65	3.31	3.09
	0.05	3.99	3.14	2.75	2.53	2.36	2.24
	0.10	2.79	2.39	2.17	2.04	1.94	1.87
70	0.01	7.01	4.92	4.08	3.62	3.29	3.07
	0.05	3.98	3.13	2.74	2.51	2.35	2.23
	0.10	2.78	2.38	2.16	2.03	1.93	1.86
75	0.01	6.99	4.90	4.06	3.60	3.27	3.05
	0.05	3.97	3.12	2.73	2.50	2.34	2.22
	0.10	2.77	2.38	2.16	2.03	1.93	1.86
80	0.01	3.96	4.88	4.04	3.56	3.26	3.04
	0.05	6.96	3.11	2.72	2.49	2.33	2.22
	0.10	2.77	2.37	2.15	2.02	1.92	1.85
85	0.01	6.94	4.86	4.02	3.55	3.24	3.02
	0.05	3.95	3.10	2.71	2.48	2.32	2.21
	0.10	2.77	2.37	2.15	2.01	1.92	1.85
90	0.01	6.93	4.85	4.02	3.54	3.23	3.01
	0.05	3.95	3.10	2.71	2.47	2.32	2.20
	0.10	2.76	2.36	2.15	2.01	1.91	1.84
95	0.01	6.91	4.84	4.00	3.52	3.22	3.00
	0.05	3.94	3.09	2.70	2.47	2.31	2.20
	0.10	2.76	2.36	2.14	2.01	1.91	1.84
100	0.01	6.90	4.82	3.98	3.51	3.21	2.99
	0.05	3.94	3.09	2.70	2.46	2.31	2.19
	0.10	2.76	2.36	2.14	2.00	1.91	1.83
Infinity	0.01	6.64	4.61	3.78	3.32	3.02	2.80
	0.05	3.84	3.00	2.61	2.37	2.22	2.10
	0.10	2.71	2.30	2.08	1.95	1.85	1.78

表 B.4：拒絕虛無假設需要的相關係數值

如何使用這個表：

1. 計算相關係數值。
2. 比較相關係數值和這個表中的臨界值。
3. 如果實際值大於臨界值或這個表中的值，虛無假設（相關係數等於 0）不是觀察到的任何差異的最有吸引力解釋。
4. 如果實際值小於臨界值或這個表中的值，虛無假設就是觀察到的任何差異的最有吸引力解釋。

表 B.4　拒絕虛無假設需要的相關係數值

	單尾檢定			雙尾檢定	
df	0.05	0.01	df	0.05	0.01
1	0.9877	0.9995	1	0.9969	0.9999
2	0.9000	0.9800	2	0.9500	0.9900
3	0.8054	0.9343	3	0.8783	0.9587
4	0.7293	0.8822	4	0.8114	0.9172
5	0.6694	0.832	5	0.7545	0.8745
6	0.6215	0.7887	6	0.7067	0.8343
7	0.5822	0.7498	7	0.6664	0.7977
8	0.5494	0.7155	8	0.6319	0.7646
9	0.5214	0.6851	9	0.6021	0.7348
10	0.4973	0.6581	10	0.5760	0.7079
11	0.4762	0.6339	11	0.5529	0.6835
12	0.4575	0.6120	12	0.5324	0.6614
13	0.4409	0.5923	13	0.5139	0.6411
14	0.4259	0.5742	14	0.4973	0.6226
15	0.412	0.5577	15	0.4821	0.6055
16	0.4000	0.5425	16	0.4683	0.5897
17	0.3887	0.5285	17	0.4555	0.5751

表 B.4　拒絕虛無假設需要的相關係數值（續）

	單尾檢定			雙尾檢定	
df	0.05	0.01	*df*	0.05	0.01
18	0.3783	0.5155	18	0.4438	0.5614
19	0.3687	0.5034	19	0.4329	0.5487
20	0.3598	0.4921	20	0.4227	0.5368
25	0.3233	0.4451	25	0.3809	0.4869
30	0.2960	0.4093	30	0.3494	0.4487
35	0.2746	0.3810	35	0.3246	0.4182
40	0.2573	0.3578	40	0.3044	0.3932
45	0.2428	0.3384	45	0.2875	0.3721
50	0.2306	0.3218	50	0.2732	0.3541
60	0.2108	0.2948	60	0.2500	0.3248
70	0.1954	0.2737	70	0.2319	0.3017
80	0.1829	0.2565	80	0.2172	0.2830
90	0.1726	0.2422	90	0.2050	0.2673
100	0.1638	0.2301	100	0.1946	0.2540

表 B.5：卡方檢定的臨界值

如何使用這個表：

1. 計算 χ^2 值。
2. 計算行的自由度 $(R-1)$ 和列的自由 $(C-1)$。如果是一維表，就只有列的自由度。
3. 由標題為 (*df*) 列之下的自由度，在合適的顯著水準下，找到對應的臨界值。
4. 如果實際值大於臨界值或這個表中的值，虛無假設（次數彼此相等）不是觀察到的任何差異的最有吸引力解釋。
5. 如果實際值小於臨界值或這個表中的值，虛無假設就是觀察到的任何差異的最有吸引力解釋。

表 B.5　卡方檢定的臨界值

	顯著水準		
df	0.10	0.05	0.01
1	2.71	3.84	6.64
2	4.00	5.99	9.21
3	6.25	7.82	11.34
4	7.78	9.49	13.28
5	9.24	11.07	15.09
6	10.64	12.59	16.81
7	12.02	14.07	18.48
8	13.36	15.51	20.09
9	14.68	16.92	21.67
10	16.99	18.31	23.21
11	17.28	19.68	24.72
12	18.65	21.03	26.22
13	19.81	22.36	27.69
14	21.06	23.68	29.14
15	22.31	25.00	30.58
16	23.54	26.30	32.00
17	24.77	27.60	33.41
18	25.99	28.87	34.80
19	27.20	30.14	36.19
20	28.41	31.41	37.57
21	29.62	32.67	38.93
22	30.81	33.92	40.29
23	32.01	35.17	41.64
24	33.20	36.42	42.98
25	34.38	37.65	44.81
26	35.56	38.88	45.64
27	36.74	40.11	46.96

表 B.5　卡方檢定的臨界值（續）

	顯著水準		
df	0.10	0.05	0.01
28	37.92	41.34	48.28
29	39.09	42.56	49.59
30	40.26	43.77	50.89

資料集

本節是《愛上統計學：使用 R 語言》中使用的資料集，這些資料可以在這裡手動鍵入，也可以從下面這兩個網址的其中一個下載。

- 第一個網址是由 SAGE 所主持，在 edge.sagepub.com/salkindshaw。
- 第二個網址是作者的網頁，在 http://onlinefilefolder.com，使用者名稱是 *ancillaries*，密碼是 *files*。

第 3 章資料集　範例資料集

Gender	Treatment	Test1	Test2
Male	Control	98	32
Female	Experiment	87	33
Female	Control	89	54
Female	Control	88	44
Male	Experiment	76	64
Male	Control	68	54
Female	Control	78	44
Female	Experiment	98	32
Female	Experiment	93	64
Male	Experiment	76	37

Gender	Treatment	Test1	Test2
Female	Control	75	43
Female	Control	65	56
Male	Control	76	78
Female	Control	78	99
Female	Control	89	87
Female	Experiment	81	56
Male	Control	78	78
Female	Control	83	56
Male	Control	88	67
Female	Control	90	88
Male	Control	93	81
Male	Experiment	89	93
Female	Experiment	86	87
Male	Control	77	80
Male	Control	89	99

第 3 章資料集 1

Age	Gender	Books Read by Child	Parental Interest
11	1	12	90
9	1	14	67
9	1	8	49
9	1	7	81
8	2	9	28
10	2	18	56
10	1	18	76
11	1	5	78
11	2	10	23
11	2	15	52
8	1	12	83

Age	Gender	Books Read by Child	Parental Interest
9	2	13	69
8	1	18	100
11	2	7	24
8	2	10	34
11	1	5	37
11	1	6	80
12	1	7	73
8	1	8	40
8	1	12	65
11	1	17	69
10	2	8	51
8	1	14	59
10	2	13	44
8	1	18	30
11	1	20	67
10	2	8	23
8	1	7	48
10	2	11	59
12	2	5	61
9	1	12	93
9	2	14	78
11	1	12	46
12	1	7	50
12	1	7	85
9	2	7	69
10	1	20	93
8	1	10	81
8	2	7	52
8	2	6	93
11	1	16	92

Age	Gender	Books Read by Child	Parental Interest
11	1	9	97
8	2	18	23
8	1	15	56
10	1	15	43
9	2	18	79
11	2	14	38
11	2	13	70
9	2	18	70
7	3	22	78

第 4 章資料集 1

Prejudice	Prejudice	Prejudice	Prejudice
87	87	76	81
99	77	55	82
87	89	64	99
87	99	81	93
67	96	94	94

第 4 章資料集 2

Score 1	Score 2	Score 3
3	34	154
7	54	167
5	17	132
4	26	145
5	34	154
6	25	145
7	14	113
8	24	156

Score 1	Score 2	Score 3
6	25	154
5	23	123

第 4 章資料集 3

Beds	Infection Rate	Beds	Infection Rate
234	1.7	342	5.3
214	2.4	276	5.6
165	3.1	187	1.2
436	5.6	512	3.3
432	4.9	553	4.1

第 4 章資料集 4

Experience	Attitude	Experience	Attitude
Little	4	Moderate	8
Little	5	Moderate	1
Moderate	6	Little	6
Moderate	6	Little	5
Little	5	Moderate	4
Little	7	Moderate	3
Moderate	6	Lots	4
Moderate	5	Moderate	6
Lots	8	Little	7
Lots	9	Little	8

第 5 章資料集 1

Reaction Time	Reaction Time	Reaction Time	Reaction Time	Reaction Time
0.4	0.3	1.1	0.5	0.5
0.7	1.9	1.3	2.6	0.7
0.4	1.2	0.2	0.5	1.1
0.9	2.8	0.6	2.1	0.9
0.8	0.8	0.8	2.3	0.6
0.7	0.9	0.7	0.2	0.2

第 5 章資料集 2

Math Score	Reading Score	Math Score	Reading Score
78	24	72	77
67	35	98	89
89	54	88	7
97	56	74	56
67	78	58	78
56	87	98	99
67	65	97	83
77	69	86	69
75	98	89	89
68	78	69	73
78	85	79	60
98	69	87	96
92	93	89	59
82	100	99	89
78	98	87	87

第 5 章資料集 3

Height	Weight	Height	Weight
53	156	57	154
46	131	68	166
54	123	65	153
44	142	66	140
56	156	54	143
76	171	66	156
87	143	51	173
65	135	58	143
45	138	49	161
44	114	48	131

第 5 章資料集 4

Accuracy
12
15
11
5
3

Accuracy
8
19
16
23
19

第 6 章資料集 1

Reading	Reading	Reading	Reading	Reading
47	10	31	25	20
2	11	31	25	21
44	14	15	26	21
41	14	16	26	21
7	30	17	27	24

Reading	Reading	Reading	Reading	Reading
6	30	16	29	24
35	32	15	29	23
38	33	19	28	20
35	34	18	29	21
36	32	16	27	20

第 6 章資料集 2

Comprehension Score	Comprehension Score	Comprehension Score	Comprehension Score
12	36	49	54
15	34	45	56
11	33	45	57
16	38	47	59
21	42	43	54
25	44	31	56
21	47	12	43
8	54	14	44
6	55	15	41
2	51	16	42
22	56	22	7
26	53	29	
27	57	29	

第 6 章資料集 3

Monday	Tuesday	Wednesday	Thursday	Friday
12	17	10	15	20
9	11	10	4	0
6	8	9	5	10
4	0	5	4	9
9	7	8	5	11
10	5	4	4	15
13	12	7	3	10
22	16	18	15	20
1	3	6	4	2
5	8	4	6	7
7	0	3	8	2
10	4	1	8	12
4	5	8	6	9
15	12	10	9	11
3	6	4	7	10

第 6 章資料集 4

Pie	Pie
Cherry	Apple
Apple	Chocolate cream
Chocolate cream	Chocolate cream
Cherry	Chocolate cream
Chocolate cream	Chocolate cream
Chocolate cream	Apple
Apple	Chocolate cream
Chocolate cream	

第 7 章資料集 1

Income	Education	Income	Education
$36,577	11	$64,543	12
$54,365	12	$43,433	14
$33,542	10	$34,644	12
$65,654	12	$33,213	10
$45,765	11	$55,654	15
$24,354	7	$76,545	14
$43,233	12	$21,324	11
$44,321	13	$17,645	12
$23,216	9	$23,432	11
$43,454	12	$44,543	15

第 7 章資料集 2

Number Correct	Attitude	Number Correct	Attitude
17	94	14	85
13	73	16	66
12	59	16	79
15	80	18	77
16	93	19	91

第 7 章資料集 3

Speed	Strength	Speed	Strength
21.6	135	19.5	134
23.4	213	20.9	209
26.5	243	18.7	176
25.5	167	29.8	156
20.8	120	28.7	177

第 7 章資料集 4

Ach Inc.	Budget Inc.
0.07	0.11
0.03	0.14
0.05	0.13
0.07	0.26
0.02	0.08
0.01	0.03
0.05	0.06
0.04	0.12
0.04	0.11

第 7 章資料集 5

Exercise	GPA
25	3.6
30	4.0
20	3.8
60	3.0
45	3.7
90	3.9
60	3.5
0	2.8
15	3.0
10	2.5

第 7 章資料集 6

Age	Level	Score	Age	Level	Score
25	1	78	24	5	84
16	2	66	25	5	87
8	2	78	36	4	69
23	3	89	45	4	87
31	4	87	16	4	88
19	4	90	23	1	92
15	4	98	31	2	97
31	5	76	53	2	69
21	1	56	11	3	79
26	1	72	33	2	69

第 8 章資料集 1

ID	Item 1	Item 2	Item 3	Item 4	Item 5
1	3	5	1	4	1
2	4	4	3	5	3
3	3	4	4	4	4
4	3	3	5	2	1
5	3	4	5	4	3
6	4	5	5	3	2
7	2	5	5	3	4
8	3	4	4	2	4
9	3	5	4	4	3
10	3	3	2	3	2

第 8 章資料集 2

Fall	Spring	Fall	Spring
21	7	3	30
38	13	16	26
15	35	34	43
34	45	50	20
5	19	14	22
32	47	14	25
24	34	3	50
3	1	4	17
17	12	42	32
32	41	28	46
33	3	40	10
15	20	40	48
21	39	12	11
8	46	5	23

第 8 章資料集 3

ID	Form 1	Form 2	ID	Form 1	Form 2
1	89	78	51	73	93
2	98	75	52	91	87
3	83	70	53	81	78
4	78	97	54	97	84
5	70	91	55	97	85
6	86	82	56	91	79
7	83	97	57	71	99
8	73	88	58	82	97
9	86	81	59	95	97
10	83	80	60	70	76

ID	Form 1	Form 2	ID	Form 1	Form 2
11	83	95	61	70	88
12	94	75	62	96	96
13	90	96	63	70	77
14	81	87	64	71	70
15	82	93	65	87	89
16	98	82	66	97	71
17	99	84	67	81	75
18	83	78	68	89	75
19	72	77	69	71	73
20	86	94	70	71	82
21	80	85	71	75	81
22	80	86	72	72	97
23	93	92	73	88	78
24	100	98	74	86	77
25	84	98	75	70	92
26	89	99	76	79	88
27	87	83	77	96	81
28	82	95	78	82	88
29	95	90	79	97	74
30	99	92	80	93	72
31	82	78	81	70	82
32	94	89	82	76	84
33	97	100	83	74	88
34	71	81	84	81	81
35	91	96	85	88	86
36	83	85	86	70	90
37	95	75	87	91	73
38	72	88	88	96	94
39	98	74	89	81	99

ID	Form 1	Form 2	ID	Form 1	Form 2
40	89	88	90	95	86
41	83	80	91	72	100
42	100	81	92	93	90
43	72	100	93	76	78
44	97	82	94	91	90
45	71	81	95	100	78
46	74	93	96	76	92
47	79	82	97	78	87
48	91	70	98	74	88
49	81	90	99	80	92
50	87	85	100	93	96

第 13 章資料集 1

組別：1 = 測試組，2 = 非測試組

Group	Memory Test	Group	Memory Test	Group	Memory Test
1	7	1	5	2	3
1	3	1	7	2	2
1	3	1	1	2	5
1	2	1	9	2	4
1	3	1	2	2	4
1	8	1	5	2	6
1	8	1	2	2	7
1	5	1	12	2	7
1	8	1	15	2	5
1	5	1	4	2	6
1	5	2	5	2	4
1	4	2	4	2	3
1	6	2	4	2	2

Group	Memory Test	Group	Memory Test	Group	Memory Test
1	10	2	5	2	7
1	10	2	5	2	6
1	5	2	7	2	2
1	1	2	8	2	8
1	1	2	8	2	9
1	4	2	9	2	7
1	3	2	8	2	6
1	1	2	8	2	8
1	1	2	8	2	9
1	4	2	9	2	7
1	3	2	8	2	6

第 13 章資料集 2

Gender	Hand Up	Gender	Hand Up
Boys	9	Boys	8
Girls	3	Girls	7
Girls	5	Boys	9
Girls	1	Girls	9
Boys	8	Boys	8
Boys	4	Girls	7
Girls	2	Girls	3
Girls	6	Girls	7
Boys	9	Girls	6
Boys	3	Boys	10
Girls	4	Boys	7
Boys	8	Boys	6
Girls	3	Boys	12
Boys	10	Girls	8
Girls	6	Girls	8

第 13 章資料集 3

Group	Attitude	Group	Attitude
Urban	6.50	Urban	4.23
Rural	7.90	Urban	6.95
Rural	4.30	Rural	6.74
Rural	6.80	Urban	5.96
Urban	9.90	Rural	5.25
Urban	6.80	Rural	2.36
Urban	4.80	Urban	9.25
Rural	6.50	Urban	6.36
Rural	3.30	Urban	8.99
Urban	4.00	Urban	5.58
Rural	13.17	Rural	4.25
Urban	5.26	Urban	6.60
Rural	9.25	Rural	1.00
Urban	8.00	Urban	5.00
Rural	1.25	Rural	3.50

第 13 章資料集 4

Group	Score	Group	Score
1	11	2	14
1	11	2	7
1	10	2	8
1	7	2	10
1	2	2	15
1	6	2	9
1	12	2	19
1	5	2	9
1	7	2	17

Group	Score	Group	Score
1	11	2	18
1	9	2	19
1	7	2	8
1	3	2	7
1	4	2	9
1	10	2	14

第 13 章資料集 5

Group	Score
1	5
2	6
1	5
2	4
1	5
2	8
1	7
2	6
1	8
2	7

第 13 章資料集 6

用以計算兩組群體在測驗變數上之差異的 t 分數

Group	Score
1	5
2	6
1	5
2	4

Group	Score
1	5
2	8
1	7
2	6
1	8
2	7
1	5
2	6
1	5
2	4
1	5
2	8
1	7
2	6
1	8
2	7

第 14 章資料集 1

Pretest	Posttest	Pretest	Posttest	Pretest	Posttest
3	7	6	8	9	4
5	8	7	8	8	4
4	6	8	7	7	5
6	7	7	9	7	6
5	8	6	10	6	9
5	9	7	9	7	8
4	6	8	9	8	12
5	6	8	8		
3	7	9	8		

第 14 章資料集 2

Before	After	Before	After
20	23	23	22
6	8	33	35
12	11	44	41
34	35	65	56
55	57	43	34
43	76	53	51
54	54	22	21
24	26	34	31
33	35	32	33
21	26	44	38
34	29	17	15
33	31	28	27
54	56		

第 14 章資料集 3

Before	After	Before	After
1.30	6.50	9.00	8.40
2.50	8.70	7.60	6.40
2.30	9.80	4.50	7.20
8.10	10.20	1.10	5.80
5.00	7.90	5.60	6.90
7.00	6.50	6.20	5.90
7.50	8.70	7.00	7.60
5.20	7.90	6.90	7.80
4.40	8.70	5.60	7.30
7.60	9.10	5.20	4.60

第 14 章資料集 4

工人的輪班班別與所感受到的壓力

First	Second	First	Second
4	8	3	7
6	5	6	6
9	6	6	7
3	4	9	6
6	7	6	4
7	7	5	4
5	6	4	4
9	8	4	8
5	8	3	9
4	9	3	0

第 14 章資料集 5

參加舉重課程的成人的骨骼密度

Fall	Spring
2	7
7	6
6	9
5	8
8	7
7	6
8	7
9	8
8	9
9	9
4	9

Fall	Spring
6	7
5	8
2	7
5	6
4	4
3	6
6	7
7	7
6	6
5	9
4	0
3	9
5	8
4	7

第 15 章資料集 1

Group	Language	Group	Language
5 hours	87	10 hours	81
5 hours	86	10 hours	82
5 hours	76	10 hours	78
5 hours	56	10 hours	85
5 hours	78	10 hours	91
5 hours	98	20 hours	89
5 hours	77	20 hours	91
5 hours	66	20 hours	96
5 hours	75	20 hours	87
5 hours	67	20 hours	89
10 hours	87	20 hours	90
10 hours	85	20 hours	89

Group	Language	Group	Language
10 hours	99	20 hours	96
10 hours	85	20 hours	96
10 hours	79	20 hours	93

第 15 章資料集 2

Practice	Time	Practice	Time
< 15 hours	58.7	15–25 hours	54.6
< 15 hours	55.3	15–25 hours	51.5
< 15 hours	61.8	15–25 hours	54.7
< 15 hours	49.5	15–25 hours	61.4
< 15 hours	64.5	15–25 hours	56.9
< 15 hours	61.0	> 25 hours	68.0
< 15 hours	65.7	> 25 hours	65.9
< 15 hours	51.4	> 25 hours	54.7
< 15 hours	53.6	> 25 hours	53.6
< 15 hours	59.0	> 25 hours	58.7
15–25 hours	64.4	> 25 hours	58.7
15–25 hours	55.8	> 25 hours	65.7
15–25 hours	58.7	> 25 hours	66.5
15–25 hours	54.7	> 25 hours	56.7
15–25 hours	52.7	> 25 hours	55.4
15–25 hours	67.8	> 25 hours	51.5
15–25 hours	61.6	> 25 hours	54.8
15–25 hours	58.7	> 25 hours	57.2

第 15 章資料集 3

Shift	Stress	Shift	Stress
4 p.m. to midnight	7	Midnight to 8 a.m.	5
4 p.m. to midnight	7	Midnight to 8 a.m.	5
4 p.m. to midnight	6	Midnight to 8 a.m.	6
4 p.m. to midnight	9	Midnight to 8 a.m.	7
4 p.m. to midnight	8	Midnight to 8 a.m.	6
4 p.m. to midnight	7	8 a.m. to 4 p.m.	1
4 p.m. to midnight	6	8 a.m. to 4 p.m.	3
4 p.m. to midnight	7	8 a.m. to 4 p.m.	4
4 p.m. to midnight	8	8 a.m. to 4 p.m.	3
4 p.m. to midnight	9	8 a.m. to 4 p.m.	1
Midnight to 8 a.m.	5	8 a.m. to 4 p.m.	1
Midnight to 8 a.m.	6	8 a.m. to 4 p.m.	2
Midnight to 8 a.m.	3	8 a.m. to 4 p.m.	6
Midnight to 8 a.m.	5	8 a.m. to 4 p.m.	5
Midnight to 8 a.m.	4	8 a.m. to 4 p.m.	4
Midnight to 8 a.m.	6	8 a.m. to 4 p.m.	3
Midnight to 8 a.m.	5	8 a.m. to 4 p.m.	4
Midnight to 8 a.m.	4	8 a.m. to 4 p.m.	5

第 15 章資料集 4

消費者對於麵條厚度的偏好

Thickness	Pleasantness	Thickness	Pleasantness
Thick	1	Medium	3
Thick	3	Medium	4
Thick	2	Medium	5
Thick	3	Medium	4
Thick	4	Medium	3

Thickness	Pleasantness	Thickness	Pleasantness
Thick	4	Medium	4
Thick	5	Medium	3
Thick	4	Medium	3
Thick	3	Medium	2
Thick	4	Medium	3
Thick	3	Thin	1
Thick	2	Thin	3
Thick	2	Thin	2
Thick	3	Thin	1
Thick	3	Thin	1
Thick	4	Thin	1
Thick	5	Thin	2
Thick	4	Thin	2
Thick	3	Thin	3
Thick	2	Thin	2
Medium	3	Thin	1
Medium	4	Thin	1
Medium	3	Thin	2
Medium	2	Thin	2
Medium	3	Thin	3
Medium	4	Thin	3
Medium	4	Thin	2
Medium	4	Thin	1
Medium	3	Thin	2
Medium	3	Thin	1

第 16 章資料集 1

治療：1 = 高強度，2 = 低強度；性別：1 = 男性，2 = 女性

Treatment	Gender	Loss	Treatment	Gender	Loss
High impact	Male	76	Low impact	Male	88
High impact	Male	78	Low impact	Male	76
High impact	Male	76	Low impact	Male	76
High impact	Male	76	Low impact	Male	76
High impact	Male	76	Low impact	Male	56
High impact	Male	74	Low impact	Male	76
High impact	Male	74	Low impact	Male	76
High impact	Male	76	Low impact	Male	98
High impact	Male	76	Low impact	Male	88
High impact	Male	55	Low impact	Male	78
High impact	Female	65	Low impact	Female	65
High impact	Female	90	Low impact	Female	67
High impact	Female	65	Low impact	Female	67
High impact	Female	90	Low impact	Female	87
High impact	Female	65	Low impact	Female	78
High impact	Female	90	Low impact	Female	56
High impact	Female	90	Low impact	Female	54
High impact	Female	79	Low impact	Female	56
High impact	Female	70	Low impact	Female	54
High impact	Female	90	Low impact	Female	56

第 16 章資料集 2

Severity	Treatment	Pain	Severity	Treatment	Pain
Severe	Drug 1	6	Mild	Drug 2	7
Severe	Drug 1	6	Mild	Drug 2	5
Severe	Drug 1	7	Mild	Drug 2	4

Severity	Treatment	Pain	Severity	Treatment	Pain
Severe	Drug 1	7	Mild	Drug 2	3
Severe	Drug 1	7	Mild	Drug 2	4
Severe	Drug 1	6	Mild	Drug 2	5
Severe	Drug 1	5	Mild	Drug 2	4
Severe	Drug 1	6	Mild	Drug 2	4
Severe	Drug 1	7	Mild	Drug 2	3
Severe	Drug 1	8	Mild	Drug 2	3
Severe	Drug 1	7	Mild	Drug 2	4
Severe	Drug 1	6	Mild	Drug 2	5
Severe	Drug 1	5	Mild	Drug 2	6
Severe	Drug 1	6	Mild	Drug 2	7
Severe	Drug 1	7	Mild	Drug 2	7
Severe	Drug 1	8	Mild	Drug 2	6
Severe	Drug 1	9	Mild	Drug 2	5
Severe	Drug 1	8	Mild	Drug 2	4
Severe	Drug 1	7	Mild	Drug 2	4
Severe	Drug 1	7	Mild	Drug 2	5
Mild	Drug 1	7	Severe	Placebo	2
Mild	Drug 1	8	Severe	Placebo	1
Mild	Drug 1	8	Severe	Placebo	3
Mild	Drug 1	9	Severe	Placebo	4
Mild	Drug 1	8	Severe	Placebo	5
Mild	Drug 1	7	Severe	Placebo	4
Mild	Drug 1	6	Severe	Placebo	3
Mild	Drug 1	6	Severe	Placebo	3
Mild	Drug 1	6	Severe	Placebo	3
Mild	Drug 1	7	Severe	Placebo	4
Mild	Drug 1	7	Severe	Placebo	5
Mild	Drug 1	6	Severe	Placebo	3
Mild	Drug 1	7	Severe	Placebo	1

Severity	Treatment	Pain	Severity	Treatment	Pain
Mild	Drug 1	8	Severe	Placebo	2
Mild	Drug 1	8	Severe	Placebo	4
Mild	Drug 1	8	Severe	Placebo	3
Mild	Drug 1	9	Severe	Placebo	5
Mild	Drug 1	0	Severe	Placebo	4
Mild	Drug 1	9	Severe	Placebo	2
Mild	Drug 1	8	Severe	Placebo	3
Severe	Drug 2	6	Mild	Placebo	4
Severe	Drug 2	5	Mild	Placebo	5
Severe	Drug 2	4	Mild	Placebo	6
Severe	Drug 2	5	Mild	Placebo	5
Severe	Drug 2	4	Mild	Placebo	4
Severe	Drug 2	3	Mild	Placebo	4
Severe	Drug 2	3	Mild	Placebo	6
Severe	Drug 2	3	Mild	Placebo	5
Severe	Drug 2	4	Mild	Placebo	4
Severe	Drug 2	5	Mild	Placebo	2
Severe	Drug 2	5	Mild	Placebo	1
Severe	Drug 2	5	Mild	Placebo	3
Severe	Drug 2	6	Mild	Placebo	2
Severe	Drug 2	6	Mild	Placebo	2
Severe	Drug 2	7	Mild	Placebo	3
Severe	Drug 2	6	Mild	Placebo	4
Severe	Drug 2	5	Mild	Placebo	3
Severe	Drug 2	7	Mild	Placebo	2
Severe	Drug 2	6	Mild	Placebo	2
Severe	Drug 2	8	Mild	Placebo	1

第 16 章資料集 3

Gender	CaffConsumption	Stress
Male	5	1
Male	6	3
Female	7	3
Male	7	2
Male	5	3
Male	6	3
Male	8	2
Male	8	2
Female	9	1
Female	8	1
Female	9	1
Female	7	2
Female	4	1
Female	3	1
Male	0	1
Female	4	2
Male	5	1
Female	6	2
Male	2	2
Male	4	3
Male	5	3
Female	5	3
Male	4	2
Male	3	2
Male	7	3
Female	8	2
Male	9	2
Male	11	1

Gender	CaffConsumption	Stress
Male	2	2
Male	3	1

第 16 章資料集 4

Gender	Training	Skill
Male	Strength emphasis	10
Male	Speed emphasis	5
Male	Strength emphasis	9
Male	Speed emphasis	3
Male	Strength emphasis	9
Male	Speed emphasis	2
Male	Speed emphasis	5
Male	Strength emphasis	0
Male	Strength emphasis	0
Male	Speed emphasis	4
Male	Speed emphasis	3
Male	Speed emphasis	2
Male	Speed emphasis	2
Male	Speed emphasis	3
Male	Strength emphasis	10
Male	Speed emphasis	4
Male	Strength emphasis	3
Male	Speed emphasis	3
Male	Strength emphasis	0
Female	Speed emphasis	9
Female	Strength emphasis	3
Female	Strength emphasis	2
Female	Strength emphasis	3
Female	Speed emphasis	9

Gender	Training	Skill
Female	Strength emphasis	1
Female	Strength emphasis	1
Female	Speed emphasis	9
Female	Speed emphasis	8
Female	Speed emphasis	7
Female	Speed emphasis	9

第 17 章資料集 1

婚姻品質：1＝低，2＝中，3＝高

MarriageQuality	ParentChildQual	MarriageQuality	ParentChildQual
1	58.7	2	54.6
1	55.3	2	51.5
1	61.8	2	54.7
1	49.5	2	61.4
1	64.5	2	56.9
1	61.0	3	68.0
1	65.7	3	65.9
1	51.4	3	54.7
1	53.6	3	53.6
1	59.0	3	58.7
2	64.4	3	58.7
2	55.8	3	65.7
2	58.7	3	66.5
2	54.7	3	56.7
2	52.7	3	55.4
2	67.8	3	51.5
2	61.6	3	54.8
2	58.7	3	57.2

第 17 章資料集 2

Motivation	GPA	Motivation	GPA
1	3.4	6	2.6
6	3.4	7	2.5
2	2.5	7	2.8
7	3.1	2	1.8
5	2.8	9	3.7
4	2.6	8	3.1
3	2.1	8	2.5
1	1.6	7	2.4
8	3.1	6	2.1
6	2.6	9	4.0
5	3.2	7	3.9
6	3.1	8	3.1
5	3.2	7	3.3
5	2.7	8	3.0
6	2.8	9	2.0

第 17 章資料集 3

Income	EducationLevel	Income	EducationLevel
$45,675	Low	$74,776	High
$34,214	Medium	$89,689	High
$67,765	High	$96,768	Medium
$67,654	High	$97,356	High
$56,543	Medium	$38,564	Medium
$67,865	Low	$67,375	High
$78,656	High	$78,854	High
$45,786	Medium	$78,854	High
$87,598	High	$42,757	Low
$88,656	High	$78,854	High

第 17 章資料集 4

StudyHours	Grade
0	80
5	93
8	97
6	100
5	75
3	83
4	98
8	100
6	90
2	78

第 17 章資料集 5

Age	ShoeSize	Intelligence	EducationLevel
15	Small	110	7
22	Medium	109	12
56	Large	98	15
7	Small	105	4
25	Medium	110	15
57	Large	125	8
12	Small	110	11
45	Medium	98	15
76	Large	97	12
14	Small	107	10
34	Medium	125	12
56	Large	106	12
9	Small	110	5
44	Medium	123	12
56	Large	109	18

第 18 章資料集 1

Training	Injuries	Training	Injuries
12	8	11	5
3	7	16	7
22	2	14	8
12	5	15	3
11	4	16	7
31	1	22	3
27	5	24	8
31	1	26	8
8	2	31	2
16	2	12	2
14	7	24	3
26	2	33	3
36	2	21	5
26	2	12	7
15	6	36	3

第 18 章資料集 2

Time	Record	Time	Record
14.5	5	13.9	3
13.4	7	17.3	12
12.7	6	12.5	5
16.4	2	16.7	4
21	4	22.7	3

第 18 章資料集 3

HomesSold	YearsInBusiness	EducationLevel
8	10	11
6	7	12
12	15	11
3	3	12
17	18	11
4	6	12
13	5	11
16	16	12
4	3	11
8	7	12
6	6	11
3	6	12
14	13	11
15	15	12
4	6	11
6	3	12
4	6	11
11	12	12
12	14	11
15	21	12

第 19 章資料集 1

Voucher	Voucher	Voucher	Voucher	Voucher
For	For	Maybe	Against	Against
For	For	Maybe	Against	Against
For	For	Maybe	Against	Against
For	For	Maybe	Against	Against

Voucher	Voucher	Voucher	Voucher	Voucher
For	For	Against	Against	Against
For	Maybe	Against	Against	Against
For	Maybe	Against	Against	Against
For	Maybe	Against	Against	Against
For	Maybe	Against	Against	Against
For	Maybe	Against	Against	Against
For	Maybe	Against	Against	Against
For	Maybe	Against	Against	Against
For	Maybe	Against	Against	Against
For	Maybe	Against	Against	Against
For	Maybe	Against	Against	Against
For	Maybe	Against	Against	Against
For	Maybe	Against	Against	Against
For	Maybe	Against	Against	Against

第 19 章資料集 2

Sex	Vote	Sex	Vote
Male	Yes	Female	Yes
Male	Yes	Female	Yes
Male	Yes	Female	Yes
Male	Yes	Female	Yes
Male	Yes	Female	Yes
Male	Yes	Female	Yes
Male	Yes	Female	Yes
Male	Yes	Female	Yes
Male	Yes	Female	Yes
Male	Yes	Male	No
Male	Yes	Male	No
Male	Yes	Male	No

Sex	Vote	Sex	Vote
Male	Yes	Male	No
Male	Yes	Male	No
Male	Yes	Male	No
Male	Yes	Male	No
Male	Yes	Male	No
Male	Yes	Male	No
Male	Yes	Male	No
Male	Yes	Male	No
Male	Yes	Male	No
Male	Yes	Male	No
Male	Yes	Male	No
Male	Yes	Male	No
Male	Yes	Male	No
Male	Yes	Male	No
Male	Yes	Male	No
Male	Yes	Male	No
Male	Yes	Male	No
Male	Yes	Female	No
Male	Yes	Female	No
Male	Yes	Female	No
Male	Yes	Female	No
Male	Yes	Female	No
Male	Yes	Female	No
Male	Yes	Female	No
Male	Yes	Female	No
Male	Yes	Female	No
Female	Yes	Female	No
Female	Yes	Female	No
Female	Yes	Female	No
Female	Yes	Female	No

Sex	Vote	Sex	Vote
Female	Yes	Female	No
Female	Yes	Female	No
Female	Yes	Female	No
Female	Yes	Female	No
Female	Yes	Female	No
Female	Yes	Female	No
Female	Yes	Female	No
Female	Yes	Female	No
Female	Yes	Female	No
Female	Yes	Female	No
Female	Yes	Female	No
Female	Yes	Female	No
Female	Yes	Female	No
Female	Yes	Female	No
Female	Yes	Female	No
Female	Yes	Female	No
Female	Yes	Female	No
Female	Yes	Female	No
Female	Yes		

第 19 章資料集 3

性別：1 = 男，2 = 女

Gender	Gender	Gender	Gender	Gender
Male	Male	Male	Female	Female
Male	Male	Male	Female	Female
Male	Male	Male	Female	Female
Male	Male	Male	Female	Female
Male	Male	Male	Female	Female

Gender	Gender	Gender	Gender	Gender
Male	Male	Female	Female	Female
Male	Male	Female	Female	Female
Male	Male	Female	Female	Female
Male	Male	Female	Female	Female
Male	Male	Female	Female	Female
Male	Male	Female	Female	Female
Male	Male	Female	Female	Female
Male	Male	Female	Female	Female
Male	Male	Female	Female	Female
Male	Male	Female	Female	Female
Male	Male	Female	Female	Female
Male	Male	Female	Female	Female
Male	Male	Female	Female	Female
Male	Male	Female	Female	Female
Male	Male	Female	Female	Female

第 19 章資料集 4

Preference	Preference
Nuts & Grits	Dimples
Nuts & Grits	Dimples
Nuts & Grits	Froggy
Nuts & Grits	Froggy
Nuts & Grits	Froggy
Nuts & Grits	Froggy
Nuts & Grits	Froggy
Nuts & Grits	Froggy
Nuts & Grits	Froggy
Bacon Surprise	Froggy
Bacon Surprise	Froggy

Preference	Preference
Bacon Surprise	Froggy
Bacon Surprise	Froggy
Bacon Surprise	Froggy
Bacon Surprise	Froggy
Bacon Surprise	Froggy
Bacon Surprise	Froggy
Bacon Surprise	Froggy
Bacon Surprise	Froggy
Bacon Surprise	Chocolate Delight
Bacon Surprise	Chocolate Delight
Bacon Surprise	Chocolate Delight
Bacon Surprise	Chocolate Delight
Bacon Surprise	Chocolate Delight
Bacon Surprise	Chocolate Delight
Bacon Surprise	Chocolate Delight
Bacon Surprise	Chocolate Delight
Bacon Surprise	Chocolate Delight
Bacon Surprise	Chocolate Delight
Bacon Surprise	Chocolate Delight
Bacon Surprise	Chocolate Delight
Bacon Surprise	Chocolate Delight
Bacon Surprise	Chocolate Delight
Bacon Surprise	Chocolate Delight
Bacon Surprise	Chocolate Delight
Bacon Surprise	Chocolate Delight
Bacon Surprise	Chocolate Delight
Dimples	Chocolate Delight
Dimples	Chocolate Delight
Dimples	Chocolate Delight
Dimples	Chocolate Delight
Dimples	Chocolate Delight

Preference	Preference
Dimples	Chocolate Delight
Dimples	Chocolate Delight
Dimples	Chocolate Delight
Dimples	Chocolate Delight
Dimples	Chocolate Delight
Dimples	Chocolate Delight
Dimples	Chocolate Delight
Dimples	Chocolate Delight
Dimples	Chocolate Delight

第 19 章資料集 5

Strength	Age
Strong	Young
Strong	Young
Strong	Young
Strong	Young
Strong	Young
Strong	Young
Strong	Young
Strong	Young
Strong	Young
Strong	Young
Strong	Young
Strong	Young
Strong	Young
Strong	Young
Strong	Young
Strong	Young
Strong	Young
Strong	Young

Strength	Age
Strong	Young
Strong	Young
Strong	Young
Strong	Young
Strong	Young
Strong	Middle
Strong	Middle
Strong	Middle
Strong	Middle
Strong	Middle
Strong	Middle
Strong	Middle
Strong	Middle
Strong	Middle
Strong	Middle
Strong	Middle
Strong	Middle
Strong	Middle
Strong	Middle
Strong	Middle
Strong	Middle
Strong	Middle
Strong	Middle
Strong	Middle
Strong	Middle
Strong	Old
Strong	Old
Strong	Old
Strong	Old

Strength	Age
Strong	Old
Moderate	Young
Moderate	Young
Moderate	Young
Moderate	Young
Moderate	Young
Moderate	Young
Moderate	Young
Moderate	Young
Moderate	Young
Moderate	Young
Moderate	Young
Moderate	Young
Moderate	Young
Moderate	Young
Moderate	Young
Moderate	Young
Moderate	Young
Moderate	Young
Moderate	Middle
Moderate	Middle
Moderate	Middle
Moderate	Middle
Moderate	Middle
Moderate	Middle
Moderate	Middle
Moderate	Middle
Moderate	Middle
Moderate	Middle
Moderate	Middle

Strength	Age
Moderate	Middle
Moderate	Middle
Moderate	Middle
Moderate	Middle
Moderate	Middle
Moderate	Middle
Moderate	Middle
Moderate	Middle
Moderate	Middle
Moderate	Middle
Moderate	Middle
Moderate	Middle
Moderate	Old
Moderate	Old
Moderate	Old
Moderate	Old
Moderate	Old
Moderate	Old
Moderate	Old
Moderate	Old
Moderate	Old
Moderate	Old
Weak	Young
Weak	Young
Weak	Young
Weak	Young
Weak	Young
Weak	Young
Weak	Young

Strength	Age
Weak	Young
Weak	Young
Weak	Young
Weak	Young
Weak	Young
Weak	Middle
Weak	Middle
Weak	Middle
Weak	Middle
Weak	Middle
Weak	Middle
Weak	Middle
Weak	Middle
Weak	Middle
Weak	Middle
Weak	Middle
Weak	Middle
Weak	Middle
Weak	Middle
Weak	Middle
Weak	Middle
Weak	Middle
Weak	Middle
Weak	Middle
Weak	Old
Weak	Old
Weak	Old
Weak	Old

Strength	Age
Weak	Old
Weak	Old
Weak	Old
Weak	Old
Weak	Old

練習題答案

第 1 章

　　所有的問題都是探索性的，沒有正確答案，其目的是讓你深入思考有關統計學作為一個研究領域和一種有用的工具。

第 2 章

1. R 是一種統計計算語言。R 的最大優點是它是免費的。免費！沒有！那些建立和維護的人只要求你適當地引用註記他們的辛勞，以此回報換取免費使用 R。R 的最大缺點是它非常講究語法，請注意大小寫。當然還有其他優點和缺點，這只是其中一個。

2. 獲得 R 幫助的一種方法是，如有任何疑問，請上網查詢。如果以 " R " 開頭的問題，則搜索結果應會傳回與 R 和你的問題有關的網頁。有可能有人問了與你完全相同的問題。如果知道要使用的功能，請在 R 控制台中鍵入「? 函式名稱」以直接獲取訊息。

3. R 中的物件：

   a. 任何類型的資料都可以儲存在向量中。你可以儲存數字、字母、單詞、TRUE 和 FALSE 或這些內容的任意組合。

   b. 是！

   c. 套件是功能的集合。函式為我們執行一項任務，例如：提供摘要訊息、計

算平均值或其他任務。

4. 在 RStudio 中，運行我們在本章中顯示的一些功能。

   a. `library(help = "stats")`

   b. `data()`

   c. `help(help)`

   d. `library()`

5. 幫助訊息顯示在來源窗格中。

6. RStudio 是 R 的整合開發環境。更簡單地說，RStudio 是一個應用程序，可簡化編寫語法，查看環境中的內容以及使用 R 執行許多其他任務的過程。R 是一種統計編程語言。

第 3 章

1. 左上方的區塊是來源窗格，你可以在其中編寫和保存 R 語法。右上方的區塊是環境和歷史記錄窗格，在這裡，你可以查看環境中擁有的物件以及已運行的所有 R 命令。左下方的窗格是控制台，你可以在其中查看運行 R 命令和功能的結果。右下方的窗格是檔案、圖形、套件、幫助與預覽器窗格，每個選項顯示不同的內容。檔案顯示電腦上目前工作目錄中的文件；圖形顯示你生成的圖表、圖形和繪圖；套件提供了電腦本機上安裝的每個套件的列表；幫助是顯示幫助訊息的地方；預覽器選項顯示你使用 R 在電腦本機建立的網頁。

2. 你將查看頂部右側窗格中的歷史記錄選項。

3. 輸入並為 RStudio 中的以下簡單資料集分配名稱。

   • 513、545、354、675、873

   a. `Number <-c (513, 545, 354, 675, 873)`

   b. 物件列表取決於你建立的物件數量。

   c. R 語法和結果是：

```
> summary(Numbers)
Min. 1st Qu. Median Mean 3rd Qu. Max.
354 513 545 592 675 873

>
```

4. 第 3 章資料集 1 (ch3ds1.csv) 的摘要。

```
> summary(ch3ds1)
      Age            Gender       Books.Read.by.Child  Parental.Interest
Min.   : 7.00   Min.   :1.00   Min.   : 5.00       Min.   : 23.00
1st Qu.: 8.00   1st Qu.:1.00   1st Qu.: 7.25       1st Qu.: 46.50
Median :10.00   Median :1.00   Median :12.00       Median : 66.00
Mean   : 9.64   Mean   :1.46   Mean   :11.90       Mean   : 62.04
3rd Qu.:11.00   3rd Qu.:2.00   3rd Qu.:15.00       3rd Qu.: 78.75
Max.   :12.00   Max.   :3.00   Max.   :22.00       Max.   :100.00
>
```

第 4 章

1. 手算（牛刀小試！）

平均數 = 87.55

中位數 = 88

眾數 = 94

2.

	分數 1	分數 2	分數 3
平均數	5.6	27.6	144.3
中位數	5.5	25.0	149.5
眾數	5	25 和 34	154

3. 以下是結果：

	醫院規模	感染率
平均數	335.10	3.7200

4. 你寫的簡短報告可能是這樣的：

與平常一樣，Chicken Littles（眾數）銷售量最高。食品銷售總額是 303 美元，每一特價品的平均價格是 2.55 美元。

5. 這兒沒有太引人注意的事——真正很大或很小的值或看起來很奇怪的值（會

使用中位數的所有理由），所以，我們將只用平均數。你可以看到最後一行 3 家店面的平均數。看起來這些數字可能就是你想用來當作你的新店面的近似值。

平均值	商店 1	商店 2	商店 3	平均數
銷售量（以千計）	$323.6	$234.6	$308.3	$288.83
採購數量	3,454	5,645	4,565	4,554.67
訪客人數	4,534	6,765	6,654	5,984.33

6. 好吧，看來啤酒雞是贏家，而水果杯排在最後。我們計算了平均值，因為這是跨範圍的刻度值（至少在其意圖）。資料如下：

食物類型	北邊粉絲	東邊粉絲	南邊粉絲	西邊粉絲	平均評分
玉米片	4	4	5	4	4.25
水果杯	2	1	2	1	1.5
辣雞翅	4	3	3	3	3.25
塞滿料的大披薩	3	4	4	5	4
啤酒雞	5	5	5	4	4.75

7. 如果你的資料存在極端分數，你就使用中位數，因為極端分數會使平均數有偏誤。中位數優於平均數的一個狀況，是報導收入時，因為收入變化如此大，你需要對極端分數不敏感的集中趨勢測量數。另一個狀況是，在你有一個極端分數或離群值時，例如：一組青少年跑 100 碼的速度，有一、兩個人跑得特別快。

8. 你會使用中位數，因為它對極端分數不敏感。

9. 中位數是中央趨勢的最佳測量數，而且它是最能代表這一整組分數的數值。為什麼？因為它幾乎不受到超大的 $199,000 資料點的影響，但如同你在上表中所看到的，平均數卻不是如此（它提高到超過 $83,000）。

在移去最高的收入之前	平均數	$83,111
	中位數	$77,153
在移去最高的收入之後	平均數	$75,318
	中位數	$76,564

10. 平均值如下：第 1 組 = 5.88，第 2 組 = 5.00，第 3 組 = 7.00。

11. 這應該是很容易的一題，任何時候，數值被用以代表類別時，唯一有意義的平均值是眾數，好吧，第一週，贏家是蘋果派，而第二週再次發現蘋果派成為領導者。對於第三週，這是道格拉斯派，本月在第四週結束時，得到了很多巧克力絲絨派幫助。

第 5 章

1. 全距是最方便的離散度測量數，因為全距只需要從一個數（最高值）減去另一個數（最低值）。因為全距沒有考慮一分布中落在最高值和最低值之間的數值，所以不精確。如果你需要一個分布的變異性的大概（而不是非常精確）估計值，就使用全距。

2.

最高分	最低分	排他全距	內含全距
12.1	3	10.1	9.1
92	51	42	41
42	42	1	0
7.5	6	2.5	1.5
27	26	2	24

3. 絕大多數大一學生在那時已停止成長，而你在幼年期及青春期所看到的巨大變異性已經穩定下來。然而，在人格測量上，個別差異似乎仍維持不變且在任何年齡皆以相似的方式呈現。

4. 當個別分數越近似，他們就越接近平均數，而相對於平均數的離差就越小。因此，標準差也越小。數字的優勢在於，資料集越大，資料包容性就越大。也就是說，它包含更多而不是更少的彼此相似的值，因此變異性較小。

5. 排他全距是 39。無偏誤的樣本標準差等於 12.42。有偏誤的樣本標準差等於 9.6。兩者的差異是由於有一個除的樣本數是 9（是無偏誤估計值），而另一個除的樣本數是 10（是有偏誤估計值）。變異數的無偏誤估計值是 171.66，有偏誤估計值是 154.49。

6. 因為我們是故意保守，並且高估母體標準差的大小，所以無偏誤估計值應該

是大於有偏誤估計值。且無偏誤統計量的分母是 $n-1$，永遠小於偏誤估計 n，所以無偏誤統計量總是會有較大的值

7.

	測驗 1		測驗 2		測驗 3
平均數	49.00	平均數	50.10	平均數	49.30
中位數	49.00	中位數	49.50	中位數	48.00
眾數	49.00	眾數	48.00 或 49.00	眾數	45.00
全距	5	全距	9	全距	10
標準差	1.41	標準差	2.69	標準差	3.94
變異數	2	變異數	7.21	變異數	15.57

測驗 2 有最高的平均數分數，且測驗 1 也有最小的變異性。同時，有多個眾數存在，R 也會提供最小的眾數。

8. 標準差是 12.39，而變異數是 153.53。

9. 標準差是變異數 (36) 的平方根，因此，標準差是 6。只知道標準差或變異數，你不可能知道全距是多少，你甚至無法說出全距是大或小，因為你不知道測量的是什麼，而且也不知道測量尺度（是非常小的蟲子，或是蒸汽引擎的輸出）。

10. a. 全距 = 6，標準差 = 2.58，變異數 = 6.67

　　b. 全距 = 0.6，標準差 = 0.25，變異數 = 0.06

　　c. 全距 = 3.5，標準差 = 1.58，變異數 = 2.49

　　d. 全距 = 123，標準差 = 48.23，變異數 = 2,326.5

11. 下面是匯總結果的統計表。

統計值

	身高	體重
標準差	11.44	15.65
變異數	130.78	245.00
全距	43	59

12. 好吧！這是你該回答的方式。用手動計算任何一組約 10 個數字的標準差，並

使用分母為 $n-1$ 的標準差公式（不偏估計值）。接著，用同樣一組資料與 R 的結果比較。如同你可以看到的，他們完全一樣，這顯示 R 產生的是不偏估計值。如果你這題做對了，你很聰明，在班上肯定名列前茅。

13. 標準差的無偏估計值是 6.49，有偏估計值是 6.15；變異數的無偏估計值是 42.1，有偏估計值是 37.89。有偏估計值是（總是）比較小，因為它們是以較大的 n 為基礎，且也是較保守的估計值。

14. 0.94 的標準差表示，平均而言，一組分數中的每個分數與平均值相差 0.94 個正確單詞。

第 6 章

1. a. 以下是次數分配表：

組 距	次 數
55-59	7
50-54	5
45-49	5
40-44	7
35-39	2
30-34	3
25-29	5
20-24	4
15-19	4
10-14	4
5-9	3
0-4	1

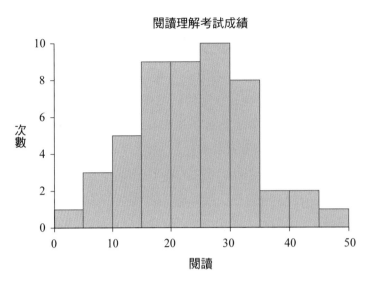

圖 D.1　第 6 章資料集 1 中的資料直方圖

你可能注意到你所建立的直方圖中的 x 軸和這裡看到的不一樣，我們可以雙擊這個圖形，然後進入圖表編輯器，變更 x 軸標記的數字範圍和起始點。沒有什麼不同，只是好看一點。

b. 我們以組距 5 建立直方圖，這樣我們就有 10 個組距，而且也符合我們在本章討論的決定組距的標準。

c. 分配是負偏態分配，因為平均值小於中位數。

2. 在圖 D.2 中，你可以看到長條圖的樣子，但是，記著，它所呈現的樣子是看你對 x 軸和 y 軸所選擇的。

3. 你的長條圖看起來會不一樣是視你的 x 軸和 y 軸及其他變數的長度而定。你需要計算的第一件事是每一天的總和並保存到向量中，然後利用這些數字來建立長條圖，圖 D.3 所呈現的圖形。

4. a. 線型是虛線。

b. 你可以寫 lty = 2 或 lty = "dashed"。

5. a. 折線圖：因為你想看一個趨勢。

b. 長條圖：因為你想看不同數量的離散種類。

c. 長條圖：因為你想看不同數量的離散種類。

6. 你可以自己想例子，並畫出這些例子：

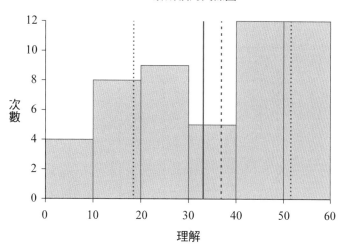

理解成績的長條圖

圖 D.2　第 6 章資料集 2 中的資料長條圖

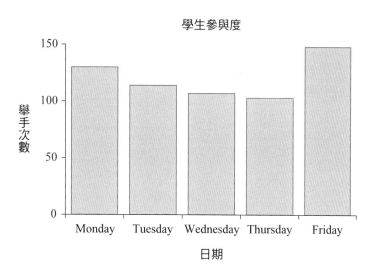

學生參與度

圖 D.3　學生平日參與度簡單長條圖

a. 孩子知道的單詞數量與 12 個月至 36 個月的年齡的函式。

b. 屬於 AARP 的老年人的百分比隨性別和種族而變化。

c. 每個人的配對分數（例如：身高和體重）的繪圖。我們沒有太多討論這種類型的圖表，但是你將在第 7 章中看到更多類似的圖表。

7. 你自己來完成。

8. 我們做了一張超醜的圖，它真是既難看又缺乏豐富資訊。

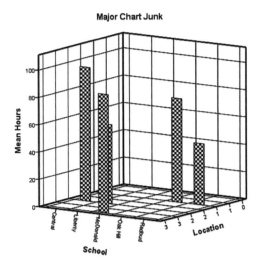

Major Chart Junk

圖 D.4　一個真正非常難看的圖

9. 一張圖（表格或照片）勝過千言萬語。換句話說，這個問題有許多可能的答案，不過一般來說，圖表的目的，是盡可能簡潔地將原本清楚且直接的訊息，以視覺化的方式呈現出來。

第 7 章

1. a. $r = 0.596$。

   b. 依據的答案，你已經知道相關是直接的。但是依據圖 D.5 中所顯示的散布圖（我們使用 R，但是你應該手動建立），你可以預測這樣的結論（即使不知道真正相關係數的正負符號），因為資料點本身的分組是從圖的左下角到右上角，而且假定一個正斜率。

2. a. $r = 0.269$。

   b. 依據這一章之前提供的表，這個規模的相關的一般強度是弱的。判定係數是 0.269^2，或者變異量的 7.2% (0.072) 可以得到解釋。主觀分析（弱相關）和客觀數值（7.2% 的可解釋變異量）彼此一致。

3. 注意 0.47 沒有符號，在這種情形下，我們總是假定它是正值（像其他的數字一樣）。

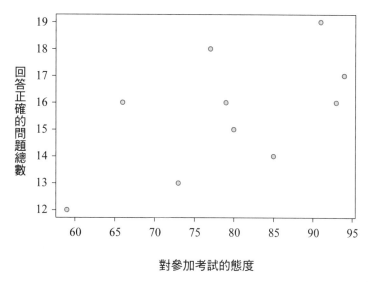

回答正確的問題總數

對參加考試的態度

圖 D.5　第 7 章資料集 2 中的資料散布圖

+0.36

−0.45

+0.47

−0.62

+0.71

4. 相關係數是 0.64，意味著預算的增加與課堂成就的增加，彼此是正相關（而且我們必須檢定其顯著性）。由描述性觀點來看，超過 40% 的變異數由兩個變數之間所共有的。

5. 每天練習時間和 GPA 的相關是 0.49，表示當練習時間增加時，GPA 也會增加。當然，當練習時間減少時，GPA 也會減少。想要成為一個好玩的人並獲得良好的成績？鍛鍊、學習、廣泛閱讀（並經常洗澡）。請記住，GPA 與你在健身房看起來多穠纖合度無關。那是因果關係，我們在這裡只處理關聯。

6. 相關係數是 0.14，而之所以這麼低是因為這組 GPA 分數的變異性非常小。當變異性是如此微小時，則沒有什麼可以分享，而這兩組分數共有部分極少，因此，相關係數很低。

7. a. 0.8。

b. 非常強。

c. 1 – 0.64，或 0.36 (36%)。

8. 這裡是你要的矩陣

	受傷時年齡	治療的水準	12 個月的治療分數
受傷時年齡	1		
治療的水準	0.0557	1	
12 個月的治療分數	−0.154	0.389	1

9. 要檢視性別（定義為男性或女性）和政黨背景之間的關係，你應該用卡方係數，因為這二個變數的屬性都是名目的。要檢視家庭組成和高中平均成績 (GPA) 之間的關係，你應該使用點二系列相關係數，因為一個變數的屬性是名目的（家庭組成），另一個變數的屬性是等距的 (GPA)。

10. 只是因為兩件事有相關並不意味一件事導致另一件事。有許多只有平均強度的跑者可以跑得非常快，也有許多非常強壯的跑者卻跑很慢。力量可以使人們跑快一些，但技術更重要（而且順便解釋了更多的變異數）。

11. 你會提出你自己的解釋，但是，這裡有三個例子：

a. 我猜你會先想到這個，冰淇淋銷售和犯罪人數的關係

b. 花在政治廣告的經費總額和投票支持的選民人數

c. 在中學引進性純潔的方案和性活躍的青少年人數

d. 所得和工作滿意度

e. 毒品使用和教育程度

12. 這是一個非常好的問題。相關是反映兩個變數之間的共同部分，但有共同的部分和何者導致另一個變數增加或減少是沒有關係的。你正好看到關於冰淇淋消售量和犯罪率的例子（兩者都和戶外的溫度有關，彼此之間無關），相同的例子像是小孩子的學習成就分數和父母的教育程度之間的關係，其中可能有許多的因素干擾，像是班級大小、家庭結構及家戶所得等。因此，變數之間共有的部分很重要，但並不是順便就有因果關係存在。

13. 部分相關的使用時機是當你想要檢視兩個變量是否可以排除第三個影響因素的時候使用。

第 8 章

1. 自己來完成。

2. 如果你對不同時間的評價一致性感興趣，就要使用再測信度，例如前後測試的研究類型或縱向研究。平行形式信度對建立一個可確定相同測試的不同形式的相似度很重要。

3. 再測信度是藉由計算兩次測驗的簡單相關係數來建立。在這個案例中，秋季和春季分數的相關係數是 0.138。此相關係數 0.139 甚至與作出「此測驗是可靠」這種結論所需的數值（至少 0.85）有一段距離。

4. 一般而言，一個可靠和無效的測驗是重複的執行沒問題，但卻不是測量到所假定要測量的。而且，哎喲，一個測驗不可能是有效的但卻是不可靠的，因為如果做任何事都不一致，那麼，他也不可能做一件事是一致的。

5. 相同測驗的同平行形式信度係數是 −0.09，在計算信度係數為止是做得不錯，但就這個測驗的信度而言呢？並不理想。

6. 這很簡單。一個測驗在我們能夠推斷它做了它應該做（效度）的事之前，它必須能夠不斷的重複它所做的（信度）。如果一個測驗是不一致的（不可信的），那麼，它不可能是有效的。例如：雖然像以下這種項目的測驗

$$15 \times 3 = ?$$

當然一定是可靠的，但如果 15 個這種項目的測驗被稱做「拼音測驗」，它當然一定是無效的。

7. 你需要使用既可信又有效的測試，否則，即使你得到虛無假設的檢定結果，你也不能確定是工具沒有測量它應測量的內容，還是假設是錯誤的。

8. 內容效度檢視一個測驗「在表面上」是否是從所有可能的項目之中抽出來的樣品，例如：有關美國革命的高中歷史測驗所包含的題項，是否反映美國歷史的學科領域？預測效度檢視一個測驗正確預測某一特定結果的程度。例如：一個空間技巧的測驗有效成功預測成為一位機械工程師？建構效度是表示一個測驗工具可以評估一個重要的概念。例如：一個觀察工具有效評估躁鬱症青少年某一面向的程度？

9. 這是比較難的題目。讓我們假定（就如你需要這麼做）你對「跳出框框的思

考」有一個很堅強的理論基礎，可以形成檢定項目的基礎，你會安置一組獨立的「跳出框框思考的專家」，讓他們「參與」這個測驗，並由評分者觀察其行為且在你所建立的項目上打分數。理論上，如果你的構念成立且測驗是有效的，那麼，這些各自被證實是跳出框框思考的人，相較於那些各自被證實不是用獨特方式思考的人，在分數上應該有較大的差異，因此，用來區別這兩群人的這些項目就成為是一組測驗題目。這可以用很多種方式進行，我們只是陳述其中一種。

第 9 章

1. 自己來完成。

2. 自己來完成。

3. a. 虛無假設：依據注意時間觀察量表的測量，注意時間短的學生和注意時間長的學生的離座行為頻率相同。有方向研究假設：依據注意時間觀察量表的測量，注意時間短的學生比注意時間長的學生的離座行為頻率要高。無方向研究假設：依據注意時間觀察量表的測量，注意時間短的學生的離座行為頻率不同於注意時間長的學生。

b. 虛無假設：婚姻整體品質和夫婦雙方與他們兄弟姊妹關係的品質之間沒有關係。有方向研究假設：婚姻品質和夫婦雙方與他們兄弟姊妹關係的品質之間有正向關係。無方向研究假設：婚姻品質和夫婦雙方與他們兄弟姊妹關係的品質有關。

c. 虛無假設：結合傳統心理治療的藥物治療，和單獨的傳統心理治療對治療厭食症有相同的效果。有方向研究假設：結合傳統心理治療的藥物治療，比單獨的傳統心理治療對治療厭食症更有效。無方向研究假設：結合傳統心理治療的藥物治療，和單獨的傳統心理治療對治療厭食症具有不同的效果。

4. 自己來完成。

5. 最嚴重的問題是，對研究假設的檢定可能是不確定的。無論結果如何，拙劣的語言都會導致令人誤解的結論。此外，這項研究可能無法重複進行，而研究結果也無法推廣——總而言之，這是一個有問題的工作。

6. 虛無表示結果組之間沒有觀察到的差異。它是任何研究工作的起點，與研究假設有許多不同之處，但主要是相同的陳述，而研究假設是不同的陳述。

7. 好吧！如果你正開始探究問題（之後會變成假設），而且你對結果（這是為什麼你問這個問題並執行檢定）一無所知，那麼虛無假設就是一個完美的起始點，因為它是一個等式的陳述，基本上說的是：「在沒有任何其他有關於我們正在研究之關係的資訊下，我應該由我一無所知開始」。虛無假設是完美、不偏與客觀的起點，因為除非被證實，否則所有事情都被認定為相等。

8. 如同你已經知道的，虛無假設所陳述的是「變數間沒有關係」。為什麼？很簡單，在沒有任何其他資訊下，那是最好開始的地方。例如：如果你研究早期事件在語言技巧發展上所扮演的角色，那麼，除非你能證明它，否則，最好假設他們沒扮演任何角色。這也是為什麼我們開始去檢定虛無假設，而不是去證明他們。我們要盡可能地不偏。

第 10 章

1. 在一常態曲線中，平均數、中位數和眾數彼此相等；曲線對稱於平均數；曲線尾巴是漸近的。例如：身高、體重、智力或問題解決能力。

2. 原始分數、平均數和標準差。

3. 因為它們都使用相同的測度——標準差，而且我們可以比較以標準差為單位的分數。

4. 因為 z 分數是基於不同分布的變異性計算的，所以是標準分數（可以與其他同類型分數比較）。z 分數是測量平均數和橫軸上其他資料點之間的距離（不論分布在平均數和標準差上的差異），因為使用相同的單位（標準差單位），所以它們能夠相互比較。真是神奇——可比較性。

5. 平均數是 50 分，標準差是 2.5 分，原始分數是 55 分所對應的 z 分數是 +2，因此，當一組分數的變異性減為一半時，相對應的 z 分數會增大二倍（從 1 變成 2）。此一結果指出，當變異性增加時，在其他條件維持不變的情況下，相同的原始分數會變得更極端，分數之間的差異越小（且變異性較小），相同的分數會變得較不極端。

6.

原始分數	z 分數
68.00	−0.61
58.16	−1.60
82.00	0.79
92.09	1.80
69.00	−0.51
69.14	−0.50
85.00	1.09
91.10	−0.50
72.00	−0.21

7.

18	−1.01
19	−0.88
15	−1.41
20	−0.75
25	−0.10
31	0.69
17	−1.14
35	1.21
27	0.17
22	−0.49
34	1.08
29	0.43
40	1.87
33	0.95
21	−0.62

8. a. 一個分數落在原始分數 70 和 80 之間的機率是 0.5646。原始分數 70 的 z 分數是 0.78，80 的 z 分數是 0.78。平均數與 z 分數 0.78 之間曲線下的面積是 28.23%。這兩個 z 分數之間曲線下的面積是 28.23%×2，或 56.46%。

b. 一個分數落在原始分數 80 以上的機率是 0.2177。原始分數 80 的 z 分數是

0.78。平均數與 z 分數 0.78 之間曲線下的面積是 28.23%。在 z 分數 0.78 之下的面積是 0.50 + 0.2823，或 0.7823。曲線下的總面積 1 和 0.7823 之間的差是 0.2177，或 21.77%。

c. 一個分數落在原始分數 81 和 83 之間的機率是 0.068。原始分數 81 的 z 分數是 0.94，83 的 z 分數是 1.25。平均數與 z 分數 0.94 之間曲線下的面積是 32.64%。平均數與 z 分數 1.25 之間曲線下的面積是 39.44%。這兩個 z 分數之間曲線下的面積是 0.3944 − 0.3264 = 0.068，或者 6.8%。

d. 一個分數落在原始分數 63 以下的機率是 0.03。原始分數 63 的 z 分數是 −1.88。平均數與 z 分數 −1.88 之間曲線下的面積是 46.99%。在 z 分數 1.88 之下曲線下的面積是 1 − (0.50 + 0.4699) = 0.03，或者 3%。

9. a. 這是負偏態，因為運動員的好感得分較高。

b. 這一點也不偏。實際上，這個分布就像一個矩形，因為每個人的得分都完全相同。

c. 由於大多數拼寫者的得分非常低，因此該分布出現正偏態。

10. 一點小魔術讓我們可以用你在這一整章中所看到的計算 z 分數的公式來解出原始分數。底下是轉換後的公式：

$$X = (s \times z) + \overline{X}$$

而且再往前走一步，所有我們真正需要知道的是 90% 的 z 分數（或表 B.1 中的 40%），它等於 1.29。

因此，我們有下列公式

$$X = (s \times z) + \overline{X}$$

或

$$X = (5.5 \times 1.29) + 78 = 85.095$$

傑克如果拿到那個分數，他就獲得認證。

11. 它不合理是因為當分數分屬不同的分布時，是不能互相比較的。在班級平均數為 40 的數學測驗中，80 分的原始分數就是無法與短文寫作技巧測驗的 80 分比較。分布，就像人們，不是都可以互相比較的，並非每件事（每個人）都可以和其他事（人）做比較。

12. 這裡是包含未知數值的資訊。

數　學		
班級平均數	81	
班級標準差	2	
閱　讀		
班級平均數	87	
班級標準差	10	
原始分數		
	數學分數	閱讀分數	平均值
Noah	85	88	86.5
Talya	87	81	84
z 分數		
	數學分數	閱讀分數	平均值
Noah	2	0.1	1.05
Talya	3	−0.6	1.2

Noah 有較高的原始平均分數（86.5 vs. Talya 的 84），但是 Talya 有較高的平均 z 分數（1.2 vs. Noah 的 1.05），記著，我們問的是，相對於其他人，誰是較優秀的學生，必須使用標準分數（我們用 z 分數）。但是，為什麼 Talya 相對於 Noah 是較優秀的學生？那是因為在最小變異性的測驗上（數學的標準差＝2），Talya 有很突出的 z 分數 3，這讓她站在前面。

13. 尾端不會和 x 軸相碰觸的事實是，它總是有一個機會存在——即使可能是非常、非常小——極端值（始終離 x 軸的任何一個方向都非常遙遠）是有可能的。如果尾巴碰觸到 x 軸，即表示對那些不可能的結果有一個極限存在。換言之，無論結果是什麼，都總是有機會會發生。

第 11 章

1. 顯著性概念對推論統計的研究和應用是有決定性的，因為顯著性（反映在顯著水準）設定了我們對所觀察的結果是「真實的」這件事可以有的信心水準，以及這些結果一般化到樣本所來自的母體程度。

2. 統計顯著性是某些結果不是因為隨機所造成的，而是因為被研究者所找到和檢證的因素所造成的一個觀念。這些結果可以被指定一個值代表是因為隨機、其他一個因素或其他一組因素所造成的機率，這些結果的統計顯著性即是此一機率的值。

3. 臨界值代表著虛無假設不再是所觀察到的差異可接受之解釋的最小值。它是切割點，比它更極端的觀察值表示沒有等式只有差異（而差異的本質與所問的問題有關）。還記得這個切割點是由研究者所設定的（即使 0.01 和 0.05 慣例上和經常被當作切割點）。

4. a. 拒絕虛無假設，因為顯著水準小於 5%，這表示個人的音樂選擇和犯罪率之間有關係存在。

   b. 無法拒絕虛無假設，因為顯著水準大於 0.05，表示咖啡消費量和 GPA 之間沒有關係。

   c. 不可以。沒有任何相關有這麼高的機率。

5. a. 顯著水準只及於單一、獨立的虛無假設檢定，而不及於多次的檢定。

   b. 因為我們可能在虛無假設實際上是真的情況下，拒絕虛無假設，所以不可能將型 I 錯誤的機率水準設置為 0。這種可能性總是存在。

   c. 在虛無假設是真的情況下，你拒絕虛無假設所願意承擔的風險水準，與研究結果的有意義沒有關係。你可能得到顯著水準很高的結果，但是卻沒有意義，或者型 I 錯誤率很高 (0.10)，卻是很有意義的發現。

6. 在 0.01 水準，因為檢定是更嚴格的，出錯的機會比較小。換句話說，當與該收入有關聯的機率是比較小 (0.01) 而非比較大 (0.05) 時，你比較難發現與你會隨機（虛無假設）預期有充分距離的結果。

7. 這是很好的論點，但是會讓人變得很激動，我們不能「拒絕」虛無，因為我們從未直接檢定它。記著，虛無假設是反映母體的特徵，而且重點是我們無法檢定母體，只是檢定樣本。如果我們不能檢定它，我們又如何能拒絕它呢？

8. 顯著性是一個統計術語，它簡單地定義了一個區域，在該區域與虛無假設相關的機率太小，我們無法得出除研究假設之外的其他任何結論。有意義的解釋：有意義的解釋：有意義的程度與調查結果的應用以及調查結果在所提出問題的廣泛範圍內是否相關或重大相關。

9. 你可以自己想出答案，但下列範例如何？

a. 發現兩群讀者之間有顯著差異，其中接受密集理解訓練的一群比沒有接受訓練（但相同分量的注意力）的一群在閱讀測驗的表現較佳。

b. 檢視一個巨大的樣本（這是為什麼發現是顯著的），一位研究者發現在鞋子尺寸與每天吃下的卡路里有非常強的正相關。非常愚蠢！但卻是真的……。

10. 隨機性反映在可能拒絕一個真的虛無假設時，你所願意承擔的風險水準（型 I 錯誤）中。最重要的是，對我們所觀察到的任何差異，它總是一個可能的解釋，且在沒有其他資訊的情況下，它也是最有吸引力的解釋。

11. a. 加上條紋的區域代表著足夠極端的值，這些值沒有一個反應出支持虛無假設的發現。

b. 一大群數值反應出型 I 錯誤的較高可能性。

第 12 章

1. 當你想要比較某一個樣本平均數和某一個母體參數時，就會用單一樣本 Z 檢定。事實上，可以將它想成是，瞭解某一個數值（即平均數）是否屬於一組大量的數值集合的一種檢定。

2. 基於一個很好的理由，大的 Z 值和小寫的 z 值是很相似的，那就是標準分數。z 分數有樣本的標準差當作分母，而 Z 檢定的數值有樣本平均數的標準誤（或從母體抽樣得到的所有平均數的變異性測量）當作分母。換句話說，它們都是利用一種標準測量，讓我們可以使用常態曲線表（在附錄 B）來瞭解這個數值離我們在隨機下所預期的數值有多遠。

3. a. 鮑伯的巧克力飲食法所減輕的重量，無法代表蛋白質飲食法的中年男人這個大母體所減輕的體重。

b. 過去這個流感季的每千人流感率和過去 50 季的流感率並不相當。

c. 布萊爾這個月的花費和過去這 20 年的平均花費是有差異的。

4. Z 檢定結果的數值為 –1.48 ——沒有極端到足以（我們需要 ±1.96 的數值）得到平均個案數 (15) 是和州的平均個案數 (16) 有任何差異的結論。

5. Z 檢定結果的數值為 0.31，沒有極端到我們需要說在 3 個特色商店的工人群體（搬存 500 個產品）比較大的工人群體（搬存 496 個產品）表現得好（或

是有差異的）。

6. 這裡疏漏的資訊是假設檢定所設定的顯著水準，如果顯著水準是 0.01，拒絕虛無假設及樣本與得到母體有顯著不同之結論的臨界 z 值是 1.96；如果假設檢定的顯著水準是 0.05，臨界 z 值是 1.65。看來這裡呈現一個有關型 I 錯誤（有 1% 或 5% 的虛無假設為真會被拒絕）相對於陳述統計顯著性之間取捨的有趣問題。你應該能夠合理化有關你所選擇之顯著水準的答案。

7. 如果根據公式 10.1 插入資料，則 z 測試分數為 12.22，這是與圖表（在曲線的延長端（相去甚遠的方式。但是，請記住，高爾夫球得分越低越好，因此 Millman 的團隊在會員資格上絕非職業球員。對於米爾曼來說，太糟糕了。

8. 31,456 的落在 ($t = -1.681$，$p = .121$) 去年單位銷售月份總值的範圍內。不，沒什麼不同。

第 13 章

1. 男生舉手次數的平均數是 7.93，女生的平均數是 5.31。t 的實際值是 3.006，在 0.05 的顯著水準下，單尾檢定（是男生舉手次數多於女生）拒絕虛無假設的 t 臨界值是 1.701。那麼結論是什麼？男生舉手次數顯然多於女生。

2. 現在這是非常有趣的事。我們有完全相同的資料，但有不同的假設。在這裡，假設是舉手次數不同（而不是多或者少），所以需要進行雙尾檢定。因此使用附錄表 B.2，在 0.01 的顯著水準下雙尾檢定的臨界值是 2.764。實際值 3.006（與問題 1 分析所得結果相同）的確超過了我們的隨機預期值，因此，給定此假設，男生和女生的舉手次數不同。比較兩項檢定，我們發現使用相同的資料，單尾檢定的結果（見問題 1）不見得和雙尾檢定結果一樣（研究假設得到支持）。

3. a. $t(18) = 1.58$

   b. $t(46) = 0.88$

   c. $t(32) = 2.43$

4. a. $t_{crit}(18) = 2.101$。因為觀察到的 t 值超過臨界值，拒絕虛無假設。

   b. $t_{crit}(46) = 2.009$（使用 50 個自由度的值），因為觀察到的 t 值未超過臨界值，無法拒絕虛無假設。

c. $t_{crit}(32) = 2.03$（使用 35 個自由度的值），因為觀察到的 t 值超過臨界值，拒絕虛無假設。

5. 首先，這裡是利用 R 所導出的獨立樣本 t 檢定的輸出結果。

t	df	p Value	Group 1 Mean	Group 2 Mean	95% Confidence Interval of the Difference	
					Lower	Upper
−2.15	38	0.038	4.15	5.50	−2.62	−0.08

而這裡是一段摘要：接受在家諮商的群體與接受離家治療的群體，在平均表現上有顯著差異。在家諮商群體的平均值是 4.15，而離家治療群體的平均值是 5.5。與此差異有關的機率是 0.038，意味著所觀察到的差異是隨機發生的機率少於 4%，比較可能的結論是，離家治療計劃更有效。

6. 農村居民和城市居民對待武器控制的態度沒有顯著差異 ($p = 0.253$)。

7. 這的確是可以思考的好問題，它有許多不同的「正確」答案，而且也引出一堆爭論。如果你只關心型 I 錯誤的水準，那麼，我們認為 L 博士的發現更值得信賴，因為這些結果暗示它比較不可能犯型 I 錯誤。然而，這兩種發現都是顯著的，即使其中一個是在邊緣。因此，如果你個人評估這些結果的系統說：「我相信顯著就是顯著——那是最重要的事」，那麼，兩者都應該被認定同等有效而且同樣值得信賴。但是，請務必記得結果的有意義也很重要（如果你將這個觀點帶進討論，你應該獲得額外分數）。似乎對我們而言，不論型 I 錯誤的水準如何，由於此計劃有可能造成更安全的小孩環境，因而兩種研究的結果都高度有意義。

8. 以下是資料加上答案。

實驗	效應量
1	2.73
2	1.15
3	0.65

如同你看到的，當標準差變成 2 倍時，效應量則減半。為什麼？如果你記得，效應量給你群組之間差異是如何有意義的另一種指標。如果變異性非常少，

則個體之間就沒有太多的差異，而任何平均差異就變得更有趣（而且可能更有意義）。當我們範例中的標準差為 2 時，效應量為 2.6；但是當變異性增加到 8 時，效應量則減少為 0.65。當群體成員之間有越來越少的相似性時，要談論群體之間的差異是如何有意義，是一件很困難的事。

9. 答案是什麼？如你所見，群體 2 的分數有一個較高的平均數是 12.20，相較於群體 1 的平均數是 7.67，以這個結果為基礎，在 0.004 的水準下差異是顯著的。我們的結論是四年級學生的第二組的拼字能力較好。

10. 就第 13 章資料檔 5 而言，t 值是 −0.218；就第 13 章資料檔 6 而言，t 值是 −0.327。且在這兩個例子中，平均數都是 6.0（群體 1）和 6.2（群體 2）；同樣地，較大資料檔的變異性略為小一些。為什麼第 2 個資料檔有較大（或較極端）的 t 值的理由是：它是建立在有 2 倍樣本數之大 (20 對 10) 的基礎上，t 值的計算有將此考慮進去，因而產生一個較為極端的數值（往「顯著性」的方向前進）。因為較大的樣本數會更為接近母體的規模，在平均數相同和變數性較小的一個可能的論點是，分數不僅會變得更極端，且也和樣本數的影響有關。

11. 這個問題的答案實際上比你最初想像的要容易。具體地說，兩組之間的差異在某種程度上（如果不是全部的話）與效應量無關。在此範例中，統計學上的顯著差異可能是由於樣本量非常大所致，但效果不是很明顯。這個結果是完全可能和可行的，並為理解顯著性和效應量的雙重重要性增加了新的維度。

第 14 章

1. 獨立平均數 t 檢定用於檢定兩個不同的參與者群體，每個群體的參與者只接受一次測試。相依平均數 t 檢定一群參與者群體，而且此群體的每一個參與者接受兩次測試。

2. a. 獨立樣本 t 檢定。

   b. 獨立樣本 t 檢定。

   c. 相依樣本 t 檢定。

   d. 獨立樣本 t 檢定。

   e. 相依樣本 t 檢定。

3. 在回收專案執行之前的平均數是 34.44，專案執行之後的平均數是 34.84，也就是回收過程中有增加。這 25 個街區的差異是否是顯著的？研究假設在這個水準被檢定為實際 t 值是 0.262，自由度是 24，表示在 0.01 的顯著水準下是不顯著的。結論是：回收專案沒有造成回收紙的增加。

4. 這裡是相依或成對平均數 t 檢定的輸出結果。

成對樣本統計量

	平均數	差異的 95% 信賴區間 下界	上界	t	自由度	顯著性 （雙尾）
諮商前 諮商後	−4.10	−9.06	0.86	−1.73	19	0.100

結論是什麼呢？諮商前平均數確實比諮商後的平均數高。這兩個平均數的差異並不顯著，但在已知此差異的方向後，那是無關緊要的。

5. 滿意水準有些微增加，從 5.480 增加到 7.595，使得 t 值為 −3.893。此差異的對應機率水準是 0.001，也就是社會服務專案確實發揮作用。效果大小為 0.92。

6. 對 Nibbles 有偏好的平均分數是 5.1，而對 Wribbles 有偏好的平均分數是 6.5。在自由度 19 之下，相依平均數檢定的 t 值是 −1.965，而拒絕虛無假設的臨界值是 2.093。因為觀察到的 t 值，−1.965 並未超過臨界值，所以行銷顧問的結論是，對兩種餅乾的偏好差不多相同。

7. 否，平均數並沒有差異（第一次輪班的平均數是 5.35，第二次是 6.15），t 值是 −1.303（壓力較小一點）是不顯著的。和工作上的輪班無關：壓力是一樣的。

8. 絕對。分數從 5.52 增加到 7.04，而兩組之間的差異在 .005 顯著水準。另外，效應量是 0.61 大。

第 15 章

1. 雖然這兩種方法都在檢視平均數之間的差異，但當比較的平均數超過 2 個時，ANOVA 比較適合。它也可以用來做平均數之間的簡單檢定，但它假設群體

之間彼此互相獨立。

2. 簡單一元 ANOVA 析僅檢查一個變量在不同水準上的差異，而因素 ANOVA 在涉及多個變量時查看兩個或多個水平上的差異。

3.

設計	分組變數	檢定變數
簡單 ANOVA	訓練時間分為四個水準── 2、4、6 和 8 個小時	打字的準確程度
	三個年齡群體── 20 歲、25 歲和 30 歲	力量
	六個工作類型	工作績效
兩因子 ANOVA	訓練和性別的兩個水準 (2 × 2 設計)	打字的準確度
	三個年齡群體── 5、10、15 歲，兄弟的人數	社會技能
三因子 ANOVA	課程類型 (類型 1 和類型 2)，GPA（3.0 以上和以下)，以及活動參與（參與和 不參與)	ACT 成績

4. 三個群體的平均數分別是 58.05 秒、57.96 秒和 59.03 秒，F 值 ($F_{2, 33} = 0.160$) 隨機發生的可能性是 0.853，遠遠大於我們預期由處理變數引起的可能性。我們的結論是什麼？訓練時間並不會對游泳速度產生影響。

5. F 值是 28.773，在 0.000 的水準下是顯著的，表示三個群體的壓力數量是不一樣的。就如你所看到的，壓力最小的是早上 8:00 到下午 4:00 的群體。

6. 就這個問題而言，事後多重比較是必要的。誠如你所看到的圖 D.9 展示的結果輸出，薄麵條有最低的平均分數（1.80，這是你已經知道的，對吧？）和其他兩組麵條之間的兩兩比較是有顯著差異的。

7. 記得 ANOVA 中的 F 檢定是針對平均數的差異進行整體檢定，並無法指出差異出現之處。因此，倘若整體的 F 值不顯著的話，後續就沒有必要再比較個別組別的平均數差異，因為差異不存在啊！

第 16 章

1. 很簡單，因子 ANOVA 只用於當你有多於一個因子或獨立變數時。而當你假設交互作用的存在時，實際上沒那麼容易得到答案（但是只要你獲得答案，你就能真正理解）。

2. 這裡是許多不同的可能範例其中之一。有一個處理變數（或因子）有三個水

準，和疾病嚴重性的兩個水準。

		處理變數		
		藥品 1	藥品 2	安慰劑
疾病嚴重性	嚴重			
	輕微			

3. 而來源表看起來像下表：

主效應與交互效應檢定

依變數：PAIN_SCO

來源	型III平方和	自由度	平均平方和	F	顯著性
截距	3,070.408	1	3,070.408	1,509.711	0.000
嚴重性	0.075	1	0.075	0.037	0.848
處理	263.517	2	131.758	64.785	0.000
嚴重性 * 處理	3.150	2	1.575	0.774	0.463
誤差	231.850	114	2.034		

就我們的解釋來說，在這個資料集中，沒有疾病嚴重性主效應，有處理變數主效應，兩個主要因子之間沒有交互效應。

4. a. 否，變異數分析的 F 值是不顯著的 ($F = 0.004$, $p = 0.996$)。

b. 否，變異數分析的 F 值是不顯著的 ($F = 0.899$, $p = 0.352$)。

c. 沒有顯著的交互效應。

5. 實際上，一旦你用 R 去執行這個分析，你可以看到沒有性別的主效應，但是訓練的主效應和交互效應是顯著的。不過，當你畫平均數剖面圖時，實際上可以看到交互效應的視覺化印象你可以看到男性在強調耐力訓練的情況下有較高的技巧水準，女性則是在強調速度訓練的情況下有較高的技巧水準，在評估交互效應時，小心仔細看這些視覺化的圖像是很重要的。

第 17 章

1. a. 自由度是 18 ($df = n - 2$)、顯著水準在 0.01 的情況下，拒絕虛無假設的臨界值是 0.516。速度和耐力之間是顯著相關，而且相關係數解釋了變異的 32.15%。

b. 自由度是 78、顯著水準是 0.05 的情況下，單尾檢定拒絕虛無假設的臨界值是 0.183，正確答題數和完成時間之間顯著相關。因為研究假設是變數間關係是間接的或負向的，所以使用單尾檢定，而且大約 20% 的變異可被解釋。

c. 自由度是 48、顯著水準在 0.05 的情況下，雙尾檢定拒絕虛無假設的臨界值是 0.273。朋友數和 GPA 之間顯著相關，而且相關係數可以解釋變異的 13.69%。

2. 相關

		動機	平均成績
動機	Pearson 相關	1	0.434*
	顯著性（雙尾）		0.017
	個數	30	30
平均成績	Pearson 相關	0.434*	1
	顯著性（雙尾）	0.017	
	個數	30	30

* 在顯著水準為 0.05 時（雙尾），相關顯著。

a. 與 b. 我們使用 R 計算得出相關係數為 0.434，顯著水準為 0.017 的雙尾檢定是顯著的。

c. 正確。越有動機就越願意學習；而且越願意學習，就更有動機。但是（這是很重要的「但是」）越多的學習並不能引起更高的動機，同樣的更高的動機並不能引起更多的學習。

3. 相關係數

		收入	教育水準
收入	Pearson 相關	1	0.629(**)
	顯著性（雙尾）		0.003
	個數	20	20
教育水準	Pearson 相關	0.629(**)	1
	顯著性（雙尾）	0.003	
	個數	20	20

** 相關係數在 0.05 水準為顯著（雙尾）

a. 收入與教育水準的相關係數是 0.629，你可以檢視下列 R 輸出結果，找到這個數字。

b. 相關係數在 0.003 水準是顯著的。

d. 你能做的唯一論述是：這兩個變數分享某些共同的東西（分享越多，相關係數就越高），而且沒有任何一個變數的改變，可以導致另一個變數的改變。

4. a. $r_{(8)} = 0.69$。

b. $t_{臨界值}(8) = 0.6319$。觀察到的相關係數 0.69 超過利用 8 個自由度計算得到的臨界值。因此，在 0.05 的信心水準下，我們觀察到的相關係數具有統計上的顯著性。

c. 共同的變異量是 47%（$r^2_{小時 \cdot 成績} = 0.47$）。

d. 花在學習的時數和測驗成績之間有強烈的正相關，具有統計上的顯著性。學生的學習時數越多，他（她）的測驗成績越好；或者，花在學習的時數越少，測驗成績越低。

5. 在 0.01 的信心水準下，相關係數是顯著的，且這個陳述的錯誤之處在於，兩個變數之間的關係並不隱含某一個變數會導致另一個變數發生。這兩個變數有關，可能是基於很多原因，但是無論一個人喝多少咖啡，也不會如同因果關係函式一樣導致壓力程度的改變。

6. a. 相關係數是 0.671。

b. 在自由度 8，0.05 顯著水準之下，拒絕相關係數為 0 之虛無假設的臨界值是 0.5495（請見表 B.4）。觀察值 0.671 大於臨界值（你隨機會預期的數值），而我們的結論是：相關係數是顯著的，而且這兩個變數有關係。

c. 如果你還記得，解釋任何皮爾森積差相關係數的最好方式就是將它平方，這樣會給我們判定係數 0.58，意味著 58% 的年齡變異可以被認識字數的變異所解釋。那並不很大，但當相關係數是有關人類行為的變數時，它就非常重要。

7. 這個範例只是學習的時數和第一次統計學考試成績，這兩個變數並不是因果相關，例如：有些同學會因為不理解內容，即使學了幾個小時，學習效果仍然很差，而有些同學可能在其他課程已經學了同樣的內容，因此即使不練習，成績也很好。想像一下，假設我們強迫一些人在考試前四個晚上坐在書桌前

練習 10 個小時，這能保證他或者她得到好的成績嗎？當然不能。這是因為變數相關，不能就認為其中一個變數的變化會引起另一個變數的變化。

8. 這真的是取決於你如何決定哪一個顯著相關是有意義的及你解釋這些相關的方式，舉例來說，鞋子大小和年齡當然是顯著相關 $(r = 0.938)$，因為當一個人的年紀增長時，他的腳就會變大，但是有意義嗎？我們認為沒有。另一方面，例如：智力是和所有其他三個變數無關，而在給定此一測驗對所有年紀的人是標準化的情形下，因此，你可能預期對所有不同年齡的人而言，100 這個數字是平均值。換言之，就這個測驗來說，當你的年齡增加時，你並沒有變得比較聰明（不管我們的父母告訴我們什麼）。

第 18 章

1. 主要差異是線性迴歸是用在探索某一個變數能否預測另一個變數。變異數分析是檢視群體平均數之間的差異，不是預測。

2. a. 迴歸方程式是 $\hat{Y} = -0.214$（正確數量）$+ 17.202$

   b. $\hat{Y} = -0.214\,(8) + 17.202 = 15.49$

   c.

時間 (Y)	正確數量 (X)	$\hat{Y}$	$Y - \hat{Y}$
14.5	5	16.13	−1.6
13.4	7	15.70	−2.3
12.7	6	15.92	−3.2
16.4	2	16.77	−0.4
21.0	4	16.35	4.7
13.9	3	16.56	−2.7
17.3	12	14.63	2.7
12.5	5	16.13	−3.6
16.7	4	16.35	0.4
22.7	3	16.56	6.1

3. a. 其他的估計變數不能和其他任何一個預測變數相關，只有當這些變數彼此相互獨立，才能夠在預測依賴變數或結果變數時各自提供獨特的貢獻。

   b. 例如：生活的安排（獨居或者群體）和獲得醫療服務的機會（高、中和

低）。

c. 老年癡呆症的存在 =（教育水準）X_{IV1} +（一般健康狀況）X_{IV2} +（生活的安排）X_{IV3} +（獲得醫療服務的機會）X_{IV4} + a。

4. 這一題你要自己來完成，確定是聚焦在你的主修領域或你真的感興趣的一些問題上。

5. a. 你可以計算這兩個變數之間的相關係數是 0.204。依據第 7 章的資訊，這樣的相關係數值比較低。你可以得出的結論是：勝利次數不是隊伍是否贏得超級盃的很好的預測變數。

b. 舉例來說，許多變數本質上是類別變數（性別、種族、社會階級和黨派屬性），而且很難依據 1-100 的等級進行測量，使用類別變數可以給我們很大的彈性空間。

c. 一些其他的變數可能是全美球員的數量、教練的輸贏紀錄和家庭照護。

6. a. 咖啡因消費量。

b. 壓力團體。

c. 從第 17 章計算得到的相關係數是 0.373，平方之後可以得到 0.139 或稱為 R^2，相當漂亮！

7. a. 這三個變數中最佳的預測變數是經驗年數，但是因為沒有任何一個是顯著的 (0.102)，所以，我們可以說這三個變數一樣好（或差）。

b. 以下是迴歸方程式：

$$\hat{Y} = 0.959 \, (X_1) - 5.786 \, (X_2) - 1.839 - (X_3) + 96.337$$

在此，如果我們將 X_1、X_2 和 X_3 的數值代入，會得到下面的結果：

$$\hat{Y} = 0.959(12) - 5.786(2) - 1.839(5) + 96.337$$

預測得到的分數是 64.062。

	未標準化迴歸係數	標準化係數	顯著性		
	B	標準誤	Beta	t	顯著性
常數	97.237	7.293		13.334	0.000
Years_Ex	1.662	0.566	1.163	2.937	0.102
Level_Ed	−7.017	2.521	−0.722	−2.783	0.162
Num_Pos	−2.555	1.263	−0.679	−2.022	0.212

也要注意經驗年數和教育年數都是不顯著的預測變數。

8. 教育程度是一個不佳的預測變數的理由是它的變異性太小，即表示它和住宅銷售數量之間的相關程度很小（−0.074，沒有任何貢獻），也和其他變數沒有任何關係。因此，它沒有預測的價值。如果你進行多元迴歸分析，你會發現以教育度當作預測變數（就如你在簡單相關之下所預期的）同樣對我們瞭解為什麼這些不動產經紀人的住宅銷售數量有所差異是毫無幫助的。

9. 為了最大化預測變數的價值，它們都應與預測變數或結果變數相關，但（如果可能的話）與其他預測變數沒有任何共同之處。

第 19 章

1. 當預期值與觀察值完全相同時，實際卡方值會等於 0。一個例子是，當你預期不同人數的一年級與二年級學生出現時，而他們真正出現了。

2. 下面是計算卡方值的工作表：

分類	O（觀察次數）	E（預期次數）	D（差距）	$(O-E)^2$	$(O-E)^2/E$
共和黨	800	800	0	0	0.00
民主黨	700	800	100	10,000	12.50
無黨派人士	900	800	100	10,000	12.50

自由度為 2、顯著水準為 0.05 的情況下，拒絕虛無假設所需要的臨界值是 5.99。實際值是 25，表示我們拒絕虛無假設，而且得出的結論是不同黨派的投票人數有顯著性差異。

3. 下面是計算卡方值的工作表。

分類	O（觀察次數）	E（預期次數）	D（差距）	$(O-E)^2$	$(O-E)^2/E$
男孩	45	50	5	25	0.50
女孩	55	50	5	25	0.50

自由度為 1、顯著水準為 0.01 的情況下，拒絕虛無假設所需要的臨界值是 6.64。

實際值是 1.00，表示我們不能拒絕虛無假設，也就是踢足球的男孩和女孩的數量沒有差異。

4. 首先是一些有趣的事實。所有六個年級已註冊的學生總數是 2,217，而每一細格被預期的頻率為 2,217/6 = 369.50。

實際卡方值是 36.98。在自由度 5 及 0.05 顯著水準下，拒絕虛無假設所需要的值是 11.07。

由於實際值 36.98 超過臨界值，結論是：註冊人數的分布不是我們所預期的，而且，的確每一個年級註冊人數有顯著不同的比例。

5. 好吧，夥伴，結果在這裡。卡方值是 15.8，顯著水準是 0.003，表示這些糖果口味之中的喜好人數是有差異的。

6. 此獨立性檢定的卡方值為 8.1，並且具有 2 個自由度，它足夠大（實際上 $p = .0174$），可以得出結論：獨立性的虛無假設不能被接受，並且對於普通口味和花生口味取決於運動水準。

7. 從結果可以看到，具有 4 個自由度 (2 × 2) 的 3.969 卡方值在 .41 水準上很不顯著，也不足以使我們得出這兩個變量取決於一個或另一個。

數學──只是基礎而已

如果你正在讀這一章，那麼，你知道你可能需要一些基礎數學技巧的幫助。多數的人需要這種幫助，尤其是在中斷一段時間之後再回到學校的學生。在你繼續操作《愛上統計學：使用 R 語言》這本書之前，來一個附加的行程也沒有什麼不好。

你已經瞭解你練習這本書中的例子和完成每一章最後的習題所需要的大多數技巧，例如：你會加、減、乘、除，你可能也知道如何使用計算機計算一個數值的平方根。

當我們開始處理方程式和出現在像是 () 的小括號和像是〔 〕的中括號內的各種運算時，就是困惑的開始。

我們在這一章會花大部分的時間和給你看一些例子，讓你更能瞭解如何處理看似很複雜的運算，但是，一旦將它們簡化成個別的部分，要完成計算就是很簡單的事。

認識 PPMDAS 的主要原則

PPMDAS 聽起來像是一種離群索居的生活或是發生在古老城堡之外的事情，是吧？

不是的，這只是一個首字母縮寫的字，指出發生在一個算式或方程式之內的運算順序。

PPMDAS 像是……

P 是指括號，中括號，像是〔 〕，或有時是小括號，像是 ()，這兩個有時會出現在一算式或方程式之中。

P 是指階層或次方，像是 4 的 2 次方或 4^2。

M 是乘，像是 6×3。

D 是除，像是 6 / 3。

A 是加，像是 $2 + 3$。

S 是減，像是 $5 - 1$。

你要以上述的順序來進行這些運算。例如：第一件事是要先處理中括號（或小括號），接著，考慮次方數（像是平方），然後是除、乘，依此類推。如果不需要平方，就跳過 O 的步驟，如果沒有要加的，就跳過 A 的步驟。如果中括號和小括號同時出現，先處理中括號，再處理小括號。

例如：看一下這個簡單的算式……

$$(3 + 2) \times 2 = ?$$

利用 PPMDAS 的原則，我們知道：

1. 在這算式中第一件要做的事是括號內計算，所以，$3 + 2 = 5$。
2. 接著，下一個可取得的步驟是 5 乘上 2，得到總和是 10，10 就是答案。

　另一個例子是……

$$(4/2 \times 5) + 7 = ?$$

在這裡，我們的做法是……

1. 第一件事是 4 除以 2，等於 2，然後 2 乘上 5 得到的值是 10。
2. 接著，10 加上 7，得到最後的總和是 17。讓我們稍微用一點想像力並使用一些數字的平方。

$$(10^2 \times 3) /150 = ?$$

在這裡，我們的做法是……

1. 處理括號內（這總是第一步驟）的算式。

2. 將 10 平方得到 100，然後將它乘上 3，得到的值是 300。

3. 將 300 除以 150 得到的值是 2。

當我們有超過一組中括號或小括號時，會增加另一層的複雜性。你需要記著的是，我們總是從內部的算式開始，和處理 PPMDAS 這個首字縮寫的字一樣，先處理括號內的值。

以下就是例子……

$$[(15 \times 2) - (5 + 7)] / 6 = ?$$

1. 15 乘上 2 是 30。

2. 5 加上 7 是 12。

3. 30 − 12 是 18。

4. 18 除以 6 是 3。

小小的規則

只需要再說一些些話。在這本書中有使用負的和正的數字，當用不同的方式 將它們結合時，你需要知道是如何發生作用的。

當負值和正值相乘時，下面的做法是正確的……

1. 一個負值乘上一個正值時（或一個正值乘上一個負值時），一定是，一定是，一定是等於負值。例如：……

$$-3 \times 2 = -6$$

或

$$4 \times -5 = -20$$

2. 一個負值乘上一個負值會得到正值。例如：……

$$-4 \times -3 = 12$$

或

$$-2.5 \times -3 = 7.5$$

而且，一個負值除以一個正值會得到負值。例如：……

$$-10/2 = -5$$

或

$$25/-5 = -5$$

最後，一個負值除以一個負值會得到正值。例如：……

$$-10/-5 = 2$$

　　練習才會得到完美。所以，下面有 10 個附有答案的問題，如果你無法得到正確的答案，重新複習一下前面所說運算順序，或是也可以要求學習小組中的任何一個人幫忙檢查一下可能是哪裡出錯。

　　問題是……

1. $75 + 10 =$
2. $104 - 50 =$
3. $50 - 104 =$
4. $42 \times -2 =$
5. $-50 \times -60 =$
6. $25 / 5 - 6 / 3 =$
7. $6{,}392 - (-700) =$
8. $(510 - 500) / -10 =$
9. $[(40^2 - 207) - (80^2 - 400)] / 35 \times 24 =$
10. $([(502 - 300) - 25] - [(242 - 100) - 50]) / 20 \times 30 =$

　　答案是……

1. 85
2. 54
3. -54

4. −84

5. 3,000

6. 3

7. 7,092

8. −1

9. −5.48

10. 0.141

想要更多的協助和練習嗎？可以瀏覽以下網址……

http://www.webmath.com/index.html

http://www.math.com/homeworkhelp/BasicMath.html

沒有什麼事情會比開始一個課程但卻是非常焦慮，以致於任何有意義的學習都不可能發生還來得更糟。成千上萬個比你準備還不足的學生都能夠成功了，你一定可以做得更好。重新讀一下第 1 章有關如何取得此一課程教材的提醒，祝你好運。

10 個（或更多）最佳（和最有趣）的統計網址

　　當然，你使用（並喜歡）網路。當你想瞭解新事物時，這可能是你的第一站。就像食譜、音樂共享應用程序和最新的 NCAA 籃球得分一樣，大量的統計資料可供那些不熟悉其研究和應用知識的人（和不那麼陌生的人）使用。如果你還沒有在學習和研究活動中使用網路作為特定工具，那麼你會失去大量資源。在網路上可用的內容隨然無法彌補學習的不足，但是你當然可以找到大量訊息，這些訊息可以改善你的整個大學經歷，而且這甚至還沒有包括你可以玩得開心的部分！因此，既然你是一位經過認證的新手統計學家，那麼這裡是你可以參考的一些網站點，如果你想瞭解更多有關統計的訊息，可能會發現很有用。

雖然網路上的網址已經比之前更為穩定，但是仍然可能時常在變化，今天還有效的 URL（資源定位），明天可能就無效了。如果某一個 URL 失效了，可以試著利用網址的前半部分，然後循著它的連結找到你要的。或者，現在你已經知道基礎統計學的術語，利用像是 Google 或其他的搜尋引擎，追蹤你所想要的內容，只要鍵入你想要找的術語即可，可能就會有新的連結可以使用。

我要去哪裡找 R 的資料？

你可能已經猜到了，YouTube 可以作為尋找有關 R 的所有類型問題的答案的好資源。例如：我們搜索了字符串 "在 Mac 上安裝 rstudio" (https://www.youtube.com/results?search_query=installing+rstudio+on+mac)，YouTube 出現了 40 個視頻。如果你想寫一個實際的問題，怎麼辦？RStudio 的此常見問題解答頁面 (https://community.rstudio.com/faq) 提供了一些有關如何編寫問題以獲得所需答案的指南。參加其討論論壇也有一些準則，因此它仍然是網絡上的友好資源。

最後但並非最不重要的一點是加州大學洛杉磯分校的數字研究與教育學院 (https://stats.idre.uda.edu/r/faq/)。他們的頁面是以統計軟體排序，然後再由資料分析類型排序。該網址將帶你進入包含 43 個不同範例列表的頁面。

誰是誰以及發生了什麼事

統計學歷史網頁位在 https://www.york.ac.uk/depts/maths/histstat/ 的統計學歷史網頁，包括著名統計學家的肖像和生平，以及在統計學領域做出重要貢獻的時間表。所以，如貝努利 (Bernoulli)、高爾頓 (Galton)、費舍爾 (Fisher) 和斯皮爾曼 (Spearman)，這些名字是否引起你的好奇？在 20 世紀初，兩個平均數之間的首次檢定發展狀況如何？這似乎有些沉悶，直到你有機會閱讀關於創造這個領域的人們生平以及他們的想法。總之，這是非常酷的思想和非常酷的人。

當然，維基百科 (http://en.wikipedia.org/wiki/History_of_statistics) 和 eMathZone (http://www.emathzone.com/tutorials/basic-statistics/history-of-statistics.html) 都有很好的介紹統計歷史。

都在這裡

SurfStat Australia (https://surfstat.anu.edu.au/surfstat-home/contents.html) 是在澳大利亞紐卡斯爾大學教授之基礎統計學課程的線上部分，但是其發展已經超越 1987 年最初的撰寫者安妮特・多布森 (Annette Dobson) 所提供的

講義，這些年來，安妮 · 揚 (Anne Young) 與鮑勃 · 吉伯德 (Bob Gibberd) 等人，不斷地修正內容。在其他事務之外，SurfStat 包含一個完整的互動統計學內容。除了這內容之外，還有練習題、網上其他統計學網址的清單，以及 Java 程式集（可以與其他不同的統計程式共用的一些很酷的小程式）。

超級統計 (HYPERSTAT)

在 http://www.davidmlane.com/hyperstat/ 包含 18 課的線上指導課程，提供了設計優良、對使用者友善的重要基礎主題。我們真正喜歡這個網址的原因是辭彙，它利用網路和其他概念連結。在其網頁中，你可以透過超連結看到不同的主題。點選其中任何一個辭彙，就會快速看到所連結的辭彙，你就能瞭解該詞彙的意涵。

資料？你想要資料？

資料到處都是，只等著去揀取。這裡只提供一些。怎麼用這些資料？下載這些資料作為你工作中的範例，或者作為你想進行的分析範例：

- 在 http://www.itl.nist.gov/div898/strd/ 的統計索引資料集 (Statistical Reference Datasets)。
- 在 http://factfinder.census.gov/faces/nav/jsf/pages/index.xhtml 的美國人口調查局資料工具（一個龐大蒐集的資料或資料的金礦）。
- 擁有大量資料註解的「資料和故事圖書館」(http://lib.stat.cmu.edu/DASL/)（你可以尋找故事連結）。
- 在成長資料集（在 http://www.bris.ac.uk/Depts/Economics/Growth/datasets.htm）中的大量經濟資料集。

還有，可以在聯邦政府（除了人口普查之外）得到的所有資料集。你繳的稅支援這些資料的提供，所以為什麼不用呢？例如：在 FEDSTATS（在 http://www.fedstats.gov/），有美國聯邦政府的 70 多個機構生產的民眾有興趣的統計資料。聯邦跨機構統計政策委員會在維護這個網址，以提供一個可獲得由這些機構產生的全面性統計和資訊的管道。在這個網站，你可以發現

CIA 提供的國家概況；公立學校的學生、教師和職工的資料（來自國家教育統計中心）；以及美國人口死亡率圖譜（來自國家健康統計中心）。資料非常的龐大！

而且大多數州都有可供查看的資料：https://www.data.gov/。

越來越多的資源

密西根大學的網上統計資源 (the University of Michigan's Statistical Resourceson Web) (https://guides.lib.umich.edu/?b=s) 有成千上萬的資源連結，包括銀行業務、圖書出版、老齡化，以及為那些患有過敏症的人提供的花粉數。瀏覽、尋找你真正需要的資訊，無論如何，我保證你可以找到有趣的資訊。

線上統計學教學資料

你如果非常擅長統計資料擅長到可以在課堂上幫助你的鄰居和同事的話，請到美國統計協會 (American Statistics Association) 向我們提供的教學統計 (http://www.statisticsteacher.org/)。你還可以從范德比爾特大學 (Vanderbilt University) 上找到有關教學統計的更多資訊 https://cft.vanderbilt.edu/2013/06/new-teaching-guide-for-statistics-instructors/。

當然還有 YouTube

是的，現在可以以統計饒舌 (http://www.youtube.com/watch?v=JS9GmU5hr5w) 的形式在 YouTube 上找到統計資料，這是一群很有才華的年輕男女有很多時間做關於有趣統計課堂的紀錄，這對於那些有興趣探索統計資料的人來說，是個很棒的起點。但是，還有更多嚴肅的資訊。舉例來說，請參閱 KhanAcademy.org 的 http://www.youtube.com/watch?v=HvDqbzu0i0E，這是另一個很酷的地方，那裡有成千上萬的影片教程，涵蓋了從代數到經濟學到投資的一切內容，當然（你猜對了），還有統計訊息！

最後

我們有一個統計學的網路專門術語（在 http://www.animatedsoftware.com/statglos/statglos.htm#index），可以找到由霍華德 · 霍夫曼 (Howard S. Hoffman) 博士帶來的統計術語定義的父輩。內容豐富，非常有趣。

資料蒐集的 10 個誡律

現在你已經知道如何分析資料，你也會聽到有關蒐集資料的事。資料蒐集的過程可以很長也很嚴謹，即使這個過程只是向學生、家長、病人或選民等不同群體發放一頁的簡單問卷，資料蒐集的過程也是你研究專案中最耗時的部分。但是誠如大多數研究者所體認到的，好的資料蒐集是好的分析結果的必要條件。

這裡有 10 條誡律，確保你蒐集的資料是可用的資料。與最初的 10 條誡律 不同的是，這些誡律不應該死記硬背（因為這些誡律肯定會改變），但是如 果你遵循這些原則，你可以避免很多嚴重的事。

誡律 1 在你思考研究問題之初，也要開始思考為回答問題所需要蒐集的資料類型。訪談？問卷調查？紙和筆？電腦？由閱讀你感興趣的相關領域的期刊，以瞭解過去其他人是如何做的，並考慮做他們所做的。至少其中一個教訓是不要重複他人的錯誤，如果某些事對他們是行不通，很有可能對你也是行不通。

誡律 2 在你思考所蒐集的資料類型的同時，也要思考從何處得到資 料。如果是使用圖書館內的歷史資料，或者取得已經蒐集好的資料檔案，如人口調查資料（可從美國人口調查局或一些線上網址獲得），你可能會遇到一些邏輯問題。但是如果你想評價新出生的孩子和父母之間如何相互影響？

教師對組織工會的態度？年齡在 50 歲以上的人是否覺得自己老了？所

有這些問題都需要人們提供答案，而找到被調查的人很難。現在就開始吧。

誡律 3 確認你用來蒐集資料的表格簡單且容易使用。以預試的資料集進行練習，這樣你可以確保很容易從最初的記分表到資料蒐集表格，而且找一些同事完成這個表格，以確定它是可行的。

誡律 4 永遠記得備份資料檔案，並且儲存在不同的地方。請記住有兩類人：一類是已經丟失了資料，另一類是將會丟失資料。事實上，你的電子資料檔要有兩個備份。現在，除了你自己的實體備份外，你可以使用線上資料備份服務，像是 Carbonite (http://www.carbonite.com)、Mozy (http://www.mozy.com) 或是 CrashPlan (https://www.code42.com/crashplan/)。如果你要使用 USB 則建議你投資質量好一點的，以供未來查看。

誡律 5 不要依賴他人蒐集或移轉資料，除非你親自訓練他們，而且也確信他們像你一樣瞭解資料蒐集過程。讓他人幫助你很好，而且在漫長的蒐集資料期間對保持士氣十分有幫助。但是，除非幫助你的人具備這樣的能力，否則將很容易破壞你所有的工作和計劃。

誡律 6 規劃一個何時何地要蒐集資料的詳細日程表。如果你需要拜訪 3 個學校，而且在每個學校有 50 個學生要進行 10 分鐘的測試，那就是需要 25 個小時的測試。這並不意味著你可以在日程表中為這項活動分配 25 小時，從一個學校到另一個學校的時間呢？如果輪到測試的孩子剛好在廁所，而且你必須等 10 分鐘直到他回到教室呢？你訪問的這天剛好牛仔鮑伯是特別的客人等。為任何可能的突發狀況做好準備，要在日程表中分配 25%-50% 的多餘時間，以面對不可預測事件的發生。

誡律 7 儘快為你的實驗群體發展可能的來源。因為你已經對你自己的學門知識有一定的瞭解，那麼你可能也瞭解誰是和你所感興趣的人口一起工作，或者誰可能幫助你獲得這些樣本。如果你是在大學社區，那麼就可能有幾百人與你競爭同一個調查樣本。如果你不想競爭，為什麼不嘗試在此社區之外（大約 30 分鐘的距離）的社區、社會群體、文化團體或醫院調查？在這些地方不需太多競爭就能夠得到樣本。

誡律 8　盡力追蹤那些錯過測試或者訪談的人，把他們找回來並重新安排日程。一旦你習慣了跳過可能的參與者，那麼就很容易將樣本縮減到太小的規模，而且你永遠無法分辨，退出的人可能是因為與你的研究相關原因而退出，這可能意味著你最後的樣本，在性質上是不同於你研究開始時的樣本。

誡律 9　永遠不要銷毀你的原始資料，如測試手冊、訪談筆記等。其他的研究者可能想使用相同的資料庫，或者你想要回到原始資料獲得更多的資訊。

以及誡律 10 ？　遵循 9 個誡律，這不是開玩笑喔！

統計術語

變異數分析 (Analysis of variance)

兩個或兩個以上的平均數之間的差異檢定。簡單的變異數分析（或 ANOVA）只有一個獨立變數，而因子變異數分析超過一個以上的獨立變數。單因子變異數分析尋找兩個群體以上的平均數之間的差異。

引數 (Argument)

功能所作用的訊息。

算術平均數 (Arithmetic mean)

集中趨勢的測量，將資料集內所有的分數加總後除以分數的個數。

漸近性 (Asymptotic)

常態曲線的尾端從未接觸到水平軸的性質。

平均值 (Average)

某一組分數中最具有代表性的分數。

鐘形曲線 (Bell-shaped curve)

以平均數、中位數和眾數為中心對稱且有漸近性尾端的數值分布。

組距 (Class interval)

用來建立次數分配的某一組分數的固定範圍。

疏離係數 (Coefficient of alienation)

兩個變數之間的關係無法被解釋的變異總量。

判定係數 (Coefficient of determination)

兩個變數之間的關係可以被解釋的變異總量。

非判定係數 (Coefficient of nondetermination)

參見判定係數。

同時準則效度 (Concurrent criterion validity)

檢視某一測驗的結果和當下同時發生的某一準則一致的程度。

信賴區間 (Confidence interval)

在給定的樣本數值之下，對母體數值範圍的最佳估計。

建構效度 (Construct validity)

檢視某一測驗反映其背後所強調之概念的程度，例如：智力或攻擊。

內容效度 (Content validity)

效度類型的一種，檢視某一測驗抽取一組題項的周延程度。

相關係數 (Correlation coefficient)

反映兩個變數之間關係的數字指數，說明當某一個變數改變時，另一個變數是如何變化。

相關矩陣 (Correlation matrix)

顯示二個以上變數之間相關係數的表格。

準則項 (Criterion)

參見依變數。

準測效度 (Criterion validity)

效度類型的一種，檢視某一測驗反映某些不是發生在現在（同時的）就是發生在未來（預測的）準則的程度。

臨界值 (Critical value)

應用統計檢定所得到的數值，是拒絕或（不接受）虛無假設所需要的值。

累積次數分配 (Cumulative frequency distribution)

次數分配的一種，是沿著每一個組距的累積次數分配，顯示這些組距的次數分配。

資料 (Data)

一個觀察值或事件的紀錄，例如：測驗分數、數學班的成績、或反應時間等。

資料框 (Data frame)

蒐集的資訊的集合〔向量〕排列成行和列（可以是單行或單列），並且可以包含不同的變數類型（包含文字和數字）。

資料點 (Data point)

一個觀察值。

資料集 (Data set)

一組資料點。

自由度 (Degrees of freedom)

針對不同的統計檢定而不同的值，很接近一個實驗設計中的個別細格數目的樣本數。

依變數 (Dependent variable)

迴歸方程式中的結果變數或被預測變數。

描述性統計量 (Descriptive statistics)

用來組織和描述某一資料集合（有時又稱之為資料集）之特性的數值。

直接相關 (Direct correlation)

兩個變數的值以相同方向變化的正相關。

有方向的研究假設 (Directional research hypothesis)

指出群體之間某一差異方向的研究假設，參見無方向的研究假設。

效應量 (Effect size)

衡量兩組之間差異程度的側輔，通常以 Cohen's d 計算。

預測誤差 (Error in prediction)

真實值 (Y) 和預測值 $(\hat{Y})$ 之間的差距。

估計誤差 (Error of estimate)

參見預測誤差。

誤差分數 (Error score)

檢定值的一部分，是隨機的且可歸諸於檢定的不穩定性。

因子變異數分析 (Factorial analysis of variance)

超過一個以上的因子或依變數的變異數分析。

因子設計 (Factorial design)

用以檢視超過一個處理變數的研究設計。

次數分配 (Frequency distribution)

說明在組距內分數分布的一種方法。

次數多邊形圖 (Frequency polygon)

次數分配的圖形呈現，利用連續的直線來表示，落在某一組距內的數值個數。

函式 (Function)

一串可以完成任務的指令集合。

配適度檢定 (Goodness-of-fit test)

卡方檢定在一維上進行，檢定頻率分布是否與隨機的期望不同。

直方圖 (Histogram)

次數分配的圖形呈現，利用不同高度的條狀來表示落在某一組距內的數值個數。

假設 (Hypothesis)

推測某一變數和另一變數之間關係的「若……則……」陳述，用以反映提出研究問題的一般化問題陳述。

自變數 (Independent variable)

可被操弄的處理變數或迴歸方程式中的預測變數。

間接相關 (Indirect correlation)

變數間的值以相反方向移動的負相關。

推論統計 (Inferential statistics)

以從母體中抽出之樣本資料的結果為基礎，用來推論母體特性的分析工具。

交互效應 (Interaction effect)

某一個因子對依變數的效用會因為另一個因子而有不同的結果。

內在一致性信度 (Internal consistency reliability)

信度類型的一種，檢視評估項目只有衡量某一維度、構念或感興趣的領域。

內部評分者信度 (Interrater reliability)

信度類型的一種，檢視評分者之間的相互一致性。

等距的測量水準 (Interval level of measurement)

測量的水準之一，定義量表上的點與點之間的空間或數值是相等的形式。

峰度 (Kurtosis)

分布的性質，像是扁平或高峰。

尖峰 (Leptokurtic)

常態曲線的性質，在常態分布中定義為它的最高點。

最適線 (Line of best fit)

最配適實際數值且預測誤差最小化的迴歸線。

線性相關 (Linear correlation)

最適合以直線來表示的相關。

主效應 (Main effect)

在變異數分析中，當某一個因子或自變數對結果變數有顯著的作用。

平均數 (Mean)

平均值的類型之一，所有的分數加總後再除以觀察值總數。

平均離差 (Mean deviation)

一個分布中，所有分數與平均數的平均差距，計算方式是所有分數與平均數差距的絕對值加總後，除以觀察值總數。

集中趨勢測量 (Measures of central tendency)

平均數、中位數和眾數。

中位數 (Median)

分布中的一個中心點，有 50% 的個案數比它小，另有 50% 的個案數比它大。

組中點 (Midpoint)

一個組距內的中間點。

眾數 (Mode)

在一個分布中，最常出現的分數。

多元迴歸 (Multiple regression)

同時利用幾個變數預測一個變數的統計技術。

名目的測量水準 (Nominal level of measurement)

測量水準中最粗略的一種，變數的數值只能置於其中一個類別之內。

無方向的研究假設 (Nondirectional research hypothesis)

一個研究假設只陳述群體之間有差異，但沒有指出方向，參見有方向的研究假設。

無母數統計 (Nonparametric statistics)

不考慮母體分布的統計，不像母數統計有一些假定。

常態曲線 (Normal curve)

參見鐘形曲線。

虛無假設 (Null hypothesis)

一組變數之間均等的陳述，參見研究假設。

物件 (Object)

任何在 R 建立的東西。

觀察的分數 (Observed score)

被記錄下來或觀察到的分數，參見真實分數。

實際值 (Obtained value)

應用某一統計檢定所得到的數值。

頻度曲線 (Ogive)

累積次數分配的視覺化呈現。

單一樣本 Z 檢定 (One-sample Z test)

用來比較某一樣本平均數和某一母體平均數是否相等。

單尾檢定 (One-tailed test)
有方向性的檢定，反映有方向性的研究假設。

單因子變異數分析 (One-way analysis of variance)
參見變異數分析。

次序的測量水準 (Ordinal level of measurement)
測量水準的一種，變數的數值可以某一類別之內，且類別之間可以指派相對的順序。

套件 (Packages)
函式的集合。

平行形式信度 (Parallel forms reliability)
信度類型的一種，在同一測驗中檢視不同測量形式的一致性。

母數統計 (Parametric statistics)
從樣本推論母體的統計，假定每一群體的變異數是相近的且樣本數大到足以代表母體，參見無母數統計。

部分相關 (Partial correlation)
一個數字索引，它反映了兩個變量之間的關係，並且消除了第三個變量（稱為中介變量或混雜變量）的影響。

皮爾森積差相關 (Pearson product-moment correlation)
參見相關係數。

百分位數 (Percentile point)
在某一分布或某一組分數中，等於或低於某一分數之觀察值的比例。

平闊峰 (Platykurtic)
常態曲線的性質，相對較為扁平的常態分布。

母體 (Population)
感興趣的所有可能的個體或個案。

正相關 (Positive correlation)
請參閱直接相關。

事後 (Post hoc)
一種事後的檢定，用以決定三個或更多群體之間有差異的真實來源。

預測效度 (Predictive validity)
檢視測驗結果和發生在未來的某一準則的一致程度。

預測變數 (Predictor)
參見自變數。

R
一個統計計算程式。

全距 (Range)
在某一分布中最大值減去最小值的正值差距，是變異性的一種粗略測量。排除性全距是最大值減去最小值；內含性全距是最大值減去最小值後加 1。

比率的測量水準 (Ratio level of measurement)
有一個絕對 0 的一種測量水準。

R 基礎套件 (R base)
基礎 R 套件，在安裝 R 時，就有了。

R 的命令列窗格 (R Console)
用於輸入 R 命令並查看結果的窗格（如果該函式有結果）。

迴歸方程式 (Regression equation)
定義為最接近觀察值的點和線的方程式。

迴歸線 (Regression line)
以迴歸方程式的數值為依據所畫的直線。

信度 (Reliability)
測驗結果具有一致性的性質。

研究假設 (Research hypothesis)
兩個變數之間不相等的陳述，參見虛無假設。

RStudio
在 R 中工作的集成開發環境。

樣本 (Sample)
母體的次集合，參見母體。

抽樣誤差 (Sampling error)
樣本值和母體值之間的差距。

測量尺度 (Scales of measurement)
將測量結果加以分類的不同方式：名目，順序，等距，比率。

散布圖 (Scattergram or scatterplot)
x 軸和 y 軸上配對的資料點的圖示，用以視覺化呈現相關情形。

顯著水準 (Significance level)
當虛無假設為真時，研究者所設定之拒絕虛無假設的風險。

簡單回歸 (Simple regression)
僅使用一個預測變數來預測 Y 的回歸。

偏態 (Skew or skewness)
界定一個分布中某些分數不成比例的次數分配性質，右尾長於左尾相當於表示此一分布中較少個數出現在較大的那一端，此為正偏分布；右尾短於左尾相當於表示此一分布中，較多個數出現在較大的那一端，此為負偏分布。

變異來源表 (Source table)
在變異數分析摘要表中列出變異的來源。

標準差 (Standard deviation)
一組分數中的平均變異總量或個別分數與平均數的平均差距。

估計的標準誤 (Standard error of estimate)
反映迴歸線之變異性的預測精確性測量。

標準分數 (Standard score)
參見 z 分數。

統計顯著 (Statistical significance)
參見顯著水準。

統計學 (Statistics)

用以描述、組織和解釋資訊的一套工具和技術。

獨立性檢定 (Test of independence)

二維或二維的卡方檢定，用於檢驗變數上的頻率分布是否獨立於其他變數。

再測信度 (Test-retest reliability)

信度類型的一種，檢視不同時間的一致性。

檢定統計值 (Test statistic value)

參見實際值。

趨勢線 (Trend line)

請參閱回歸線。

真實分數 (True score)

如果可以被觀察的話，此一分數是反映被測量的實際能力或行為，參見觀察分數。

雙尾檢定 (Two-tailed test)

無方向性的檢定，反映無方向性的假設。

型 I 錯誤 (Type I error)

當虛無假設為真時，被拒絕的機率。

型 II 錯誤 (Type II error)

當虛無假設為假時，被接受的機率。

無偏估計 (Unbiased estimate)

母體參數的一個穩當估計。

效度 (Validity)

某一測驗可以測量到它所欲測量之概念的品質。

變異性 (Variability)

分數之間相互差距的程度，用另一種方式說，某一組分數的分散或離散的總量。

變異數 (Variance)

標準差的平方，是分散或離散程度的另一種測量方式。

向量 (Vector)

都是同一類型的資料的集合。

$\hat{Y}$ 或 Y- 帽 (Y-hat)

回歸方程式中的預測 Y 值。

Y′ 或 Y 撇 (Y prime)

迴歸方程式中預測的 Y 值。

z 分數 (z score)

一個利用某一原始數值分布所得到的平均數和標準差,加以調整後的分數。

給你的獎賞
──布朗尼食譜

為何布朗尼食譜會在統計學的書裡出現呢？好問題。

認真地說，無論是做為課程，做為回顧，還是只是為了自我提升，你都可能在這份課程花費許多經歷。由於你的所有努力，你應該得到回報。該食譜基於幾種不同的食譜和一些調整，這些都是尼爾的傑作，他很樂意與你分享。祕密就在這兒了，這些核仁巧克力餅直接出鍋，甚至沒有冷卻，配上冰淇淋真是棒極了。一旦它們變老了一點，它們就會變得非常好咬，在冰箱裡也很棒。如果將它們冷凍，請注意，它們在口中解凍所需的卡路里比巧克力蛋糕本身所含的卡路里要多，因此會造成淨損失。盡可能多吃冷凍食品。☺

1 匙（8 大湯匙）黃油

4 盎司無糖巧克力（或更多）

½ 湯匙鹽

2 個蛋

1 杯麵粉

2 杯糖

1 湯匙香草

2 湯匙蛋黃醬（我知道）

6 盎司巧克力片（或更多）

1 杯核桃（可任選）

如何做：

1. 將烤箱預熱至 325 °F。
2. 在平底鍋中融化不加糖的巧克力和黃油。
3. 在碗中將麵粉和鹽混合在一起。
4. 將糖，香草，堅果，蛋黃醬和雞蛋加到融化的巧克力黃油中，攪拌均勻。
5. 將所有第 4 步添加到麵粉混合物中並充分混合。
6. 添加巧克力片。
7. 倒入 8″ × 8″ 塗油脂的烤盤中。
8. 烘烤約 35 至 40 分鐘，或直到測試儀乾淨為止。

註解

- 我知道蛋黃醬的事。如果你覺得這聽起來很怪異，那麼就不要放進去。這些核仁巧克力餅並不是只有美味，因此，自行承擔風險食用這種成分。
- 使用優質巧克力──脂肪含量越高越好。你最多可以使用 6 盎司的無糖巧克力，甚至更多的巧克力片。

國家圖書館出版品預行編目(CIP)資料

愛上統計學：使用R語言／尼爾・J・薩爾金
德(Neil J. Salkind)、萊絲莉・A・肖
(Leslie A. Shaw)著；余峻瑜譯. ——初
版. ——臺北市：五南圖書出版股份有限公
司，2021.03
　面；　公分
　譯自：Statistics for people who (think
　　they) hate statistics using R, 1st
　　ed.
ISBN 978-986-522-453-0 (平裝)
1.統計學　2.統計方法　3.電腦程式語言
510　　　　　　　　　　　　　110000922

1H2L

愛上統計學：使用 R 語言

作　　者 — 尼爾・J・薩爾金德（Neil J. Salkind）、
　　　　　　萊絲莉・A・肖（Leslie A. Shaw）

譯　　者 — 余峻瑜

發 行 人 — 楊榮川

總 經 理 — 楊士清

總 編 輯 — 楊秀麗

主　　編 — 侯家嵐

責任編輯 — 鄭乃甄

文字校對 — 許宸瑞

封面設計 — 姚孝慈

內文排版 — 張淑貞

出 版 者 — 五南圖書出版股份有限公司

地　　址：106臺北市大安區和平東路二段339號4樓

電　　話：(02)2705-5066　　傳　　真：(02)2706-6100

網　　址：https://www.wunan.com.tw

電子郵件：wunan@wunan.com.tw

劃撥帳號：01068953

戶　　名：五南圖書出版股份有限公司

法律顧問：林勝安律師

出版日期：2021年3月初版一刷
　　　　　2023年3月初版二刷

定　　價：新臺幣680元